КНИГА ЗОАР

на пять частей Торы
с комментарием «Сулам»

Глава Тецаве
Глава Ки-Тиса
Глава Ваякель

Под редакцией М. Лайтмана,
основателя и руководителя
Международной академии каббалы

Под редакцией М. Лайтмана
Книга Зоар, Тецве, Ки-Тиса, Ваякель
Laitman Kabbalah Publishers, 2019. – 360 с.
Напечатано в Израиле.

Edited by M. Laitman
The Book of Zohar, Tetsave, Ki-Tisa, Vayakhel
Laitman Kabbalah Publishers, 2019. – 360 pages.
Printed in Israel.

ISBN 978-965-7577-94-3

DANACODE 760-139

До середины двадцатого века понять или просто прочесть книгу Зоар могли лишь единицы. И это не случайно – ведь эта древняя книга была изначально предназначена для нашего поколения, и является раскрытием Торы.

В середине прошлого века, величайший каббалист 20-го столетия Йегуда Ашлаг (Бааль Сулам) проделал колоссальную работу. Он написал комментарий «Сулам» (лестница) и одновременно перевел арамейский язык Зоара на иврит.

Но сегодня наш современник разительно отличается от человека прошлого века. Международная академия каббалы под руководством всемирно известного ученого-исследователя в области классической каббалы М. Лайтмана, желая облегчить восприятие книги современному русскоязычному читателю, провела грандиозную работу – впервые вся Книга Зоар была обработана и переведена на русский язык в соответствии с правилами современной орфографии.

Copyright © 2019 by Laitman Kabbalah Publishers
1057 Steeles Avenue West, Suite 532
Toronto, ON M2R 3X1, Canada
All rights reserved

Содержание

ГЛАВА ТЕЦАВЕ

И ты повели...	8
Тайна букв святого имени	11
И ты приблизь к себе	29
И было по прошествии дней	31
Дать долю ситре ахра	33
Отстраняйтесь от человека, чья душа в гневе его	37
Опресноки и отсчет Óмера	41
И птица находит дом	46
Хлеб нового урожая	47
В пустыне, где видел ты	53
Трубите в шофар на новомесячье	55
В двух точках отделена Малхут небес	59
Два козла	63
А в первую декаду седьмого месяца	70
Четыре вида	82
В шалашах живите	85
Да будет имя Творца благословенно	90
Знает то, что во мраке	92

ГЛАВА КИ-ТИСА

Каждый даст выкуп за душу свою	94
Половина шекеля	95
Поклонение солнцу	98
Язык истины утвердится навеки	99
Вот пристыжены и посрамлены будут все ополчившиеся против тебя	101
И будет в конце дней	108
Что тебе здесь, Элияу?	111
Моше, Аарон и Мирьям	113
А теперь, оставь Меня	114
Телец	118
Украшения с горы Хорев	138

ГЛАВА ВАЯКЕЛЬ

И собрал Моше 142
Три стражи 146
Ангел смерти находится среди женщин 154
Кто взошел на небо и спустился 159
Каждый, побужденный сердцем своим,
   пусть принесет его 163
В действии начала творения
   во всем этом Он условился с ними 170
Когда Йона спустился на корабль 173
Книга наверху и книга внизу 179
Две из ста 183
Намерение молитвы 184
Восхождение молитвы 189
Огненное зарево в канун субботы 216
Что такое суббота 225
Дополнительная душа 231
Хранение в субботу 235
Субботняя молитва 237
Тайна книги Торы 240
Тайны субботы 247
Светила огненные 253
Ногти 259
Обонять запах мирта 264
Высший дух 266
Небосводы мира Асия 268
Небосводы Эденского сада 271
Небосвод над Малхут 302
И сделал Бецалель ковчег 314
Не должен быть помещен в ковчег 317
Путь праведных – как свет сияющий 319
Но в десятый день седьмого месяца 321
Тот, кто ест, не произнося молитвы 323
Четыре исправления в молитве 325
И бойся Всесильного твоего 326
Тайна Шма 329
Упоминать о выходе из Египта 331
Тогда заговорили боящиеся Творца 334

А над небосводом 337
И сделали они начелок 339
Смотри, где они жнут на поле..............................340
И ублажил сердце свое 342
Воскурение 345
И сделай жертвенник для воскурения благовоний 347
В мучении будешь рожать сыновей.......................351
Возрождение мертвых...356

МЕЖДУНАРОДНАЯ АКАДЕМИЯ КАББАЛЫ 358
АННОТАЦИИ К КНИГАМ... 359

Глава Тецаве

И ты повели

1) «"И ты повели (тецаве תְּצַוֶּה) сынам Исраэля"¹. "И ты приблизь к себе Аарона, брата твоего"². Сказал рабби Хия: "В чем отличие здесь от всех мест, как написано: "И ты приблизь к себе"², "И ты говори всем мудрым сердцем"³, "И ты повели сынам Исраэля"¹, "И ты возьми себе лучших благовоний: чистой мирры"⁴», – то есть не говорится, как во всех местах: «И приблизь», «И говори», «И повели», «И возьми». И отвечает: «"Однако все это высшая тайна, чтобы включить с ним Шхину"», потому что Шхина называется «ты». И когда написано: «И ты», – это для того, чтобы включить вместе с ним Шхину в повеление и в обращение.

2) «Сказал рабби Ицхак: "Высший свет", Зеир Анпин, "и нижний свет", Нуква, "включены вместе"» в обращение «и ты (ве-атá וְאַתָּה)», потому что «ты (атá אַתָּה)» – это имя Нуквы, как мы уже сказали. А дополнительная «вав ו» – это Зеир Анпин. «"Как ты говоришь: "И Ты (ве-атá וְאַתָּה) даешь им всем жизнь"⁵ – что указывает на Зеир Анпина и Нукву. "И поэтому не написано: "И приблизь к себе Аарона, брата твоего", "И повели сынам Исраэля", "И говори ко всем мудрым", – потому что в это время пребывало солнце", Зеир Анпин, "в луне", Нукве, "и все взаимодействовало как одно целое", т.е. Зеир Анпин и Нуква, "чтобы пребывать над искусным исполнением работы"». Поэтому сказано о них: «И Ты (ве-атá וְאַתָּה)», что указывает на Зеир Анпин и Нукву. «Сказал рабби Эльазар: "Отсюда" становится понятным, что Творец пребывал над искусным исполнением

---

¹ Тора, Шмот, 27:20. «И ты повели сынам Исраэля, и они доставят тебе чистое оливковое масло, выжатое из маслин, для освещения – чтобы зажигать светильник, горящий постоянно».

² Тора, Шмот, 28:1. «И ты приблизь к себе Аарона, брата твоего, и его сыновей с ним из среды сынов Исраэля, чтобы служить ему Мне: Аарон, Надав и Авиу, Эльазар и Итамар, сыны Аарона».

³ Тора, Шмот, 28:3. «И ты говори всем мудрым сердцем, которое Я исполнил духом мудрости: пусть они сделают одеяния Аарона, дабы освятить его, чтобы служить ему Мне».

⁴ Тора, Шмот, 30:23. «И ты возьми себе лучших благовоний: чистой мирры – пятьсот, ароматной корицы – две полупорции, по двести пятьдесят каждая, ароматного тростника – двести пятьдесят».

⁵ Писания, Нехемия, 9:6. «Ты, Творец, един, Ты сотворил небеса, небеса небес и все воинство их, землю и все, что на ней, моря и все, что в них, и Ты даешь им всем жизнь, и воинство небесное преклоняется пред Тобою».

работы в Скинии, как сказано: "В кого Творец вложил мудрость и разумение"[6]».

3) «Сказал рабби Шимон: "Отсюда" ясно, что Зеир Анпин и Нуква пребывали над искусной работой в Скинии. Как написано: "И ты говори всем мудрым сердцем, которое Я исполнил духом мудрости"[3]. Следовало сказать: "Которых Я исполнил" – во множественном числе, если это указывает на мудрых сердцем. "Однако (говорит): "Которое Я исполнил"[2] – что указывает на "это сердце", т.е. на Шхину, называемую сердцем. Поэтому должен сказать: "Которое Я исполнил духом мудрости"[2], чтобы показать, "что солнце", Зеир Анпин, "пребывает в луне", в Нукве, называемой сердцем, "в совершенстве всего, и поэтому запечатлевается всё", Зеир Анпин и Нуква, "во всех местах"» работы в Скинии. И о них сказано: «И ты», что указывает на Зеир Анпин и Нукву. «Сказал ему рабби Эльазар: "Как же, в таком случае, эти "и ты", "и ты" согласовываются с последующими изречениями?"», если истолковывать, что указывают они на Зеир Анпин и Нукву.

4) «Сказал ему (рабби Шимон): "Все они согласовываются. "И ты приблизь к себе"[2]» означает, что Он сказал Моше, чтобы тот приблизил «и ты», т.е. Зеир Анпин и Нукву, к Аарону – то есть, «"объединить в нем и приблизить к нему соединение святого имени "и ты", как подобает". И таким же образом: "И ты говори всем мудрым сердцем"[3]» означает, чтобы говорил и приблизил, и объединил имя «и ты», ЗОН, «ко всем мудрым сердцем». «"Поскольку все они не начинали выполнять работу в Скинии, пока дух святости не начинал говорить в них, и тайком нашептывать им", как проделать ее, – "и тогда выполняли работу". И таким же образом: "И ты повели сынам Исраэля"[1] – с тем, "чтобы дух святости"», подразумеваемый под именем «и ты», «"повелевал сынам Исраэля и светил им, чтобы они выполняли свои действия с полным желанием. И также: "И ты возьми себе"[4], и также: "И ты приблизь"[2], и также все эти"» «и ты», упоминаемые «"здесь, в работе (по возведению) Скинии, – всё было выполнено в этой тайне"» имени «и ты».

---

[6] Тора, Шмот, 36:1. «И сделают Бецалель и Оолиав, и всякий мудрый сердцем, в кого Творец вложил мудрость и разумение, чтобы знать, как исполнить все дело священной работы во всем, что повелел Творец».

5) «Провозгласил рабби Шимон и сказал: "И Ты, Творец, не отдаляйся! Сила моя, на помощь мне спеши!"[7] "И Ты, Творец (АВАЯ)", где «Ты» – это Нуква, а имя АВАЯ – это Зеир Анпин. И он молится, чтобы стало «"всё едино", чтобы они стали соединенными между собой. "Не отдаляйся"[7], – чтобы Он не отдалялся, уходя от него, чтобы высший свет", Зеир Анпин, "не удалялся от нижнего света", Нуквы, "ведь когда высший свет удаляется от нижнего света, меркнет тогда весь свет и нет его в мире"». Ибо мир получает только от Малхут, представляющей собой нижний свет. И если высший свет, Зеир Анпин, не светит в ней, – нечем ей светить этому миру.

6) «"И из-за этого был разрушен Храм в дни Йермияу", т.е. из-за того, что удалился Зеир Анпин от Малхут. "И хотя отстроился затем", во время Второго Храма, "вместе с тем, свет не вернулся на свое место, как подобает. И поэтому имя пророка, получившего пророчество об этом, – Йермияу (ירמיהו)"», и оно состоит из сочетания букв «вознесется (йеро́м ירום)» «йуд-хэй-вав יהו», что означает «"уход высшего света высоко-высоко" от Малхут, "и не вернулся затем к свечению должным образом" во Втором Храме. Имя "Йермияу" – указывает на то, что высший свет "ушел" из Малхут "и не вернулся на свое место, и был разрушен Храм, и померкли светила"».

7) «"Но Йешаяу (ישעיהו) – это имя"», состоящее из сочетания букв «спасёт (йеша ישע)» «йуд-хэй-вав יהו», «"ведет к избавлению и возвращению высшего света на свое место", в Малхут, "и к отстраиванию Храма, и всё благополучие, и все света вернутся, как и вначале. Поэтому имена этих двух пророков противостоят друг другу"» – имя одного «вознесется (йеро́м ירום)» «йуд-хэй-вав יהו», а имя другого, наоборот, «спасёт (йеша ישע)» «йуд-хэй-вав יהו». «"Поскольку само имя и сочетание одних букв с другими приводят к действию" согласно их значению – "как во благо, так и во зло. И соответственно этому образуются сочетания букв святых имен, а также буквы в их собственных свойствах приводят к тому, чтобы видел высшие тайны согласно значению этого имени. То есть сами буквы приводят к тому, что высшие святые тайны проявляются в них"».

---

[7] Писания, Псалмы, 22:20. «И Ты, Творец, не отдаляйся! Сила моя, на помощь мне спеши!»

ГЛАВА ТЕЦАВЕ

Тайна букв святого имени

8) «"Первая тайна – это "йуд י" де-АВАЯ (הויה), "первая точка", т.е. Хохма, "стоящая на девяти поддерживающих ее столпах, а они стоят в четырех сторонах мира", юг, север, восток и запад, и это три линии и Малхут, "как и конец замысла, последняя точка", т.е. Малхут, "стоит в четырех сторонах мира", юг, север, восток и запад, и это три линии и Малхут, их получающая. И они равны друг другу, "за исключением того, что" высшая точка, йуд де-АВАЯ, "это захар, а" последняя точка, Малхут, "это некева"».

9) «"И эта "йуд י", Хохма, "стоит без гуф", т.е. нет у нее кли, так как нет более, чем три кли – Бина, Тиферет и Малхут. А у Хохмы нет кли, но она облачается во внутреннюю часть Бины, Тиферет и Малхут. "И когда она находится в облачении, облачившись в них, она стоит на девяти столпах", ХАБАД ХАГАТ НЕХИ, "в тайне буквы "мем ם" без круга. И хотя буква "самех ס" круглая и стоит в кругу"», «йуд י» – это свойство «самех ס», а первая «хэй ה» – это «мем ם».[8] «"Однако в буквах, отмеченных некудот", – в буквах, указывающих на свойство Хохмы, называемое некудот, – считается, что "света, которые наверху, они в квадрате, а те, что внизу, они в круге"».

Объяснение. Он поясняет, что здесь говорится со стороны свечения Хохмы. В ГАР принято изображать мохин в виде квадрата, и это «мем ם», т.е. имеются в виду четыре свойства ХУБ ХУГ, содержащиеся в трех линиях высших ХАБАД высших Абы ве-Имы, на которые указывает «йуд י» де-АВАЯ (הויה), и каждое из них состоит из десяти, всего – 40 (мем), в виде квадрата, и они считаются закрытой «мем ם», потому что находятся в свойстве исчезающих хасадим, и средняя линия, Даат, не раскрывает в них Хохмы. И поэтому считается средняя линия двумя свойствами – Хеседом и Гвурой.

Но внизу, в ХАБАД де-ИШСУТ, на которые указывает первая «хэй ה» де-АВАЯ (הויה), они находятся в круге, т.е. они являются свойством «ламед ל» де-целем (צלם), и это круг. Ибо, поскольку средняя линия в них объединяет две линии и раскрывает Хохму, объединились Хесед и Гвура в средней линии в

---

[8] См. Зоар, главу Трума, п. 22.

одно свойство.⁹ И это всего лишь три свойства, Хохма-Бина-Даат, в каждом из которых десять сфирот, т.е. «ламед ל (30)», являющаяся круглой. И то, о чем говорилось раньше,⁸ что первая «хэй ה» – это закрытая «мем ם», а «йуд י» – это «самех ס», там говорится о состоянии свечения хасадим в высших Абе ве-Име в непрекращающемся зивуге, что происходит в ХАБАД ХАГАТ Бины. И поэтому они «самех ס (60)» – шесть сфирот, в каждой из которых – десять. А ИШСУТ, представляющие собой первую «хэй ה» де-АВАЯ (הויה), – это четыре сфиры НЕХИМ Абы ве-Имы, свойство закрытой «мем ם», ведь поскольку они являются Хохмой без хасадим, она закрывается и не может светить.

10) «"Этот квадрат установлен в размере трех точек, по три в каждой стороне: одни – в размере отсчета восьми точек, а другие – девяти" точек. И объясняет: "И это те, что устанавливаются" и выходят "от свойства "светило"», т.е. Бины Арих Анпина, и Кетера «йуд י», т.е. Абы ве-Имы «"в квадрате, т.е. "мем ם" в девяти столпах (опорах) для буквы "йуд י", и она – "одна точка" от них, то есть ХАБАД ХАГАТ НЕХИ, "всего – девять. И их – восемь, в виде буквы "мем ם" в квадрате, по три в каждой стороне"», когда не считается сама «йуд י», т.е. Бина, Даат, ХАГАТ НЕХИ.

11) И разъясняет еще, и говорит: «"И это тайна. Буква "йуд י" – это одна точка. И хотя она одна точка, ведь форма ее – рош наверху"», и это верхний кончик «йуд י», «"и кончик внизу", и сама точка. И поэтому мера ее – это три точки, в виде ׳•׳", правая, левая и средняя, т.е. три линии. "И поэтому распространение (их) в четыре стороны, по три в каждой стороне, это – девять", вместе с йуд, "и это – восемь"» без самой йуд, как мы уже объясняли.

Объяснение. Есть в букве «йуд י» рош-тох-соф, и это верхний кончик и нижний кончик, и сама точка, то есть три линии в ней, так как рош и тох в ней – это две линии, правая и левая, а соф ее – это средняя линия. И они включены друг в друга, и получается, что в рош «йуд י» есть три линии, и в тох «йуд י» – три линии, и в соф ее – три линии. И три линии в рош – это ХАБАД, три линии в тох – это ХАГАТ, а три линии в соф – это НЕХИ. И все они находятся в квадрате в свойстве «мем ם» де-целем (צלם), то есть средняя линия в рош и в тох, и в соф,

---

⁹ См. Зоар, главу Трума, п. 27.

делится на два свойства, Хесед и Гвуру, то есть Зеир Анпин и Малхут, так, что в каждых трех линиях есть четыре стороны. Две линии, правая и левая, – это юг и север, а два свойства в средней линии – это восток и запад. Ибо Зеир Анпин – это восток, а Малхут – это запад. И это означает сказанное: «Когда распространились две, стали тремя»[10], – т.е. когда распространились две линии, правая и левая, и стали тремя линиями: правая и левая, и средняя. «Одна стала двумя», – и одна из них, средняя линия, стала двумя, т.е. двумя свойствами, Зеир Анпином и Малхут, востоком и западом, как было сказано.

И это означает сказанное здесь: «И поэтому распространение (их) в четыре стороны, по три в каждой стороне, это – девять, а это – восемь», потому что три линии распространяются в четыре стороны: юг-север-восток-запад, в виде «мем ם». И находим, что в «йуд י» есть три «мем ם»: «мем ם» в рош – это три линии ХАБАД, «мем ם» в тох – это три линии ХАГАТ, и «мем ם» в соф – это три линии НЕХИ. И это означает: «По три в каждой стороне», – т.е. в трех сторонах в «йуд י», в каждой из них есть по три. И сторона означает «свойство» во многих местах в Зоаре. «И это – девять», – вместе с собственным свойством «йуд י», т.е. Хохмой. «И это – восемь», – без «йуд י», как говорилось выше.

12) «"И эти" восемь точек - "это столпы (опоры), исходящие от светила", от Бины Арих Анпина и Кетера Арих Анпина, "поскольку они поддерживают букву "йуд י", потому что йуд облачается в эти восемь точек – Бина, Даат, ХАГАТ НЕХИ. "И они называются ее меркавой (строением). И не называется по имени, а только девятью огласовками (некудот) в Торе"». Камац-патах-цейре – это ГАР, сэгол-шва-холам – это ХАГАТ, хирик-кубуц-шурук, называемые также хирик-шурук-мелафум, – это НЕХИ. Ибо сфирот Хохмы называются огласовками (некудот).

13) «"В тайне книги Адама делятся эти девять, представляющие собой восемь, по сочетаниям букв святого имени"». Ибо Бина и Даат светят первой «хэй ה» де-АВАЯ (הויה), а ХАГАТ НЕХИ светят «вав ו» де-АВАЯ (הויה), а атэрет Есод светит нижней «хэй ה» де-АВАЯ (הויה). «"Для того чтобы составить их и соединить во всех этих видах, поскольку, когда эти восемь, представляющие собой девять, передвигаются"», т.е. светят

---

10 См. ниже, п. 18.

своим свечением в виде трех линий, одна вслед за другой,[11] "они светят свечением буквы "мем ם" в квадрате, излучая восемь светов, которые выглядят как девять, и распределяются внизу" между сфирот Бины, Зеир Анпина и Малхут, "пока не перенесут всю Скинию"», т.е. Малхут. Ибо Хохма, что в «йуд י» де-АВАЯ (הויה), раскрывается только в Малхут.[12] И поэтому должны эти восемь точек распространиться до Малхут, называемой Скиния, в которой раскрывается Хохма.

14) «"И они – сочетание святого имени из семидесяти двух запечатлевшихся букв, происходящих от трех цветов: правый, левый и средний", – ХАГАТ Зеир Анпина.[13] "И всё это исходит от трех точек, являющихся необходимой мерой буквы "йуд י", – т.е. ее рош, тох и соф, как уже объяснялось, "которая светит в четырех сторонах"», – т.е. в виде буквы «мем ם» де-целем (צלם).[14] «"И это восемь точек", не включая Хохмы, "и это девять точек"» вместе с Хохмой, когда каждая из трех точек, рош-тох-соф этой «йуд י», состоит из всех трех. И это девять, то есть ХАБАД ХАГАТ НЕХИ.

«"И это двенадцать высших точек, по три в каждой из сторон"». Ведь поскольку она светит в «мем ם», у которой есть четыре стороны, юг-север-восток-запад, и это потому, что средняя линия разделилась надвое – на Зеир Анпин и Малхут, как уже говорилось, то в таком случае следует сказать, что есть четыре света в рош «йуд י», т.е. ХАБАД, и четыре света в тох «йуд י», т.е. ХАГАТ, и четыре света в соф «йуд י», т.е. НЕХИ, – потому что Даат и Тиферет, и Есод, каждый из них делится на два света. «"И отсюда опускаются вниз в виде двенадцати (светов) в шести окончаниях (ВАК). И когда эти двенадцать

---

[11] См. Зоар, главу Бешалах, п. 137, со слов: «И три эти линии не раскрывают Хохму иначе, как с помощью своих движений, т.е. когда свечение каждой из них раскрывается специально одно вслед за другим в месте трех точек: холам, затем шурук, а затем хирик. И тогда Малхут получает от них раскрытие Хохмы...»

[12] См. Зоар, главу Берешит, часть 1, п. 340, со слов: «И, кроме того, так же как высшая Хохма является началом (решит ראשית), так же и нижняя Хохма считается началом (решит ראשית). Потому что от высшей Хохмы до Малхут, являющейся нижней Хохмой, нет во всех сфирот того, кто бы взял себе свечение Хохмы...»

[13] См. Зоар, главу Бешалах, п. 160. «"Смотри, в тот час восполнилась луна", Малхут, "во всем", во всех отношениях, "и приобрела семьдесят два святых имени в трех сторонах", т.е. в трех линиях...»

[14] См. выше, п. 11.

запечатлелись в шести окончаниях (ВАК)" Зеир Анпина, – "это семьдесят два имени". Ибо шесть раз по двенадцать – это семьдесят два. И они – "тайна святого имени де-"аин-бет (72)", т.е. они являются этим святым именем"», исходящем от двенадцати точек буквы «йуд י» де-АВАЯ (הויה).

15) «"И всё это восходит в желании поддержать замысел", т.е. Хохму, "у этих поддерживающих букву "йуд י"», то есть все эти сочетания семидесятидвухбуквенного имени необходимы для того, чтобы раскрыть Хохму, которая содержится в «йуд י» де-АВАЯ (הויה), называемая замыслом. «"И поэтому буквы приходят к своим сочетаниям" в семидесятидвухбуквенном имени – "по три буквы в каждом из сочетаний в нем,[15] чтобы подняться в желании буквы "йуд י" де-АВАЯ (הויה), "в которой есть три точки", – рош-тох-соф, "как мы уже сказали. И поэтому поднимаются при восхождении этого сочетания лишь основа и корень свойства этих поддерживающих, которые поддерживают букву "йуд י", в виде буквы "мем ם" в квадрате", как уже говорилось, т.е. три точки рош-тох-соф, которые являются основой и корнем всех поддерживающих, которые распространяются от нее, и это – "девять точек, восемь точек, двенадцать точек, семьдесят две точки. Таким образом, всё святое имя находится в букве "йуд י", и всё это – одно свойство", т.е. свойство притяжения Хохмы. "И находится в свойстве "светило", и это Бина Арих Анпина, Кетер этой йуд, т.е. Аба ве-Има, "как мы говорили, чтобы создать поддержку для каждой буквы имени АВАЯ (הויה).[16] И эти поддерживающие", – девять, и восемь, и двенадцать, и семьдесят два, – "все являются меркавой (строением) каждой буквы" имени АВАЯ, "как мы уже сказали"».

16) «"Вторая тайна – это буква "хэй ה" де-АВАЯ (הויה), "стоящая на пяти столпах, поддерживающих ее, исходящих от светила", т.е. Бины Арих Анпина, "после того, как оно соединилось и поднялось над свойством экрана"». Объяснение. Ведь вследствие подъема Малхут в место Бины Арих Анпина образовался там экран, оканчивающий рош Арих Анпина, а Бина и ТУМ Арих Анпина вышли вне рош, в место ХАГАТ Арих

---
[15] См. Зоар, главу Бешалах, таблицу в п. 168.
[16] См. выше, п. 13.

Анпина, где находятся Аба ве-Има и ИШСУТ Ацилута.[17] А затем, во время гадлута, возвращаются Бина и ТУМ в рош Арих Анпина, поднимаясь над оканчивающим экраном, и снова становятся рош Арих Анпина.[18] И тогда они поднимают с собой также Абу ве-Иму и ИШСУТ, т.е. «йуд-хэй יה» де-АВАЯ (הויה), в место рош Арих Анпина, и светят им.[19] И это означает, что светило, т.е. Бина Арих Анпина, светит «хэй ה» де-АВАЯ (הויה), «после того, как оно соединилось и поднялось над свойством экрана», т.е. после того, как она снова поднялась над экраном, оканчивающим рош Арих Анпина. Ибо тогда светило светит «хэй ה» де-АВАЯ (הויה).

17) «"Эта буква называется святым чертогом (эйхаль) для точки, о которой мы говорили"», т.е. «йуд י» де-АВАЯ (הויה), «"и всё содержится в свойстве, о котором мы говорили, в букве "мем ם" в квадрате"», и это означает, что там не раскрывается свечение Хохмы. "Но здесь не записывается"» буква «мем ם», «"а только буква "хэй ה"», ибо здесь начинается раскрытие буквы «ламед ל» де-ЦЕЛЕМ (צלם), «"и ее строение (меркава) – это пять (хэй) столпов, как мы говорили"».

18) И он объясняет, что представляют собой эти пять опор, и говорит, что «"когда начал светить свет светила в букве "йуд י", и она была освещена тем свечением, которым осветило ее светило", Бина Арих Анпина, "образовались эти девять столпов, о которых мы сказали", т.е. ХАБАД ХАГАТ НЕХИ, распространившиеся из рош-тох-соф де-йуд, как было сказано выше, "и тогда вследствие свечения, которым была освещена буква "йуд י", распространились три точки "йуд י". Две точки наверху, и они в рош "йуд י", т.е. верхний кончик и гуф йуд, "и одна точка внизу", – нижний "кончик йуд. В таком виде ׃, как мы уже сказали"»,[20] – т.е. три линии, правая-левая-средняя. "И когда

---

[17] См. "Предисловие книги Зоар", п. 13, со слов: «Подъем точки к мысли, т.е. к Бине, обусловлен возникновением нового окончания (сиюм) в десяти сфирот каждой ступени...»

[18] См. "Предисловие книги Зоар", п. 14. «И утвердил в этой святой скрытой свече" – т.е. в Малхут, которая включилась в Бину, "печать одного скрытого образа, святая святых – глубинное строение, исходящее из мысли"...»

[19] См. «Предисловие книги Зоар», статью «Мать одалживает свои одежды дочери», п. 17, со слов: «И это означает: "Мать (има) одалживает свои одежды дочери и венчает ее своими украшениями" – т.е. во время выхода мохин гадлута...»

[20] См. выше п. 11.

распространились две" точки, в свойстве холам и шурук, и стали двумя линиями, присоединилась к ним средняя линия, в свойстве хирик, и "стали тремя, а одна", средняя линия, "стала двумя", т.е. разделилась на Хесед, Зеир Анпин, и Гвуру, Нукву. "И распространились" эти четыре точки, "и стали одним чертогом. Этот чертог, после того как стал чертогом для первой точки, стал скрытым и укрытым свойством этой буквы" хэй, "и она стоит над пятью (хэй) другими"».

Пояснение сказанного. Известно, что пять ступеней вышли в Ацилуте от нового МА:
1. Ступень Кетера в парцуфе Атика.
2. Ступень Хохмы в парцуфе Арих Анпина.
3. Ступень Бины распределилась между двумя парцуфами: ее Кетер и Хохма становятся парцуфом высшие Аба ве-Има, ее Бина и ТУМ становятся парцуфом ИШСУТ.
4. Ступень Тиферет вышла в парцуфе Зеир Анпина.
5. Ступень Малхут вышла в парцуфе Нуквы Зеир Анпина.

Таким образом, ты видишь, что только ступень Бины распределена между двумя парцуфами, в каждом из которых десять сфирот. И смысл этого был выяснен.[21] И это «йуд-хэй יה» де-АВАЯ (הויה), где высшие Аба ве-Има – это «йуд י», а ИШСУТ – это «хэй ה». И кроме этого, также и Аба ве-Има, т.е. «йуд י» де-АВАЯ (הויה), разделились на два свойства в момент выхода точки холам на всех ступенях, то есть в момент подъема Малхут от каждой ступени в Бину каждой ступени.[22] При этом Бина и ТУМ «йуд י» упали на ступень ниже нее, то есть (на ступень) «хэй ה» де-АВАЯ (הויה). И знай, что все эти Бина и ТУМ, упавшие со своей ступени, когда возвращаются на свою ступень во время точки шурук, не соединяются по-настоящему в одну ступень с Кетером и Хохмой, которые остались на ступени, но устанавливаются, чтобы быть левой линией и нуквой для Кетера и Хохмы, которые остались на ступени.

Отсюда следует, что есть две нуквы у «йуд י» де-АВАЯ (הויה), т.е. у высших Абы ве-Имы:

---

[21] См. «Предисловие книги Зоар», статью «Роза», обозрение Сулам, п. 2. Со слов: «Известно, что в рош Арих Анпина мира Ацилут есть только две сфиры – Кетер и Хохма, называемые Китра и Хохма стимаа (скрытая Хохма). А его Бина вышла из рош Арих Анпина и стала свойством гуф...»

[22] См. Зоар, главу Берешит, часть 1, п. 2, со слов: «Пояснение сказанного...»

Первая нуква – Бина и ТУМ, которые упали из «йуд י» во время катнута, и опустились в ИШСУТ, т.е. в «хэй ה» де-АВАЯ (הויה). И эти Бина и ТУМ представляют собой «вав-далет וד» наполнения «йуд יוד».

Вторая нуква – это сами ИШСУТ, являющиеся Биной и ТУМ общей ступени Бина, и она установилась как ступень сама по себе, в качестве «хэй ה» де-АВАЯ (הויה).

Однако во время катнута они не считаются нуквами, так как обе они тогда находятся ниже ступени Абы ве-Имы, т.е. «йуд י» де-АВАЯ (הויה), но только во время выхода точки шурук, когда Бина и ТУМ каждой ступени снова поднимаются на свою ступень,[23] и берут с собой также и нижнюю ступень, на которой они находились во время своего падения.[19] Таким образом, Бина и ТУМ «йуд י» снова поднялись в «йуд י», став для нее нуквой, в виде «вав-далет וד» наполнения «йуд יוד». И эти Бина и ТУМ подняли с собой также и «хэй ה» де-АВАЯ (הויה) в «йуд י», поскольку были облачены в них в час падения. И установилась также «хэй ה» де-АВАЯ (הויה), чтобы быть нуквой для «йуд י», т.е. ее левой линией. Таким образом, есть у «йуд» две нуквы:

1. «Вав-далет וד» наполнения «йуд י», и она считается ХАГАТ по отношению к «йуд י».
2. «Хэй ה» де-АВАЯ (הויה), и она считается НЕХИ по отношению к «йуд י».

И это означает сказанное: «Исходящих от светила»[24], ибо любая ступень получает свое свечение от свойства, соответствующего ему в высшем. И так как «йуд-хэй יי״ה» де-АВАЯ (הויה) – обе являются ступенью Бины, поэтому они получают от Арих Анпина, т.е. от ступени Хохмы, но только от свойства, соответствующего ей, – от Бины Арих Анпина. И она называется светилом (буцина), «после того, как оно соединилось и поднялось над свойством экрана»[24], ибо прежде чем Бина Арих Анпина снова поднялась в рош Арих Анпина, все ступени находились в состоянии катнут: и Бина и ТУМ «йуд י», то есть «вав-далет וד» наполнения «йуд יוד», и Бина и ТУМ ступени Бина, «хэй ה» де-АВАЯ (הויה), обе они еще не на ступени «йуд י», чтобы считаться двумя нуквами «йуд י», но они находились

---

[23] См. Зоар, главу Берешит, часть 1, п. 366, со слов: «Поскольку все воды, т.е. все эти ступени, включены в этот высший небосвод...»
[24] См. выше, п. 16.

в падении вне ступени «йуд י». А после того, как Бина Арих Анпина снова поднялась в рош Арих Анпина, над экраном, тогда также Бина и ТУМ де-«йуд י» поднялась на ступень «йуд י» и стала свойством ее нуквы, то есть «хэй ה» в виде «вав-далет וד» наполнения «йуд יוד».

И это означает сказанное: «Когда начал светить свет светила в букве "йуд י", и она была освещена тем свечением, которым осветило ее светило, образовались эти девять столпов, о которых мы сказали»[25], потому что «йуд י» получила от светила все три свойства холам-шурук-хирик, три линии рош-тох-соф «йуд י», и каждая из них состоит из всех трех. И поэтому есть три линии в рош, и это ХАБАД, и три линии в тох, ХАГАТ, и три линии в соф, НЕХИ. Но буква «хэй ה», т.е. Бина и ТУМ де-«йуд י», упавшие у нее во время свечения точки холам, в катнуте, как мы уже сказали, не начала светить, чтобы быть свойством нуквы «йуд י» и получать от нее, но лишь после того, как светило «соединилось и поднялось над свойством экрана»[24], ибо тогда это свечение шурук, и оно лишь свойство тох «йуд י» и ХАГАТ ее. И поэтому она получает лишь свечение трех линий от ХАГАТ де-«йуд י».

И это значение сказанного: «И тогда вследствие свечения, которым была освещена буква "йуд י"», – т.е. от части свечения «йуд י», «распространились три точки "йуд י"», – т.е. в части свечения тох «йуд י», которое поделилось на три линии, представляющие собой четыре, ибо «две стали тремя, а одна стала двумя», как было сказано выше.[25] Тогда «и стали одним чертогом»[25], т.е. (хэй) установилась, чтобы быть чертогом для «йуд י», установилась, чтобы быть нуквой для «йуд י». Ибо нуква называется «чертог». Но от свойства трех линий де-рош «йуд י» она не получает, поскольку ее свечение начинается от тох буквы «йуд י», как уже объяснялось.

И это означает сказанное: «Этот чертог, после того как стал чертогом для первой точки»[25], то есть после того как (хэй) получила от свечения шурук, она поднялась из своего падения и стала нуквой для первой точки, то есть «йуд י», «стал скрытым и укрытым свойством этой буквы»[25], – т.е. в скрытии и укрытии образовалась эта буква «хэй ה», представляющая собой «вав-далет וד» наполнения «йуд י», которая стала нуквой для

---

[25] См. выше, в этом же пункте.

нее, т.е. она скрывает и утаивает Хохму и устанавливается в свойстве «непознаваемый», и это – высшая Има. «И она стоит над пятью (хэй) другими»²⁵, т.е. она стоит над другой «хэй ה», «хэй ה» де-АВАЯ (הויה), Биной и ТУМ общей Бины Ацилута, называемой ИШСУТ, в которой начинает раскрываться свечение Хохмы. И она облачается на соф буквы «йуд י», т.е. на ее НЕХИ. Так, что у «йуд י» есть рош-тох-соф, и в каждом из них три ступени. И «далет-вав ד"ו» наполнения «йуд יוד», то есть Бина и ТУМ самой «йуд י», стала «хэй ה», и она облачает ХАГАТ «йуд י», и обе они называются высшие Аба ве-Има. А «хэй ה» де-АВАЯ (הויה), то есть ИШСУТ, облачает НЕХИ «йуд י», и поэтому в этих двух буквах «хэй ה», в каждой из них есть лишь только четыре точки, а не все девять, подобно «йуд י», ибо у каждой из них есть только одно свойство от «йуд י»: у одной – тох, у другой – соф.

19) «"Их четыре скрытых" точки, т.е. две линии, правая и левая, и правая и левая в средней линии, которые скрыты, как мы уже объясняли, "и вместе с одной точкой, которая стоит внутри них, посередине", т.е. Есодом в ней, тропинкой Абы в дорожке Имы,²⁶ – их пять. И это "хэй ה", т.е. нуква де-йуд, называемая высшей Имой, "как и "хэй ה" внизу", Малхут, "стоит на четырех", то есть на трех линиях и Малхут, получающей их, "и она – точка над четырьмя", иными словами, суть Малхут – "точка, стоящая посреди них"», ибо Малхут, получающая от трех линий, считающаяся внутри этих четырех, это свойство атэрет Есода, которое называется мифтеха, но не сама Малхут.²⁷

«"Также и здесь то же самое", – то есть имеются четыре скрытых точки и дорожка посередине. "И то, что она стоит на пяти опорах" других, т.е. на хэй де-АВАЯ (הויה), а это ИШСУТ, как говорилось в предыдущем пункте, "это, безусловно, так, потому что высшая точка", йуд де-АВАЯ, "она на двух свойствах: одно – когда она сама по себе"» и не облачена в ИШСУТ, и

---

²⁶ См. Зоар, главу Мишпатим, п. 528. «Отчего засветила Има? От одной исчезнувшей и скрытой тропинки (швиль), к которой прилепился Аба...»

²⁷ См. «Предисловие книги Зоар», статью «Манула и мифтеха», п. 42, со слов: «И сказано, что "(эта печать) скрыта в ней, подобно тому, как кто-то прячет всё, закрывая под один ключ". Иными словами, хотя сам Атик и отмечен печатью нижней "хэй ה", все же та печать, которая утвердилась в Арих Анпине благодаря Атику, не похожа на печать самого Атика, потому что Арих Анпин отмечен печатью посредством "мифтехи (ключа)", т.е. атэрет Есода, которому недостает Малхут...»

тогда «вав-далет ו"ד» наполнения «йуд י» становится ее нуквой, самой по себе, и это «хэй ה» в пяти скрытиях, как уже говорилось; «"другое – в скрытии"», – то есть она облачена в ИШСУТ, и тогда считается ИШСУТ нуквой «йуд י», а «вав-далет ו"ד» включается тогда в «йуд י» в качестве захара. И поэтому есть две «хэй ה».

20) «"В "Книге тайн" Ханоха" сказано: "Хэй" стоит на пяти опорах, выходящих из светила (буцины)"», Бины Арих Анпина, т.е. «вав-далет ו"ד» наполнения «йуд יו"ד», и это высшая Има. «"И тогда эта "хэй" выводит пять других столпов" – то есть первую хэй де-АВАЯ (הויה), называемую ИШСУТ. "И находится эта "хэй" в тайне десяти" – т.е. пять ее опор и пять опор хэй де-АВАЯ, которые вместе находятся в месте йуд.[28] "И когда отделяется"» «хэй ה» де-АВАЯ (הויה) от «хэй ה» де-«вав-далет ו"ד», что в наполнении «йуд י», и возвращается на свое место, «"эта "хэй ה" стоит на" пяти "опорах", где четыре опоры – это три линии и Малхут, принимающая их, а пятая – это точка в середине их. И эти четыре опоры включены друг в друга таким образом, что есть три линии в каждой из четырех опор, всего – двенадцать. "И это – тринадцать свойств милосердия (рахамим), с одной дополнительной ступенью над ними"» – с точкой, находящейся в середине этих четырех опор. И они получают от тринадцати свойств милосердия, имеющихся в дикне Арих Анпина.

21) «"И они – двенадцать столпов в шести окончаниях (ВАК)"». Ибо ИШСУТ – это ВАК Абы ве-Имы. И эти двенадцать светят в каждом окончании в них. И они по числу – имя «аин-бет (72)», ибо шесть раз по двенадцать – это семьдесят два (аин-бет). «"И иногда они считаются" именем "мем-бет (42)"», т.е. в самих ИШСУТ, "а иногда "аин-бет (72)", но" это "когда они опускаются вниз"», в ВАК Зеир Анпина, ибо только там светит имя «аин-бет (72)». «"А здесь", в ИШСУТ, "распространяются"» от «аин-бет (72)» «"тропинки в каждую сторону, и это тридцать две" тропинки Хохмы, и если отнять тридцать две от семидесяти двух, "остается сорок, и вместе с двумя ознаим, правым и левым", и ознаим (досл. уши) – это Бина, правое – Исраэль Саба, левое – Твуна, являющиеся корнями светов, "их сорок два"», т.е. имя «мем-бет (42)». «"Это сорок две высшие буквы, т.е. большие буквы в Торе"».

---

[28] См. выше, п. 18, со слов: «Пояснение сказанного...»

22) «"Поскольку есть большие буквы, и есть малые буквы. Большие буквы находятся наверху", в Бине, "а малые буквы – внизу", в Малхут. "И все внизу", в Малхут, "подобно имеющемуся наверху", в Бине. "Ибо есть святые высшие имена", находящиеся в Бине, "которые притягиваются только желанием духа и сердца, без всякой речи. А есть святые нижние имена", находящиеся в Малхут, "которые притягиваются с помощью речи, и также посредством привлечения мысли и желания к ним"».

23) «"А есть другие имена внизу, которые от ситры ахра, и это на нечистой стороне, и они притягиваются только лишь желанием действия внизу, чтобы поднялось у них желание действия внизу. Ибо ситра ахра не пробуждается иначе, как действиями этого мира, чтобы оскверниться ими. Как Билам и сыны востока, и все те, которые заняты этой стороной"», которые пробуждали ее посредством того, что выполняли действия внизу для пробуждения ее.

24) «"И эти", что от ситры ахра, "не находятся среди записанных двадцати двух букв Торы, кроме двух, и это "хэт ח" и "куф ק"». Клипа Есода называется «хэт ח», и это сыны Хета, которые договаривались с Авраамом о пещере Махпела. А клипа Малхут называется «куф ק».²⁹ "И они поддерживают их", ситру ахру, "поддержкой трех букв "шин-куф-рейш שקר (шекер ложь)"», которые удерживаются в них. "Но эти "хэт ח" и "куф ק" чаще встречаются у них. И поэтому в псалме Давиду³⁰ написана "вав ו" в каждом отрывке"» посередине отрывка, после значка «этнахта», «"в каждой букве", то есть в каждом отрывке, где каждый отрывок начинается с определенной буквы алфавита. "Кроме тех двух, (что начинаются) с "хэт ח" и "куф ק", где не написана "вав ו"». Как сказано: «Милостив (ханун חַנּוּן) и милосерден Творец, долготерпелив и велик милостью»³¹ – нет в нем «вав ו» (перед) «долготерпелив и велик милостью». И также: «Близок Творец ко всем призывающим Его, ко всем, кто призывает Его в истине»³². Ведь не сказано: «И ко всем (וּלְכֹל), кто призывает Его в истине». «Потому, что "вав ו" – это имя Творца"», – т.е. средняя линия, объединяющая правую и левую, а ситра

---

²⁹ См. Зар, главу Трума, п. 475.
³⁰ Писания, Псалмы, 145.
³¹ Писания, Псалмы, 145:8. «Милостив (ханун חַנּוּן) и милосерден Творец, долготерпелив и велик милостью».
³² Писания, Псалмы, 145:18. «Близок Творец ко всем призывающим Его, ко всем, кто призывает Его в истине».

ахра не желает средней линии, поэтому в буквах, где есть удержание ситры ахра, не пишется «вав ו» в середине отрывка, чтобы показать, что есть в них удержание для ситры ахра.

25) Возвращается к первому вопросу[33] и говорит: «"И поэтому это сорок две буквы, которыми создан этот мир.[34] Таким образом, эта высшая "хэй ה" де-АВАЯ (הויה) "равна "цади-бет (92)"», т.е. сорок (мем), которые остались от «аин-бет (72)» в ней, и два ознаим (уха), правое и левое, – всего сорок два, и пять опор ее, каждая состоит из десяти, – всего пятьдесят. Пятьдесят и сорок два – вместе девяносто два (цади-бет). «"Их девяносто (цади) без двух ознаим, правого и левого, и это тайный смысл сказанного: "И разве Сара, девяностолетняя, родит?!"[35] Потому что Сара указывает на Иму, т.е. высшую хэй де-АВАЯ. "Но она – в значении девяносто два", т.е. с двумя ознаим. "А когда добавляется к ним ступень обрезания", т.е. Есод, "и это восьмой небосвод, и устанавливается в восьмой день", поскольку обрезание совершается в восьмой день, то девяносто два и восемь Есода – "это сто. И это, безусловно, сто благословений, которыми должна Кнессет Исраэль", Малхут, "украшаться каждый день. И все это – в тайне "хэй ה"».

26) «"Эта "хэй ה", ее форма – в двух "нун נ", являющихся тайной ста"», т.е. две «хэй ה», в которых есть десять опор, каждая из которых состоит из десяти, – это сто. Одна «хэй ה» – это «"пять опор и строений (меркавот), исходящих из светила"», т.е. Бины Арих Анпина, высшей Имы, т.е. «вав-далет ו"ד» наполнения «йуд י», а вторая «хэй ה» – «"это пять других" опор, "исходящих из него"», и это первая «хэй ה» де-АВАЯ (הויה), т.е. ИШСУТ, и десять опор двух «хэй ה» – это два «нун נ». «"Поэтому форма их такая: "נ`ן" – два "нун ן" и точка, стоящая посередине. И поэтому "вав ו" находится между ними всегда, в таком виде: "נון", ибо здесь место" Зеир Анпина, обозначаемого вав, "чтобы украситься", т.е. получить мохин де-ГАР. И хотя есть другие тайны в свойстве "хэй ה", но эти находятся в тайнах книги Ханоха, и это безусловно, так"».

---

[33] См. выше, п. 8.
[34] См. выше, п. 22.
[35] Тора, Берешит, 17:17. «И пал Авраам ниц, и засмеялся, и сказал в сердце своем: "Чтобы у столетнего родился! И разве Сара, девяностолетняя, родит?!"»

27) «"И когда она установилась только в пяти", то есть после того, как отделилась хэй де-АВАЯ от высшей Имы, и пришла на свое место, "она в одной точке, стоящей в тайне "нун ן", в виде "נון", т.е. слышится таким образом при произношении, что вав – это "одна точка посередине их, властвующая над ними. И всё это одно целое, как уже говорилось. Счастливы, те, кто знает пути Торы, чтобы идти путями истины, счастливы они в этом мире, и счастливы они в мире будущем"».

28) «"Третья тайна – это буква "вав ו" де-АВАЯ. "Эта буква – тайна образа Адама"», Зеир Анпина, у которого АВАЯ (היוה) с наполнением «алеф א», и это в гематрии «Адам (אדם)», т.е. «МА (45)», «"как мы учили. Ведь мы объясняли,[36] что эта буква", т.е. вав, указывающая на три окончания в нем, "стоит на двенадцати строениях (меркавот)", и эти двенадцать светят в каждом окончании, имеющемся в вав. И двенадцать раз по шесть – это семьдесят два (аин-бет).[36] "И когда они делятся" на три трети, "их двадцать четыре строения (меркавот)", ибо трижды двадцать четыре – это семьдесят два (аин-бет). "Ибо в эту букву включено распространение образа Адама соответственно зроо́т (рукам)", Хесед и Гвура, "и ереха́им (бедрам)", Нецах и Ход, "и гуф (телу)", Тиферет и Есод. "И органы их, это двадцать четыре – в зроот", и двадцать четыре – "в ерехаим", и двадцать четыре – "в гуф. И мы же учили: но все они скрыты в гуф", Тиферет, "и этот гуф находится во всех этих двадцати четырех", которых три. "И все" семьдесят два "строения (меркавот) включены в тело, и поскольку все включены в него, стоит эта вав в одном распространении"» – в одной линии, включающей их все.

29) И объясняет: «"Одно тело, включающее двадцать четыре строения (меркавот), и это рош вав, – есть в нем шесть" строений (меркавот), "а гуф буквы вав, – есть в нем восемнадцать" строений, шесть и восемнадцать – это двадцать четыре. "И хотя всех строений – двенадцать в каждом окончании" из шести окончаний (ВАК), а шесть раз двенадцать – это семьдесят два, а не двадцать четыре, конечно же, "во всех них стоит тело. Но в" отношении "двадцати четырех", т.е. когда тело считается одной третью из этих семидесяти двух, как сказано выше, "они" объясняются так: "шесть в рош", т.е. ХАГАТ НЕХИ рош, – "это те органы, в которых размещается рош", т.е. ГАР,

---

[36] См. выше, п. 14.

называемые рош; а восемнадцать – это "восемнадцать звеньев" позвоночника, "на которых держится рош и на которые опирается тело"».

Объяснение. Рош Царя устанавливается на Хеседе и Гвуре,[37] и это значит, что недостает ему ГАР, и в нем есть только ВАК де-рош. И это означает сказанное: «Это те органы, в которых размещается рош», т.е. это келим, отмеряющие его ГАР. Но раскрытие ВАК де-рош происходит не в месте рош, а в гуф, т.е. на трех линиях в гуф, и ВАК де-рош раскрываются в каждой из линий. И три раза по шесть – это восемнадцать, и это восемнадцать звеньев в позвоночнике. И это означает сказанное: «Восемнадцать звеньев, на которых держится рош и на которые опирается тело», так как три линии в гуф раскрывают свечение Хохмы в рош. И считается, что рош держится на них, и всё тело держится на них.

30) «"И все" двадцать четыре строения (меркавот) – "это одно распространение в рош и гуф" вав. "И эти шестьдесят" сфирот – "все их включает" вав, "и это тайна шести" сфирот ХАГАТ НЕХИ, каждая из которых состоит из десяти. "И поэтому величина буквы вав: рош" вав – "он действительно в шести точках", ХАГАТ НЕХИ, "а гуф" вав – "в восемнадцати, и таким образом проясняются все тайны, которые включены в гуф, потому что зроот и ерехаим", т.е. Хесед и Гвура, и Нецах и Ход, "находятся в скрытии", поскольку являются двумя высшими линиями, которые светят лишь благодаря средней линии, объединяющей их друг с другом, и это вав. "И поэтому всё включено в букву вав и ее форму"».

31) «"И когда проявляется совершенство этой буквы" вав, т.е. средней линии, "тогда перекрываются все плохие стороны и отделяются от луны", Малхут, "и не покрывают ее. Потому что когда она", средняя линия, "пробивает все купола небосводов и светит ей", Малхут, "обвинитель не может причинить никакого вреда. А когда она уходит", т.е. вав, средняя линия, "тогда поднимается обвинитель, и уводит с пути и искушает, и может

---

[37] См. Зоар, главу Мишпатим, п. 520. «Мы учили тайну тайн: рош Царя устанавливается на Хеседе и Гвуре…»

обвинить всех пребывающих в мире, поскольку он – "царь старый, да глупый"³⁸, и мы это уже объясняли"».

32) «"Вав" де-АВАЯ – "это свет, светящий луне", Малхут. "И хотя много светов включено в нее", в вав, т.е. в Зеир Анпин, "свет, который светит луне – это лишь одно распространение, чтобы наполнить ее. И он", Зеир Анпин, – "это тайна "א (алеф)"», форма которой – «вав ו» посередине двух «йуд י», справа и слева от нее. То есть Зеир Анпин – это средняя линия, согласовывающая и объединяющая правую и левую (линии). И поэтому правая и левая линии слиты в ней в виде двух «йуд י» в «алеф א». В виде «трое выходят из одного, а один удостаивается трех»³⁹. И он «"записан во всех этих тайнах", что в алеф. "И когда он светит луне", Малхут, "он светит ей в свойстве "вав ו"», форма которой – одна линия, и это распространение только средней линии, которая не является ни правой, ни левой, а распространением, состоящим из них обеих.

33) «"И в книге Адама Ришона, в формах букв", говорит, что форма "вав – это одна точка сверху", указывающая на йуд де-АВАЯ, "и пять точек внизу", и они – первая хэй де-АВАЯ, и это пять точек, являющихся пятью опорами.⁴⁰ "И также мера его", вав де-АВАЯ, Зеир Анпина, "она в таком виде"», т.е. содержит в себе йуд-хэй де-АВАЯ, и это – «бен (порождение) йуд-хэй». «"И каждая точка", из шести точек в нем, "стоит в десяти, т.е. нет у тебя точки, которая не восполняется до десяти, ибо у каждой точки есть девять опор и строений (меркавот)", и они – рош-тох-соф в ней, так что каждая из рош-тох-соф состоит из трех линий.⁴¹ И это три точки, в виде ·.·,⁴¹ а суть этой точки – восполняющая до десяти. Ибо точка правой (линии) – это девять опор и строений для нее, и вместе с ней самой – это десять. И также – точка левой (линии), и также – в каждой стороне. И поэтому все точки, – каждая из них находится в совокупности десяти, она и строения (меркавот) ее. И все они включены в это распространение буквы вав, и поэтому

---

³⁸ Писания, Коэлет, 4:13. «Лучше отрок бедный, но умный, чем царь старый, да глупый, не умеющий остерегаться».

³⁹ См. Зоар, главу Берешит, часть 1, п. 363. «Трое выходят благодаря одному, один находится в трех, входит между двумя, двое питают одного, и один питает многие стороны ...»

⁴⁰ См. выше, пп. 16-18.

⁴¹ См. выше, п. 11.

все они – в виде буквы "вав ו"», т.е. она в виде одной точки сверху и пяти точек внизу, как мы уже говорили.

34) «"И когда входит солнце", Зеир Анпин, "в луну", Малхут, "выходит из вав одно распространение, представляющее собой союз", Есод, "и он – в виде "гимель ג"», форма которой – «вав ו» и дополнительная точка в конце ее, т.е. венец, добавившийся к ней, и это экран в ней, который по своему свойству «поддерживающий бедных (гомель далим)», где «гимель ג» – это Есод, а «далет ד» – это Малхут. «"И это для того, чтобы войти в Нукву", т.е. Малхут. "И когда всё это включается в распространение буквы "вав ו", Зеир Анпина, "то он стоит, чтобы соединиться с Нуквой. И это скрытый смысл сказанного: "И ты приблизь к себе Аарона, брата твоего"⁴², т.е. он должен включить правую руку (зроа)", и это Хесед, называемый Аарон, "в гуф", т.е. в Моше, "и его сыновей с ним"⁴² – это все строения и опоры его. И левая рука (зроа)" включена в него, в Моше, который является строением (меркавой) для Зеир Анпина, т.е. вав, "как сказано: "Возьми левитов"⁴³. А левиты – это левая рука, т.е. Гвура. Для того, чтобы "вав ו", т.е. Моше, "включала всё в едином распространении, чтобы быть одним целым"».

35) «"И поэтому содержится единство в этой "вав ו", в правой, левой и средней", средняя – это Моше, правая – Аарон, левая – левиты. "И всё это – одно целое. И поэтому произошло одно распространение, и называется единым. И в "вав ו" содержится лишь одно распространение", т.е. одна линия, "и это тайна – "единый"».

36) «"Последняя "хэй ה" де-АВАЯ (הויה), Малхут, "стала единым гуф в этой средней точке", т.е. несмотря на то, что она один гуф в десять сфирот, всё же основа в ней – средняя точка, Малхут, а остальное – только благодаря включению. "И вошла в нее "вав ו" де-АВАЯ (הויה), Зеир Анпин, "и "вав ו" находится между двумя точками: одна – сверху", Има, "а другая – снизу", Малхут. "И тогда соединяется высший мир", Бина, "с нижним миром", Малхут, "и они – одно целое"».

---

⁴² Тора, Шмот, 28:1. «И ты приблизь к себе Аарона, брата твоего, и его сыновей с ним из среды сынов Исраэля для его служения Мне: Аарона, Надава и Авиу, Эльазара и Итамара, сыновей Аарона».

⁴³ Тора, Бемидбар, 3:44-45. «И говорил Творец Моше так: "Возьми левитов вместо всех первенцев среди сынов Исраэля, и скот левитов вместо их скота, и будут Моими левиты, – Я Творец"».

37) «Сказал рабби Эльазар: "Ерехаим (бедра) внизу", т.е. Нецах и Ход, "которые в свойстве буквы "вав ו", Тиферет, "откуда нам известно, что они включились в букву вав?" Сказал ему: "Поскольку написано: "Помните Тору Моше, раба Моего"⁴⁴, но не написано: "Пророка Моего", чтобы показать, что всё включено в "вав ו"», т.е. Тиферет, а «пророки» – это Нецах и Ход, включенные в Моше, Тиферет. И поэтому нет необходимости писать: «Моше, пророка Моего». «"И буква "вав ו" называется "един", и только она – одно целое, и единое распространение, как выяснилось"».

---

44 Пророки, Малахи, 3:22. «Помните Тору Моше, раба Моего, которую Я заповедал ему в Хорэве для всего Исраэля, уставы и законы».

ГЛАВА ТЕЦАВЕ

И ты приблизь к себе

38) «"И ты приблизь к себе Аарона, брата твоего, и его сыновей с ним из среды сынов Исраэля для его служения Мне"⁴⁵. Сказал рабби Шимон: "Не соединялся Моше, т.е. солнце, с луной", Малхут, "пока не включился со всех сторон в букву "вав ו", как мы объясняли"⁴⁶, т.е. (пока не) включился в Аарона и в левитов, правую и левую (стороны). "Смотри, что сказано: "Из среды сынов Исраэля для его служения Мне"⁴⁵. "Для служения (לְכַהֵן) Мне", – не сказано, но "для его служения (לְכַהֲנוֹ) Мне", с дополнительной вав, что означает: "для его служения, для служения этой буквы вав, – для его служения, конечно"», и это подобно тому, как если бы было написано: «Для служения вав (ו) (לְכַהֵן)», т.е. Тиферет, «"Мне"⁴⁵ – т.е. букве "хэй ה", Малхут, "чтобы ввести и соединить букву "вав ו" в "хэй ה", чтобы все стало одним целым. Счастливы Исраэль, которые вошли" в тайны Торы "и вышли, и знают тайны путей Торы, чтобы идти путем истины"».

39) Спрашивает: «"Почему "из среды сынов Исраэля"⁴⁵?" И отвечает: "Поскольку всё это не называется" единым, "чтобы быть единым как подобает, если не исходит "из среды сынов Исраэля"⁴⁵. Потому что сыны Исраэля стоят внизу, чтобы открывать пути и освещать тропинки, и зажигать лампады", т.е. высшие сфирот, "и приближать всё снизу вверх, чтобы всё стало единым. И поэтому сказано: "А вы, прилепившиеся к Творцу"⁴⁷».

40) «"И ты приблизь к себе"⁴⁵. Сказал рабби Шимон: "Всё приближается благодаря тому, кто умеет устанавливать единство и служить Господину своему. Ведь когда жертва приносится надлежащим образом, всё сближается вместе", т.е. стороны, правая и левая, "и пребывает в мире свечение лика" Творца "в Храме, а ситра ахра покорена и скрыта, и правит сторона святости в свете и радости. А когда жертва не приносится надлежащим образом, или единство не было (установлено) как должно, тогда лик Его печален, и отсутствует свет, а луна", Малхут, "скрыта. И ситра

---

⁴⁵ Тора, Шмот, 28:1. «И ты приблизь к себе Аарона, брата твоего, и его сыновей с ним из среды сынов Исраэля для его служения Мне: Аарона, Надава и Авиу, Эльазара и Итамара, сыновей Аарона».
⁴⁶ См. выше, п. 24.
⁴⁷ Тора, Дварим, 4:4. «А вы, прилепившиеся к Творцу Всесильному вашему, – живы все вы ныне».

ахра правит миром, потому что нет того, кто сумел бы произвести соединение святого имени как подобает"».

41) «Сказал рабби Шимон: "Творец не испытывал Иова, и не собирался подвергать его испытанию, подобно испытанию остальных праведников. Ведь не сказано о нем: "И Всесильный испытал Иова", как сказано об Аврааме: "И Всесильный испытал Авраама"[48], когда тот собственными руками связал своего единственного сына для принесения Ему в жертву. А Иову не давал и не посылал ничего, и не было сказано ему", чтобы отдал. "Но он был предан в руки обвинителю по приговору суда Творца. И Он навел на него обвинителя, о чем тот даже не просил. Потому что обвинитель всегда готов действовать против людей. А здесь Творец навел обвинителя на него, как сказано: "Обратил ли ты внимание на раба Моего, Иова?"[49] Но это является глубокой тайной"».

---

[48] Тора, Берешит, 22:1-2. «И было: после этих событий Всесильный испытал Авраама, и сказал ему: "Авраам!". И он сказал: "Вот я!". И Он сказал: "Возьми сына твоего, единственного твоего, которого ты любишь, Ицхака, и пойди в землю Мория, и принеси его там во всесожжение на одной из гор, которую Я укажу тебе"».

[49] Писания, Иов, 1:8. «И сказал Творец Сатану: "Обратил ли ты внимание на раба Моего, Иова, что нет подобного ему на земле? Человек он непорочный и справедливый, богобоязненный и удаляющийся от зла"».

ГЛАВА ТЕЦАВЕ

И было по прошествии дней

42) «Провозгласил и сказал: "И было по прошествии дней, и принес Каин от плодов земли дар Творцу"[50]. "И было по прошествии дней"[50] – это тайна, "по прошествии дней (ми-кец ямим מִקֵּץ יָמִים)"[50], и это нечистота, а не "по прошествии дней (ми-кец ямин מִקֵּץ יָמִין)", и это святость,[51] – отверг "кец ямин (קֵץ יָמִין)" и приблизился к "кец ямим (קֵץ יָמִים)". И мы объясняли сказанное: "Ты же иди к концу"[52]. Сказал Творец Даниэлю: "Ты же иди к концу"[52]. Спросил у Него: "К какому концу – концу ямим или концу ямин?" Пока Он не сказал ему: "К концу ямин (לְקֵץ הַיָּמִין)"[52]».

43) «"И этого боялся Давид, как написано: "Сообщи мне, Творец, конец мой и меру дней моих"[53], – это конец дней "кец ямим (קֵץ יָמִים)" или "кец ямин (קֵץ יָמִין)"? А здесь", о Каине, "что сказано: "И было по прошествии дней (ми-кец ямим מִקֵּץ יָמִים)"[50], а не "по прошествии дней (ми-кец ямин מִקֵּץ יָמִין)". И поэтому не было принято его жертвоприношение, ибо все было от ситры ахра"».

44) «"Посмотри, что написано: "А Эвель, он тоже принес от первородных стада своего"[50]. "Он тоже"[50] – это, чтобы включить всё одно в другое", – иначе говоря, внести дополнение, что в жертвоприношении Эвеля была также доля у ситры ахра, но и в жертвоприношении Каина была доля у святости. Только у Эвеля "всё жертвоприношение и основа его были Творцу, но дал долю ситре ахра, как сказано: "И от их туков"[50], – то есть тучное и хорошее было Творцу. "Каин же основу его (жертвоприношения) сделал для конца дней (ле-кец а-ямим לְקֵץ הַיָּמִים)", т.е. для ситры ахра, "и дал только часть Творцу. И потому был отвергнут он и жертвоприношение его"».

---

[50] Тора, Берешит, 4:3-5. «И было по прошествии дней, и принес Каин от плодов земли дар Творцу. А Эвель, он тоже принес от первородных стада своего и от их туков. И благоволил Творец к Эвелю и к дару его. А к Каину и к дару его не благоволил. И очень досадно стало Каину и поникло лицо его».

[51] См. Зоар, главу Ноах, статью «Конец всякой плоти», п. 76. «Конец правой – это, как мы уже говорили относительно окончания правой, сказал Творец Даниэлю: "Ты же иди к концу и успокойся"...»

[52] Писания, Даниэль, 12:13. «Ты же иди к концу и упокойся, и встанешь по жребию своему к концу дней».

[53] Писания, Псалмы, 39:5. «Сообщи мне, Творец, конец мой и меру дней моих – какова она, чтобы знать мне, когда я обрету покой!»

45) «"О Иове что написано: "И сходились сыновья его и устраивали пир"[54], и написано: "И было, когда завершались дни пиршества"[54], и написано: "И посылали позвать трех сестер своих, чтобы есть и пить с ними"[54], – и это та основа", которую он отдавал "ситре ахра, а затем приносил жертвы всесожжения, но жертва всесожжения – это захар (мужского пола), а не некева (женского), и вся поднимается наверх. А он не принес жертвоприношение, чтобы включить его как подобает"», чтобы дать также долю ситре ахра.

---

[54] Писания, Иов, 1:4-5. «И сходились (обыкновенно) сыновья его и устраивали пир, каждый в доме своем, в день свой, и посылали позвать трех сестер своих, чтобы есть и пить с ними. И было, когда завершались дни пиршества, то посылал (за сыновьями) Иов и приглашал их, и вставал рано утром, и возносил всесожжения по числу всех их, ибо говорил Иов: "Быть может, согрешили сыновья мои и хулили Творца в сердце своем". Так делал Иов во все дни».

ГЛАВА ТЕЦАВЕ

Дать долю ситре ахра

46) «"Смотри, если бы он давал долю всем", т.е. и ситре ахра, "не смог бы одолеть его затем обвинитель. И если ты скажешь: почему же Творец причинил ему зло?" за то, что он не давал доли ситре ахра. Что это за грех? И отвечает: "Потому что вызывал укрытие света и скрытие его, так как он не приносил другую жертву, чтобы насытить ею других", т.е. ситру ахра, у которой есть доля в жертвоприношениях,[55] "а приносил" только "всесожжение, которое поднимается наверх", и нет у ситры ахра доли в нем. "И поэтому сказано: "Так делал Иов во все дни"[54], – т.е. не давал доли ситре ахра, "но если бы ситра ахра насыщалась своей долей, она отстранилась бы от священной части и ушла бы от нее, а сторона святости поднималась бы всё выше и выше"».

47) «"Но он не хотел, чтобы наслаждался другой", т.е. ситра ахра", от его жертвоприношения, "и удалился от нее. Откуда нам это известно. Ибо написано: "И удаляющийся от зла"[56], т.е. отдалился от зла, чтобы не давать ему никакой доли. "И потому он всегда приносил всесожжение, так как от всесожжения нечистая сторона не наслаждается никогда. Поэтому всё, что ситра ахра забрала потом" у Иова, "забрала свое. И потому Иов привел к тому, что крайняя плоть покрыла святой союз, так как она не отстранялась от него", от святого союза. "Поэтому Творец возбудил против него того самого обвинителя, как написано: "Обратил ли ты внимание на раба Моего, Иова?"[56]»

Пояснение сказанного. Ибо сыновья Иова грешили едой и питьем в дни пиршества, т.е. напивались допьяна, из-за чего притягивалась крайняя плоть на святой союз. Иначе говоря, ситра ахра преграждала света, передаваемые от Есода миру. И это означает сказанное: «И это та основа ситре ахра»[57]. Иов же мог воспрепятствовать, но не препятствовал, а приносил за них жертву всесожжения (курба́н ола́). Если бы он приносил жертву за грех (курбан хата́т), то давал бы этим долю ситре

---

[55] См. Зоар, главу Ноах, п. 130, со слов: «И вместе с этим, ты поймешь внутренний смысл принесения в жертву козла на новомесячье, а также всех жертвоприношений…»
[56] Писания, Иов, 1:8. «И сказал Творец Сатану: "Обратил ли ты внимание на раба Моего, Иова, что нет подобного ему на земле? Человек он непорочный и справедливый, богобоязненный и удаляющийся от зла"».
[57] См. выше, п. 45.

ахра, и она отделилась бы от святости.[58] Но поскольку он приносил всесожжение, в котором нет доли у ситры ахра, она не отделялась от святости. Таким образом, Иов привел этим к тому, что крайняя плоть оставалась на святом союзе из-за грехов его сыновей, так как он не препятствовал им и не исправлял их посредством жертвоприношения. И это означает сказанное: «И потому Иов привел к тому, что крайняя плоть покрыла святой союз, так как она не отстранялась от него». И потому Иов вызывал покрытие святого союза крайней плотью, так как крайняя плоть не устранялась посредством жертвы всесожжения, как выяснилось.

48) «"Смотри, когда пожелал Творец соединиться с Исраэлем в Египте, время было неблагоприятным, потому что крайняя плоть", т.е. ситра ахра, "скрывала свет, пока не пришло время, и обвинитель не взял свое у Иова. И тогда велел Творец есть пасхальную жертву поспешно, т.е. пока ситра ахра была занята Иовом, и повелел удалить у них крайнюю плоть. И тогда соединился Творец с Исраэлем, а ситра ахра отделилась от святости, и занялась Иовом, и забрала свое. И тогда "это пасхальная жертва Творцу"[59], ибо до тех пор это не было пасхальной жертвой Творцу. Счастливы те, кто знает и устанавливает единство своего Владыки, как подобает"».

Объяснение. Ты уже знаешь, что свечение Хохмы раскрывается лишь во время раскрытия наказаний и судов, которые нисходят на нижних, привлекших Хохму сверху вниз.[60] Если же прекратилось раскрытие судов, то прекращается и свечение Хохмы, и это для того, чтобы изгнать в то время ситру ахра, желающую присасываться и привлекать Хохму сверху вниз.

И это смысл сказанного: «Когда пожелал Творец соединиться с Исраэлем в Египте», т.е. когда хотел раскрыть им свечение Хохмы, чтобы соединиться с ними, «время было неблагоприятным, потому что крайняя плоть скрывала свет», – поскольку крайняя плоть, т.е. ситра ахра, ждала времени раскрытия Хохмы, чтобы привлечь (ее) сверху вниз. И потому скрылось

---

[58] См. Зоар, главу Ноах, пп. 103-104.
[59] См. Тора, Шмот, 12:11. «Так ешьте его: чресла ваши препоясаны, обувь ваша на ногах ваших и посох ваш в руке вашей, и ешьте его поспешно – это пасхальная жертва Творцу».
[60] См. Зоар, главу Ваера, пп. 214-215, со слов: «"Один он – когда есть чистые звуки" – все пять становятся одним...»

и укрылось свечение Хохмы, и это определяется, что крайняя плоть скрывает и преграждает высший свет, чтобы он не проявлялся, «пока не пришло время, и обвинитель не взял свое у Иова», – т.е. до времени раскрытия наказаний и судов, которые терпят грешники, притянувшие Хохму сверху вниз, так как раскрытие этих судов изгоняет ситру ахра, и Хохма может светить.

И известно, что тайна пасхальной жертвы – это раскрытие свечения Хохмы. И это смысл сказанного: «И потому велел Творец есть пасхальную жертву поспешно, пока ситра ахра занималась Иовом», – так как свечение Хохмы приходит с вкушением пасхальной жертвы. И повелел Творец есть ее поспешно, что означает – не позднее времени раскрытия наказаний, которыми ситра ахра наказала Иова, ибо тогда нет опасения присасывания ситры ахра. И это означает сказанное: «И тогда "это пасхальная жертва Творцу", безусловно», – поскольку есть уверенность в том, что не притянут свечение Хохмы сверху вниз и не внесут пасхальную жертву во владение ситры ахра. «Ибо до тех пор это не было пасхальной жертвой Творцу», иными словами, если бы свечение Хохмы, приходящее с вкушением пасхальной жертвы, раскрылось не во время раскрытия наказаний, это было бы свечением не Творцу, а ситре ахра, так как притянули бы его сверху вниз.

49) «"Написано: "Не делай себе литых богов"[61], и после этого написано: "Праздник опресноков соблюдай"[62]. Спрашивает: "Как одно относится к другому?" И отвечает: "Однако, это объясняли так: тот, кто ест на Песах квасное, подобен тому, кто занимается идолопоклонством"».

50) «"Смотри, когда Исраэль вышли из Египта, они вышли из-под их власти, из-под власти другой" стороны, "из-под той власти, которая называется "квасное", "дурной хлеб". Поэтому идолопоклонство так называется", квасным. "И это злое начало, т.е. идолопоклонство, которое называется также закваской. И это злое начало, ибо таково злое начало в человеке – подобно закваске в тесте, оно постепенно проникает внутрь

---

[61] Тора, Шмот, 34:17. «Не делай себе литых богов».
[62] Тора, Шмот, 34:18. «Праздник опресноков соблюдай: семь дней будешь есть опресноки, как Я повелел тебе, в том месяце, когда ячмень колосится, – ибо в этом месяце вышел ты из Египта».

человека, а затем разрастается в нем, пока всё тело не смешивается с ним. Это и есть идолопоклонство, и потому написано: "Не будет у тебя бога чужого"[63]. "Бога чужого"[63], конечно же"».

---

[63] Писания, Псалмы, 81:10. «Не будет у тебя бога чужого, и не будешь ты поклоняться богу чужеземному!»

Отстраняйтесь от человека, чья душа в гневе его

51) «"Праздник опресноков соблюдай"⁶². Рабби Йегуда провозгласил: "Отстраняйтесь от человека, чья душа в гневе его, ибо что он собой представляет"⁶⁴. В чем смысл слов: "Отстраняйтесь от человека"⁶⁴? Неужели" пророк "предупредил о том, чтобы избегать других людей, а также, чтобы остальные" люди "отстранялись от него? И тогда люди не будут сближаться друг с другом никогда?" И отвечает: "Однако, объяснили это изречение так: кто рано подходит к вратам другого, чтобы приветствовать его"», прежде чем благословляет Творца, о нем и сказано: «Отстраняйтесь от человека, чья душа в гневе его, ибо что он собой представляет»⁶⁴.

52) «"А я объяснял это изречение"», «Отстраняйтесь от человека, чья душа в гневе его, ибо что он собой представляет»⁶⁴, «"вместе с другим изречением, как написано: "Благословляющий ближнего своего громким голосом рано утром, – как проклятье зачтется ему"⁶⁵. И, несмотря на то, что все правильно"», то есть, несмотря на то, что он уже благословил Творца, и потому не нужно предупреждать: «Отстраняйтесь»⁶⁴. «"Однако, что значит: "Отстраняйтесь от человека, чья душа в гневе его"⁶⁴? Тем самым повелел Творец человеку и предупредил его, чтобы он остерегался людей, которые увели свои пути с хорошего пути, (перейдя) на плохой путь, и оскверняют себя скверной другой"» стороны.

53) «"Ибо когда сотворил Творец человека, Он сделал его в высшей форме и вдохнул в него дух святости, состоящий из трех частей: нефеш, руах и нешама. Нешама находится выше всех, так как она – высшая сила, предназначенная для того, чтобы знать и соблюдать заповеди Творца. Если же человек вносит эту святую душу в другое служение, то оскверняет ее и отходит от служения своему Владыке. Ибо все три эти силы едины: нефеш, руах и нешама действуют сообща. И они едины по высшему подобию"», т.е. Бина, Зеир Анпин и Малхут

---

⁶⁴ Пророки, Йешаяу, 2:22. «Отстраняйтесь от человека, чья душа в гневе его, ибо что он собой представляет».
⁶⁵ Писания, Притчи, 27:14. «Благословляющий ближнего своего громким голосом рано утром, – как проклятье зачтется ему».

– они едины, так же нефеш, руах и нешама – они едины, ибо происходят от них.

54) «"Если мы видим человека, в котором есть все эти ступени", нефеш, руах и нешама, "но он еще достоверно не узнал, кто он такой, – откуда нам знать, может ли человек приближаться к нему или должен избегать его? И вот, когда он в настоящем гневе, человек распознает его и узнает, кто он. Если он хранит эту святую душу (нешама) в час гнева своего, чтобы не искоренить ее с места ее, чтобы не пришел властвовать вместо нее чужой бог, – то это человек достойный, это раб своего Владыки, это человек цельный"».

55) «"Но если этот человек не хранит ее, и он искореняет эту высшую святость", из-за того что разгневан, "и водворяет вместо нее ситру ахра, то это, безусловно, человек, который восстал против своего Владыки, и нельзя приближаться к нему и соединяться с ним. И это: "Раздирающий душу в гневе своем"[66] – он раздирает и искореняет душу свою из-за гнева своего, и сам водворяет чужого бога. И о нем сказано: "Отстраняйтесь от человека, чья душа в гневе его"[64], так как он раздирает эту святую душу и оскверняет ее из-за своего гнева", то есть из-за того, что пришел в гнев, "и променял свою душу на гнев. "Ибо что (ба-мэ́ – בַּמֶּה) он собой представляет?"[64] Человек этот представляет собой алтарь (бама́ – בָּמָה)" для совершения "идолопоклонства"».

56) «"И тот, кто соединяется с ним, кто говорит с ним, как будто на самом деле соединяется с идолопоклонством. И почему? Потому что идолопоклонство действительно царит в нем", т.е. чужой бог. "Более того, он искоренил высшую святость со своего места и водворил вместо нее идолопоклонство, чужого бога. Так же как о чужом боге написано: "Не обращайтесь к идолам"[67], точно так же нельзя смотреть в лицо ему"», гневающемуся.

57) «"И если скажешь: ведь есть гнев мудрецов?" И отвечает: "Гнев мудрецов хорош во всех отношениях, ибо мы учили, что

---

[66] Писания, Иов, 18:4. «Раздирающий душу в гневе своем! Из-за тебя ли опустеет земля и скала сдвинется с места своего?».

[67] Тора, Ваикра, 19:4. «Не обращайтесь к идолам и богов литых не делайте себе: Я – Творец, Всесильный ваш».

Тора – это огонь, и Тора распаляет его, как написано: "Ведь слово Мое подобно огню", – сказал Творец[68]. Гнев мудрецов – он в речениях Торы, гнев мудрецов призван воздать славу Торе, и все это – для служения Творцу. Поэтому сказано: "Ибо Творец Всесильный твой – пожирающий огонь Он, Бог-ревнитель"[69]».

58) «"Но если" этот гнев – "он в других вещах", а не в словах Торы, "это не служение Творцу, ибо все прегрешения, совершаемые человеком, – не настоящее идолопоклонство", каким является гнев. "И нельзя приближаться к этому. И если ты скажешь, что он лишь на краткое время совершил нарушение" и разгневался, "но затем раскаялся, то это не так, ибо из-за того, что он искоренил святость своей души из себя и с места ее, и тот самый бог чужой захватил это место, он усиливается в нем и не оставляет его. За исключением (того случая), когда человек совершенно очищается и искореняет из себя" чужого бога "навечно, а затем старается освятиться и привлечь на себя святость". Тогда "дай Бог, чтобы освятился". Сказал рабби Йоси: "Он очищается по-настоящему"».

59) «Сказал ему: "Смотри, когда человек искореняет святость своей души и воцаряется вместо нее чужой бог, зовущийся нечистым, тогда оскверняется человек и оскверняет того, кто приближается к нему, и святость искореняется из него, и если искоренилась из него однажды – что бы человек ни делал, она не вернется больше на свое место"».

60) «Сказал ему: "Если так, насколько же осквернены очищающиеся?" Сказал ему: "Другая скверна отличается от этой, так как не способна сделать больше", чем осквернить его снаружи. "Но это", гнев, "отличается от всего, так как оскверняет всё его тело изнутри и снаружи, и душа и всё оскверняется. Но остальные нечисто́ты мира оскверняют тело лишь снаружи. И потому сказано: "Отстраняйтесь от человека, чья душа в гневе его"[64], – т.е. он променял святость своего Владыки на собственный гнев. И это нечистота, которая оскверняет всё. "Ибо что (ба-мэ́ בַּמֶה) он собой представляет?"[64], – конечно, он представляет собой алтарь (бама́ בָּמָה) идолопоклонства"».

---

[68] Пророки, Йермияу, 23:29. «Ведь слово Мое подобно огню, – сказал Творец, – и подобно молоту оно разбивает скалу».

[69] Тора, Дварим, 4:24. «Ибо Творец Всесильный твой – пожирающий огонь Он, Бог-ревнитель».

61) «"Смотри, этого гнева, который является идолопоклонством, ситрой ахра, как мы уже сказали, человек должен остерегаться и обособляться от него. И поэтому сказано: "Не делай себе литых богов"[70]. "Себе"[70] означает – чтобы "не навредить себе. А после этого сказано: "Праздник опресноков соблюдай"[71]. "Соблюдай"[71] означает – сторону святости, которую человек должен хранить, и не променять ее на ситру ахра. И если променял ее" на ситру ахра, "то он нечист и оскверняет всякого, кто приближается к нему"».

---

[70] Тора, Шмот, 34:17. «Не делай себе литых богов».
[71] Тора, Шмот, 34:18. «Праздник опресноков соблюдай: семь дней будешь есть опресноки, как Я повелел тебе, в том месяце, когда ячмень колосится, – ибо в этом месяце вышел ты из Египта».

Опресноки и отсчет Óмера

62) «"Праздник опресноков соблюдай"[71]. Это место, которое называется "соблюдай (шамор (שָׁמוֹר))"», т.е. Малхут, называемая «соблюдай (шамор (שָׁמוֹר))», «"и потому написано: "Праздник опресноков соблюдай: семь дней будешь есть опресноки, как Я повелел тебе"[71]. Эти семь дней" праздника опресноков "не похожи на семь дней Суккот", потому что у Суккот "они высшие", т.е. семь сфирот ХАГАТ НЕХИМ Бины, и ЗОН поднялись и облачили их. А эти (дни), праздника опресноков, – "это нижние", т.е. семь сфирот ХАГАТ НЕХИМ Малхут. "И потому в эти", дни Суккот, "произносят полную молитву "Алель", а в эти", дни праздника опресноков, "не произносят полную молитву "Алель". И поскольку это" семь дней "внизу" Малхут, "написано: "Семь дней будешь есть опресноки"[71]. "Опресноки (мацо́т מַצֹּת) написано без "вав ו", чтобы указать на то, что еще не воцарились над ними высшие дни свойства "вав ו"», Зеир Анпина.

63) «"И если скажешь, что эта тайна праздника опресноков освятилась", потому что в первую ночь Песаха ЗОН освятились и получили мохин высших Абы ве-Имы, т.е. поднялись и облачили их, "в таком случае, почему опустилась" Малхут снова "ниже своего места, – ведь мы учили, что поднимают в святости, а не опускают? Почему же она опустилась" от Абы ве-Имы "вниз, в эти семь нижних дней?"»

64) «"Смотри, написано: "И совершит он искупление за себя, и за свой дом, и за все общество Исраэля"[72], – чтобы указать, что тот, кто совершает искупление, должен искупить себя сначала, а затем – свой дом. Подобно этому, эта ступень", Малхут, "начала освящаться и выходить в святость", в первую ночь Песаха, "чтобы искупить себя, и когда она освятилась, должна искупить свой дом и освятить их. И поэтому она спустилась вниз, чтобы освятить свой дом. И с помощью чего освятила их? С помощью Исраэля, что внизу. А после того как они освятились, нужно поднять ее наверх, ибо когда дом Госпожи (Матрониты)", т.е. Малхут, "освящается, тогда она поднимается наверх, чтобы связаться с высшими днями наверху"».

---

[72] Тора, Ваикра, 16:17. «И никого не будет в Шатре собрания, когда входит он для искупления в Святилище, до выхода его. И совершит он искупление за себя, и за свой дом, и за все общество Исраэля».

Объяснение. Известно, что нет исчезновения в духовном. И любое изменение места не означает, что (кто-то) оставил и исчез из первого места и пришел во второе место, но здесь есть прибавление места, когда полностью остается в первом месте, и также приходит во второе место. Таким образом, в первую ночь Песаха, когда ЗОН поднялись к Абе ве-Име, и Нуква установилась с мохин Абы ве-Имы, ведь Нуква осталась также и на своем месте внизу. И это ХАГАТ НЕХИМ Нуквы, оставшиеся на ее месте внизу, называемые домом Нуквы, ведь это похоже на то, что Нуква поднялась наверх и не взяла с собой свой дом, и получается, что большое исправление, полученное Нуквой в первую ночь Песаха, совсем не дошло до ее дома, который остался внизу.

И это смысл сказанного: «Тот, кто совершает искупление, должен искупить себя сначала, а затем – свой дом. Подобно этому, эта ступень начала освящаться и выходить в святость, чтобы искупить себя». В первую ночь Песаха (Малхут) начала освящаться в качестве «и совершит искупление за себя»[72], т.е. она сама получила исправление благодаря своему подъему, «и когда она освятилась, должна искупить свой дом», – потому что ее дом, т.е. ее ХАГАТ НЕХИМ, оставшиеся внизу и не поднявшиеся с ней, еще не получили искупление, т.е. мохин де-Има, называемые искуплением, так как День искупления – это Има.

«И поэтому она спустилась вниз, чтобы освятить свой дом», – и поэтому после первой ночи Песаха Малхут спустилась от Абы ве-Имы на свое место вниз, чтобы освятить свои семь сфирот, оставшиеся внизу. «И с помощью чего освятила их? С помощью Исраэля, что внизу», т.е. посредством того, что Исраэль исполняют слова: «Праздник опресноков соблюдай семь дней»[71]. И благодаря этому исправляются семь ее дней ХАГАТ НЕХИМ, оставшиеся внизу и называющиеся ее домом, в качестве «и за свой дом»[72], как было сказано выше. «А после того как они освятились, нужно поднять ее наверх, ибо когда дом Госпожи (Матрониты) освящается, тогда она поднимается наверх, чтобы связаться с высшими днями наверху», – а после того как эти семь дней получили исправление на своем месте, они должны снова поднять Малхут к Абе ве-Име, что осуществляется посредством отсчета Омера, как он выясняет далее.

65) «"Поэтому мы производим отсчет", т.е. отсчитываем дни Омера, "стоя на ногах, потому что дни, которые мы отсчитываем, – это высшие дни", т.е. сфирот Зеир Анпина, являющегося свойством захар. "И так в любое время, когда человек вступает в эти высшие дни" Зеир Анпина, "как в молитве, так и в восхвалении, он должен стоять на ногах, так как бёдра и тело" используются там, в Зеир Анпине, в равной мере, "вместе. И бедра и тело должны стоять, как мужчина (захар), стоящий в своей силе, а не как женщина (некева), которой присуще сидеть. А, кроме того, во имя славы высшего мира"» нужно стоять.

Объяснение. Свет захар, который светит сверху вниз, – это свойство ГАР. И потому его рош-тох-соф, т.е. ХАБАД ХАГАТ НЕХИ, должны целиком использоваться для облачения света. Поэтому и человек в молитве или в восхвалении Зеир Анпина, являющегося свойством захар, должен стоять на ногах – чтобы его НЕХИ, называемые раглаим (ноги), были задействованы. Однако, свет некевы светит снизу вверх, так как является свойством ВАК и ему недостает ГАР, и потому им нужны только рош и тох, т.е. ХАБАД ХАГАТ де-келим, которые облачат света де-руах нефеш. И оказываются НЕХИ, т.е. ноги, свободными, без света, и никак не используются, – как у того, кто сидит на стуле, ноги его бездействуют. Поэтому, когда человек возносит восхваления или молитву к Малхут, свойству некева, он тоже должен сидеть, не используя свои ноги.[73] Между келим и светами действует обратный порядок – кому недостает НЕХИ келим, тому недостает ГАР светов.

66) «"И поскольку" отсчет Омера, – "он является свойством захар", так как притягиваются высшие сфирот Зеир Анпина, "женщины освобождены от этого отсчета и не обязаны считать, но только мужчины, чтобы каждый установил связь как подобает. Подобно этому: "Да предстанет всякий мужчина твой"[74] – т.е. представать обязаны мужчины, а не женщины. Ведь тайна союза – она в захаре, а не в некеве. И поскольку эта тайна наверху", в захаре, в Зеир Анпине, "женщины не обязаны (считать)"».

67) «"И мы учили здесь тайну, что в каждые семь дней из этих высших дней" Зеир Анпина, "получает святость один день

---

[73] См. «Введение в науку Каббала», п. 24.
[74] Тора, Шмот, 23:17. «Трижды в год да предстанет всякий мужчина твой пред лицом Владыки, Творца».

из нижних (дней)" Малхут. "И этот нижний день" Малхут "называется неделей, поскольку он освятился от семи высших дней. И так в каждые семь дней из этих пятидесяти высших дней, до этого" пятидесятого "дня, не включительно", то есть пятидесятый день не включен в число дней, исправляющих нижние дни. "И когда сорок девять высших дней находятся внизу", в Малхут, "то освятились семь дней" ее. Ибо каждый день исправляется с помощью семи высших дней, когда с помощью ХАГАТ НЕХИМ Хеседа Зеир Анпина исправляется Хесед Малхут, а с помощью ХАГАТ НЕХИМ Гвуры Зеир Анпина исправляется Гвура Малхут, и так далее. "И каждый (день)", исправляющийся в Малхут, "называется неделей, потому что входит в эти семь" высших дней. "И потому написано: "Семь недель, полными должны они быть"[75], что указывает на семь нижних дней, ХАГАТ НЕХИМ Малхут, каждый из которых называется неделей. "И поскольку они некевот", так как являются семью сфирот Малхут, "Писание употребляет женский род"», как сказано: «Семь недель (шабато́т שבתות), полными должны они быть»[75].

68) «"И когда" семь сфирот Малхут "освятились ими", сорока девятью высшими сфирот, "и дом", т.е. семь сфирот Малхут, не получившие исправлений в первую ночь Песаха,[76] "исправился, чтобы соединилась жена со своим мужем", т.е. чтобы Малхут соединилась с Зеир Анпином, "тогда это называется праздником Шавуот (букв. праздником недель) по имени этих нуквʼ", т.е. семи сфирот Малхут, называемых семью неделями, "над которыми пребывают эти высшие дни", т.е. сорок девять дней Зеир Анпина, которыми они освятились. "И потому написано: "В седмицы ваши (досл. недели ваши)"[77] – это означает, "что они принадлежат вам. И не написано: "В недели (шавуот)", поскольку так же, как освятились семь сфирот Малхут, называемые неделями, освятились так же Исраэль внизу с ними"». Ибо Исраэль внизу зависят от святости Малхут, от которой они получают. И потому сказано: «В седмицы (недели) ваши»[77].

---

[75] Тора, Ваикра, 23:15. «И отсчитайте себе от второго дня празднования, от дня принесения вами омера возношения, семь недель, полными должны они быть».

[76] См. выше, п. 64, со слов: «Объяснение. Известно, что нет исчезновения в духовном...»

[77] Тора, Бемидбар, 28:26. «А в день первых плодов, когда приносите новое приношение хлебное в седмицы ваши, священное собрание да будет у вас; никакой работы не делайте».

69) «"И поэтому, когда приходят к сорока девяти дням, тот высший день, что над ними, пятидесятый день", Бина, "властвующий над сорока девятью днями", т.е. сорока девятью сфирот Зеир Анпина, "являющимися совокупностью Торы", т.е. Зеир Анпином, называемым Торой, "в которой есть сорок девять ликов, тогда этот высший день", т.е. пятидесятый день, Бина, "благодаря пробуждению нижних произвел Тору", т.е. Зеир Анпин, его мохин де-ГАР, "являющуюся совокупностью сорока девяти ликов"», которые исправились с помощью отсчета сорока девяти дней.

И птица находит дом

70) «Рабби Эльазар провозгласил и сказал: "И птица находит дом, и ласточка – гнездо себе, куда кладет птенцов своих"[78]. "И птица (ципо́р) находит дом"[78] – это птицы небесные, и некоторые из них вьют гнездо снаружи, а некоторые вьют гнездо в доме", в жилище человека. "Как ласточка (дрор – דרור) – птица небесная, которая помещает гнездо в доме любого человека и не боится. Почему? Потому что все называют ее "дрор". Что такое "дрор (דרור)"? Это свобода. Как сказано: "И возгласите свободу (дрор – דרור)"[79], и таргум его – свобода. И это птица дрор (ласточка). С того дня, как она свивает гнездо в доме и выводит птенцов, она живет в доме пятьдесят дней, а затем они расстаются друг с другом. И это птица, которая называется дрор", что означает – "свобода"», и указывает это на Бину. А Малхут называется ципор.

71) «"Смотри, что написано: "И освятите пятидесятый год, и возгласите свободу на земле"[79]. Пятидесятый год – это Бина, "и отсюда исходит свобода всем. И поскольку от него исходит свобода, Тора, исходящая от него", от Бины, "называется свободой. И потому написано: "Начертано на скрижалях"[80]. Читай не "начертано (хару́т – חָרוּת)", а "свобода (херу́т – חֵרוּת)". И это Тора, называемая свободой. Ибо то, что производит этот высший день", т.е. Бина, "называется свободой. И это свобода всем, и этот день – это высшая свобода, поскольку есть нижняя свобода и высшая свобода", т.е. "верхняя хэй", – Бина, "и нижняя хэй" – Малхут, и это "шмита́ (седьмой год)", т.е. Малхут, "и йовель (юбилей)", Бина, – "они как одно целое"», т.е. они облачают друг друга, и тогда Бина называется высшей свободой, а Малхут – нижней свободой.

---

[78] Писания, Псалмы, 84:4. «И птица находит дом, и ласточка – гнездо себе, куда кладет птенцов своих возле жертвенников Твоих, Властелин воинств, Царь и Всесильный мой».

[79] Тора, Ваикра, 25:10. «И освятите пятидесятый год, и возгласите свободу на земле всем ее обитателям. Юбилеем будет это для вас, и возвратитесь вы каждый к своему владению, и каждый к своему семейству возвратитесь».

[80] Тора, Шмот, 32:16. «А скрижали – деяние Всесильного они, и письмо – письмо Всесильного оно, начертано на скрижалях».

ГЛАВА ТЕЦАВЕ

Хлеб нового урожая

72) «"Два вида хлеба ели Исраэль. Один – когда выходили из Египта, они ели опресноки (мацу), хлеб бедности", и это хлеб от Малхут, "а другой – в пустыне" они ели "хлеб с небес", т.е. хлеб Зеир Анпина, называемого небесами. "Как написано: "Вот Я посылаю вам хлеб с небес"[81]. И поэтому жертвоприношение этого дня", праздника Шавуот, – "это хлеб, и с хлебом совершаются все остальные жертвоприношения. Хлеб – это главное, как написано: "И принесите с хлебом семь агнцев"[82], "От жилищ ваших принесите хлеб возношения"[83]. И это хлеб, от которого Исраэль обрели высшую мудрость Торы и вступили на пути ее"».

73) «"Теперь надо рассмотреть (следующее). В Песах Исраэль отказались от хлеба, называемого квасным, как написано: "И не окажется у тебя квасного"[84]. И написано: "Ибо каждый, кто будет есть квасное"[85]. И почему?" отказались от квасного (хамец), – "из-за важности того хлеба, который называется опресноками (маца)". И спрашивает: "Теперь, когда Исраэль удостоились более высокого хлеба", хлеба Зеир Анпина, "не лучше ли было, чтобы отменилось квасное и не показывалось вовсе? Почему же жертвоприношение хлеба нового урожая было квасным? Как написано: "Тонкой пшеничной муки должны они быть, квасными да будут они испечены"[83]. И еще, ведь в этот день отменилось злое начало", т.е. квасное, "ибо есть Тора, называемая свободой"». Почему же они принесли квасное?

---

[81] Тора, Шмот, 16:4. «И Творец сказал Моше: "Вот Я посылаю вам хлеб с небес, и будет выходить народ и собирать ежедневно, сколько нужно на день, чтобы Мне испытать его – будет ли он поступать по закону Моему или нет"».

[82] Тора, Ваикра, 23:18. «И принесите с хлебом семь агнцев без порока, по первому году, и одного молодого тельца, и двух овнов. Они будут всесожжением Творцу, и хлебное приношение при них и возлияния при них: огнепалимая жертва, благоухание, приятное Творцу».

[83] Тора, Ваикра, 23:17. «От жилищ ваших принесите хлеб возношения. Из двух десятых частей эйфы тонкой пшеничной муки должны они быть, квасными да будут они испечены, это первые плоды Творцу».

[84] Тора, Шмот, 13:7. «Опресноки нужно есть в эти семь дней, и не окажется у тебя квасного, и не окажется у тебя закваски во всех пределах твоих».

[85] Тора, Шмот, 12:19. «Семь дней закваска не должна находиться в домах ваших; ибо каждый, кто будет есть квасное, отторгнута будет душа его от общества Исраэля, пришелец ли он или коренной житель страны той».

74) И отвечает: «"Но это как с царем, у которого был единственный сын, и заболел. Однажды ему захотелось поесть. Сказали (врачи): "Пусть царский сын примет это лекарство, и пока он не примет его, да не будет в доме никакой другой еды и пищи". Так и сделали. Когда же он принял это лекарство, (врач) сказал: "Отныне и далее пускай ест, что захочет, и это не сможет навредить ему"».

75) «"Так же и Исраэль при выходе из Египта не знали основы и сути веры. Сказал Творец: "Пускай испробуют Исраэль лекарство, и пока не примут это лекарство, да не окажется у них другой пищи", т.е. квасного. "Когда же они съели опресноки, т.е. лекарство, позволяющее прийти к постижению сути веры", т.е. Малхут, "сказал Творец: "Отныне и далее разрешено им квасное, пускай едят его, ибо оно больше не может навредить им". И уж тем более в день Шавуот будет у них высший хлеб", Зеир Анпина, "что является полным излечением"».

76) «"И потому приносят в жертву квасное", т.е. злое начало,[86] "чтобы сгорело на жертвеннике", т.е. с помощью жертв, приносимых на жертвенник; "а также приносят два других хлеба", посредством проведения ими "вместе"». «Других» означает – помимо жертвоприношений. «"И квасное", т.е. злое начало, "сгорает в огне жертвенника" с помощью жертвоприношений "и не может властвовать и вредить Исраэлю. Поэтому Исраэль, которые святы, прилепляются к Творцу в этот день благодаря целительному действию Торы. И если бы Исраэль хранили два этих вида хлеба", т.е. опресноки (мацу) и высший хлеб Зеир Анпина, "никогда бы не подверглись суду"».

Пояснение сказанного. Обычно у Нуквы есть два вида мохин:
1. С того времени, когда она была (в состоянии) «два великих светила», т.е. до уменьшения, и тогда она была на одном уровне с Зеир Анпином и не получала от него, но оба они получали наравне от Имы: Зеир Анпин облачал ее правую линию – хасадим, а Малхут облачала ее левую линию – Хохму без хасадим. И пожаловалась тогда луна, поскольку без хасадим Хохма не может светить, и свечение ее было в большом сокращении.

2. А затем было сказано ей: «Иди и уменьши себя», и тогда она опустилась ниже хазе Зеир Анпина, и экран в хазе Зеир

---
[86] См. выше, п. 73.

Анпина уменьшил ее до такой степени, что не осталось у нее ничего своего, и она получает всё от Зеир Анпина, но зато она выстраивается в больших мохин из Хохмы и хасадим, пока не приходит к зивугу паним бе-паним с Зеир Анпином.[87]

Однако нет исчезновения в духовном, и, несмотря на то, что она уменьшилась и вернулась после уменьшения в состояние паним бе-паним, не аннулировались в ней из-за этого мохин, бывшие до уменьшения. Однако мохин, которые были до уменьшения, по причине их сокращенного свечения называются мохин де-ахораим (обратной стороны), и это маца (опресноки), называемая хлебом бедности. А мохин после уменьшения – они называются мохин де-паним (лицевой стороны), и также хлебом с небес, поскольку эти мохин она получает от Зеир Анпина, называемого небесами.

И определяется, что есть в них квасное, что означает суды, – из-за этого уменьшения, когда она уменьшилась, опустившись (в свойство) от хазе Зеир Анпина и ниже, так как суды, находящиеся в точке хазе Зеир Анпина, – это квасное. Однако это квасное исправляется, пока не становится святостью и милосердием. Ибо раскрылось, что без уменьшения этих судов Малхут оставалась бы с хлебом бедности, и никогда не получила бы большие мохин состояния паним бе-паним.

Таким образом, есть два вида исправлений в двух видах мохин де-Малхут:

1. Исправление мохин обратной стороны, призванное уничтожить квасное и удалить его, чтобы «не было видно и не находилось»[88]. Ибо Хохма уничтожает все суды. Однако они не истребляют квасное полностью из нижних мест, где оно еще имеется. И выходит, что это исцеление, но не окончательное.

2. Тогда как с помощью мохин лицевой стороны квасное преобразуется и становится святостью и милосердием. Получается, что квасное полностью уничтожается, и у него больше нет возможности возродиться. И потому это считается полным исцелением.

---

[87] См. Зоар, главу Берешит, часть 1, статью «Два великих светила», п. 113, со слов: «В состоянии "два великих светила", то есть в то время, когда Нуква была на равной ступени с Зеир Анпином, она находилась в свойстве "ахораим"...»

[88] Вавилонский Талмуд, трактат Псахим, лист 5:2.

И это смысл сказанного: «Два вида хлеба ели Исраэль. Один – когда выходили из Египта, они ели опресноки (мацу), хлеб бедности»[89], т.е. мохин обратной стороны Малхут, свечение которых сокращено из-за недостатка хасадим. И это – хлеб бедности. Однако это мохин самой Малхут, которые она получила от Бины, а не с помощью Зеир Анпина, как мы уже сказали. И потому говорит выше,[90] что семь дней мацот (опресноков) – это нижние, т.е. мохин самой Малхут. «А другой – в пустыне, хлеб с небес»[89], т.е. ман, который был от мохин самого Зеир Анпина. «И поэтому жертвоприношение этого дня – это хлеб»[89], т.е. также хлеб с небес, как и ман, однако это мохин Малхут, которые она получила с небес, т.е. от Зеир Анпина, – мохин состояния паним бе-паним. Ибо сказано о них: «От жилищ ваших принесите хлеб возношения»[83]. Иными словами, от земли, т.е. Малхут, однако получила она их с небес, т.е. от Зеир Анпина, и это не ее собственные мохин, как мохин де-ахораим. «Хлеб – это главное, как написано: "И принесите с хлебом семь агнцев"[82]», потому что хлеб, т.е. мохин состояния паним бе-паним, привлекаемые в Шавуот посредством возношения хлеба, – это главное, что требуется, а жертвы, которые приносятся, – для того, чтобы восполнить хлеб. Ибо то, что мы сказали раньше, что хамец (квасное), содержащийся в мохин де-паним, обращается в святость и милосердие посредством принесения жертв, – это огонь жертвенника обращает хамец (квасное), т.е. суды, пришедшие из-за уменьшения, в свойство «приятное благоухание, огнепалимая жертва Творцу»[91].

«От жилищ ваших принесите хлеб возношения»[83], – приводит это изречение, чтобы уточнить, что имеется в виду хлеб с земли, исходящий «от жилищ ваших»[83], а не ман, как они ели в пустыне. «И это хлеб, от которого Исраэль обрели высшую мудрость Торы», так как это мохин де-паним, приходящие от Зеир Анпина, который называется Торой, к Малхут. И Исраэль, которые тоже получили эти мохин, также удостоились высшей мудрости.

И это то, что он отвечает на вопрос: если день Шавуот более велик, чем Песах, то почему на Шавуот разрешено квасное,

---

[89] См. выше, п. 72.
[90] См. выше, п. 64.
[91] Тора, Шмот, 29:18. «И воскури всего овна на жертвеннике, – это всесожжение Творцу, приятное благоухание, огнепалимая жертва Творцу».

ведь квасное – это суды и злое начало? И отвечает, что это два вида исцеления:

1. Это маца, чтобы удалить суды, но еще их не обращают в милосердие.

2. Хлеб нового урожая и жертвоприношения, которые приносятся с ним на жертвеннике. Благодаря жертвоприношениям квасное сгорает на жертвеннике и превращается в приятное благоухание. И это исцеление является полным исцелением, вплоть до того, что квасное становится святостью. Сказано о хлебе возношения: «Квасными да будут они испечены»[83]. «И если бы Исраэль хранили два этих вида хлеба, никогда бы не подверглись суду», ибо благодаря маце (опреснокам), а также хлебу возношения и жертвоприношениям, суды стали бы святостью и милосердием, в каком бы месте они ни были, как мы уже говорили.

77) «"День Начала года (Рош а-шана) является днем суда только лишь для тех, кто не принял целительной пищи", – мацот, т.е. мохин де-ахораим, "и оставил исцеление Торы", – т.е. мохин паним бе-паним от Зеир Анпина, который называется Торой. Посредством двух этих исцелений исправляется "другая пища – хамец", и становится святостью, как мы объясняли в предыдущем пункте. "Ибо в этот день Начала года хамец поднимается, и обвиняет человека, и доносит на него. В этот день он готов стать обвинителем мира. А Творец восседает судом надо всем и судит мир"».

78) «"И поэтому, когда Творец даровал Тору Исраэлю, Он дал им вкусить этот высший хлеб", т.е. мохин де-паним Зеир Анпина, "из этого места" – из Малхут, получающую от него, которая называется местом. "И благодаря этому хлебу они знали и взирали на тайны Торы, чтобы идти прямым путем. И товарищи уже объясняли то, о чем говорится в этих тайнах, как мы сказали"».

79) «Рабби Шимон и рабби Эльазар, сын его, находились в пути, и шли вместе с ними рабби Аба и рабби Йоси. Пока они шли, встретили одного старца, который держал за руку одного ребенка", старец – это намек на мохин де-паним, ребенок – намек на мохин де-ахораим. "Поднял рабби Шимон свой взор и увидел его. Сказал ему рабби Аба: "Безусловно, мы откроем новое в этом старце"».

80) «Когда подошли к нему, сказал рабби Шимон: "С ношей, привязанной к тебе, ты идешь?" Иначе говоря: нет у тебя осла, чтобы нес твою ношу? Намекнул ему на мохин де-ахораим, которые он держал, которые были как ноша на нем. "Кто ты?" Сказал ему: "Йеуди я". Сказал (рабби Шимон): "Новое, конечно же, есть у тебя в этот день". Сказал ему рабби Шимон: "Где земля твоя?" Сказал ему: "Жилище мое было среди скитальцев пустыни, и там я прилагал старания в Торе. А теперь я пришел в поселение, чтобы поселиться в тени Творца в эти дни этого седьмого месяца"».

81) «Обрадовался рабби Шимон, сказал: "Сядем, ибо, несомненно, Творец послал тебя к нам". Сказал ему: "Уверен, что мы услышим слово из уст твоих из тех новых прежних речений, которые посеяли вы в пустыне от этого седьмого месяца, и почему ты ушел из пустыни, чтобы прийти в поселение". Сказал ему старец: "По этому вопросу я знаю, что мудрость в тебе, и слова твои восходят к небосводу мудрости"».

ГЛАВА ТЕЦАВЕ

В пустыне, где видел ты

82) «Провозгласил этот старец, и сказал: "И в пустыне, где видел ты, что нес тебя Творец Всесильный твой, как несет человек сына своего"[92]. Это изречение нужно было сказать так: "И в пустыне, где нес тебя", что значит "видел"? Творец говорил с Исраэлем в пустыне, говорил сильно, как сказано: "По пустыне великой и страшной, где змей ядовитый и скорпион"[93]. И это пустыня, которая могущественнее всех пустынь мира, – что означает, что Он провел там Исраэль?"»

83) И отвечает: «"Потому что в час, когда Исраэль вышли из Египта и восполнились до шестисот тысяч, усилилась Малхут святости и возвысилась над всем, и засветила луна", т.е. Малхут. "И тогда покорилось нечестивое правление ситры ахра, и Творец вывел Исраэль в поход по могучей пустыне, являющейся местом и властью нечестивого Сама и поистине принадлежащей ему, – дабы сокрушить его мощь и силу, разбить голову его и покорить его, чтобы не властвовал. И если Исраэль не грешили, Творец желал устранить его из мира. И поэтому Он провел Исраэль именно через его владение, жребий и удел"».

84) «"Когда грешили они много раз, жалил их змей, и тогда исполнилось: "Он будет разить тебя в голову"[94], – т.е. Исраэль первыми нанесли ему удар в голову, и не умели уберечься от него, а вслед за тем змей нанес удар, и все они пали в пустыне, и исполнилось: "А ты будешь разить его в пяту". Сорок лет они подвергались его ударам, соответственно сорока ударам суда"».

85) «"И поэтому сказано: "Где видел ты"[92] – ибо они воочию видели хозяина пустыни, идущего в узах пред ними, и забирали

---

[92] Тора, Дварим, 1:29-31. «И сказал я вам: "Не сокрушайтесь и не страшитесь их! Творец Всесильный ваш, который идет пред вами, Он будет битву вести за вас, во всем, как делал для вас в Египте на глазах у вас; и в пустыне, где видел ты, что нес тебя Творец Всесильный твой, как несет человек сына своего, на всем пути, который прошли вы до вашего прихода на это место"».

[93] Тора, Дварим, 8:15. «И провел Он тебя по пустыне великой и страшной, где змей ядовитый и скорпион, где жажда и нет воды, извлек для тебя воду из скалы кремнистой».

[94] Тора, Берешит, 3:15. «И вражду положу между тобою и между женой, и между твоим потомством и ее потомством. Он будет разить тебя в голову, а ты будешь разить его в пяту».

его достояние и удел. Сказано об этом: "Тогда устрашились предводители Эдома"[95], и это ядовитый змей и скорпион. И мы тоже ушли из поселения в могучую пустыню, чтобы заниматься там Торой и покорить ту сторону"».

86) «"И кроме того, ведь речения Торы осмысливаются только лишь там, поскольку нет иного света, кроме того, что исходит из тьмы. Ибо когда покоряется та сторона, поднимается Творец наверх, и растет слава Его, и служение Творцу может быть только из тьмы, и благо может быть только из зла. И когда человек вступает на дурной путь и оставляет его, тогда возвышается Творец в славе Своей. И потому совершенство всего – это добро и зло вместе, дабы обратиться затем к добру. Нет блага, которое не происходило бы из зла; и в этом благе возвышается слава Творца. Это и есть совершенное служение"».

87) «"И мы до сих пор обитали там все дни года, чтобы покорить ту сторону в пустыне. Теперь, когда настало время для священного служения святой стороны, мы возвращаемся в поселение, ибо там совершается служение Творцу. И кроме того, теперь, в Рош а-шана, пришло время того змея́ просить суда пред Творцом. Там, в пустыне, он властвует, и потому мы вышли оттуда и пришли в поселение"».

---

[95] Тора, Шмот, 15:15. «Тогда устрашились предводители Эдома, вождей Моава охватила дрожь, оробели все жители Кнаана».

ГЛАВА ТЕЦАВЕ

Трубите в шофар на новомесячье

88) «Провозгласил этот старец и сказал: "Трубите в шофар на новомесячье, в назначенное время, – для праздничного дня нашего"[96]. Настало время пробудиться могучему высшему суду, и когда он пробуждается, ситра ахра усиливается вместе с ним. И после того, как ситра ахра усиливается, она поднимается и покрывает луну", т.е. Малхут, "и та не светит светом, наполняясь со стороны суда. И тогда весь мир находится под судом – высшие и нижние. И раздается воззвание на всех небосводах: "Приготовьте престол суда Господину всего, ибо Он желает судить"».

89) «"И тут есть тайна, и она светила нам в пустыне: почему высший суд пробуждается в этот день?" И отвечает: "Однако все тайны и все драгоценные святыни зависят от седьмого (дня)", от Малхут. "А тот высший седьмой, и это высший мир, называемый будущим миром", т.е. Бина, "от него все свечи, все святыни и все благословения светят" Малхут. "И когда приходит время возобновить благословения и святыни, дабы они засветили, нужно наблюдать за всем исправлением всех миров", чтобы возобновить благословения и святыни. "И все исправления для обеспечения всех миров поднимаются от нижних, если дела их прямые. Если же они не прямые, тогда стоит" Малхут "и не светит, пока не отделятся грешники от праведников, и тогда возбуждается суд"».

90) «"И от этого суда усиливается ситра ахра и обвиняет, для того чтобы отдали ей этих грешников. Ибо это о ней сказано: "И всякий предел он обследует"[97]. И покрывает луну, дабы она не светила. Почему же Он не отдает грешников в руки обвинителя? Потому что не желает Творец истреблять деяние рук Своих"».

91) «"И у этой ситры ахра есть твердая клипа, которую возможно разбить, только лишь прибегнув к совету Творца, который Он дал Исраэлю, как сказано: "Трубите в шофар на новомесячье, в назначенное время, – для праздничного дня

---

[96] Писания, Псалмы, 81:4. «Трубите в шофар на новомесячье, в назначенное время, – для праздничного дня нашего».
[97] Писания, Иов, 28:3. «Установил конец тьме, и всякий предел он обследует, – камня могильного и тени смертной».

нашего"⁹⁶, – чтобы разбить тот покров, за которым скрылась луна", т.е. Малхут, "и не светит"».

92) «"И когда Исраэль пробуждаются внизу посредством трубления в шофар, этот голос, исходящий из шофара, ударяет по воздуху и рассекает небосводы, пока не поднимется к твердому камню", т.е. к ситре ахра, "закрывающему луну. Он внимательно наблюдает и обнаруживает пробуждение милосердия, и в это время та", ситра ахра, "которая поднялась и стоит наверху", и покрывает луну, "приходит в замешательство. Тогда встает тот голос и отводит этот суд" от Малхут. "И когда пробуждается милосердие внизу", в Малхут, "пробуждается также и высший шофар наверху", Бина, "и издает голос", т.е. мохин Зеир Анпина, называемые голосом, "являющийся милосердием. И встречаются голос с голосом – милосердие с милосердием, потому что с пробуждением внизу происходит пробуждение также и наверху"».

Пояснение сказанного. В Рош а-шана возвращается в мир первое пробуждение четвертого дня действия начала творения, когда Нуква включена в левую линию без правой.⁹⁸ И тогда от нее нисходят суды в мир, ибо, будучи Хохмой без хасадим, она не может светить, и это означает, что ситра ахра покрывает ее из-за деяний нижних, которые непригодны, так как они грешники, прилепившиеся к левой линии. И потому сказано: «Если же они (дела их) не прямые, тогда стоит (Малхут) и не светит, пока не отделятся грешники от праведников, и тогда возбуждается суд»⁹⁹. А трубление в шофар – это подъем МАН экрана де-хирик, благодаря которому уменьшается сила левой линии и соединяется с правой. И это – голос шофара, так как «голос» указывает на Зеир Анпин, который называется голосом, т.е. на среднюю линию, состоящую из трех линий: огня, воды и ветра.

И поэтому пришла в замешательство ситра ахра, покрывающая Малхут силой левой линии, потому что левая линия уменьшилась и утратила свои ГАР, и уж тем более ситра ахра, черпающая от нее свою силу. И это смысл сказанного: «И в

---

⁹⁸ См. Зоар, главу Ноах, п. 98. «Еще сказал им: "В Начале года в мир снова приходит первое пробуждение" – и это Нуква. Иными словами, Нуква возвращается к начальному состоянию, в котором пребывала на четвертый день начала творения...»

⁹⁹ См. выше, п. 89.

это время та (ситра ахра), которая поднялась и стоит наверху, приходит в замешательство», поскольку ее свечение ушло от нее. «Тогда встает тот голос и отводит этот суд», т.е. отводит суд левой линии, которая не желает соединяться с правой, и теперь она подчинилась и получает хасадим от правой, и раскрывается милосердие в Малхут. И это означает сказанное: «И когда пробуждается милосердие внизу, пробуждается также и высший шофар наверху и издает голос, являющийся милосердием», – т.е. Бина пробуждается и порождает мохин Зеир Анпина, называемого «голос», т.е. среднюю линию, притягивающую мохин Бины, в виде «три выходят благодаря одному, один удостаивается всех трех»[100], и они нисходят к Малхут.

И поэтому сказано: «И встречаются голос с голосом – милосердие с милосердием», т.е. встречаются голос и милосердие от Бины, и они встречаются со средней линией и милосердием, которые вышли в Малхут благодаря пробуждению снизу голоса шофара, «потому что с пробуждением внизу» голоса шофара, «происходит также пробуждение наверху», т.е. мохин Бины нисходят к Зеир Анпину, а от Зеир Анпина – к Малхут, и эти мохин являются пробуждением свыше свойства «голос шофара». И высший шофар – это Бина, а голос его – это мохин трех линий, нисходящие от нее, называемые «огонь», «вода», «ветер».

93) «"И если скажешь: как может голос внизу или пробуждение внизу вызвать" соответственно и наверху "то же? Смотри, нижний мир", т.е. Малхут, "всегда стои́т, чтобы получать, и он называется драгоценным камнем. А высший мир", т.е. Бина, "дает ему только соответственно тому, как он стоит: если он стоит с приветливым ликом снизу, то так и светят ему свыше; если же он стоит в печали, в соответствии с этим дают ему суд"».

94) «"И подобно этому: "Служите Творцу в радости"[101], потому что радость человека привлекает другую радость – высшую. Так же и этот нижний мир", т.е. Малхут, "как она украшается, так и привлекает (наполнение) свыше. Поэтому Исраэль

---

[100] См. Зоар, главу Берешит, часть 1, п. 363. «Трое выходят благодаря одному, один находится в трех, входит между двумя, двое питают одного, и один питает многие стороны ...»

[101] Писания, Псалмы, 100:2. «Служите Творцу в радости, предстаньте пред Ним с пением».

первыми пробуждают голос шофара, состоящий из огня, воды и ветра", т.е. среднюю линию, состоящую из трех линий, "и стали они одним целым. И он поднимается наверх и бьет по этому драгоценному камню", т.е. уменьшает его левую линию, как мы уже объясняли в предыдущем пункте, "и тот окрашивается в эти три цвета", – белый, красный и зеленый, т.е. три линии, содержащиеся "в этом голосе. И тогда, насколько она достойна, так она притягивает (наполнение) свыше"».

95) «"И после того, как" Малхут "исправилась этим голосом" снизу, "выходит свыше милосердие и пребывает над ней, и она включилась в милосердие снизу и сверху. И тогда ситра ахра приходит в замешательство, по причине, указанной выше,[102] и ослабевает мощь ее, и она не может обвинять. И этот драгоценный камень", Малхут, "стоит в свечении паним (лика) со всех сторон – в свечении наверху и в свечении внизу"».

96) «"Когда он стоит в свечении наверху? Он ведь говорит, – в День искупления, потому что в День искупления был освещен этот драгоценный камень", Малхут, "высшим свечением от света будущего мира", Бины. "И тогда Исраэль готовят одного козла и отправляют его в эту могучую пустыню,[103] которая властвует над ним"».[104]

---

[102] См. выше, п. 92.
[103] См. Тора, Ваикра, 16:10. «Козел же, на которого выпал жребий – к Азазелю, пусть поставлен будет живым пред Творцом, чтобы совершить через него искупление, отправив его к Азазелю в пустыню».
[104] См. Зоар, главу Ноах, п. 105. «Так же и в День искупления, когда этот змей зла занят козлом отпущения…»

ГЛАВА ТЕЦАВЕ

В двух точках отделена Малхут небес

97) «"И эта ситра ахра является центральной точкой разрушенной части мира. Ибо над всем разрушением и запустением" в мире "властвует эта ситра ахра (иная сторона). А центральная точка заселенной части мира – это святая сторона", Малхут. "И потому Йерушалаим стоит посреди заселенной части мира"», т.е. Малхут.

98) «"В двух точках отделена Малхут небес, сторона святости: одна – ее собственная, а другая – та, которую она получила от будущего мира", Бины, и это "высшая укрытая точка. И потому стоит Малхут в двух точках: ее собственная точка стоит под ней, и это Йерушалаим, центральная точка всего заселенного мира; укрытая точка, полученная ею от высшей Имы, – это земной Эденский сад, стоящий посреди всего мира, относительно всех его частей, разрушенной и заселенной, и всех сторон мира"».

99) «"И поэтому посреди Эденского сада находится одна укрытая и утаенная высшая точка, которая неведома. Один столп вогнан снизу вверх, внутри этой точки, и оттуда вытекает вода, разделяющаяся на четыре стороны мира. Таким образом, есть в мире три точки, стоящие друг над другом, подобно трем точкам Торы"».

Пояснение сказанного. Мы выяснили выше, что в Малхут есть два состояния:

Первое состояние – в то время, когда она была выше хазе Зеир Анпина и облачала левую линию Бины, точку шурук в Бине, и это Хохма без хасадим, откуда проистекают только суды и разрушение.[105]

Второе состояние – после того, как уменьшилась и спустилась под хазе Зеир Анпина, и получает хасадим от Зеир Анпина, и тогда то, что было сушей, стало землей, дающей плоды и порождения, т.е. заселенной частью мира.

---
[105] См. выше, п. 92.

«А центральная точка заселенной части мира – это святая сторона»[106], но ситра ахра удерживается в первом состоянии Малхут, т.е. в левой линии, навлекающей суды, разрушение и запустение. И это означает сказанное: «И эта ситра ахра является центральной точкой разрушенной части мира»[106]. Таким образом, теперь мир разделен между Малхут и ситрой ахра, и Малхут властвует над заселенной частью мира, приносящей плоды, а ситра ахра, которая удерживается в первом состоянии, властвует над разрушенной и опустошенной частью мира. Поэтому Малхут называется центральной точкой заселенной части мира, а ситра ахра называется центральной точкой разрушенной части мира.

И вот также в Бине есть эти два состояния, ибо в то время, когда она находилась в состоянии точки шурук, до согласования средней линии, от нее происходили суровые суды и разрушение, а после согласования средней линии, когда Хохма левой линии облачилась в хасадим правой, она светит и приносит плоды, и все мохин исходят от нее.

Однако есть большое различие между Биной и Малхут. Хотя Бина и уменьшилась на ГАР де-ГАР под воздействием средней линией, тем не менее, она еще пригодна для привлечения Хохмы, в качестве левой линии без правой, потому что в самой Бине нет судов, они лишь пробуждаются от нее. В отличие от этого Малхут, после того как уменьшилась и опустилась ниже хазе Зеир Анпина, она уже понесла ущерб из-за экрана, стоящего в хазе Зеир Анпина, и больше не пригодна для Хохмы, а только лишь для хасадим, и это заселенная часть мира. Таким образом, в Бине властвуют два состояния вместе, и потому она является корнем как разрушения, происходящего от первого состояния, так и заселенной части мира, происходящей от второго состояния. В отличие от этого, после того как Малхут пришла ко второму состоянию, первое состояние уже не властвует в ней, и потому она является корнем лишь заселенной части мира, а не разрушенной.

Однако когда Малхут установилась в состоянии Эденский сад, это означает, что она полностью уподобилась Бине, называемой

---

[106] См. выше, п. 97.

Эден,[107] как сказано: «По законам Эденского сада все свойства в ней должны быть как в высшем»[108]. Ведь все законы Эденского сада, как и Малхут, относятся к высшему – к Бине. Тогда точка Бины тоже облачается в Малхут, и это – корень как для разрушения, так и для заселения. И получается поэтому, что в Малхут есть два вида точек: одна – ее собственная центральная точка только заселенной части мира; и другая – в свойстве Эденский сад в ней, в которой есть также точка Бины, и это центральная точка, т.е. корень как разрушенной, так и заселенной части мира, как уже выяснено.

И это означает сказанное им: «В двух точках отделена Малхут небес, сторона святости: одна – ее собственная»[109], после того как она исправилась во втором состоянии, «а другая – от будущего мира»[109], – от Бины, после того как она установилась в свойстве «Эденский сад». «Ее собственная точка стоит под ней, и это Йерушалаим, центральная точка всего заселенного мира», – т.е. только хасадим, и нет в ней никакого корня для разрушения. «Укрытая точка, полученная ею от высшей Имы»[109], т.е. тогда «это земной Эденский сад, стоящий посреди всего мира, относительно всех его частей, разрушенной и заселенной»[109], так как в ней есть два корня, как для разрушения, от свойства левой стороны без правой, так и для заселения, от свойства средней линии, объединяющей две линии в ней, – центральная точка, т.е. Есод, где находится место получения, и оттуда порождения для нижних.

И это смысл сказанного: «Посреди Эденского сада находится одна укрытая и утаенная высшая точка, которая неведома»[110], – т.е. Есод. «Один столп вогнан снизу вверх, внутри этой точки», – т.е. центральный столп. «И оттуда вытекает вода», т.е. света́, «на четыре стороны мира», – т.е. три линии и Малхут, получающая их.

И это означает сказанное: «Есть в мире три точки, стоящие друг над другом». То есть, точка в Эденском саду – корень как для разрушения, так и для заселения. И под ней – точка Малхут,

---

[107] См. Зоар, главу Берешит, часть 2, п. 4. «Семь чертогов и пределов наверху, относящихся к свойству высшей веры, т.е. Бины. И семь чертогов внизу, в Малхут, подобных высшим чертогам, в Бине...»
[108] См. Зоар, главу Берешит, часть 2, п. 6.
[109] См. выше, п. 98.
[110] См. выше, п. 99.

что от хазе и ниже, корень только для заселения. А под ней – точка ситры ахра, являющаяся корнем только для разрушения.

ГЛАВА ТЕЦАВЕ

Два козла

100) «"Смотри, тот козел, которого Исраэль отправляют к Азазелю, в эту пустыню,[111] – он для того, чтобы дать часть ситре ахра, чтобы она занималась ею.[112] И если скажешь: зачем здесь упоминаются два козла, один – для Творца, другой – для ситры ахра? Можно" отправить "того козла, ситры ахра" к Азазелю, "но козел для Творца зачем?"»

101) И отвечает: «"Но это подобно царю, который гневался на своего сына и призвал судебного пристава, который вершит суд над людьми, чтобы он пришел свершить суд над его сыном. Пристав обрадовался и вошел в царский дом, чтобы поесть там. Увидел его царский сын и подумал: "Конечно же, этот пристав пришел в дом моего отца только потому, что царь разгневался на меня". Что же он сделал? Пошел и помирился с ним. Когда помирился с ним, повелел царь приготовить высшую трапезу для себя и сына. И повелел, чтобы пристав не знал о ней. А потом пришел этот пристав. Сказал царь: "Если сейчас он узнает о высшей трапезе, которую я приготовил для себя и сына, стол придет в беспорядок". Что же он сделал? Призвал распорядителя трапезы и сказал ему: "Приготовь что-нибудь и поставь передо мной и перед этим приставом, чтобы он подумал, что был у меня на званой трапезе, и не узнал о дорогой трапезе, предназначенной для меня и сына. Пускай он возьмет ту часть и уйдет себе, и будет отделен от радости нашей трапезы". И если бы царь так не поступил, этот пристав не оставил бы царский дом"».

102) «"Так сказал Творец Исраэлю: "Приготовьте двух козлов: одного – Мне, а другого – тому доносчику", т.е. ситре ахре, "дабы он подумал, что ел от Моей трапезы, и не узнал о радости другой нашей трапезы, и забрал эту часть, и ушел себе, и оставил Мой дом". Когда высшая Има, будущий мир", Бина, "приходит, чтобы воцариться в чертоге нижнего мира и присматривать за ним посредством свечения лика, закон таков, что не должен находиться пред Ним тот доносчик, а также тяжущиеся, в то время как Он изливает все благословения и

---

[111] См. Тора, Ваикра, 16:10. «Козел же, на которого выпал жребий – к Азазелю, пусть поставлен будет живым пред Творцом, чтобы совершить через него искупление, отправив его к Азазелю в пустыню».
[112] См. Зоар, главу Ноах, п. 105. «Так же и в День искупления, когда этот змей зла занят козлом отпущения...»

светит всем, и вся эта свобода находится в Малхут, и Исраэль получают от этих благословений"».

Объяснение. В Рош а-шана (в Начале года) Малхут возвращается в первое состояние,[113] и тогда от нее исходят суды и разрушение, так как ситра ахра держится за нее в центральной точке разрушенной части мира и обвиняет мир, желая полностью аннулировать правую линию. И тогда Творец дал совет трубить в шофар, чтобы пробудить снизу экран де-хирик средней линии и уменьшить ГАР левой линии.[114] Тем самым приходит в замешательство ситра ахра, вся сила которой от этой левой линии, и мир спасается от судов и разрушения.

Однако после того как аннулировался ГАР левой линии, у ситры ахра есть удержание в месте недостатка, и потому нужно второе исправление, чтобы удалить ситру ахра из места недостатка, так чтобы она окончательно отделилась от святости. И это происходит в День искупления, когда дают долю ситре ахра в виде этого козла, которого отправляют в пустыню. Объяснение. В День искупления Малхут поднимается к Бине и получает от нее высшую точку, которая является корнем как для разрушения, так и для заселения.[115] И возвращаются ГАР левой линии, и там есть также исправление средней линии, которая притягивает Хохму, облаченную в хасадим. И потому из этого состояния приносят в жертву двух козлов: одного – Творцу, другого – к Азазелю в пустыню, и этот козел является привлечением ГАР левой линии, которые притягиваются из точки Бины, чтобы устранить ситру ахра из места недостатка. И поэтому его отправляют в пустыню, в место разрушения, подобное тому, что исходит от левой линии. И получается таким образом, что святость сама дает долю ситре ахра, но это ей во вред – чтобы отстранить ее от святости и дать Исраэлю большие мохин Хохмы и хасадим вместе.

И вместе с этим ты поймешь сказанное: «В день Новолетия нужно ошеломить его (Сатана)»[116], т.е. отменить ГАР левой линии, вследствие чего Сатан приходит в замешательство и

---

[113] См. выше, п. 92.
[114] См. Зоар, главу Ваера, п. 381. «В день Начала года и в День искупления, когда суд присутствует в мире и Сатан собирается обвинять Исраэль, они обязаны в это время пробудиться для шофара...»
[115] См. выше, п. 98-99.
[116] См. Зоар, главу Ваера, п. 384.

теряет свою власть, как мы уже говорили. «В День искупления следует вести себя с Сатаном спокойно и доставить ему удовольствие через козла отпущения»[117], т.е. снова привлекаются ГАР, которые были отменены в Рош а-шана, вследствие чего ситра ахра обретает власть и испытывает удовлетворение, однако это ей во вред.

И это означает сказанное здесь: «Приготовьте двух козлов: одного – Мне, а другого – тому доносчику, дабы он подумал, что ел от Моей трапезы, и не узнал о радости другой нашей трапезы, и забрал эту часть», т.е. ГАР левой линии, которые отправляют в пустыню, в место разрушения, чтобы вернуть его к власти, т.е. к свойству центральной точки разрушенной части мира. «И ушел себе», – в место разрушения и разорения, «и оставил Мой дом», – т.е. посредством этого он отделяется от святости, поскольку нет у него больше места недостатка, чтобы удерживаться там. И это означает сказанное: «Когда высшая Има, будущий мир, приходит, чтобы воцариться в чертоге нижнего мира», – так как в День искупления Малхут облачает Бину, и это центральная точка для всего мира, как разрушенного, так и заселенного, «закон таков, что не должен находиться пред Ним тот доносчик», – т.е. когда восполняют недостаток святости, и нет места у ситры ахра удерживаться в месте недостатка, «а также тяжущиеся», – так как больше нет страха перед судами, которые вызывает ГАР левой линии. Ибо отправляют козла в (место) разрушения и разорения, а святость пребывает только в месте заселения. И отделяется ситра ахра от святости, и тогда дает наполнение высшая Има, поскольку она тоже является центральной точкой заселенной части мира. Тем самым «и светит всем», т.е. Хохмой и хасадим вместе. «И вся эта свобода находится в Малхут, и Исраэль получают от этих благословений».

103) «"Ведь когда будущий мир", Бина, "входит в чертог нижнего мира", Малхут, "и нижний мир вместе с жителями его радуется той высшей трапезе", нисходящей из Бины, "тогда" Бина "благословляет (трапезный) стол, и все миры благословляются, и вся радость и всё свечение лика пребывают там. Это означает сказанное: "Пред Творцом вы будете очищены"[118]».

---

[117] См. Зоар, главу Ваера, п. 385.
[118] Тора, Ваикра, 16:30. «Ибо в этот день искупит вас, чтобы очистить вас. От всех грехов ваших пред Творцом вы будете очищены».

104) «"Написано: "И возложит Аарон на обоих козлов жребии: один жребий – Творцу, и один жребий – Азазелю"[119]. И в этом радость доносчика, – оттого что Творец бросает с ним жребий и приглашает его", чтобы он взял козла для Азазеля. "И не знает он, что пылающий огонь опрокидывает на свою голову и на свой народ. Как сказано: "Ибо горящие угли собираешь ты на голову его"[120]».

105) «"И признак для тебя" сказанное: "И сказал Аман: "Да и не звала царица Эстер никого с царем на пир, который она приготовила, кроме меня"[121]. А также сказано: "И вышел Аман в тот день веселый и благодушный"[122] – из-за той доли, которую получил, и ушел восвояси. А потом, когда приходит высший Царь в дом царицы, царица просит у Царя за себя, за своих сыновей и за народ"».

106) «"И даже в то время, когда Исраэль в изгнании и возносят каждый день молитвы", Малхут "поднимается в День искупления пред Царем и просит за своих сыновей. И тогда назначаются все те воздаяния, которые в будущем Творец сделает Эдому, и решается, как в будущем уйдет тот доносчик из мира. Подобно тому, как ты говоришь: "Уничтожит Он смерть навеки"[123]».

107) «"И признак для тебя, что о времени изгнания сказано: "Проданы мы, я и народ мой, ... но враг не считается с ущербом

---

[119] Тора, Ваикра, 16:8. «И возложит Аарон на обоих козлов жребии: один жребий – Творцу, и один жребий – Азазелю».
[120] Писания, Притчи, 25:21-22. «Если голоден враг твой, накорми его хлебом, а если измучен жаждой, напои его водою. Ибо горящие угли собираешь ты на голову его, и Творец воздаст тебе».
[121] Писания, Мегилат Эстер, 5:12. «И сказал Аман: "Да и не звала царица Эстер никого с царем на пир, который она приготовила, кроме меня; и также на завтра зван я к ней с царем"».
[122] Писания, Мегилат Эстер, 5:9. «И вышел Аман в тот день веселый и благодушный. Но когда увидел Аман Мордехая у ворот царских, и тот не встал, и с места не тронулся перед ним, то исполнился Аман гневом на Мордехая».
[123] Пророки, Йешаяу, 25:8. «Уничтожит Он смерть навеки, и отрет Творец Всесильный слезы со всех лиц, и позор народа Своего устранит Он на всей земле, ибо (так) сказал Творец».

царя"¹²⁴. Что значит "с ущербом царя"? Это так же, как ты говоришь: "И истребят имя наше с земли. И что сделаешь Ты имени Твоему великому?"¹²⁵ Ведь великое имя не будет существовать, и это – ущерб Царя"».

108) «"И тогда: "И Аман", т.е. ситра ахра, "затрепетал пред царем и царицей"¹²⁶. И тогда пребывает всё свечение лика и вся радость, и Исраэль выходят на свободу в этот день", – в День искупления. "С этого дня и далее, свобода и радость открыто царят над ними, тогда желает Он радоваться с ними. Отныне и впредь так же, как дают долю ей, ситре ахра, чтобы она отделилась от Исраэля, так же и остальным народам дают долю, чтобы они отделились внизу"» от Исраэля.

109) «"Смотри, почему при этом жертвоприношении приносят козла, а не что-то другое? И почему на новомесячье в жертву приносят козла и здесь", в День искупления, "тоже козла? Однако, если ты скажешь, что это потому, что козел является его стороной, это правильно, но почему не был козел-эз (עֵז)?"», т.е. большой, а лишь козел-саи́р (שָׂעִיר), т.е. маленький.

110) И отвечает: «"Однако нужно именно это", т.е. только козел-саи́р, "и это известно всем колдунам, все дела которых осуществляются через то, что не соединено с некевой (женским свойством), и потому козел-саи́р (שָׂעִיר), еще не соединенный с некевой в сторонах ее", ситры ахра, "все они". И причина в том, что другой бог оскопился и не приносит плодов. "Но козел-эз (עֵז) – это когда он уже соединился с некевой" и приносит плоды, и потому он не относится к доле ситры ахра. "И поскольку" ситра ахра – "он царь"», как сказано: «Царь старый, да глупый»¹²⁷,

---

¹²⁴ Писания, Мегилат Эстер, 7:3-4. «И отвечала царица Эстер и сказала: "Если я нашла благоволение в очах твоих, о царь, и если это угодно царю, да будет дарована мне жизнь моя, по желанию моему, и народ мой, по просьбе моей; потому что проданы мы, я и народ мой, на истребление, убиение и погибель. Если бы мы в рабы и рабыни проданы были, я молчала бы, но враг не считается с ущербом царя"».

¹²⁵ Пророки, Йеошуа, 7:9. «Ведь услышат кнаанеи и все жители земли, и окружат нас, и истребят имя наше с земли. И что сделаешь Ты имени Твоему великому?»

¹²⁶ Писания, Мегилат Эстер, 7:5-6. «И сказал царь Ахашверош, и сказал царице Эстер: "Кто это такой, и где тот, который осмелился сделать так?" И сказала Эстер: "Враг и притеснитель этот – злобный Аман". И Аман затрепетал пред царем и царицей».

¹²⁷ Писания, Коэлет, 4:13. «Лучше отрок бедный, но умный, чем царь старый, да глупый, не умеющий остерегаться».

«"дают ему ради уважения" козла-саи́р (שָׂעִיר), "не соединявшегося с некевой и не отдававшего своей силы другому", который является его же видом, как мы уже объясняли. "И это известно всем этим колдунам, которые пользуются такими действиями. И потому пребывают над этим козлом все их грехи"».

111) «"И смотри, хотя этот козел является долей ситры ахра, здесь скрыта тайна", что на стороне скверны "чем ниже свойства, тем более они скверны. Чем ниже опускаются нижние ступени, тем больше их скверна. И потому в козле-эз доля их", нечистых сил (ситры ахра), "еще больше, так как волосы его свисают" вниз "больше, чем у других животных, – подобно тому, как их суд свисает вниз в скверне. Однако эта другая нечестивая Малхут, являющаяся царем всей" другой "стороны, – ее скверна более ясная" и тонкая, "и не пребывает в полной скверне, как эти низшие. И потому ему дают козла-саир, у которого волосы не свисают" вниз, "и он не гладкий. Он не гладкий потому, что скверна принадлежит ему, и (волосы его) не свисают вниз, чтобы не усилилась в нем скверна, подобно этим ступеням" ситры ахра "внизу. И потому это именно козел-саир, а не что-то другое"».

Объяснение. Козел-эз, волосы которого свисают вниз, указывает на ГАР левой линии, притягиваемые сверху вниз, и это тяжкая скверна. А козел-саир, у которого есть волосы, но они не нисходят вниз, указывает на легкую скверну, от свойства ВАК левой линии, которые притягиваются немного, но не вниз. А поскольку козел для Азазеля отправляется к царю другой стороны, скверна которого только от ВАК левой линии, поэтому посылается ему козел-саир, а не козел-эз. И это дополнительная причина относительно причины, указанной выше.

112) Спрашивает: «"Искупление" – почему же это называется искуплением?" И отвечает: "Потому что очищает всю скверну и отводит ее от него в этот день. Вот почему это День искупления", что означает – "день очищения, и мы его так и называем. Написано: "Ибо в этот день искупит вас, чтобы очистить вас"[118]. Следовало бы сказать: "Ибо этот день", что значит "в этот день"[118]? И отвечает: "Но дело в том, что очистилось высшее Святилище", т.е. Малхут, "и осветилось. И потому написано: "Ибо в этот день искупит вас"[118], то есть, "сначала искупит

и очистит в этот день", т.е. в Малхут, "для того чтобы очистил и затем искупил вас"».

113) «"Еще" объяснение. "Искупит в этот день", т.е. в Малхут, "и очистит его сначала. И всё это, – то, что необходимо очистить его, – ради вас. Для вас нужно вычистить и очистить его сначала. "Искупит"[118], спрашивает: "Кто же его искупит?" И отвечает: "Но это высший мир", Бина, "который светит и очищает всё. И поэтому все плохие стороны, называемые морскими пучинами, устраняются. И так же как свисают эти морские пучины, так же свисают волосы его", козла-саир, "являющегося их стороной", нечистых сил, "и волосы этой стороны не гладки"», а жестки, что указывает на суды.

114) «"Подобно этому, написано: "И искупит Святилище от нечистоты сынов Исраэля и от преступлений их во всех грехах их"[128], – чтобы обвинитель не мог властвовать над ними. И потому в День искупления, представляющий собой устранение всех грехов и их очищение, должны Исраэль очищать себя и ходить босыми, как высшие ангелы. Пять запретов" есть в День искупления, – на еду и питье, на умывание, умащение, ношение кожаной обуви и супружеские отношения, – "чтобы получить поддержку от пяти высших сторон", ХАГАТ Нецах Ход, "поскольку произвел их День искупления", т.е. Бина, "и они являются ее вратами"».

115) «"А если запрет на питье считать особым страданием, тогда есть шесть запретов, потому что питье – оно со стороны Ицхака", Гвуры, а еда – со стороны Авраама, Хеседа, поэтому их два. "И хотя питье является частью еды, все же их шесть, и последний запрет, на супружеские отношения, находится на шестой ступени", т.е. в Есоде, "и в соответствии с ним мы выполняем этот запрет"».

---

[128] Тора, Ваикра, 16:16. «И искупит Святилище от нечистоты сынов Исраэля и от преступлений их во всех грехах их; то же должен он совершить и над Шатром откровения, находящимся у них среди их нечистоты».

ГЛАВА ТЕЦАВЕ

А в первую декаду седьмого месяца

116) «"Написано: "А в первую декаду этого седьмого месяца"[129], и написано: "Но в первую декаду этого седьмого месяца"[130] Спрашивает: "Написано: "В первую декаду (бе-асо́р)", следовало бы сказать: "В десятый день". Что же значит "в первую декаду"?" И отвечает: "Но это потому, что в этот день все высшие ступени приходят одни над другими", т.е. нисходят десять сфирот, в которых есть ГАР от Имы, "чтобы пребывать над луной", т.е. Малхут, "и светить ей. И все они – в тайне десяти, пока не восходят к ста", поскольку десять раз по десять – это сто. "И когда она стоит в тайне ста", то есть, когда у нее есть ГАР, "тогда все едино", т.е. Малхут едина с Имой, "и называются" обе они "Днем искупления. И поэтому сказано: "В первую декаду (бе-асор)", ибо это язык источника (иврит), "так же как ты говоришь: "Помни и храни"». Поскольку «десятый день» означало бы, что он указывает на одну лишь Малхут, т.е. десятую сфиру, однако «бе-асор (в первую декаду)», что является языком источника, указывает на все десять сфирот вместе. «"И все они приходят" от Имы, "чтобы удесятерить" каждую сфиру "и светить в тайне десяти"», – т.е. включая также ГАР.

117) «Повернул тот старец голову в сторону рабби Шимона и сказал ему: "Я знаю, что у тебя есть вопрос по поводу этого изречения: "В первую декаду этого седьмого месяца"[129]. Сказал ему рабби Шимон: "В первую декаду (бе-асор)" – это правильно", то, что ты сказал, что указывает на десять, "но если это так, почему восходит к ста? Ведь из изречения следует, что восходит лишь к семидесяти, как написано: "В первую декаду (бе-асор) этого седьмого месяца"? А когда удесятеряют седьмой десять раз, то, разумеется, восходят к семидесяти". Сказал ему: "Поэтому я повернул голову к тебе, ибо я знаю, что ты мудрый"».

118) «"Смотри, здесь скрыты две тайны. Первая, что луна", т.е. Малхут, "называется седьмым месяцем, и потому седьмой месяц называется "асор"», как сказано: «А в первую декаду

---

[129] Тора, Бемидбар, 29:7. «А в десятый день (досл. в первую декаду) этого седьмого месяца священное собрание пусть будет у вас, и смиряйте души ваши, никакой работы не делайте».

[130] Тора, Ваикра, 23:27. «Но в десятый день этого седьмого месяца – День искупления, священный созыв да будет у вас; и изнуряйте души ваши, и приносите огнепалимую жертву Творцу».

(бе-асо́р) седьмого месяца»¹²⁹, – «"поскольку светят ей десять раз", десять сфирот, а десять раз по десять – "это сто. И еще" есть тут тайна, "ибо то, что ты сказал", что бе-асор указывает на удесятерение седьмого, "бесспорно, то, что она восходит к семидесяти в этот день, так что, она на ступени семидесяти и на ступени ста". Она "на ступени ста, – чтобы восполнить" ее тремя первыми сфирот (ГАР) "и светить ей", и она "на ступени семидесяти, – потому что в этот день" Малхут "берет весь народ Исраэля, чтобы судить их. И все стоят в душе́ больше, чем в теле, так как в этот день это изнурение души, а не тела, как ты говоришь: "И изнуряйте души ваши"¹³⁰, "потому что всякая душа, которая не изнуряется в этот самый день, будет искоренена из среды народа своего"¹³¹. И этот день берет все души, и они в его власти. И если бы она не стояла в тайне семидесяти, не было бы у нее власти над душами, поскольку существование душ – оно в тайне семидесяти, как сказано: "Дни лет наших – семьдесят лет"¹³²».

Объяснение. Выяснилось выше,¹³³ что в День искупления Малхут поднимается к Име и получает от нее сначала ее точку, являющуюся корнем как для разрушенной части мира, так и для заселенной части мира. В этом отношении мы производим исправление, (отправляя) одного козла к Творцу и одного – к Азазелю. А потом она получает от Имы полные мохин де-паним, т.е. ГАР. И эти полные мохин де-паним являются сотой ступенью Малхут в тот день. И эти мохин, которые она получает в точке Бины, представляют собой мохин де-ВАК, поскольку происходят от одной лишь левой линии Имы. Поэтому нам заповеданы пять изнурений, которые свойственны левой линии Имы до прихода средней линии для объединения линий.

И эти мохин де-ВАК – это тайна семидесяти, что указывает на недостаток ГАР де-паним. И эти мохин являются совершенством души. Поэтому сказано: «Душа (нефеш), которая не изнуряется»¹³¹ – так как Хохма левой линии раскрывается только в

---

[131] Тора, Ваикра, 23:29. «Потому что всякая душа, которая не изнуряется в этот самый день, будет искоренена из среды народа своего».

[132] Писания, Псалмы, 90:10. «Дни лет наших – семьдесят лет, а если сильны – восемьдесят лет, и высокомерие их – суета и ничтожность, ибо быстро мелькают они, и умираем мы».

[133] См. выше, п. 98.

Малхут,¹³⁴ а свет Малхут – это свет нефеш. И это означает сказанное: «Существование душ – оно в тайне семидесяти», так как совершенство души происходит именно от мохин Малхут, находящихся в свойстве семидесяти, которые она получает посредством пяти изнурений. Ибо в мохин, которые в свойстве ста, т.е. в ГАР де-паним, больше нет свойства семидесяти, т.е. Хохмы левой линии.¹³⁵

119) «"И если скажешь: "А как же души детей, не завершившие семидесяти лет?" Скажешь, что" Малхут "не властвует над ними?" И отвечает: "Разумеется, она властвует над ними", так как эти мохин де-ВАК – это малый лик, т.е. дети, "но не в совершенстве, как тот, кто удостоился многих дней в заповедях Торы. И вместе с тем, во всех них идут семьдесят лет: как в детях, так и в стариках. Мы это учили: "Один – в большой мере, один – в малой"¹³⁶. Что значит "один"? Это единство семидесяти лет: у кого в большой мере", т.е. у старца, "у кого в малой"», т.е. у ребенка.

Объяснение. Семьдесят лет, которые Малхут получает в День искупления от Имы посредством пяти изнурений, она получает в то время, когда есть у нее также мохин де-паним, ступень ста – десять раз по десять, как мы уже говорили. И поэтому также и мохин левой линии, которые она получает посредством изнурения души, становятся многочисленными светами в свойстве семидесяти лет. А что касается мохин левой линии, которые получают дети, представляющие собой малый лик, левая линия без правой, которые притягиваются из первого состояния Нуквы,¹³⁷ то эти мохин светят очень слабо.

---

[134] См. Зоар, главу Берешит, часть 1, п. 340, со слов: «И, кроме того, так же как высшая Хохма является началом (ראשית), так же и нижняя Хохма считается началом (ראשית). Потому что от высшей Хохмы до Малхут, являющейся нижней Хохмой, нет во всех сфирот того, кто бы взял себе свечение Хохма ...»

[135] См. выше, п. 99.

[136] Мишна, раздел Кдошим, трактат Минхот, часть 13, мишна (закон) 11. «Сказано о жертвоприношении животного: "Жертва всесожжения огнепалимая, благоухание", и о жертвоприношении птицы: "Жертва всесожжения огнепалимая, благоухание", и о хлебном приношении: "Жертва всесожжения огнепалимая, благоухание". Это нас учит тому, что один – в большой мере, один – в малой, но единственное, (что должен сделать), – направить свои мысли к высшему».

[137] См. «Предисловие книги Зоар», статью «Ростки», п. 5, со слов: «И сказано: "А если бы они не показались к этому времени"...», а также п. 6, со слов: «И благодаря этим детям спасается мир...»

И это означает сказанное: «Разумеется, она властвует над ними, но не в совершенстве, как тот, кто удостоился многих дней в заповедях Торы», ибо тот, кто удостоился заповедей Торы, т.е. средней линии, называемой Торой, в нем даже мохин левой линии светят в исправленном виде, и потому он удостоился многих дней. И на это он намекает в словах: «"Один – в большой мере, один – в малой"[136]. Что значит "один"? Это единство семидесяти лет», т.е. мохин Хохмы левой линии – это свойство «один», и в них есть два свойства:

1. «У кого в большой мере» – это старец, который пользуется этими мохин левой линии, как Малхут в День искупления. И это большое свечение.

2. «У кого в малой» – это ребенок, т.е. малый лик, у которого нет мохин де-паним, а есть одни лишь мохин левой линии. И свечение это очень мало́.

И с помощью этого ты поймешь намек, который содержится в сказанном выше: «Встретили одного старца, который держал за руку одного ребенка»[138], – т.е. рабби Шимон распознал в нем, что он старец и есть у него мохин де-паним, и вместе с тем он держит за руку одного ребенка, т.е. мохин де-ВАК, как уже объяснялось, которые являются свойством ахораим, однако они светили в нем в большой мере, для того чтобы были у него мохин де-паним, что и называется быть старцем. И он был в свойстве «один – в большой мере». И все, сказанное этим старцем, – от этих двух видов мохин.

120) «"И поэтому в День искупления" Малхут "проходит по всем этим семидесяти", т.е. мохин левой линии, как мы уже говорили, "и восполняется эта ступень" Хохмы "во всем", во всех сфирот, т.е. каждая из семи сфирот приобрела свойство ГАР, и они становятся десятью сфирот, однако там нет общих ГАР, и потому их семьдесят. "И все души поднимаются пред Ним, и Он судит их судом", так как мохин семидесяти лет являются свойством суда, как уже было сказано. "И Творец проявляет милосердие к Исраэлю в этот день" и дает им мохин от свойства ста, как объяснялось. "Тот, кто не устранил грязь от своего духа, чтобы очистить его, то когда молитва его поднимается в этот день, она тонет в месте, которое зовется "ил и

---

[138] См. выше, п. 79.

грязь"¹³⁹, и это Сам и Лилит, "т.е. в пучинах моря. И не поднимается его молитва, чтобы украситься в рош Царя"».

121) «"В этот день человек не должен раскрывать свои грехи другому, ибо многочисленны те" обвинители, "что берут слово, которое он раскрыл, и поднимают его наверх и свидетельствуют об этом слове. И что" Писание говорит: "От лежащей на лоне твоем стереги двери уст твоих"¹⁴⁰, тем более, эти" обвинители, "преследующие" его "и ищущие", как "обвинить его и свидетельствовать против него". И помимо этого, "если человек еще и дерзок ко всем", т.е. не стесняется раскрывать свои грехи, – "это осквернение имени Творца. И потому написано: "Не давай устам твоим вводить в грех плоть твою"¹⁴¹».

122) «"Провозгласил и сказал: "Этот месяц для вас – глава месяцев"¹⁴². Спрашивает: "Разве не все времена и месяцы принадлежат Творцу?"», почему говорит: «Этот месяц для вас»¹⁴²? И отвечает: «Однако "этот месяц для вас"¹⁴² означает: "Мой он, но Я передал его вам", а "для вас"¹⁴² означает, что "он в раскрытии", т.е. света́ в нем раскрыты для Исраэля. "Но седьмой месяц – Мой он, и потому он в сокрытии, а не в раскрытии"», как сказано: «В сокрытии, – для праздничного дня нашего»¹⁴³. А всё, что касается скрытия и раскрытия светов, имеется в виду свечение Хохмы.

«"Этот месяц – ваш он, в" алфавитной "последовательности, как последовательность букв слова "ави́в (אביב)", потому что месяц ниса́н называется месяцем авив, "и это "алеф-бет-гимель (אבג)"¹⁴⁴, поскольку "йуд-бет יב" слова авив "это "гимель ג"", так

---

¹³⁹ Пророки, Йешаяу, 57:20. «А нечестивые – как море разбушевавшееся, когда утихнуть не может оно и извергают воды его ил и грязь».

¹⁴⁰ Пророки, Миха, 7:5. «Не верьте другу, не полагайтесь на приятеля; от лежащей на лоне твоем стереги двери уст твоих».

¹⁴¹ Писания, Коэлет, 5:5. «Не давай устам твоим вводить в грех плоть твою, и не говори пред посланцем, что ошибка это. Для чего гневаться Всесильному из-за голоса твоего и губить дело рук твоих!»

¹⁴² Тора, Шмот, 12:2. «Этот месяц для вас – глава месяцев, первый он у вас из месяцев года».

¹⁴³ Писания, Псалмы, 81:4. «Трубите в шофар в новомесячье, в назначенное время (другое значение: в сокрытии), – для праздничного дня нашего».

¹⁴⁴ Первые три буквы алфавита в прямом порядке.

как йуд (10) в малом значении – это алеф (1)¹⁴⁵. Таким образом, буквы слова авив (אביב) – это алеф-бет-гимель (אב"ג). "Но седьмой месяц – Мой он", и поэтому" название его начинается "с конца букв" алфавита: тишре́й (תשרי)¹⁴⁶. "В чем причина этого? Вы" – в прямой последовательности, алеф-бет-гимель, "снизу вверх", когда буквы возрастают по числовому значению: сначала алеф (א), затем бет (ב) и т.д. "А Я" – в обратном порядке, тишрей, "сверху вниз"», когда буквы убывают по числовому значению: сначала тав (ת), затем опускается к шин (ש), а затем – к рейш (ר).

Пояснение сказанного. Парцуф Малхут называется годом, в котором двенадцать месяцев. Шесть месяцев – от хазе и выше, это ХАГАТ НЕХИ от тишрея до адара. А шесть месяцев – от ее хазе и ниже, это ХАГАТ НЕХИ от нисана до элуля. И хотя от хазе и выше находятся ХАГАТ, а от хазе и ниже – НЕХИ, однако они включены друг в друга. И потому есть ХАГАТ НЕХИ наверху, а также внизу. Малхут от ее хазе и выше – это свойство Бины, и там она укрыта, а от хазе и ниже считается ее собственным свойством, и там она раскрыта.

И это означает сказанное: «Для вас он в раскрытии», – потому что месяц нисан, который от хазе и ниже, он в раскрытии, так как света раскрываются. «Но седьмой месяц – Мой он, и потому он в сокрытии, а не в раскрытии», так как месяц тишрей, он от хазе и выше, где свойство Бины, и там он в сокрытии, и это до месяца адар. Но поскольку начало сокрытия происходит в месяц тишрей, поэтому упоминает только тишрей. И также раскрытие месяца нисан продолжается до элуля, но поскольку в нем начало раскрытия, Писание упоминает только нисан. И поэтому он называется первым для месяцев года, т.е. первым месяцем для раскрытых светов. Подобно тому, как говорит о пятнадцатого тишрея, потому что в этот месяц начинается раскрытие.¹⁴⁷

И это смысл сказанного: «Этот месяц ваш, в последовательности алеф-бет-гимель (אב"ג), Но седьмой месяц – Мой он, с

---

¹⁴⁵ По гематрии, алеф = 1, бет = 2, гимель = 3. Таким образом, алеф + бет = гимель.
¹⁴⁶ Слово тишрей (תשרי) начинается с последних букв алфавита, расположенных в обратном порядке: тав (ת), шин (ש), рейш (ר).
¹⁴⁷ См. ниже, п. 123.

конца букв». Поскольку когда буквы расположены в прямом порядке, это указывает на раскрытие светов, и с каждым разом света́ преумножаются. Когда же буквы расположены в обратном порядке, как в тишрее, это указывает на укрытие светов, счет которых убывает. И так же как в целом, так и в частном, – т.е. в каждом из двенадцати месяцев первая половина месяца находится выше хазе, и света́ укрыты, а с пятнадцатого числа и далее он ниже хазе, и света раскрываются, как он выясняет далее.

123) Этот седьмой месяц, «"он – Мой. В начале месяца – Я это, в скрытии, в первой декаде месяца – Я это", в скрытии, "так как Я – в первые пять дней" месяца, "и во вторые пять дней, и в третьи пять дней. В начале месяца – Я это, потому что это" первые "пять дней. В первой декаде месяца – Я это, потому что это другие пять дней. Пятнадцатого числа месяца – Я это, потому что это третьи пять дней"».

Объяснение. Месяц тоже делится надвое по хазе, как и двенадцать месяцев года, как мы объяснили в предыдущем пункте. И в нем есть три линии выше хазе, являющиеся Биной, и они укрыты до хазе; а три линии от хазе и ниже являются свойством самой Малхут, и они раскрыты. И поскольку линии исходят от Бины, включающей пять сфирот ХАГАТ Нецах Ход, поэтому в каждой линии есть пять сфирот.

И это означает сказанное им: «В начале месяца – Я это», иначе говоря, что «Я это» – в скрытии, и он не ваш в раскрытии, «потому что это пять дней», – так как это пять дней ХАГАТ Нецах Ход от правой линии выше хазе. «В первой декаде месяца – Я это», в скрытии, и она не ваша в раскрытии, «потому что это другие пять дней», – так как это вторые пять дней ХАГАТ Нецах Ход, т.е. левая линия выше хазе. «Пятнадцатого числа месяца – Я это», «пятнадцатого числа месяца», – т.е. до пятнадцатого числа месяца, «Я это» в скрытии, и оно не ваше в раскрытии, «потому что это третьи пять дней», так как это третьи пять дней ХАГАТ Нецах Ход, т.е. средняя линия выше хазе. И поэтому до пятнадцатого числа месяца света́ сокрыты, и он не ваш. Однако с пятнадцатого числа и далее света́ раскрываются, поскольку пятнадцатое число – это точка хазе, откуда начинается раскрытие светов, как нам это предстоит выяснить.

124) «"В чем причина, что Он скрыт настолько?" – т.е. до пятнадцатого числа месяца? И отвечает: "Это потому, что весь этот месяц – от высшего мира", т.е. от Бины, так как первые шесть месяцев – они от Бины. "А высший мир – он в тайне пяти в любое время", иначе говоря, в каждой линии есть пять сфирот ХАГАТ Нецах Ход. "И потому этот месяц в скрытии, а не в раскрытии, потому что высший мир находится в скрытии, и все его действия в скрытии. И месяц этот принадлежит одному лишь Творцу", а не вам. "Когда же наступает пятнадцатое число" месяца, т.е. точка хазе, как мы уже сказали в предыдущем пункте, "тогда он раскрывается". Ибо от хазе и ниже, – как в отношении всего года, и это нисан, так и в отношении каждого месяца, и это пятнадцатый день, – уже считается свойством самой Малхут, и света раскрываются. "Всё приходит к обновлению луны" – т.е. все света, которые были укрыты от хазе и выше, переходят от хазе и ниже при обновлении луны, Малхут, потому что от хазе и ниже уже свойство самой луны, а не Бины. И поэтому "луна восполняется и светит от высшей Имы", Бины, "и готова светить вниз от светов, что наверху. И потому" пятнадцатый день месяца "называется первым, как сказано: "И возьмите себе в первый день"[148]. Ибо до сих пор", т.е. до пятнадцатого дня, "пребывали все сфирот в свойстве высшего" мира, Бины. "А теперь, с пятнадцатого дня, "сфирот нисходят в свойство нижнего"» мира, Малхут, и потому света раскрываются. И поскольку пятнадцатый день является первым для раскрытых светов, поэтому он называется первым.

125) «"Смотри, от высшего дня", т.е. от Бины, "были эти первые дни", которые до пятнадцатого числа месяца. "И они являются свойством высшего мира", Бины. Спрашивает: "Кто же вершит суд над миром в Рош а-шана? Ведь суд находится не в этом мире, но (он) от суда нижнего" мира, "и он "Всесильным всей земли назовется"[149]. Ведь если ты скажешь, что суд над миром вершится наверху", в Бине, "то не называлась бы" Бина "вольным миром – миром, в котором света всех миров, миром, в котором вся жизнь, миром всей свободы". И если Бина называется всеми этими именами, как ты скажешь, что имеется

---

[148] Тора, Ваикра, 23:40. «И возьмите себе в первый день плод дерева великолепного, ветви пальмовые, и ветвь дерева густолиственного, и ив речных, и веселитесь пред Творцом Всесильным вашим семь дней».

[149] Пророки, Йешаяу, 54:5. «Ибо супруг твой – Создатель твой, Творец воинств – имя Его, и избавитель твой – Святой Исраэля, Всесильным всей земли назовется».

в ней суд, чтобы судить мир. "И если скажешь, что он от суда Ицхака", левой линии Бины, этого не может быть, – "ведь если бы он пробуждал суд над этим миром, весь мир не смог бы вынести этого. Ибо этот высший сильный огонь", левой линии Бины, "никто не может вынести, кроме огня внизу", т.е. Малхут, – "огня, который выносит огонь"».

Объяснение. Левая линия Бины, свойство Ицхак, поскольку она находится в месте ГАР, то всё ее пробуждение считается притягиванием Хохмы сверху вниз, и это очень суровый суд, который мир не смог бы вынести. Тогда как Малхут, хотя она тоже происходит от левой линии Бины, и это сильный огонь, вместе с тем, поскольку она является свойством света некевы, которая светит только снизу вверх, суд в ней не столь суров, и мир может его вынести.

Таким образом, огонь левой линии Бины пробуждается только для Малхут, которая является огнем внизу, и Малхут может его вынести, так как она свет некевы. И это смысл сказанного: «Ибо этот высший сильный огонь никто не может вынести, кроме огня внизу», так как он становится в ней свечением некевы, которое светит только снизу вверх. И это не так тяжело, и мир может его вынести.

И если Рош а-шана – это свойство от хазе и выше, т.е. Бина, непонятно, кто судит мир? Ведь сама Бина – это вольный мир, и если бы пробудилась лишь ее левая линия, мир не смог бы этого вынести.

126) И отвечает: «"Но так же как этот" наш "мир является самым нижним из всех миров, так и все его суды – от самого нижнего мира" в Ацилуте, Малхут, называемой "Всесильный – судья"[150], и" суды ее "называются высшим судом по отношению к этому" нашему нижнему "миру", и поэтому считаются для нас словно судами Бины. "И поскольку она является седьмой ступенью" Зеир Анпина, "он выносит человеку приговор только от двадцати лет и выше"».

127) «Посмотрел этот старец на рабби Шимона, и увидел, что из глаз его текут слезы. Сказал рабби Шимон: "Если

---

[150] Писания, Псалмы, 7:12. «Всесильный – судья справедливый, и гневается Творец (на нечестивых) каждый день».

она седьмая, почему она" судит человека "от двадцати лет и выше?" Сказал ему: "Счастлив тот, кто обращается к ушам слышащим"».

128) «"Смотри, в суде, который внизу, на земле, не выносят человеку приговор до тринадцати лет. В чем причина? Это потому, что оставляют семь лет седьмому, который "Всесильным всей земли назовется"[149]. И нет полномочий у человека на эти семь лет. И эти семь лет пребывают только над тринадцатью годами внизу, которые являются престолом для них. Поэтому все приговоры и все суды внизу – они от этих семи лет внизу, являющихся общностью двадцати лет"».

Объяснение. В любом состоянии Малхут, в котором есть суд, она называется судебной палатой. И в ней есть два малых состояния (катнут), представляющих собой суды:

Первое (состояние) – когда она получает только от точки холам, и тогда есть в ней нефеш-руах состояния катнут, и эти суды являются свойством судов нуквы. И называется она тогда нижним судом.

Второе состояние – когда она получает от точки шурук, т.е. поднимается и облачает левую линию Бины. И тогда она в свойстве Хохмы без хасадим,[151] и обретает при этом нешама де-катнут. И эти суды называются судами захара. И называется она тогда высшим судом по той причине, что эти суды исходят от ГАР, т.е. от нешама де-катнут.

И вот Малхут называется «семь», как мы уже сказали, и потому нефеш-руах-нешама (НАРАН) ее – это трижды семь. Таким образом, в первом состоянии катнут, когда у нее есть только нефеш-руах де-катнут, в ней имеется только дважды семь, то есть четырнадцать. А во втором состоянии катнут, когда у нее есть также нешама, в ней есть трижды семь, то есть двадцать один.

Вот почему нижний суд, исходящий от первого малого состояния Малхут, наказывает лишь до тринадцати лет и одного дня. Ибо один день в году считается годом, и там есть дважды по семь, то есть четырнадцать, подобно нижнему суду, и это нефеш-руах малого состояния в Малхут. Однако высший суд,

---
[151] См. выше, п. 98.

и это нешама малого состояния, наказывает до двадцати лет и одного дня, поскольку один день в году считается годом, а там есть трижды по семь, то есть двадцать один.

И это смысл сказанного выше: «Так же как этот мир является самым нижним из всех миров, так и все его суды – от самого нижнего мира»[152], – т.е. наш мир может получать только от Малхут, а не от Бины, «и называются высшим судом по отношению к этому миру», – т.е. суд Рош а-шана, хотя и приходит от Малхут, считается высшим судом, идущим от Бины. Поскольку этот суд вызван тем, что Малхут облачает левую линию Бины,[153] а это суды захара и нешама малого состояния Малхут. И поэтому он считается по отношению к нам свойством Бины, так как Малхут поднимается тогда к Бине. И Малхут тогда считается действительно Биной по отношению к нам. И с помощью этого объясняется вопрос: если первый день Рош а-шана – это Бина, то откуда там суды? И объяснение такое: потому что суды исходят от Малхут, которая поднялась к Бине и является для нас по-настоящему Биной.

И это означает сказанное им: «В суде, который внизу, на земле, не выносят человеку приговор до тринадцати лет», – т.е. первое состояние катнут Малхут, только нефеш-руах де-катнут, дважды по семь, и это четырнадцать, т.е. тринадцать и один день, как уже объяснялось. «В чем причина? Это потому, что оставляют семь лет седьмому, который "Всесильным всей земли назовется"[149]», – так как нижний суд держится только в этих дважды по семь лет, относящихся к нефеш-руах де-катнут. А третьи семь (лет), относящиеся к нешама де-катнут, оставляют для Малхут, называемой «Всесильным всей земли»[149]. «И нет полномочий у человека на эти семь лет», – ибо нет у человека права быть причастным к судам третьих семи лет, так как они происходят от подъема Малхут к Бине, а человек не постигает и не властен там.

«И эти семь лет пребывают только над тринадцатью годами внизу, которые являются престолом для них», – а третьи семь лет, свойство нешама де-катнут, могут раскрыться лишь после того, как Малхут уже обрела тринадцать лет от нефеш-руах де-катнут, считающиеся престолом для третьих семи лет.

---

[152] См. выше, п. 126.
[153] См. выше, п. 92, со слов: «Пояснение сказанного...»

«Поэтому все приговоры и все суды внизу», нисходящие к людям внизу, «они от этих семи лет внизу», которые являются высшим судом, т.е. третьи семь лет Малхут, и это нижний мир, т.е. нешама малого состояния Малхут, «являющиеся общностью двадцати лет», – так как третьи семь лет обязательно включают также дважды по семь лет нефеш-руах, как сказано выше, и содержат в себе двадцать лет. И тогда высший суд, т.е. нешама малого состояния Малхут, выносит наказания, как уже выяснилось.

129) «"И суд мира в Рош а-шана (вершится) посредством той самой ступени", – свойства нешама малого состояния Малхут, т.е. третьих семи лет, "когда она действительно стоит судом над своими сыновьями в этом мире, чтобы очиститься для высшего мира", т.е. получить мохин состояния гадлут от Бины, "потому что помощь для подъема и очищения она может получить только от нижних"», то есть, чтобы они раскаялись и подняли МАН.

Четыре вида

130) «"И когда Исраэль достигают пятнадцатого дня" седьмого месяца, "тогда" Творец "берет Своих сыновей, чтобы простереть над ними Свои крылья и возрадоваться с ними. И потому написано: "И возьмите себе в первый день плод дерева великолепного"[154]. Этот плод – дерево, называющееся плодовым", т.е. Малхут, "у которого есть плоды. "Дерево великолепное" – это как сказано: "Слава и великолепие пред Ним"[155]. В чем причина того, что называется великолепным, и кто являет собой великолепие? Однако, это праведник"», Есод. И Малхут называется плодом великолепного дерева, – т.е. Малхут, наполняемая от Есода, называемого великолепием.

131) Спрашивает: «"Почему" Есод "называется великолепием, ведь он – укрытое место, у которого нет раскрытия, и должен укрываться всегда, а великолепие есть лишь у того, кто раскрыт и виден?" И отвечает: "Хотя он и является укрытой ступенью, он – великолепие всего тела, и великолепие тела есть только в нем. И в чем причина? В том, что у кого нет этой ступени, нет в нем великолепия, чтобы появляться среди людей, – го́лоса нет с ним в его речи, так как прекратилось у него великолепие голоса, бороды и великолепия бороды нет у него", – ведь, "хотя эта ступень и скрыта", вместе с тем, "всё великолепие тела зависит от нее, и она укрывается и раскрывается"[154] в великолепии тела. И потому это "дерево великолепное", т.е. "дерево, от которого зависит всё великолепие тела, и это – дерево, приносящее плод"». Но Малхут называется «дерево-плод (эц-при עֵץ פְּרִי)»[156].

---

[154] Тора, Ваикра, 23:40. «И возьмите себе в первый день плод дерева великолепного, ветви пальмовые, и ветвь дерева густолиственного, и ив речных, и веселитесь пред Творцом Всесильным вашим семь дней».

[155] Писания, Псалмы, 96:6. «Слава и великолепие пред Ним, сила и красота в святилище Его».

[156] См. комментарий Раши на Тору, Берешит, 1:11. «Да произрастит земля поросль, траву семяносную, плодовое дерево (досл. дерево-плод), дающее плод по виду его». «Дерево-плод» – чтобы вкус дерева был как вкус плода. Однако (земля) не исполнила это, а только "и произвела земля... дерево, дающее плод" (Берешит, 1:12), само же дерево плодом не было. Поэтому, когда Адам был проклят за свой грех, с нее (с земли) также было взыскано за ее грех, и она была проклята».

132) «"Ветви пальмовые"[154]» – это Есод, праведник, как сказано: «Праведник как пальма расцветет»[157]. «"Здесь жена включается в своего мужа без разделения", так как сказано: "Ветви (капот כפות) пальмовые"», а не: «И ветви (ве-капот וכפות) пальмовые», так как «вав ו» сделала бы разделение между плодом великолепного дерева и пальмовыми ветвями, чтобы показать, что они связаны вместе,[158] ибо Есод и Малхут – они вместе.

«"И ветвь дерева густолиственного"[154] – их три", т.е. три линии ХАГАТ, "ибо листья его", их три, "один – сбоку" справа, "другой – сбоку" слева, "а один", посередине, "властвует над ними"», потому что средняя линия объединяет правую и левую, чтобы они стали одним целым.

«"И ив речных"[154], – их две", т.е. Нецах и Ход, "и нет у них запаха и вкуса", и они "как ноги у людей"».

«"А пальмовая ветвь (лулав)", т.е. Есод, "берет" и включает "все их, подобно позвоночнику, имеющемуся в теле. И то, что выступает наружу" из этих видов "на пядь (тэфах)" вверх, "так и должно быть, чтобы восполнить и извлечь все" ступени, "и служить как подобает"». Объяснение. Есод поднимается через позвоночник и извлекает каплю семени из моах Даат в рош. И на это указывает пальмовая ветвь, которая поднимается и выступает на пядь над миртами и ивами, т.е. над ХАГАТ Нецах Ход. И эта пядь указывает на Даат в рош, – что пальмовая ветвь, т.е. Есод, доходит до этого места.

133) «"С этими видами человек должен предстать пред Творцом", и они соответствуют ХАГАТ НЕХИМ, как мы объяснили выше. "Листья этих пальм", т.е. листья на пальмовом дереве, называемые на языке арамит тарпин (טַרְפִּין), "они намекают на все остальные воинства, которые объединяются в тех именах, которыми называется Творец". И потому нам заповедано брать эти четыре вида, "потому что нужно" пробудить "внизу по высшему подобию, поскольку нет в мире ничего, что не имело бы подобия ему наверху. И наоборот, подобное тому, что

---

[157] Писания, Псалмы, 92:13. «Праведник как пальма расцветет, как кедр в Леваноне возвысится».
[158] См. Зоар, главу Ваехи, п. 219. «"Плод дерева великолепного" – это колодец Ицхака…»

есть наверху, есть так же внизу". Ибо миры отпечатались друг от друга, и корни находятся наверху, и нет ничего в нижних мирах, что не имело бы корня в высших мирах. И поэтому корни этих четырех видов – это ХАГАТ НЕХИМ в мире Ацилут. "И Исраэль должны объединяться в этой тайне веры пред Творцом"».

ГЛАВА ТЕЦАВЕ

В шалашах живите

134) «"Написано: "В шалашах живите семь дней"[159] – это тайна веры", т.е. Малхут, и в этой тайне она получает все свои мохин. "И это изречение сказано о высшем мире", Бине. При сотворении мира было сказано это изречение"».

135) «"Когда Хохма", т.е. высшие Аба ве-Има, называемые Аба, а также Хохма, "начала выходить из неведомого и невидимого места", т.е. из рош Арих Анпина, "тогда вышел один экран и произвел удар. И эта высшая Хохма заискрилась и распространилась во все стороны в свойстве высшей Скинии", т.е. в (парцуфе) ИШСУТ, который называется Бина, а также Има. "И эта высшая Скиния образовала шесть окончаний", – т.е. Зеир Анпин. "И тогда это искрение экрана стало светить всем, и сказало: "В шалашах живите семь дней"[159]».

136) «"Что значит "суккот (סֻכֹּת шалаши)" без "вав ו"? Это – нижняя Скиния" – т.е. Малхут, "и она, словно лампада" – т.е. стеклянный сосуд, в который ставят свечу, чтобы она светила, "чтобы показывать все света, и тогда сказало" искрение экрана: "В шалашах живите семь дней"[159]. Что это за семь дней? Они от высшего мира", Бины, "для нижнего мира", Малхут. "И все эти семь дней", т.е. ХАГАТ НЕХИМ (Хесед-Гвура-Тиферет-Нецах-Ход-Есод-Малхут) Бины, "устанавливаются для того, чтобы светить шалашу. И что он собой представляет? Это "падающий шалаш Давида"[160], шалаш мира", т.е. Малхут. "И святой народ должен жить в тени его, в тайне веры", Малхут. "И тот, кто живет в этой тени, живет в этих высших днях"» Бины.

Пояснение сказанного. Сначала мир был сотворен в свойстве суда, и это Малхут первого сокращения. Увидел (Творец), что мир не может существовать, так как келим, исходящие от Малхут свойства суда, недостойны получать в себя высший свет. Тогда остановился и соединил с ним меру милосердия, – т.е. поднял Малхут в место Бины, называемой мерой милосердия. Тогда все ступени разделились на две половины, Кетер и Хохма остались в рош Арих Анпина, а его Бина и ТУМ упали в гуф,

---

[159] Тора, Ваикра, 23:42. «В шалашах живите семь дней; всякий уроженец в Исраэле должен жить в шалашах».
[160] Пророки, Амос, 9:11. «В тот день подниму Я падающий шалаш Давида и заделаю щели его, и восстановлю разрушенное, и отстрою его, как в былые дни».

и так – все они.¹⁶¹ И вследствие этого уменьшились все ступени до ВАК без рош, и это состояние называется точкой холам.

А затем, во время гадлута, благодаря свечению АБ-САГ де-АК, Малхут снова опускается из места Бины на свое место, и все половины ступеней, упавшие со своего уровня, возвращаются на свой уровень, и ступени снова восполняются тремя первыми сфирот (ГАР). И это состояние называется точкой шурук. При этом те Бина и ТУМ, которые вернулись на свою ступень, берут с собой также и нижнего, в котором пребывали во время своего падения, и поэтому нижний получает мохин высшего.¹⁶²

Таким образом, во время катнута Бина и ТУМ де-ИШСУТ, т.е. Има, упали в ЗОН. А во время гадлута, когда Бина и ТУМ возвращаются на свою ступень к Бине, они берут с собой также и ЗОН в место Бины, и тогда ЗОН получают мохин Бины посредством келим Бина и ТУМ Бины, которые были у них во время катнута.¹⁶² И выходит теперь, что ЗОН достойны получать высший свет Бины, и так же все миры БЕА, происходящие от них. И тогда создался мир. И если бы не подъем Малхут в место Бины, не было бы действительности, в которой мир мог бы существовать.¹⁶³

И это означают слова: «При сотворении мира было сказано это изречение»¹⁶⁴, – т.е. когда (Творец) включил свойство милосердия в Малхут, чтобы мир мог существовать. «Когда Хохма начала выходить из неведомого и невидимого места»¹⁶⁵, – иными словами, когда Малхут поднялась в место Бины рош Арих Анпина, тогда остался Арих Анпин с Кетером и Хохмой, а его Бина и ТУМ упали в свойство гуф его. И эта Бина, вышедшая наружу из рош Арих Анпина, разделилась надвое: ее ГАР

---

¹⁶¹ См. Зоар, главу Берешит, часть 1, п. 2, со слов: «Пояснение сказанного. Зоар начинает выяснять, каким образом вышли пять парцуфов Ацилута из Малхут мира АК…»

¹⁶² См. «Предисловие книги Зоар», п. 17, со слов: «И это означает: "Мать (има) одалживает свои одежды дочери и венчает ее своими украшениями" – т.е. во время выхода мохин гадлута…»

¹⁶³ См. Зоар, главу Берешит, часть 1, п. 3, со слов: «В свойстве суда, т.е. в свойстве Малхут мира АК, прежде чем она подсластилась в Бине, в свойстве милосердия, мир не мог существовать…»

¹⁶⁴ См. выше, п. 134.

¹⁶⁵ См. выше, п. 135.

установились в высших Абе ве-Име и называются Хохмой, а ее ЗАТ установились в ИШСУТ и называются Биной.

И это смысл сказанного: «Тогда вышел один экран»[165], – т.е. экран Малхут, которая поднялась в рош Арих Анпина, «и произвел удар»[165], – т.е. вывел Бину Арих Анпина наружу из рош. «И эта высшая Хохма»[165], – т.е. ГАР Бины, установившиеся в высших Абе ве-Име, «заискрилась»[165], – в состоянии катнут, когда его Бина и ТУМ упали вниз в Бину, «и распространилась во все стороны в свойстве высшей Скинии», – т.е. во время состояния гадлут, когда Арих Анпин вернул свою Бину и ТУМ, поднялась к нему также и высшая Скиния, т.е. Бина, и получила от него мохин. И таким же образом «эта высшая Скиния образовала шесть окончаний»[165], – т.е. Бина тоже вернула к себе свою Бину и ТУМ, которые упали в ЗОН, и благодаря этому ЗОН получили мохин Бины, и Бина вывела шесть окончаний (ВАК), т.е. ЗОН. «И тогда это искрение экрана»[165], – т.е. свечение экрана и уменьшение, произошедшее вследствие подъема Малхут к Бине, «стало светить всем», – стало светить (светами) мохин Бины Зеир Анпину и Нукве, «и сказало»[165] этим мохин, т.е. ХАГАТ НЕХИ Бины: «В шалашах живите семь дней»[159], – т.е. чтобы они распространились в Малхут, которая называется «шалаши (суккот סֻכֹּת)» без «вав ו». И считается, что «сказало»[165], поскольку если бы не тень, т.е. уменьшение света искрения экрана, происходящего в Бине, что и называется «схах (покрытие сукки), – не распространились бы семь дней, т.е. ХАГАТ НЕХИМ Бины, к шалашам (суккот), т.е. к Малхут внизу. Но и в ней та же тень искрения экрана, называемая «схах», потому что и в ней есть десять сфирот, и ее Малхут тоже поднялась в место ее Бины, и ее Бина и ТУМ упали в БЕА. И вследствие этого, во время гадлута, когда она возвращает свою Бину и ТУМ в Ацилут, миры БЕА тоже поднимаются с ними в Ацилут через эту ступень, и получают от нее мохин семи дней. Таким образом, корень покрытия (схах) находится в Бине, и оттуда он говорит: «В шалашах живите семь дней»[159]. И это означает сказанное: «При сотворении мира было сказано это изречение»[166], однако та же тень и покрытие находится также и в Малхут. И потому она называется «шалаши (суккот סֻכֹּת)» без «вав ו», так как имеется в виду покрытие Бины, которое находится в Малхут.

---

[166] См. выше, п. 134.

137) «"И потому" во всех местах написано "шалаши (суккот סֻכֹּת)"» без «вав ו», и имеется в виду Малхут. «"А в одном месте написано: "В шалашах (ба-суккот בַּסֻּכּוֹת)", полностью, с вав. Этот один, в полном написании, чтобы показать, что тот, кто живет в этой тени искрения экрана, он живет в этих семи высших днях, что наверху", т.е. в ХАГАТ НЕХИМ Бины, "стоящими над нижней", т.е. Малхут, "чтобы светить ей и укрывать ее", потому что покрытие (схах) Бины нисходит также и к ней,[167] "и защищать ее в час, когда она нуждается"».

138) «"И еще" следует сказать, что "все они называются шалашами (суккот סֻכּוֹת) в полном написании", – т.е. покрытие (схах) Бины и покрытие (схах) Зеир Анпина, "а неполное написание "шалаши (суккот סֻכֹּת)" указывает на нижний мир", Малхут, "который должен в эти семь святых дней питать остальных назначенных правителей мира". И это семьдесят быков, которых приносят в жертву в семь дней Суккот, поскольку она (Малхут) должна уменьшить в себе свет и пробудить мохин левой линии, т.е. ее ахораим, от которых питаются эти семьдесят правителей, "в то время как она получает радость в своем муже", в мохин де-паним, и нуждается в этом, "чтобы они не обвиняли в час радости", и она дает им "насладиться этой пищей, и жертв для них больше, чем в прочие дни, чтобы занимались ими и не вмешивались затем в радость Исраэля"». И это (происходит) таким образом, что дают им долю в виде козла на новомесячье и козла для Азазеля.[168] И вследствие этого уменьшения, призванного питать правителей народов, она называется «шалаши (суккот סֻכֹּת)» без «вав ו». «"А что является радостью Исраэля – это восьмой день собрания (шминѝ ацéрет)"».

139) «"Смотри, пока остальные правители радуются и едят пищу, которую Исраэль готовят для них", т.е. семьдесят быков, в это время "они готовят престол для Творца снизу", – т.е. готовят Малхут к тому, чтобы она стала престолом для Творца, "и к тому, чтобы поднять ее наверх, при помощи этих четырех видов, праздничного ликования, произнесения молитвы "Алель" и обхода вокруг жертвенника. Тогда она", Малхут, "поднимается и получает благословение и радость в муже своем"», Зеир Анпине.

---

[167] См. выше, п. 136.
[168] См. выше, п. 100.

140) «"Остальные создания", т.е. "семьдесят правителей, поставленных над народами, едят и тщательно жуют", а то, что осталось от их пищи, топчут ногами, и питаются" (подобно четвертому зверю в книге Даниэля)[169], т.е. семьюдесятью быками. "А она", Малхут, "берет души и поднимает их" к высшему наслаждению, к Зеир Анпину, как мы уже сказали. "И когда она низошла и держит все благословения, святыни и наслаждения, которые Исраэль привлекали к ней все эти семь дней с помощью тех дел, которые совершали, и приношения ей жертв, тогда она низошла, чтобы приблизиться к своим сыновьям и радовать их один день, и этот день – это восьмой день, потому что все семь других дней с ней, как мы говорили, и поэтому она восьмая, и она – восемь дней вместе, и потому она называется восьмой (шмини)", т.е. шмини ацерет (собранием на восьмой день). "И восьмой бывает лишь исходящим из семи"». Поэтому она называется двумя именами:

1. Называется восьмой, поскольку она восьмая после семи дней.
2. Называется собранием (ацерет), поскольку она содержит в себе все семь дней вместе.

---

[169] Писания, Даниэль, 7:7. «Потом увидел я в видении ночном, что вот, четвертый зверь – страшный и ужасный, и очень сильный, и большие железные зубы у него. Он пожирает и дробит, а остатки топчет ногами; и не похож он на всех тех зверей, что были до него, и десять рогов у него».

ГЛАВА ТЕЦАВЕ

Да будет имя Творца благословенно

141) «"Написано: "Да будет имя Творца благословенно!"[170] Что значит "благословенно"? Но одну тайну знал один из наших товарищей, рабби Ицхак Кафтора", и сказал: "Что значит "благословенно"? Это когда начало трудное, а завершение мягкое"». Поскольку «благословенно (меворах מְבוֹרָךְ)» состоит из букв «мем-бет מ"ב» «вав-рейш-хаф וּרָ"ךְ». «"Мем-бет מ"ב" – это трудное, и это, безусловно, суд. Подобно этому день Рош а-шана – это "мем-бет מ"ב (42)", потому сорока двумя буквами создан мир"», т.е. тридцатью двумя Элоким и десятью речениями, итого сорок два, и также есть сорок две буквы от «бет ב» слова «берешит (בְּרֵאשִׁית вначале)»[171] до «бет ב» в слове «ва-воу (וָבֹהוּ и хаотична)»[171]. «"И поэтому он был создан в свойстве суда. А затем – мягкое. Поэтому мы учили, что все начала трудны, а в завершении своем – мягкие. Ибо в день Рош а-шана, "мем-бет מ"ב", в суде, – трудное; в День шмини ацерет – мягкое (рах רך), в радости"».

Объяснение. Вся Нуква строится от левой линии, и всё ее исправление состоит в том, чтобы включиться в хасадим правой. И поэтому в рош Нуквы, являющимся свойством «мем-бет מ"ב», левая линия еще не включилась в правую. И потому она сурова – так как в ней есть суды левой (линии), без правой. А в завершении своем Нуква уже полностью включилась в хасадим в День шмини ацерет, и тогда она мягкая. И это смысл изречения: «Да будет имя Творца благословенно»[170], – т.е. имя Творца, и это Нуква, называемая именем, будет «мем-бет מ"ב» и «рейш-хаф רָ"ךְ». «Мем-бет מ"ב» указывает на рош Нуквы, т.е. Рош а-шана (Начало года), и тогда оно трудное. «Рейш-хаф רָ"ךְ» указывает на Шмини ацерет, и тогда она мягкая (рах רך).

142) «"Смотри, в чем (отличие) между высшим судом", т.е. левой линией от Бины, свойством Ицхака, являющимся светом захар, "и этим судом?" – Нуквы. "У высшего суда" в захаре, светящего сверху вниз, "начало и завершение суровы, и нет того, кто бы мог выстоять" в этих судах. "И всё, что идет"

---
[170] Писания, Иов, 1:21. «И сказал: "Нагим вышел я из чрева матери моей, нагим и возвращусь туда, (куда назначено мне). Творец дал и Творец взял. Да будет имя Творца благословенно!"»
[171] Тора, Берешит, 1:1-2. «Вначале сотворил Всесильный небо и землю. Земля же была пуста и хаотична, и тьма над бездною, и дух Всесильного витал над водою».

и распространяется, "это усиливается; и после того, как началось, не оставляет этого, пока не поедает и не уничтожает всё, и ничего не остается. Однако у другого суда внизу", т.е. в Малхут, являющейся светом некевы, которая светит снизу вверх, "начало трудное", т.е. в Рош а-шана (Начало года), "но по мере того, как идет" и распространяется, "это ослабевает, пока не засветит лик", мохин де-паним, в Шмини ацерет. "И это похоже на некеву, чьи силы слабы"[172]».

143) Спрашивает: «"Когда пробудился высший суд" от захара, "чтобы царить над миром?" И отвечает: "В день потопа. И потому в мире тогда не осталось ничего, кроме ковчега Ноаха. И он подобен высшему ковчегу", т.е. Малхут, "выносящему эту силу суда, потому что это огонь, который выносит огонь.[173] И если бы Творец не подготовил для него" ковчег "и не пребывал бы в милосердии над миром, то пропал бы весь мир. Как написано: "Творец (АВАЯ) над потопом восседал"[174], где имя АВАЯ означает милосердие. "И потому" с тех пор и далее, "высший суд не царит над миром, так как мир не смог бы вынести его даже одно мгновение"».

144) «В это же время рабби Шимон плакал и радовался. Подняли глаза и увидели пятерых из этих удалившихся» в пустыню, «которые шли за ним», за старцем, «чтобы просить у него» поведать им Тору. «Встали. Сказал рабби Шимон: "Отныне и впредь, как зовут тебя?" Сказал: "Нехорай Сава (נְהוֹרָאִי סָבָא),
потому что есть у нас другой Нехорай"», поэтому меня зовут Нехорай Сава. «Прошли рабби Шимон и его товарищи вместе с ним три мили. Сказал рабби Шимон этим другим» людям: «"Зачем вам этот путь?" Сказали ему: "Пришли мы просить у этого старца", чтобы поведал нам Тору, "потому что мы учим у него Тору в пустыне"», т.е. они его ученики в пустыне. «Подошел рабби Шимон и поцеловал его», того старца. «Сказал ему: "Нехорай зовут тебя, и ты – свет, и этот свет пребывает с тобой"». Ибо Нехорай (נְהוֹרָאִי) означает свет (ор אוֹר).

---

[172] См. выше, п. 125, со слов: «Объяснение. Левая линия Бины, свойство Ицхак, поскольку она находится в месте ГАР, то всё ее пробуждение считается притягиванием Хохмы сверху вниз, и это очень суровый суд, который мир не смог бы вынести...»
[173] См. выше, п.125.
[174] Писания, Псалмы, 29:10. «Творец над потопом восседал, и Творец будет восседать царем вовек».

Знает то, что во мраке

145) «Провозгласил рабби Шимон и сказал: "Ему открыты глубины и тайны, знает то, что во мраке, и свет обитает с Ним"[175]. "Ему открыты глубины и тайны", – т.е. Творец раскрывает глубокое и сокровенное, что все высшие скрытые глубины – Он раскрывает их". То есть, средняя линия раскрывает глубины, имеющиеся в двух линиях Бины. "И какова причина того, что раскрыл их? Это потому, что "знает то, что во мраке"[175], – т.е. во мраке левой линии, куда погружен свет Хохмы из-за недостатка хасадим. "И если бы не было мрака, не раскрылся бы" затем "свет", с помощью средней линии. "И Он "знает то, что во мраке"[175], – т.е. включил ее в правую линию и благодаря этому раскрыл глубины и тайны. "И если бы не мрак" левой линии, "не раскрылись бы глубины и тайны. И тогда "свет обитает с Ним"[175]. Что это за свет? Это свет, который раскрылся из мрака"», т.е. Хохма.

146) «"А мы, – из мрака, что был в пустыне, раскрылся нам этот свет. Милосердный поместит с тобою свет в этом мире и в мире будущем". Прошли рабби Шимон и товарищи три мили за ним. Сказал ему рабби Шимон: "Почему не шли с тобой" пятеро твоих людей "с самого начала?"», а пришли теперь. «Сказал ему старец: "Не хотел я никого беспокоить", чтобы сопровождали меня, "теперь же, когда пришли, пойдем вместе". Пошли. А рабби Шимон пошел своим путем. Сказал ему рабби Аба: "Мы ведь знаем имя его", старца, "а он не знает имени моего господина". Сказал ему: "От него я знаю, что (нам) не свидеться"». Ведь он не сказал мне своего имени прежде, чем я спросил его.

---

[175] Писания, Даниэль, 2:20-22. «И заговорил Даниэль, и сказал: "Да будет благословенно имя Творца во веки веков, ибо мудрость и сила – у Него! Он меняет времена и сроки, свергает царей и возносит их, дает мудрость разумным и знание – способным понимать. Ему открыты глубины и тайны, знает то, что во мраке, и свет обитает с Ним"».

Глава Ки-Тиса

ГЛАВА КИ-ТИСА

Каждый даст выкуп за душу свою

1) «"И говорил Творец Моше так: "Когда будешь проводить поголовное исчисление сынов Исраэля при пересчете их"¹. Рабби Аба и рабби Аха, и рабби Йоси шли из Тверии в Ципори. Когда шли, увидели рабби Эльазара, который подходил, и рабби Хия с ним. Сказал рабби Аба: "Несомненно, мы соединимся со Шхиной!" Подождали их, пока те подойдут к ним. Когда подошли к ним, сказал рабби Эльазар: "Конечно, сказанное: "Очи Творца – к праведникам, и уши Его – к воплю их"² – это сложное изречение"».³

2) «"Смотри, ведь объяснили, что высшее благословение не пребывает над тем, что исчислено. И если скажешь: как же были исчислены Исраэль? Но (Творец) взял у них выкуп за душу.¹ И объяснили, что не делали подсчета, пока не собирался весь этот выкуп, и он подсчитывался". И получается, "что вначале благословляли Исраэль" при получении выкупа, "а затем исчисляли выкуп, а затем снова благословляли Исраэль. И получается, что Исраэль благословлялись в начале и в конце, и не было среди них мора"».

3) Спрашивает: «"Почему возникает мор из-за подсчета?" И отвечает: "Потому что благословение не пребывает над тем, что исчислено, а когда ушло благословение, пребывает над ним ситра ахра, и она может нанести вред. Поэтому получают выкуп и освобождение, чтобы на этом основать подсчет. И это уже объяснялось, и мы это учили"».

---

¹ Тора, Шмот, 30:11-12. «И говорил Творец Моше так: "Когда будешь проводить поголовное исчисление сынов Исраэля при пересчете их, то дадут они каждый выкуп за душу свою Творцу при исчислении их, и не будет среди них мора при исчислении их"».
² Писания, Псалмы, 34:16. «Очи Творца – к праведникам, и уши Его – к воплю их».
³ Окончание этих слов – в главе Пкудей, начиная с 85 пункта и далее.

ГЛАВА КИ-ТИСА

Половина шекеля
(Раайа Меэмана)

4) «"Указание давать "половину шекеля, от шекеля священного"[4]. Спрашивает: "Что такое "половина шекеля"?" И отвечает: "Это как половина и́на, и это – "вав ו" (6)[5], среднее между двумя инами. Камень для взвешивания – это "йуд י" (10). "Двадцать гера́[6] – шекель"[4], это "йуд-вав-далет יו״ד"[7]. "Богатый не больше"[8] – это центральный столб", Зеир Анпин, "чтобы не (дал) больше десяти. И так мы учили в Книге Ецира: "Десять сфирот неведомого, десять, а не одиннадцать". "И бедный не меньше"[8], – это праведник", Есод, "не (даст) меньше десяти", как сказано в Книге Ецира: "десять, а не девять". "Половины шекеля"[8], – а это десять"».

Пояснение сказанного. И мы обязаны сначала понять внутренний смысл изречений в этой главе. «Когда будешь проводить поголовное исчисление (эт рош אֶת רֹאשׁ)»[1], – т.е. когда притянешь ГАР для сыновей Исраэля, потому что ГАР называются рош. «При пересчете их»[1] – в трех точках: холам, шурук и хирик. «То дадут они каждый выкуп за душу свою Творцу»[1], – чтобы отстранился от привлечения ГАР Хохмы, имеющихся в левой линии, а поднимал их к Творцу. «И не будет среди них мора»[1], – но если притянет ГАР Хохмы, то будет среди них, не приведи Бог, мор, т.е. из-за силы судов левой линии, как известно. «От шекеля священного»[4], – т.е. привлечение Хохмы, когда полная ступень, это «двадцать гера - шекель»[4], – потому что на полной ступени есть десять сфирот света захар, передаваемого сверху вниз, и десять сфирот света некева, передаваемого снизу вверх. И это двадцать сфирот, но поскольку они от свойства левой линии, они называются «двадцать гера», как в сказанном: «Пришельцем (гер) был я на чужой земле»[9]. «Половину шекеля»[4], – т.е. десять сфирот света захар, «приношение

---

[4] Тора, Шмот, 30:13. «Вот что дадут они: каждый проходящий подсчет – половину шекеля, от шекеля священного, двадцать гера – шекель, половину шекеля – приношение Творцу».
[5] Ин (הִין) – мера жидкости, составляющая 12 логов. Половина ина – 6 логов.
[6] Гера (גֵּרָה) – мелкая монета, 1/20 шекеля.
[7] Йуд (י) = 10, вав (ו) = 6, далет (ד) = 4.
[8] Тора, Шмот, 30:15. «Богатый не больше и бедный не меньше половины шекеля должны давать в приношение Творцу для выкупа душ ваших».
[9] Тора, Шмот, 2:22. «И она родила сына, и он нарек ему имя Гершом, ибо сказал: "Пришельцем был я на чужой земле"».

Творцу»⁴, – нужно поднять ее к Творцу, а не притянуть, но притянуть только половину света некева. И это снизу вверх.

И это означает сказанное им: «Что такое "половина шекеля"? Это как половина и́на», – т.е. половина меры, и объясняет: «и это – "вав ו", среднее между двумя инами», так как «вав ו» – это средняя линия, называемая весами, которые взвешивают два света, правой и левой линий, называемых двумя инами, чтобы левая не была больше правой.¹⁰ И потому уменьшает левую линию, чтобы она светила не сверху вниз, а только снизу вверх. И тогда она наравне с правой, которая светит сверху вниз. Ибо «вав ו» делит и делает «половину шекеля – приношение Творцу»⁴, и это половина левой линии, которая (нисходит) сверху вниз, как уже выяснено.

И это означает сказанное им: «Камень для взвешивания – это "йуд י" (10). "Двадцать гера́ – шекель"⁴, это "йуд-вав-далет יו״ד"». Ибо йуд с наполнением указывает на полную ступень, где свет захар – это «йуд י (10)», а свет некевы – это буквы «вав-далет ו״ד», и они в гематрии – десять, а вместе они – двадцать, в тайне: «Двадцать гера́ – шекель»⁴. И говорит, что камень, которым взвешивают подношение Творцу, – это «йуд י (10)», т.е. свет захара, идущий сверху вниз, а для себя получают только «йуд י (10)» света некевы, который светит снизу вверх. И это смысл сказанного: «"Богатый не больше"⁸ – это центральный столб», который по сути своей склоняется вправо, к хасадим, и не нуждается в Хохме, и потому называется богатым. И сказано ему, «чтобы не (дал) больше десяти», – т.е. чтобы не поднял что-нибудь также и от света некева в качестве подношения Творцу, а поднял только «йуд י (10)» света захар, и ничего от света некева.

«И так мы учили в Книге Ецира: "Десять сфирот неведомого, десять, а не одиннадцать"», и если Зеир Анпин превысит половину шекеля, т.е. поднимет также какую-то меру от света некева, получится, что он поднял одиннадцать сфирот, т.е. больше десяти. «"И бедный не меньше"⁸, – это праведник», поскольку Есод склоняется к Хохме и нуждается в ней, и поэтому в отношении нее называется бедным, «не (даст) меньше

---

¹⁰ См. Зоар, главу Трума, Сифра ди-цниута, п. 3. «"Мы учили, что Книга Сокровения – это книга, взвешивающая на весах"». Иначе говоря, книга, говорящая о весе светов на весах...»

десяти», чтобы не оставил какой-то меры от десяти сфирот света захар, который не поднимется к Творцу, из-за чрезмерного стремления к Хохме, как сказано: «Десять, а не девять». Ибо если уменьшит меру десяти сфирот света захар, и не поднимет ее, получается, что он не поднял полностью десять, но лишь девять. А должно быть десять, а не девять.

5) Видимо, произнесшим вышесказанное был рабби Шимон, и «сказал ему верный пастырь (раайа меэмана): "Ты в небесах, любим ты Господином твоим, и поэтому нечего удивляться всем этим драгоценным словам, которые исходят из уст твоих, ведь если кто-нибудь является царем или царским сыном, нечего удивляться тому, что на стол его возносятся жемчужины, полные достоинств, полные светов. Для другого человека, не для тебя, это было бы чудом". Сказал ему: "Благословен ты, верный пастырь, оттуда и далее говори ты. Ибо высшие и нижние низошли, чтобы послушать тебя". Сказал ему: "Заверши речи свои". "Сказал ему: "Мне пока нечего больше сказать до наступления другого времени, скажи ты"».

6) «Заговорил верный пастырь: "Заповедь, следующая за этой, – освятить месяц. Ибо святая луна", т.е. Малхут, – "это невеста, которая освящается по суду, являющемуся Гвурой" Зеир Анпина, так как Малхут выстраивается от левой стороны, и это Гвура, "потому что там", в Гвуре Зеир Анпина, "это левиты, о которых сказано: "И освятите левитов", – так Малхут, происходящая от Гвуры Зеир Анпина, тоже нуждается в святости. "А после того как покажется луна и насладятся ее светом", т.е. после того как она получит мохин, "благословляет за нее: "Благословен Ты, Творец Всесильный наш, царь мира, который речением Своим сотворил небеса, и духом уст Своих – все воинства их"[11]. И кем она освящается и благословляется? Великолепием, ибо она – "великолепие для носимых в утробе"[11]».

(До сих пор Раайа Меэмана)

---

[11] Отрывок из благословения луны, произносимого в новомесячья. «Благословен Ты, Творец Всесильный наш, царь мира, который речением Своим сотворил небеса, и духом уст Своих – все воинства их. Закон и время дал им, чтобы не изменили они своего предназначения. Веселы и радостны они, выполняя волю Создавшего их. Действующий истиной, и деяние Его – истина. И луне сказал, чтобы обновилась. Венец великолепия для носимых в утробе, которым предстоит обновиться, подобно ей, и превозносить Создателя своего за имя славы царства Его. Благословен Ты, Творец, обновляющий месяцы».

Поклонение солнцу

7) «Рабби Йоси и рабби Хия шли по дороге. Пока шли, наступила ночь. Сели, и пока сидели, занялся рассвет. Встали и пошли. Сказал рабби Хия: "Смотри, когда озарился лик востока, теперь все сыны востока, гор света, поклоняются этому свету, который светит в месте солнца, прежде чем оно взойдет" над землей, "и поклоняются ему. Ибо после того как восходит солнце, – сколько их, поклоняющихся солнцу. А эти поклоняются свету зари и называют этот свет богом сверкающего жемчуга. И клятва их – пред богом сверкающего жемчуга"».

8) «"И если ты скажешь, что поклонение это напрасно, – то ведь с самых древних времен знали эту мудрость: когда солнце светит, прежде чем восходит над землей, что в это время выходит управитель, назначенный над солнцем, и святые буквы высшего святого имени запечатлены на голове его, и силой этих букв он открывает окна небес, и ударяет по ним, и проходит. Управитель этот вступает в то сияние, что светит вокруг солнца", прежде чем оно выходит, "и пребывает там, пока не взойдет солнце и не изольется на мир"».

9) «"И этот управитель распоряжается золотом и красными жемчужинами. И они поклоняются тому образу, который там", в солнечном свете, т.е. управителю. "И с помощью точек и знаков, которые они унаследовали от мудрецов древних времен, они узнают точки солнца, чтобы отыскивать места золота и жемчуга". Сказал рабби Йоси: "До каких пор будут продолжаться эти бесчисленные поклонения в мире? Ведь у лжи нет основ", на которые можно опереться, "чтобы выстоять"».

ГЛАВА КИ-ТИСА

Язык истины утвердится навеки

10) «"Язык истины утвердится навеки, и лишь на мгновение – язык лжи"[12]. Смотри, если бы все жители мира поклонялись лжи, то так бы и было", исчезли бы. "Однако этот свет и сияние", исходящее от солнца, – "это, конечно же, истина. А также звёзды в небесной выси – истина. И если по глупости и непониманию они говорят (о них) и называют их божествами, не должен Творец" из-за этого "уничтожать деяния Свои в мире. Но и в грядущем будущем звёзды и света в мире не исчезнут, а кто исчезнет? Те, кто служит им", они исчезнут"».

11) «"И это изречение объясняется так: "Язык истины утвердится навеки"[12] – это Исраэль, являющиеся языком истины", которые говорят: "Творец – Всесильный наш, Творец един!"[13] И всё это – истина и тайна истины. И завершают" провозглашение Шма (словами): "Творец Всесильный ваш – истина". И это означает: "Язык истины утвердится навеки"[12]».

12) «"И пока не переведу дух"[12], спрашивает: "И лишь на мгновение", – следовало сказать, что значит "переведу дух"[12]?" И отвечает: "Но до каких пор будет у них существование в мире? До грядущего будущего, и тогда будет Мне отдых от трудной работы их"», потому что «переведу дух» означает – будет у меня отдых. «"И в то время, когда "переведу дух", исчезнет язык лжи, то есть те, которые называют богом того, кто не является богом, но Исраэль, которые являются языком истины, о них сказано: "Народ, который создал Я Себе, чтобы рассказать о славе Моей"[14]».

13) «"Я помню, однажды, когда я шёл с рабби Эльазаром, встретился ему наместник. Сказал ему, рабби Эльазару: "Знаешь ли ты еврейское учение (Тору)?" Сказал ему: "Я знаю". Сказал ему (наместник): "Не говорите ли вы, что ваша вера истинна и ваше учение истинно, а наша вера ложна и наше учение ложно? Ведь сказано: "Язык истины утвердится навеки, и лишь на мгновение – язык лжи"[12]. Мы с давних времён стоим у

---

[12] Писания, Притчи, 12:19. «Язык истины утвердится навеки, и лишь на мгновение (досл. и пока не переведу дух) – язык лжи».
[13] Тора, Дварим, 6:4. «Слушай, Исраэль, Творец – Всесильный наш, Творец един!»
[14] Пророки, Йешаяу, 43:21. «Народ, который создал Я Себе, (чтобы) рассказать о славе Моей».

царской власти, и не отступала она от нас никогда, поколение за поколением. Таким образом, "утвердится навеки"[12], безусловно. А у вас царская власть пробыла недолго и тотчас ушла от вас. И исполнилось в вас то, что сказано: "И лишь на мгновение – язык лжи"[12]».

14) «Сказал ему (рабби Эльазар): "Вижу я, что ты умен в Торе. Да изойдет дух того человека. Если бы сказало Писание: "Язык истины утверждается навеки", то было бы так, как ты сказал. Но сказано: "Утвердится навеки", а это значит, что в будущем язык истины упрочится, в отличие от настоящего, и не так сейчас, ибо сейчас язык лжи стоит, а язык истины лежит во прахе. Когда же истина встанет на ноги и произрастет из земли, тогда "язык истины утвердится навеки"[12]».

15) «Сказал ему тот наместник: "Ты прав. Счастлив народ Торы, унаследовавший истину". По прошествии времени, как мы слышали, он обратился к вере. Пошли, пришли на одно поле и вознесли свою молитву. После того как вознесли молитву, сказали: "Отныне и далее объединимся со Шхиной и пойдем заниматься Торой"».

ГЛАВА КИ-ТИСА

Вот пристыжены и посрамлены будут все ополчившиеся против тебя

16) «Провозгласил рабби Йоси и сказал: "Вот пристыжены и посрамлены будут все ополчившиеся против тебя"[15]. В будущем Творец сделает Исраэлю всё то благо, о котором сообщил через истинных пророков. Исраэль вынесли на себе много зла в изгнании, и если бы не всё то благо, которого ждут и видят написанным в Торе, не смогли бы они выстоять и вынести изгнание"».

17) «"Но они идут в учебные дома, открывают книги и видят всё то благо, на которое уповают. И видят сказанное в Торе, что Творец обещал им, и утешаются в изгнании. А остальные народы поносят их и хулят, и говорят: "Где же ваш Бог? Где то благо, которое, по вашим словам, уготовано вам в будущем? И неужели все народы мира будут испытывать стыд пред вами?"»

18) «"Это означает сказанное: "Слушайте слово Творца, боящиеся слова Его! Сказали братья ваши, ненавидящие вас..."[16] "Боящиеся слова Его"[16] – это те, кто вытерпел много бедствий. Сколько" плохих "вестей слышали они, одни хуже других и одни за другими", и слышали "и ужасались им, как сказано: "Крик ужаса услышали мы; страх, и нет мира"[17]. Эти всегда боятся слова Его, когда вершится суд"».

19) «"Сказали братья ваши, ненавидящие вас"[16], – это ваши братья, сыновья Эсава. "Отвергающие вас"[16] – это как сказано: "Прочь, нечистые!" – кричали им"[18]. Ибо нет другого народа, который оскорбляет Исраэль и плюет им в лицо, как Эдом. И говорят" об Исраэле, "что все они нечисты, подобно женщине в нечистоте (нида), и это "отвергающие вас"[16]. "Ради моего имени

---

[15] Пророки, Йешаяу, 41:11. «Вот пристыжены и посрамлены будут все ополчившиеся против тебя, будут как ничто и погибнут противники твои».

[16] Пророки, Йешаяу, 66:5. «Слушайте слово Творца, боящиеся слова Его! Сказали братья ваши, ненавидящие вас, отвергающие вас: "Ради моего имени прославится Творец, и мы посмотрим на веселье ваше. Но они опозорены будут"».

[17] Пророки, Йермияу, 30:5. «Ибо так сказал Творец: "Крик ужаса услышали мы; страх, и нет мира"».

[18] Писания, Мегилат Эйха, 4:15. «"Прочь, нечистые!" – кричали им, – "Прочь, прочь, не прикасайтесь, ибо грязны они и скитаются", сказали среди народов: "Не будут более обитать"».

прославится Творец"¹⁶, т.е. говорят: "Мы – сыны Бога живого, и нами прославится имя Его. Мы правим миром благодаря тому, кто зовется великим (гадоль)", как сказано: "Эсав, сын его старший (гадоль)"¹⁹. И этим именем "великий (гадоль)" зовется Творец, как сказано: "Велик Творец и прославлен весьма"²⁰. Мы – сын Его старший (гадоль), и Он велик (гадоль), – конечно", о нас сказано: "Ради моего имени прославится Творец"¹⁶».

20) И говорят Исраэлю: «"А вы – меньше всех", как сказано: "Яакова, своего младшего сына"²¹. Где ваш Бог? Где то благо, когда все народы устыдятся вашего веселья? Кто даст, чтобы мы увидели ваше веселье, как вы говорите?" "Но они опозорены будут"¹⁶», – должны были сказать: «Но вы опозорены будете», однако «"это подобно тому, кто обуславливает свое проклятие другими. Ибо они сказали, что тогда будут опозорены и посрамлены"» Исраэль, однако сказали: «Но они опозорены будут»¹⁶, подобно тому, кто обуславливает свое проклятие другими. «"И потому дух святости сказал это слово так", – что, на самом деле, те опозорены будут. "И об этом сказано: Вот пристыжены и посрамлены будут все ополчившиеся (нэхрим נֶחֱרִים) против тебя"¹⁵. Что значит: "Все ополчившиеся против тебя"¹⁵? То есть раздувавшие ноздри свои (нэхирей апа́м נְחִירֵי אַפָּם) в гневе на тебя в этом изгнании". Ибо "в то время", в будущем, "будут опозорены и посрамлены из-за всего блага, которое увидят в Исраэле"». Изгнание продолжается

21) «Сказал рабби Хия: "Это так, конечно. Но мы видим, и также видят сильные мира", т.е. народы, "что изгнание продолжается, а сын Давида еще не пришел". Сказал рабби Йоси: "Всё это так, но что позволяет Исраэлю вынести это изгнание? Это все те обещания, которые дал Творец. И мы учили, что когда входят в дома собраний и в дома учения, и видят все эти утешения", что в святых книгах, "и радуются в сердце своем переносить всё, что приходит к ним. И если бы не это, не смогли бы перенести"».

---

[19] Тора, Берешит, 27:1. «И было, когда Ицхак состарился, и ослабли глаза его и перестал видеть, призвал он Эсава, сына своего старшего, и сказал ему: "Сын мой!" И тот ответил: "Вот я". И сказал он: "Вот я состарился, не знаю дня смерти моей"».

[20] Писания, Псалмы, 145:3. «Велик Творец и прославлен весьма, и величие Его непостижимо».

[21] Тора, Берешит, 27:15. «И взяла Ривка любимые одежды Эсава, своего старшего сына, которые при ней в доме, и облачила в них Яакова, своего младшего сына».

22) «Сказал рабби Хия: "Конечно, это так. И всё зависит от раскаяния. И если ты скажешь, что они могут сейчас пробудиться в раскаянии все вместе, то они не могут. Какова причина, что не могут? Потому что написано: "И будет, когда сбудутся на тебе все эти слова"[22]. И сказано: "То прими это к сердцу своему в среде всех народов, куда изгнал тебя Творец Всесильный твой"[22]. И сказано: "И возвратишься ты к Творцу Всесильному твоему"[22], и тогда: "Если будут изгнанники твои на краю неба, то и оттуда соберет тебя Творец Всесильный твой"[23]. Пока все эти слова не сбылись, они не могут пробудиться от них в раскаянии"».

23) «Сказал рабби Йоси: "Как же скрыл Ты все пути и дороги от всех изгнанников, не дав им возразить. А если бы дал, они оставались бы такими же, как и были", – т.е. не старались бы раскаяться, – "в каждом поколении, и не вынесли бы изгнания, и не" требовали бы "вознаграждения, и оставили бы законы Торы, и перемешались бы с остальными народами"».

24) «Провозгласил и сказал: "Подобно беременной, которая при наступлении родов корчится, вопит от мук своих"[24]. Что значит "подобно беременной"? Потому что беременная обычно проходит девять полных месяцев (беременности). И есть в мире немало таких, которые прошли только день или два от девятого месяца, а все схватки и родовые муки этой беременной уже в девятом месяце. И вместе с тем, хотя прошел у нее только один день девятого месяца, считается, что прошли у нее все девять месяцев полностью. И также Исраэль, поскольку испытали вкус изгнания, если вернутся к раскаянию, засчитается им, словно прошли над ними все бедствия, упоминаемые в Торе. И уж тем более, когда так много страданий испытали они с того времени, как началось изгнание"».

---

[22] Тора, Дварим, 30:1-2. «И будет, когда сбудутся на тебе все эти слова, благословение и проклятье, которые изложил Я тебе, то прими это к сердцу своему среди всех народов, куда изгнал тебя Творец Всесильный твой. И возвратишься ты к Творцу Всесильному твоему, и исполнять будешь волю Его во всем, что Я заповедую тебе сегодня, ты и сыны твои, всем сердцем твоим и всей душой твоей».

[23] Тора, Дварим, 30:4. «Если будут изгнанники твои на краю неба, то и оттуда соберет тебя Творец Всесильный твой, и оттуда возьмет тебя».

[24] Пророки, Йешаяу, 26:17. «Подобно беременной, которая при наступлении родов корчится, вопит от мук своих, мы были пред Тобою, Творец!»

25) «"Но в отношении сказанного: "В невзгодах твоих, когда постигнут тебя все эти предсказания, в конце дней"[25], – смотри, какое милосердие проявил Творец к Исраэлю за это. Подобно царю, у которого был единственный сын, и любил он его всей душою. И из любви отдал его матери-царице, дабы вырастила и научила его прямым путям. Однажды согрешил сын пред отцом. Пришел отец и наказал его, а затем простил ему его грех. А он снова согрешил пред отцом, как вначале. Выгнал его отец из дома и прогневался на него, и ушел тот сын из своего дома"».

26) «"Но вместо того, чтобы идти прямым путем и вести себя достойно, как подобает, чтобы услышал об этом царь, отец его, и устремился к нему, что он сделал? Сказал: "Раз уж я вышел из отцовского дворца, отныне буду делать всё, что пожелаю". Что же он сделал? Пошел и связался с блудницами, и погряз с ними в мерзости, и находился только с ними, в их компании. Его мать, царица, каждый день навещала сына и знала, что он сошелся с блудницами, и всё общение его – только с ними. Начала она плакать и сокрушаться о сыне"».

27) «"Однажды пришел к ней царь, увидел ее плачущей. Спросил ее: "Почему ты плачешь?" Сказала она: "(Как) мне не плакать? Ведь сын наш за пределами царского дворца. И мало того, что не живет он в царском дворце, так еще и живет в доме разврата. Что скажут все жители мира: царский сын живет в доме разврата?" Стала она плакать и умолять царя. Сказал царь: "Ради тебя верну его, и ты будешь его поручителем, что он не согрешит". Сказала: "Ну, конечно"», я буду его поручителем.

28) «"Сказал царь: "Если так, не нужно возвращать его днем, открыто, потому что это позор для нас, идти за ним в дом разврата. И если бы не это, если бы он не замарал себя и не запятнал мою честь, то я и все мои воинства пошли бы за ним, с большим почетом, с множеством трубящих в трубы, с многочисленным военным оружием справа и слева от него, пока все жители мира не содрогнулись бы и не узнали бы все, что это – царский сын. А теперь, поскольку он замарал себя и запятнал

---

[25] Тора, Дварим, 4:30. «В невзгодах твоих, когда постигнут тебя все эти предсказания, в конце дней, возвратишься ты к Творцу Всесильному твоему и будешь слушаться голоса Его».

мою честь, он вернется тайно, чтобы его не узнали". Вернулся сын к царю, и тот передал его матери"».

29) «"В один из дней он согрешил, как и прежде. Что сделал царь? Выставил его и его мать вместе с ним из дворца. Сказал: "Уходите оба, и оба будете терпеть изгнание и беды. Если вы оба будете страдать вместе, знаю я, что сын мой раскается как должно"».

30) «"Так же и Исраэль – они сыны святого Царя. Низвел Он их в Египет. И если скажешь, что ведь в то время они не согрешили", и низвел Он их не из-за греха, "но это определение, вынесенное Творцом между (рассеченными) частями[26], которое должно было исполниться", – это так. "И Творец смотрел на две вещи. Первое – из-за того, что Авраам сказал: "Как я узнаю, что унаследую ее?"[27]. Это было причиной и поводом" для египетского изгнания. А второе – "но прежде, чем вышли из изгнания, они не были народом и не были достойны" быть народом "как подобает"».

31) «Провозгласил и сказал: "Как роза среди терний, так возлюбленная моя среди дев"[28]. Пожелал Творец сделать Исраэль по высшему подобию, чтобы стали они одной розой на земле, подобно высшей розе", Малхут. "А роза, возносящая аромат, избранная из всех прочих роз мира, – это лишь та, что выросла среди терний. Она-то и благоухает по-настоящему. И потому посеял Он семьдесят пар, то есть семьдесят душ, и поместил их "среди терний"[28], среди египтян. "И эти тернии сразу же, как только пришли туда те пары, распустили ветви и листья и стали властвовать над миром. И тогда роза расцвела среди них"».

32) «"Когда же пожелал Творец вынести розу и забрать ее из их среды, тогда высохли тернии и были брошены, и исчезли, и стали ничем. В час, когда отправился Он подобрать эту розу, то есть вывести своего сына-первенца, прошел Царь среди многочисленных воинств, сановников и правителей с развернутыми знаменами, и вывел своего сына-первенца с помощью

---

[26] См. Тора, Берешит, 15.
[27] Тора, Берешит, 15:8. «Но тот сказал: "Творец Всесильный мой! Как я узнаю, что унаследую ее?"»
[28] Писания, Песнь песней, 2:2. «Как роза среди терний, так возлюбленная моя среди дев».

многочисленных воинов, и привел его в свой дворец, и тот поселился, как подобает, – в доме Царя"».

33) «"Когда согрешил он пред отцом, он наставлял его и наказывал его, как сказано: "И воспылал гнев Творца на Исраэль, и предал Он их в руки грабителей"[29]. Согрешил он, как прежде, и восстал против отца – прогнал он его из дома. Что сделали Исраэль? Увидев, что рассеялись они в Вавилоне, перемешались с народами, взяли чужеземных жен и порождали от них сыновей. Но вместе с тем святая мать", то есть Малхут, "была их заступницей"», т.е. просила за них у Царя, Зеир Анпина.

34) «"За то, что они так делали, сказал Творец: "Поскольку это позор Мне, придет сын Мой сам, так как запятнал Мою честь, недостоин он того, чтобы Я отправился туда выводить его и являть ему чудеса и могущество, как раньше", в Египте. И вернулись они без соответствующей помощи, без чудес и дивных дел. Наоборот, все они были отвержены, все утомлены в бедности, и вернулись в царский дворец со стыдом. И святая мать", Малхут, "поручилась за них"».

35) «"Согрешили они, как прежде, и Творец выгнал сына из Своего дворца, как вначале, и мать вместе с ним. Сказал: "Отныне мать с сыном вместе будут переносить многочисленные бедствия", как сказано: "И за преступления ваши изгнана была мать ваша"[30]. И сказано: "В невзгодах твоих, когда постигнут тебя все эти предсказания, в конце дней"[30]. Что такое "в конце дней"[30]? Это святая мать", Малхут, являющаяся окончанием десяти сфирот, "вместе с которой они перенесли всё, что выстрадали в изгнании"».

36) «"И если бы они раскаялись, то даже одна беда или одна невзгода, происшедшая с ними, была бы засчитана им, как будто перенесли все беды изгнания. А если нет", если они не

---

[29] Пророки, Шофтим, 2:14. «И воспылал гнев Творца на Исраэль, и предал Он их в руки грабителей, и они грабили их; и предал их в руки врагов их, окружавших их; и не могли они больше устоять пред врагами своими».

[30] Пророки, Йешаяу, 50:1. «Так сказал Творец: "Где разводное письмо матери вашей, которым Я прогнал ее? Или кто тот из заимодавцев Моих, которому Я продал вас? Ведь за грехи ваши проданы были вы, и за преступления ваши изгнана была мать ваша"».

раскаиваются, то должны ждать, – "пока не завершится конец и все его поколения, как сказал великий светоч: "Останется навсегда у купившего его для всех поколений его"[31], – т.е. пока не уйдут все поколения, предшествующие концу. "И вместе с тем, это зависит от раскаяния". Сказал рабби Хия: "Это, безусловно, так. И потому изгнание продолжается"».

---

[31] Тора, Ваикра, 25:30. «Если же не будет он выкуплен до истечения целого года, то дом в городе, окруженном стеной, останется навсегда у купившего его для всех поколений его, и не отойдет в юбилей».

И будет в конце дней

37) «"Но всё, что усмотрел Творец для Исраэля, случится в этом конце дней", т.е. в Малхут. "И в этом конце дней Он свершит для них чудеса и возмездия, как сказано: "И будет в конце дней: утвердится гора дома Творца как вершина гор"[32]. Кто это – "вершина гор"[32]? Это Авраам Сава", т.е. Хесед, называемый "великий коэн", т.е. Хесед, поднявшийся в Хохму, "являющийся главой (рош) всех", так как Хесед – это рош семи нижних сфирот. "И поскольку он – рош чаши благословения", Малхут, "утвердится как вершина гор. Это Авраам Сава, первый для остальных гор", потому что ХАГАТ называются горами, а Хесед – первая из них. "Ибо чаша благословения", Малхут, "должна быть исправлена в правой (линии)", в Хеседе.»

38) «"И возвысится над холмами"[32] – указывает на то, что чаша благословения "должна быть приподнята над столом в мере, называемой "пядь (зэ́рет זֶרֶת)", чтобы благословить Творца. И это означает: "И возвысится над холмами"[32]. "Над холмами"[32] – что это значит?", над холмами. И отвечает: "Однако, между ней и "девицами позади нее, подругами ее"[33] – это мера пяди (зэ́рет זֶרֶת). И поэтому чаша благословения возвысится, конечно, над холмами. И потому благо, которое суждено сыну-первенцу", т.е. Исраэлю, – "оно в конце дней"».

Объяснение. Ступени Малхут, в то время, когда она пребывала в мохин обратной стороны, назывались «девицами позади нее»[33], так как «позади нее»[33] – это обратная сторона (ахораим). А обратная сторона Малхут – это суды, и потому называются пядью (зэ́рет זֶרֶת), от слова чуждость (зару́т זרות). И это смысл сказанного: «Однако, между ней и "девицами позади нее, подругами ее"[33] – это мера пяди (зэ́рет זֶרֶת)», потому что в «девицах позади нее»[33] пребывает пядь (зэ́рет זֶרֶת), то есть суды, и это когда она уже поднялась на вершину гор, Хесед, она полна благословений, и поэтому называется чашей благословения. И это означает, что нужно приподнимать чашу благословения над столом в мере, равной пяди, – этим намекают,

---

[32] Пророки, Йешаяу, 2:2. «И будет в конце дней: утвердится гора дома Творца как вершина гор, и возвысится над холмами, и стекутся к ней все народы».

[33] Писания, Псалмы, 45:15. «В узорчатых одеждах подведут ее к царю, девицы позади нее, подруги ее, к тебе приводят их».

что в ней уже нет чуждости, которая была у нее в состоянии обратной стороны.

39) «Сказал ему: "Ты хорошо сказал, это изречение, конечно, так это. "Как вершина гор"[32] – это правая линия, Авраам Сава, который, несомненно, является вершиной (рош) гор", рош ХАГАТ, называемых горами. "И возвысится над холмами", – над уровнем холмов, т.е. ее подруг. И ты хорошо сказал, что такое: "И стекутся к ней все народы"[32]», это означает, согласно сказанному тобой, что Писание говорит о чаше благословения. «Сказал ему: "Это означает – "даже женщины и дети. А служитель, работающий у стола, хотя он и не ел, должен слушать" благословения "и отвечать: "Амен". Чтобы не сказал человек: "Ведь я не ел, и поскольку не присоединился к участникам трапезы, не буду слушать и говорить: "Амен"». И поэтому сказано: «И стекутся к ней все народы»[32], – «"поскольку это обязательно для всех"».

40) «Другое объяснение. "И стекутся к ней все народы"[32]. Хотя женщины и дети освобождены от заповедей, чаша благословений обязательна для всех, только должны знать, кого благословляют. Об этом и сказано: "И стекутся к ней все народы"[32]. Подошел рабби Йоси и поцеловал его"».

41) «"Теперь надо уточнить: если "конец дней"[32] – это действительно чаша благословения", Малхут, "что такое "гора дома Творца"[32]? Следовало ему написать: "И будет: конец дней утвердится как вершина гор", что значит: "И будет в конце дней: утвердится гора дома Творца"[32]?"» Ведь это одно и то же, сказанное дважды, потому что «конец дней» – это Малхут, и «гора дома Творца» – это Малхут. «Сказал ему: "Конец дней" – это всё дерево", т.е. вся Малхут "от начала до конца, т.е. Древо добра и зла"», как сказано: «Если удостоился человек – стало добром, а если не удостоился – то злом»[34]. «"И это изречение призвано выяснить "конец дней"[32], и оно отделило "гору дома Творца"[32], что – это добро" Малхут, "без зла. "Гора дома Творца"[32] – конечно, там нет доли для ситры ахра, ибо отделена "гора дома Творца"[32] от дерева, т.е.

---

[34] См. «Предисловие книги Зоар», п. 123. «Малхут – это Древо познания добра и зла, если удостоился человек – стало добром, а если не удостоился – то злом».

"конца дней"³². И это – чаша благословения, которая утвердится "как вершина гор"³²».

42) «Сказал рабби Йоси: "Благословен он, этот путь, на котором мы удостоились этого слова". Сказал ему: "От кого ты слышал его?" Сказал ему: "Однажды я находился в пути, и слышал и видел рава Амнуна Саву, который истолковал это изречение рабби Ахе, и когда я услышал, обрадовался ему и хранил его привязанным к поле моей одежды, чтобы оно никогда не отошло от меня". Сказал ему: "И это святое слово, несомненно, великим светочем было освещено. Счастливо поколение, устанавливающее мир, и столпы мира пребывают в нем. И если ты привязал это слово одним узлом, чтобы оно не отошло от тебя, я привяжу его тридцатью или сорока узлами к своему карману, чтобы не отошло от меня никогда"».

43) (Здесь не хватает начала сказанного) «"На это указал Творец Моше, ведь хотя и грешат Исраэль пред Ним в каждом поколении, Он не желает того, кто доносит на них. Откуда нам это известно? От Ошеа, как сказано: "Вначале обратился Творец к Ошее"³⁵». И мы это объясняли, что тот ответил: «Переведи их к другому народу», как сказано там.³⁶ «"И поэтому: "А сыны Исраэля числом будут как песок морской"³⁷. И поэтому Он благословил их многочисленными благословениями, дабы вернуть их к раскаянию и возвратить к Отцу их на небесах. И не ушел оттуда, пока Творец не простил их за грех, и не очистились они пред Ним"».

---

³⁵ Пророки, Ошеа, 1:2. «Вначале обратился Творец к Ошее. И сказал Творец Ошее: "Иди, возьми себе жену-блудницу и детей блуда, ибо весьма блудодействует эта земля, отступая от Творца"».
³⁶ Вавилонский Талмуд, трактат Псахим, лист 87:1.
³⁷ Пророки, Ошеа, 2:1. «А сыны Исраэля числом будут как песок морской, который не измерить и не исчислить. И будет, там, где было сказано им: "Вы Ло-Ами" (не Мой народ)", будет сказано им: "Сыны Творца живого"».

ГЛАВА КИ-ТИСА

Что тебе здесь, Элияу?

44) «"Элияу, что сказано о нем: "И, придя, сел под (кустом) дрока"[38]. Сказал: "Владыка мира, одну женщину послал Ты Исраэлю, и имя ее – Двора". Сказано: "И она сидела под пальмою Дворы"[39] – это дрок", под которым сидел Элияу, "и обращала их на путь добра, как сказано: "Пока не встала я, Двора"[40]. А я пришел к ним, и провозгласил пред ними, и не могу"» вернуть их к раскаянью.

45) «"Пока сидел он, раскрылся над ним Творец и сказал ему: "Что тебе (нужно) здесь, Элияу?"[41] Вначале ты обличал и ревновал о союзе", т.е. в дни Моше, "и когда увидел Я в тебе, что ты ревнуешь за Меня в этом союзе, взял Я его, по желанию Моше, и дал его тебе, пока Моше не сказал: "Вот Я даю ему Мой союз мира"[42], ибо Пинхас – это Элияу. "А теперь, когда он твой, не подобает тебе обличать за него. Надо было тебе оставить свою ревность Мне, как в начале – когда был" союз "Мой, и дал Я его другому, и не обличал за него"».

46) «"Что тебе (нужно) здесь"[41]. Спрашивает: "Что значит "здесь (по פֹה)"[41]?" И отвечает: "Святой союз – это уста (пэ פֶה)

---

[38] Пророки, Мелахим, 1, 19:4. «И ушел он в пустыню на день пути и, придя, сел под (кустом) дрока, и просил смерти душе своей, и сказал: "Довольно – теперь, Творец, возьми душу мою, ибо я не лучше отцов моих"».

[39] Пророки, Шофтим, 4:4-5. «А Двора, пророчица, жена Лапидота, – она судила Исраэль в то время. И она сидела под пальмою Дворы, между Рамою и Бейт-Элем, на горе Эфраимовой; и поднимались к ней на суд сыны Исраэля».

[40] Пророки, Шофтим, 5:6-7. «Во дни Шамгара, сына Аната, во дни Яэли опустели дороги, а ходившие по дорогам стали ходить окольными путями. Не стало открытых городов в Исраэле, не стало их, пока не встала я, Двора, пока не встала я, мать в Исраэле».

[41] Пророки, Мелахим 1, 19:9-10. «И вошел он там в пещеру, и ночевал в ней. И вот, слово Творца (было) к нему, и сказал Он ему: "Что тебе (нужно) здесь, Элияу?" И сказал он: "Весьма возревновал я о Творце, Властителе воинств, потому что оставили союз Твой сыны Исраэля, жертвенники Твои разрушили и пророков Твоих убили мечом; и остался я один; но и моей души искали они, чтобы отнять ее"».

[42] Тора, Бемидбар, 25:10-14. «И говорил Творец, обращаясь к Моше, так: "Пинхас, сын Эльазара, сына Аарона-коэна, отвратил гнев Мой от сынов Исраэля, возревновав за Меня среди них, и не истребил Я сынов Исраэля в ревности Моей. Поэтому скажи: "Вот Я заключаю с ним (досл. даю ему) Мой союз мира". И будет он ему и потомству его союзом вечного священнослужения за то, что возревновал он за Всесильного своего и искупил вину сынов Исраэля"».

Творца"», о котором сказано: «Вот Я даю ему Мой союз мира»⁴². И сказал ему Творец: «"Поскольку ты не захотел оставить уста свои", уста, ревнующие за союз, "вернутся уста", которые Я дал тебе, т.е. союз мира, "в место тех уст", что были прежде, т.е. к Творцу.⁴³ "Мы учили, что тотчас ушел от него тот дар, который дал ему Моше", т.е. союз мира, "как мы учили сказанное: "И шел он силою той трапезы до горы Всесильного – Хорев"⁴⁴, чтобы просить оттуда". И спрашивает: "Разве оттуда он просит?" Разве просят не у Творца? И отвечает: "Однако он просит то, что у него было вначале, у того, кто унаследовал на горе Всесильного этот союз", – у Моше. "Пинхас – это Элияу, и, разумеется, они на одной ступени. Сказал ему Моше: "Ты не можешь получить от меня союз мира, но иди к детям Исраэля", т.е. к союзу обрезания детей Исраэля, "и от них заработаешь свойство союза, и они дадут тебе". Так он и сделал"».

---

43 См. «Предисловие книги Зоар», п. 225, со слов: «И упомянуть устами: "Это трон Элияу", а иначе он не пребывает там...»
44 Пророки, Мелахим 1, 19:8. «И встал он, поел и попил, и шел он силою той трапезы сорок дней и сорок ночей до горы Всесильного – Хорев».

ГЛАВА КИ-ТИСА

Моше, Аарон и Мирьям

47) «"Сколько хорошего сделал Творец с Исраэлем в каждом поколении. Смотри, что сказано: "И послал Я пред тобой Моше, Аарона и Мирьям"⁴⁵. И спрашивает: "Но ведь сколько пророков было после Моше, и надо было бы сказать: "И послал Я пред тобой Моше, Аарона, Эльазара и Пинхаса, Йеошуа и Элияу, и Элишу", – а сколько остальных праведников и приверженцев? Почему" только "эти трое?" И отвечает: "Но Творец сказал: "Народ Мой, сын Мой, почему не помните вы обо всем благе, которое сделал Я вам, послав вам Моше, Аарона и Мирьям?"»

48) «"Это подобно царю из плоти и крови, у которого есть страна. И отправил он туда правителей и министров, чтобы управляли народом, присматриваясь к людям и к их законам. Кто же должен быть связан обязательством по их пропитанию и вещам, которые им понадобятся? Разве не народ той страны? И поневоле должны будут присматривать за ними", чтобы не было у них недостатка ни в чем, "и оказывать им уважение"».

49) «"Послал Я Моше, и он вам принес ман в пропитание, и вел вас и сыновей ваших и скот ваш, и старался в законах ваших и во всем, что вам нужно. Послал Я Аарона, и он принес чертоги облаков славы, чтобы покрывать вас, как царей, омывал вас росою славы, чтобы не истлели одеяния ваши и обувь ваша, и обновлялись каждый день. Послал Я Мирьям, и она принесла колодец, чтобы поить вас, и пили вы и скот ваш. Они дали вам (это), от них вы ели и пили, и сидели вы под их покровом славы, а своего вы ничего не дали. Мало того, они старались для вас и взваливали ношу вашу на свою шею, а вы поносили и ругали их"».

---

⁴⁵ Пророки, Миха, 6:4. «Ведь Я вывел тебя из земли египетской, и из дома рабства выкупил тебя, и послал Я пред тобой Моше, Аарона и Мирьям!»

ГЛАВА КИ-ТИСА

А теперь, оставь Меня

50) «"Сказал рабби Йоси: "Нет более милосердного отца для сыновей, чем Творец, как сказано: "Что ни одно слово не было упущено из всех Его добрых слов"[46]. Посмотри на милосердие Его. Если бы он сказал: "Ни одно слово не было упущено из всех Его слов", – и не более того", т.е. включало бы это также и Его плохие слова, "было бы лучше миру не быть созданным", так как (это) нельзя было бы вынести. "Но поскольку сказал: "Из всех Его добрых слов"[46], – и опустил зло после этого", т.е. Его плохие слова об Исраэле опустил, и они не исполнились, отсюда видно Его милосердие. "Ибо плохое Он не желает делать"».

51) «"И хотя напугал Он и занес плеть, подошла мать и удержала десницу Его, и плеть осталась на своем месте, и не опустилась вниз, и суд не свершился. Ибо в единой мысли были оба – Тот, что пугал, и та, что удерживала Его десницу"».

52) «"И если ты скажешь: откуда нам это известно? Из того, что было открыто, как сказано: "Иди, спустись, ибо извратился твой народ"[47], – начал Творец заносить плеть. А Моше, который не знал образа действий матери", – т.е. удерживать десницу Его и сдерживать Его, – "молчал. Когда Творец увидел это, намекнул ему и ударил его, и сказал: "А теперь оставь Меня"[48]. Тотчас почувствовал Моше и схватил руку Творца,

---

[46] Пророки, Йеошуа, 23:14. «И вот я отхожу ныне в путь всей земли. Познайте же всем сердцем вашим и всей душою вашей, что ни одно слово не было упущено из всех добрых слов, которые говорил Творец Всесильный ваш о вас; все сбылось для вас, не упущено было из того ни одно слово».

[47] Тора, Шмот, 32:7. «И говорил Творец Моше: "Иди, спустись, ибо извратился твой народ, который ты вывел из земли египетской"».

[48] Тора, Шмот, 32:9-10. «И сказал Творец Моше: "Увидел Я, что народ этот – непреклонный! А теперь оставь Меня, и воспылает Мой гнев на них, и уничтожу Я их, а от тебя произведу великий народ!"»

как сказано: "Вспомни Авраама"⁴⁹. И это (была) правая рука", Хесед. "И потому не опустил Он плеть"».

53) «"И если скажешь: мать", т.е. Малхут, "которая обычно удерживает плеть Царя, где была, что оставила она это на Моше? Я спросил и сказал, но еще не знаю объяснения этому, пока мы не придем к великому светочу"», т.е. к рабби Шимону. «Когда пришли они к рабби Шимону, увидел он знак на их лицах», т.е. понял по ним, о чем они пришли спросить его. «Сказал: "Подойдите, святые сыны, подойдите любимцы Царя, подойдите любимые мои, подойдите любимые одни другими"».

54) «Как сказал рабби Аба, все товарищи, которые не любят друг друга, преждевременно уходят из мира. Все товарищи в дни рабби Шимона – между всеми товарищами была любовь душевная (нефеш) и духовная (руах). И поэтому в поколении рабби Шимона были раскрыты» тайны Торы. «И говорил рабби Шимон, что все товарищи, которые не любят друг друга, сами приводят» себя «к тому, что не идут прямым путем. И, кроме того, они еще умаляют достоинства ее», Торы. «Ведь Тора заключает в себе любовь и братские чувства, и истину. Авраам любил Ицхака, Ицхак – Авраама, заключая друг друга в объятия. Яакова оба они поддерживали в любви и согласии, и воодушевляли друг друга. Товарищи должны быть подобны им, и не принижать их достоинства». Ибо если им будет недоставать любви, они принижают свои достоинства наверху – (достоинства) Авраама, Ицхака, Яакова, т.е. ХАГАТ.

55) «Когда увидел» рабби Шимон «знак на их лицах, т.е. понял по ним, о чем они собирались его спросить, сказал им так», то есть: «Подойдите любимые мои»⁵⁰. «Сказали ему: "Несомненно, дух пророчества пребывает над великим светочем", и так нам нужно знать"» ответ на этот вопрос.⁵⁰ «Заплакал

---

⁴⁹ Тора, Шмот, 32:11-13. «И стал умолять Моше Творца Всесильного своего, и сказал: "Зачем, Творец, гневаться Тебе на народ Твой, который Ты вывел из земли египетской силою великой и рукою могучей? Зачем допускать, чтобы египтяне говорили: "На беду Он их вывел – чтобы убить их в горах и стереть их с лица земли!" Отступись от гнева Твоего и передумай – не губи народ Свой! Вспомни Авраама, Ицхака и Яакова, рабов Твоих, которым Ты поклялся самим Собою и говорил им: "Умножу потомство ваше, сделав его многочисленным, подобно звездам небесным, и всю ту землю, о которой Я говорил, отдам вашим потомкам, и будут они владеть ею вечно"».

⁵⁰ См. выше, п. 53.

рабби Шимон, и сказал: "Одну вещь из тех, что сказали мне втайне от главы собрания, которое в Эденском саду, и не сказали мне явно, и это тайна, но я скажу вам. Сыновья мои любимые, сыновья мои, возлюбленные души моей, что мне делать?! Мне сказали тайно, а я скажу вам явно. А в будущем, когда мы увидим" Шхину, "лицом к лицу, все лица будут посвящены в это"», – т.е. будут светить этой тайной.

56) «"Сыновья мои. Грех, совершённый народом, который снаружи", т.е. великим сбродом, "и святой народ приняли в нем участие, согрешили пред матерью", т.е. Малхут, "как сказано: "Встань, сделай нам божества (элоким)"[51]. "Божества (элоким)"[51], конечно", чтобы сделал им других божеств (элоким) вместо Малхут, которая называется Элоким. Вместо "этой славы Исраэля", Малхут, "которая пребывала над ними, как мать над сыновьями. И это смысл слов: "И променяли славу свою на изображение тельца"[52] – это слава Исраэля", то есть "их матери", Малхут. "И это означает сказанное: "Покинула слава Исраэль"[53], поскольку они привели к тому, что Шхина оказалась в изгнании вместе с ними. И потому: "И променяли славу свою"[52]. На что? "На изображение тельца"[52]».[54]

57) «"Здесь скрыт смысл этого" изображения быка. "Смотри, внизу, в винных осадках, дурных осадках, вышел один негодяй, обвинитель, первый вредитель, и он в образе человека, когда приближен к святости. Когда же он отстранен" от святости "и желает опуститься вниз, он должен облачиться в одно одеяние, чтобы вредить миру. И опустился он со своими строениями (меркавот), и первое облачение, которое он принимает, это изображение быка", то есть "образ быка. И первая из четырех первооснов вреда – это бык. И эти четыре первоосновы" вреда – они "для того, чтобы вредить миру". А три" остальные "первоосновы вреда, кроме быка, все они – его", быка. "И

---

[51] Тора, Шмот, 32:1. «И увидел народ, что медлит Моше спускаться с горы, и собрался народ против Аарона, и сказали ему: "Встань, сделай нам божества, которые пойдут пред нами; ибо этот муж, Моше, который вывел нас из земли Египта, – не знаем мы, что стало с ним"».

[52] Писания, Псалмы, 106:20. «И променяли славу свою на изображение тельца, едящего траву».

[53] Пророки, Шмуэль 1, 4:21. «И назвала она мальчика Ихавод (Бесславие), сказав: "Покинула слава Исраэль, ибо захвачен ковчег Всесильного"; и не стало свекра ее и мужа ее».

[54] См. далее, п. 78, в комментарии Сулам.

поэтому написано: "И променяли славу свою на изображение тельца, едящего траву"⁵¹».

Объяснение. Высшие мохин называются вином, как сказано: «Вино, веселящее Творца и людей»⁵⁵. И это мохин левой (линии), т.е. Бины, которая снова стала Хохмой. И из-за судов левой (линии), есть в конце их отходы, называемые винными осадками. И из этих отходов вышел в мир первый вредитель. И до тех пор, пока есть эти осадки в вине, т.е. пока вредитель соединен с мохин святости, называемыми вином, он пребывает в образе человека, т.е. в свойстве Малхут, являющейся общим образом человека, принимающим все три образа, льва-быка-орла, т.е. ХАГАТ. А когда отделяется он от святости и опускается, чтобы стать вредителем, он принимает образ быка, и это левая (линия), отделенная сама по себе и не соединяющаяся с четырьмя вышеуказанными ликами. И от этого свойства произошел вредитель. И он первый из всех вредителей мира"».

58) «"Что значит "едящего траву"⁵²?», – когда говорит: «На изображение тельца, едящего траву»⁵². И отвечает: «"Мы уже это объясняли, но главное в этом, что от сути хлеба и семи видов злаков – нет у него доли в них". И только траву он ест. "И из-за этого", из-за нанесения вреда матери, Малхут, "мать не была там, и не подобало ей быть там", потому что причинили ей вред. "А поскольку отец", Зеир Анпин, "знал о милосердии матери и образе ее действия, сказал Он Моше: "Сын Мой, возлюбленный Мой, этот совет, чтобы не наказали сыновей Исраэля, всегда находится в двух", – что один заносит плеть, а другой держит ее, и сдерживает.⁵⁶ И поскольку матери здесь нет, это возложено на тебя. И это причина того, что мне рассказали это втайне. Поскольку это не подобает раскрывать, чтобы сын не знал об этом, и видел бы плеть наготове и боялся постоянно. Но оба они в этой мысли, и в единой мысли"», т.е. заносящий плеть и сдерживающий ее, они – в единой мысли.

---

⁵⁵ Пророки, Шофтим, 9:13. «Виноградная лоза сказала им: "Оставлю ли я сок мой, веселящий Творца и людей, и пойду ли скитаться по деревам?"»
⁵⁶ См. выше, п. 51.

Телец

59) «"Смотри, написано: "И увидел народ, что медлит Моше"[57]. Кто такой народ?" И отвечает: "Это великий сброд. А кто такой великий сброд? Разве не лодийцы и кушийцы, и кафторийцы, и тугремийцы были, кого называли великий сброд? И разве они были не египтянами, и не из Египта вышли? А если бы это было смешение многих народов, следовало бы сказать: "Великое смешение вышли с ними", лодийцы и кушийцы, и так далее, "согласно их смешению"».

60) И отвечает: «"Однако" Писание говорит: "Великое смешение вышло с ними"[58], – и не выясняет названия народов, "ибо одним народом и одним племенем были они. Однако все колдуны были египетскими, и все маги были от них, ведь сказано о них: "И сделали также они, маги египетские"[59]. Ибо они хотели восстать против чудес Творца" и показать, что и они могут сделать, как Он. "Когда они увидели чудеса и знамения, которые Моше совершил в Египте, вернулись к Моше. Сказал Творец Моше: "Не принимай их". Сказал Моше: "Владыка мира, после того, как увидели Твое могущество, они хотят обратиться к вере. Они будут видеть могущество Твое каждый день и знать, что нет Всесильного (Элоким), кроме Тебя". И принял их Моше"».

61) Спрашивает: «"Почему он назвал их великим сбродом?" И отвечает: "Однако, все колдуны были египетскими, и во главе их – Юнус и Ямбрус. И в дневные часы", после шести часов "они всегда совершали свои колдовства. И все эти высшие колдуны наблюдали с момента, когда склоняется солнце к вечеру, в шесть часов с половиной, и совершали свои колдовства до начала девяти часов с половиной, т.е. "большой вечер", когда время для большой минхи (дневной молитвы). "Все малые колдуны" совершали свои колдовства "от девяти часов с половиной до полуночи"».

---

[57] Тора, Шмот, 32:1. «И увидел народ, что медлит Моше спускаться с горы, и собрался народ против Аарона, и сказали ему: "Встань, сделай нам божества, которые пойдут пред нами; ибо этот муж, Моше, который вывел нас из земли Египта, – не знаем мы, что стало с ним"».

[58] Тора, Шмот, 12:38. «И также великое смешение (т.е. толпа разноплеменная) вышла с ними, и мелкий и крупный скот, стадо весьма большое».

[59] Тора, Шмот, 7:11. «И призвал Фараон также мудрецов и чародеев, и сделали также они, маги (ворожеи) египетские, своими заклинаниями то же самое».

62) «"Высшие среди них, которые наблюдали со времени, когда склоняется солнце, – это потому, что тогда начинают девятьсот девяносто пять ступеней кружить над горами тьмы, и дух их кружил над всеми этими колдунами в колдовстве их. И эти могли делать всё, что хотят, пока все египтяне не стали полагаться на них. И называли их "великий вечер (также: великий сброд, эрев рав)", поскольку есть малый вечер, который с девяти часов с половиной и далее. И это два вечера, и потому сказано: "И также великое смешение (эрев рав) вышло с ними"[58]».

63) «"И мудрость их", великого смешения (эрев рав), "была большой. И они наблюдали часы дня и наблюдали ступени Моше, и видели, что со всех сторон в шести – Моше: в первые шесть часов дня, в которые они не могли господствовать, в шести высших ступенях, которыми обладал" Моше. "И со всех сторон в шести был он, ибо состоял из шести окончаний ХАГАТ НЕХИ. И в этих шести венцах" шести часов дня, ХАГАТ НЕХИ, "должен был он в будущем спуститься с горы, как сказано: "Что в шести[60] Моше спускаться с горы"[57]».

64) «"Сразу же: "И собрался народ против Аарона"[57]. Спрашивает: "Почему "против Аарона"? И отвечает: "Чтобы включиться в правую сторону", потому что правая выходит из левой, "но они хотели от него левую", а не правую. "Однако, для того чтобы она включилась в правую", т.е. в место своего исхода, "они собрались против Аарона", правой (стороны), Хеседа. "И сказали ему: "Встань, сделай нам божества (элоким)"[57]».

65) «"Смотри, все время, пока Моше был в Египте, он не упоминал имени Элоким, но только имя АВАЯ. И потому разгневался Фараон"», когда сказал: «Не знаю я Творца (АВАЯ)»[61]. «"И это потому, что не было силы у ситры ахра, чтобы не усилилась она в мире", так как ситра ахра называется также иными божествами (элоким). "Теперь возжелали" великий сброд "этого", т.е. силы левой (линии), которая называется божествами (элоким), "и это как сказано: "Встань, сделай нам божества (элоким)"[57]. "Нам" – именно так", т.е. сказали великий сброд:

---

[60] «Бе-шеш», в шести пишется, как «башаш», медлил.
[61] Тора, Шмот, 5:2. «И сказал Фараон: "Кто такой Творец, чтобы я послушался Его и отпустил Исраэль? Не знаю я Творца, и Исраэль тоже не отпущу!"»

"Нам нужно это, чтобы укрепить нашу сторону, которую отталкивали до того"», поскольку Моше не упоминал имени Элоким.

66) Спрашивает: «"Что они этим сказали?" И отвечает: "Но они сказали так: "Мы видели, что у вас, Исраэль, есть все благо и все ценное в мире, а нас отталкивают наружу. Ибо для вас – "И Творец (АВАЯ) шел перед ними днем"[62]. Мы тоже" хотим такого – "божеств (элоким), которые пойдут перед нами, как перед вами идет АВАЯ. Ибо у нашей стороны тоже есть право идти перед нами, если мы вызовем для нее действие"», т.е. действие с тельцом.[63]

67) «"Смотри, все облака славы, которые проходили по пустыне, покрывали только лишь Исраэль. И это облако славы, о котором сказано: "И Творец шел перед ними днем"[62], шло перед ними. А эти великий сброд и все эти стада овец и коров шли вне стана, в конце. Смотри, все эти сорок лет, пока Исраэль шли по пустыне, не было никакой грязи и мерзости, (начиная) от облаков и внутрь, и потому овцы и коровы, которые ели траву, были снаружи, и все те, кто охранял их"».

68) «Сказал рабби Эльазар: "В таком случае великий сброд не ели от мана?" Сказал ему: "Это так, несомненно, но то, что давали им Исраэль, было, как дающий своему рабу. И от чего они ели?" Ели "от выжимки, – то, что оставалось после жерновов, отходы. А Писание провозглашает и говорит: "И сыны Исраэля ели ман сорок лет"[64]. Сыны Исраэля, и никто другой. "И увидели сыны Исраэля, и сказали: "Ман это"[65]. Но не остальной великий сброд, овцы и коровы, которые были среди них"».

69) «"До сих пор подчинялись великий сброд, а теперь восстали и искали действие для укрепления ситры ахра. Сказали: "Или мы будем все одним народом, и будем в общности" Исраэля "вместе с вами, или будет у нас тот, кто идет впереди

---

[62] Тора, Шмот, 13:21. «И Творец шел перед ними днем в столпе облачном, чтобы указывать им дорогу, и ночью в столпе огненном, чтобы светить им, дабы шли они днем и ночью».

[63] См. далее, п. 79.

[64] Тора, Шмот, 16:35. «И сыны Исраэля ели ман сорок лет, до их прихода на землю обитаемую ели они ман, до их прихода к пределу земли Кнаан».

[65] Тора, Шмот, 16:15. «И увидели сыны Исраэля, и сказали друг другу: "Ман это". Ибо не знали они, что это. И сказал Моше им: "Это хлеб, который дал вам Творец для еды"».

нас, как ваш Всесильный (Элоким) идет перед вами". Сказал Аарон: "Не хватало еще, чтобы эти присоединились к святому народу, и все стали одной общностью. И не будет святой народ смешиваться с этим народом в одну общность. Но хорошо бы отделить их от святого народа, пока не придет Моше"».

70) «"И Аарон хотел сделать, как лучше, но были многие из Исраэля, которые присоединись к великому сброду, в сердце. И поэтому, когда пришел Моше, нужно было провести выяснение и очистить святой народ от этого греха, и он давал им испить напиток, пока не были выявлены все, и не стало в них мусора вовсе"».

71) «"Сказал им Аарон: "Снимите золотые кольца"[66]. Спрашивает: "Неужели не было у них другого золота?", кроме золотых колец. И отвечает: "Но подумал Аарон: "Пока у них будет ссора с детьми и женами, они задержатся, и за это время придет Моше". Смотри, мы учили, что тяжки геры (примкнувшие к Исраэлю) для Исраэля, как лишай для живой плоти. И уж тем более, этот великий сброд, которые не были герами (примкнувшими к Исраэлю), как положено. Эти что сделали: "И снял весь народ золотые кольца со своих ушей"[67]. Сколько тысяч и десятков тысяч колец было там из колец их"», великого сброда.

72) «"Что сказано: "И взял он из их рук и увязал это в платок"[68]. Аарон не уберегся от тех двух мудрецов, которые были во главе великого сброда. Один из них был перед ним, а другой вершил свое колдовство. После того как эти двое посоветовались друг с другом, взяли они то золото, две трети в одну руку и треть в другую руку, потому что так должно было быть в том виде колдовства"».

73) «"Заплакал рабби Шимон, сказал: "Горе тебе, святой праведник Аарон, машиах святого Творца, из-за праведности твоей пали многие из святого народа, и ты не смог уберечься".

---

[66] Тора, Шмот, 32:2. «И сказал им Аарон: "Снимите золотые кольца, которые в ушах ваших жен, ваших сыновей и ваших дочерей, и принесите мне"».

[67] Тора, Шмот, 32:3. «И снял весь народ золотые кольца со своих ушей, и отдали их Аарону».

[68] Тора, Шмот, 32:4. «И взял он из их рук и увязал это в платок, и сделал это тельцом литым. И сказали они: "Вот твои божества, Исраэль, которые вывели тебя из земли египетской"».

Как они действовали? Когда наступило шесть часов, и день стоял на весах", – т.е. днем, когда солнце посередине небосвода и не склоняется ни к востоку, ни к западу, как язычок весов, "взяли они золото, которое сняли с ушей своих. Почему? Потому что тот, кто хочет совершить колдовство, глаз его не должен жалеть богатства. И сказали они: "Время помогает нам, если мы сами не будем медлить, не время жалеть золото". Сразу же: "И снял весь народ"⁶⁷. Что значит "и снял (ва-итпаркý (וַיִּתְפָּרְקוּ))", как сказано: "Раздирающий (мефарéк מְפָרֵק) горы и сокрушающий скалы"⁶⁹, ибо поранили и повредили они уши свои". Заплакал, как раньше и сказал: "Горе вам, святой народ, горе вам, святой народ Творца"».

74) «Провозгласил рабби Шимон в плаче и сказал: "Пусть господин приведет его к судьям (элоким)"⁷⁰. Ведь объясняли товарищи: "Ухо, которое слышало на горе Синай: "Ибо Мне сыны Исраэля рабы"⁷¹, – а он снял с себя бремя высшего правления (малхут) и продал себя другому, – будет проколото".⁷² А эти преступники, грешники, дурные люди, в своем желании вернуться к старому, не просили у жен своих и детей, а поранили уши их"». Иначе говоря, повредили ухо, которое слышало на горе Синай: «Да не будет у тебя божеств чужих пред лицом Моим»⁷³, а это хуже, чем продающий себя в рабство. «"И сбросили с себя бремя небес, которое заповедал им Моше, и повредили уши свои, и раскрыли, что нет у них доли в святом имени и в святом народе"».

75) «"Что они сделали? Разделили это золото между теми двоими", Юнусом и Ямбрусом. Один взял две трети, а другой взял треть. Встали они напротив солнца в шесть часов" пополудни, "совершали колдовство и ворожили чарами своими с помощью магических заклинаний. Когда наступило начало

---

⁶⁹ Пророки, Мелахим 1, 19:11. «И сказал: "Выйди и стань на горе пред Творцом. И вот, Творец проходит; и большой и сильный ветер, раздирающий горы и сокрушающий скалы пред Творцом; "не в ветре Творец". После ветра – землетрясение; "не в землетрясении Творец"».

⁷⁰ Тора, Шмот, 21:6. «Пусть господин приведет его к судьям, и подведет его к двери или к косяку, и проколет господин ухо его шилом, и останется он служить ему навеки».

⁷¹ Тора, Ваикра, 25:55. «Ибо Мне сыны Исраэля рабы. Мои рабы они, которых Я вывел из земли Египта. Я – Творец Всесильный ваш».

⁷² Вавилонский Талмуд, трактат Кидушин, лист 22:2.

⁷³ Тора, Дварим, 5:7. «Да не будет у тебя божеств чужих пред лицом Моим».

седьмого часа, подняли они оба руки свои над руками Аарона, как сказано: "И взял он из их рук"⁶⁸, двое было их и не более", т.е. Юнус и Ямбрус, как уже говорилось. "Когда принял он из их рук, послышался голос и сказал: "Рука руку не очистит от зла"⁷⁴. Как сказано: "Что во зле он"⁷⁵». То есть: «И сказал Аарон: "Ты знаешь этот народ, что во зле он"»⁷⁵. «"Ибо принес он зло в мир"».

Объяснение. Руки – это свойство ГАР, притягиваемое сверху вниз. Когда он взял из рук их, они смогли дать силу притяжению Хохмы сверху вниз, и это свойство «бык» ситры ахра. А если бы взял он с земли, от свойства ВАК, снизу вверх не притягивается оттуда ничего к ситре ахра.

76) «"Дело в том, что эти преступники, грешники, колдуны были сыновьями злодея Билама, сыновьями сыновей злодея Лавана. Увидели они, что чаша благословения", Малхут, "она – в правой, и от правой", т.е. от Хеседа, она укрепляется всегда. Сказали: "Если она будет в этой стороне", т.е. в ситре ахра, "то глава правой", т.е. Аарон, "будет нашей мощью и силой, как полагается"».

Объяснение. Ситра ахра происходит от левой (стороны), и они хотят притягивать свечение левой сверху вниз. И вся слабость их в том, что у них нет свечения хасадим, ибо в левой нет хасадим, как известно. Поэтому здесь они хотели притянуть свечение хасадим с помощью того, что присоединили к себе Аарона, Хесед. И это означает сказанное: «Если она будет в этой стороне, то глава правой будет нашей мощью и силой, как полагается».

77) «"Когда наступило семь часов пополудни, они тотчас дали (золото) Аарону. Если бы он сказал им: "Положите сначала" золото "на землю, а я возьму" с земли, – "они бы ничего не смогли сделать своими чарами. Но он взял из их рук. И Писание с возмущением говорит: "И взял он из их рук"⁶⁸, – смотрите, что сделал Аарон, муж-пророк, муж-мудрец не смог уберечься. Ведь если бы взял с земли, все чары мира были бы

---

⁷⁴ Писания, Притчи, 11:21. «Рука руку не очистит от зла, а семя праведных спасется».
⁷⁵ Тора, Шмот, 32:22. «И сказал Аарон: "Да не воспылает гнев господина моего! Ты знаешь этот народ, что во зле он"».

безуспешны. Но как они преуспели в этом деянии? Потому что: "И взял он из их рук"⁶⁸, – а не с земли"».

78) «"И увязал это в платок"⁶⁸. Это не" означает, "как думают люди, что сделал он изображения по окружности,⁷⁶ но Писание доказывает, что Аарон не смог уберечься, ведь если бы, когда он взял золото из их рук, положил бы его на землю, то, несмотря на то, что взял бы его потом" с земли, "не было бы успешным это злодеяние. Но во всём была помощь зла: что взял золото и скрыл его от глаз"». И объясняет: «И увязал его в платок»⁶⁸, – что связал его в простыню. «"Зло за злом": первое – что взял из рук их, второе – что не положил на землю, после того как взял его из их рук, и третье – что связал его в платок и скрыл от глаз. "Что значит: "И увязал его в платок"⁶⁸, – что там все золото в одном мешке и охраняется от видения глазом. Тогда получилось всё и стало действительностью"».

79) «"В Книге Ханоха я нашел, что говорил так: "Единственный сын родился у этой "белой головы", – т.е. Аарон, который родился со стороны Хеседа, корень которого называется белой головой (рош). "И когда придут те, что от плоти ослиной"», т.е. великий сброд, о которых сказано: «Чья плоть – плоть ослиная»⁷⁷, «"запутали они его этим, чтобы он положил жемчужины в золотые колокольцы, не зная того, и он создал форму рисунком резца. Что значит: "Резцом"⁷⁶? То есть, пером Эноша. Это перо Эноша-грешника, который сбивал с пути людей"».

Пояснение сказанного. У Малхут есть два состояния: ахораим и паним. В ахораим она целиком левая (линия), вообще без правой, т.е. Хохма без хасадим. А в паним она целиком правая без левой, хасадим без Хохмы. И поэтому ситра ахра отдалилась от святости, поскольку ситра ахра – это левая, и потому от паним Малхут она не может питаться, поскольку там вообще

---

⁷⁶ Это изречение (Тора, Шмот, 32:4) иногда переводится: «И взял он (кольца) из рук их, и обработал резцом», вместо: «И взял он из их рук и увязал это в платок». Вот как комментирует это Раши: Поскольку есть две возможности перевода фразы «ва-яцар ото ба-херет וַיָּצַר אֹתוֹ בַּחֶרֶט». Первая: «ва-яцар וַיָּצַר» означает завязывать, «херет חֶרֶט» означает платок; вторая: «ва-яцар וַיָּצַר» означает формировать, придавать форму, а «херет חֶרֶט» – это резец, при помощи которого режут и гравируют изображения на золоте, наподобие пера, стила писца, которым изображают буквы на деревянных и восковых дощечках.

⁷⁷ Пророки, Йехезкель, 23:20. «И больше наложниц их осквернялась она с теми, чья плоть – плоть ослиная, и семя жеребцов – семя их».

нет свойства левой (линии). И от ахораим Малхут они не могут питаться, поскольку там тьма и нет никакого света, ибо Хохма не светит без хасадим.

Поэтому великий сброд, т.е. египетские колдуны, восстали против святости, и собрались против Аарона, который с правой стороны, Хесед. И сказали ему: «Сделай нам божества (элоким), которые пойдут пред нами»[57]. Элоким – имя левой (стороны), место которой в ахораим Малхут. И попросили они его, чтобы он исправил их, чтобы они были в состоянии паним, то есть, чтобы у них были хасадим. И это означает сказанное: «Которые пойдут пред нами (в наших паним)»[57], т.е. в состоянии паним, и тогда они тоже смогут питаться от него. И это означает сказанное выше: «(Мы хотим) божеств (элоким), которые пойдут перед нами, как перед вами идет АВАЯ»[78]. То есть так же, как АВАЯ по отношению к Малхут де-хасадим является свойством паним, как сказано: «И Творец (АВАЯ) шел перед ними днем»[62], так же будет для левой (стороны) в свойстве паним, и тогда смогут получать от него также и они. И это означает сказанное: «Ибо у нашей стороны тоже есть право идти перед нами»[78], – что у нашей ситры ахра тоже есть право идти перед нами, т.е. в свойстве паним. «Если мы вызовем для нее действие»[78], – т.е. действие с тельцом. И это означает сказанное: «"(Согрешили) пред матерью", как сказано: "Встань, сделай нам божества (элоким)" вместо этой славы Исраэля, которая пребывала над ними, как мать над сыновьями. "И променяли славу свою"[52]. На что? "На изображение тельца"[52]». Ибо «променяли славу свою»[52], т.е. Малхут, которая была в свойстве паним, т.е. хасадим, и променяли на тельца, левую линию, и оставили состояние исправления паним Нуквы.

И это означает сказанное им здесь: «Запутали они его этим, чтобы он положил жемчужины в золотые колокольцы». Ибо «жемчужины» – это свойство экрана Малхут, который светит в правой линии, называемой «жемчужина», как сказано выше, где говорит: «Поклоняются этому свету, который светит в месте солнца, прежде чем оно взойдет... и называют этот свет божеством сверкающего жемчуга»[79]. Ведь жемчужина – это правая (линия), которая светит. «Золотые колокольцы» – это свойство левой (линии), называемой золотом. И поскольку речь

---

[78] См. выше, п. 66.
[79] См. выше, п. 7.

идет о ситре ахра, он называет их золотыми колокольцами, то есть их внутренняя часть пуста, как у колокольцев. И великий сброд запутали Аарона, чтобы он положил эти жемчужины, которые светят свойством хасадим внутрь колокольцев, представляющих собой левую (сторону), которые темны. И будут светить, и тогда они смогут питаться от левой (стороны). И с помощью этого ты поймешь то, что сказано там: «И этот управитель распоряжается золотом и красными жемчужинами... чтобы отыскивать места золота и жемчуга»[80], поскольку этот управитель – он от святости, и поэтому состоит из обеих, из правой и левой (линий), и поэтому он управитель над золотом, которое от левой, и над красными жемчужинами, которые от правой. И поэтому те, кто тянется за ситрой ахра, поклоняются ему и приносят жертвы, чтобы найти места, где жемчужины и золото находятся вместе, чтобы они смогли питаться от левой (стороны).[80]

80) «"Разумеется, это объяснение того, что Энош в то время, когда сбивал с пути весь мир" на поклонение идолам "со своим пером, делал записи всех форм и видов идолопоклонства этим пером. И потому сказано: "Ба-херет (пером)"[76], что указывает на то перо, которым умел это делать. И это объяснение этого"».

81) «"И всё было", то есть два толкования слова "херет (перо или платок)", книги Ханоха и рабби Шимона, были там, "потому что, несомненно, положил золото в мешок и скрыл его от глаз", как указано выше, в сказанном рабби Шимоном, "как говорят колдуны. И так должно быть в этих видах колдовства, ибо таковы действия этих колдунов, что когда требуется раскрытие того, что должно произойти потом, это должно прежде быть в тайне и укрытии". То есть, "чтобы это было скрыто" вначале "от глаз, а потом выйдет мастер на свое дело", чтобы раскрыть это. А то, что потом должно быть скрытым, вначале должно быть раскрытым"».

Объяснение. Ибо «одно против другого создал Всесильный»[81]. И всё, что есть на ступенях святости, есть противоположное этому в ситре ахра. И вся разница в том, что ситра ахра

---

[80] См. выше, п. 9.
[81] Писания, Коэлет, 7:14. «В день благоволения – радуйся, а в день бедствия – узри, ибо одно против другого создал Всесильный с тем, чтобы ничего не искать человеку после Него».

содержит только две линии, правую и левую, но средней линии нет у них (у нечистых сил). Однако они прилеплены только к левой, но нельзя притянуть левую линию, если не притянуть сначала правую линию. Ибо тот экран, который поднимается и образует ВАК без рош на ступени, когда он в свойстве правой линии, опускается и выводит ГАР на ступени, когда он в левой линии. И поэтому они должны притянуть сначала правую линию, чтобы раскрыть снова ГАР в левой линии. И знай, что этот экран, который скрывает по отношению к ступени, снимая с нее ГАР, который в левой линии, называется «перо» или «стило». Ибо подобно перу переписчика, который меряет и раскрывает форму букв туда и сюда с помощью пера, так же и экран, который скрывает в правой линии, чтобы уменьшить ступень, – от него зависит весь образ гадлута ступени, который выходит в левой линии.

И это означает сказанное им: «Делал записи всех образов и видов идолопоклонства этим пером», так как все формы левой (линии), существующие в идолопоклонстве, зависят и выходят из-под пера, т.е. экрана, вызывающего катнут и уменьшение левой линии. И это скрытый смысл сказанного: «И обработал резцом»[76], т.е. он поднял резец, представляющий собой перо и экран, и сформировал его сначала в уменьшении и скрытии правой линии, а потом произошел гадлут левой линии ситры ахра, который называется «телец» или «бык».

И это смысл сказанного: «Ибо таковы действия этих колдунов, что когда требуется раскрытие того, что должно произойти потом, это должно прежде быть в тайне и укрытии», – то есть, как мы сказали, что они не могут раскрыть левую линию и питаться от нее, прежде чем притянут сначала правую линию, с помощью подъема экрана, т.е. пера, чтобы скрыть ступень. И это значение сказанного: «И всё было, потому что, несомненно, положил золото в мешок и скрыл его от глаз», – поскольку два толкования слова «херет», по книге Ханоха и по рабби Шимону, являются одним целым. Ибо рабби Шимон объяснил, что «и завязал его в платок (херет)» означает, что положил его в мешок, чтобы скрыть его от глаз, т.е. скрыть его от ГАР, называемых «глаз», и имеется в виду, что они притянули сначала скрытие и катнут, существующий в правой линии. И совершенно так же это согласно словам Ханоха, – что придал ему форму пером (херет) Эноша, что тоже является подъемом экрана, чтобы скрыть и уменьшить ступень в свойстве правой линии, как уже выяснено, и согласно этому направлен потом гадлут, который в левой (линии).

82) «"Теперь, сыновья мои любимые, любимцы души моей, что мне делать? Конечно, я должен раскрыть. Выслушайте и скройте мои слова. С этой стороны святости – Всесильный (Элоким) истины, являющийся Царем мира, укрепился в трех мирах: в Брия, в Ецира, в Асия. И мы уже учили свойства каждого" мира. "И здесь" великий сброд притянули из всех этих трех миров, "в соответствие миру Брия" написано: "И взял из рук их"[68] – взял то, "от чего сам до этого момента ничего не имел", т.е. золото. И это указывает на мир Брия, поскольку Брия означает появление нового, чего не было в нем прежде. "В соответствие миру Ецира" написано: "И увязал (ва-яцар וַיָּצַר) его в платок"[68]. "А в соответствие миру Асия" написано: "И сделал (ваяасэу וַיַּעֲשֵׂהוּ) это тельцом литым"[68]. Кто во всем мире видел таких колдунов!"»

83) «"Теперь нужно сказать. Разве не написано: "И я бросил его в огонь"[82], и не" делал "более, "и вышел этот телец"[82], а сейчас ты говоришь: "И сделал это тельцом литым"[68]?" И отвечает: "Но этого еще не хватало, чтобы Аарон сделал" тельца, и Писание доказывает это, как сказано: "И взял он тельца, которого сделали"[83]», и не сказано: «Которого сделал». «"Но из того, что сказано: "И взял из рук их"[68], и сказано: "И увязал его"[68] – (видно), что силой этих двоих", Юнуса и Ямбруса, "было сделано всё". И похоже, "как будто" Аарон, "он сделал его, но если бы не было этих двоих, не был бы сделан" телец, "и не вышло бы дело. А кто привел к тому, что его сделали? Эти двое. Ибо в то время, когда Аарон брал из их рук, они занимались колдовством и шептали своими устами заклинания, и привлекли вниз дух от ситры ахра"».

84) «"И привлекли два духа вместе, один от захара, а другой – от нуквы", дух "захара облачился в образ быка", дух "нуквы – в образ осла. И оба они были включены вместе. А почему эти двое? Но о быке мы уже учили" – это потому, что первый

---

[82] Тора, Шмот, 32:24. «И сказал я им: "У кого золото?" Они сняли и дали мне, и я бросил его в огонь, и вышел этот телец».

[83] Тора, Шмот, 32:20. «И взял он тельца, которого сделали, и сжег в огне, и стер до измельчения, и рассеял над водою, и дал пить сынам Исраэля».

вредитель ситры ахра называется быком.[84] Но "почему осел?" И отвечает: "Потому что об этих египетских колдунах сказано: "Чья плоть – плоть ослиная"[77]".

85) «"И поэтому все те из Исраэля, кто умер, соединились с ними", с великим сбродом, "в сердце своем. И поскольку было два образа", бык и осел, "сказано: "Вот (досл. эти) твои божества, Исраэль"[68]. И не сказано "зэ этот", в единственном числе, – "а это потому, что оба они были вместе, и также: "Которые вывели тебя из земли египетской"[68] – во множественном числе, "а не "который вывел тебя"».

86) «"И сделал это тельцом литым. И сказали они"[68]. Не написано: "И сказал он", а "и сказали они"[68], потому что Аарон не сказал ничего. Мы учили, что сто двадцать пять провокаций было в нем"». Объяснение. «Масеха (מַסֵּכָה литой)» имеет числовое значение сто двадцать пять. Ибо от Всесильного (Элоким) святости до иных божеств (элоким) распространяется сто двадцать сочетаний «элоким», за которыми начинаются иные божества. И поэтому взяли они в противоположность им сто двадцать пять провокаций, сто двадцать – в противоположность ста двадцати сочетаниям, и пять – в противоположность пяти буквам «Элоким אֱלֹהִים».

87) «"Как сказано: "И взял он из рук их"[68] Спрашивает: "Разве в руках их были все эти сто двадцать пять провокаций?" И отвечает: "Но из всех этих провокаций они взяли полную пригоршню, и это малое считается, как всё, как будто всё было у них в руках"».

88) «"Смотри, что сказано: "И увидел Аарон, и построил жертвенник пред собою"[85]. Горе тебе святой праведник, насколько желание твое было во благо, но ты не смог уберечься! Когда бросил он его в огонь, укрепилась сила ситры ахра там, в огне, и вышел образ быка, как сказано, двумя притяжениями ситры ахра", т.е. с помощью быка и осла. Сразу же: "И увидел Аарон"[85], то есть увидел, что ситра ахра усилилась, тут же: "И построил жертвенник пред собою"[85]. И если бы не

---

[84] См. выше, п. 57.
[85] Тора, Шмот, 32:5. «И увидел Аарон, и построил жертвенник пред собою, и возгласил Аарон, и сказал: "Праздник Творцу завтра"».

поторопился и не построил этот жертвенник, мир вернулся бы к разрушенному состоянию"».

89) «"Это подобно разбойнику, который выходил истреблять и убивать людей. Царский легион увидел, что этот разбойник вышел с большими силами. Что сделал тот легион? Уговорил царя выступить в путь, и легион привел его на ту дорогу", где был разбойник. "В то время как разбойник шел той же дорогой, он увидел образ царя, стоящего перед ним, – когда увидел образ царя, испытал потрясение и вернулся назад"».

90) «"Так же: "И увидел Аарон"[85], что ситра ахра усилилась, взялся за лечение и укрепился, и притянул сторону святости, и поставил ее" стоять "пред собой. Когда увидела ситра ахра, что образ Царя стоит перед ней, сразу же вернулась назад, и ослабла мощь и сила ее. Ибо" Аарон "укрепился, и этот жертвенник", Малхут, "усилился, а ситра ахра ослабела"».

91) «"Смотри, что написано: "И возгласил Аарон, и сказал: "Праздник Творцу завтра"[85]. Праздник Творцу, а не тельцу. И ради стороны святости он (это) сделал, и ради стороны святости возгласил и сказал. И это было лечением, с которым он поспешил, и если бы он этого не сделал, мир не смог бы больше существовать. Но вместе с тем, Его гнев на Аарона не успокаивался, несмотря на то, что он не имел в виду плохого"».

92) «"Сказал ему Творец: "Аарон, два этих колдуна заставили тебя делать, что они хотели, – клянусь тебе, что два твоих сына погибнут, и на этом грехе будут они застигнуты". Это означает сказанное: "И на Аарона прогневался Творец очень, (и вознамерился) уничтожить его"[86]. Что значит "уничтожить его"[86]? Это его сыновей, как сказано: "И уничтожил Я плод его вверху"[87], ибо плоды человека – это сыновья его"».

93) «"Смотри, Аарон поставил тот жертвенник", т.е. Малхут, "впереди себя, а тельца", который от ситры ахра, "поставил сзади себя", т.е. как объяснено выше,[88] что главное в грехе

---

[86] Тора, Дварим, 9:20. «И на Аарона прогневался Творец очень, (и вознамерился) уничтожить его. И молился я также за Аарона в ту пору».

[87] Пророки, Амос, 2:9. «А (ведь) Я уничтожил пред ними эморийца, который высок был как кедры и крепок как дубы; и уничтожил Я плод его вверху и корни его внизу».

[88] См. выше, пп. 78-79.

тельца было, что поменяли они левую (сторону), место которой в ахораим (сзади) и поставили ее в паним (спереди). И поэтому теперь вернул Аарон святость в паним, а тельца в ахораим. "А сыновья его поставили ситру ахра спереди него (в паним), а сторону святости вернули назад (в ахораим)", подобно греху тельца, "как написано: "И принесли пред Творцом чуждый огонь"[89], – что разместили" чуждый огонь, "ситру ахра, перед Творцом", в свойстве паним. "Таким образом", сыновья его "были уличены в этом грехе"» тельца.

94) «"Аарон думал, что за это время придет Моше"», и потому сказал: «Праздник Творцу завтра»[85]. «"И потому тот жертвенник, который он сделал, не разрушил его Моше. А если бы было, как думают люди", что построил он жертвенник поклоняться тельцу, "тогда первое, что Моше должен был" сделать, – он должен был "разрушить этот жертвенник. Как пророчествовал Идо о жертвеннике Бейт-Эля,[90] и пророчество его было о том жертвеннике", что в Бейт-Эле, как написано.[91] "Но здесь", с жертвенником Аарона, "было по-другому, как мы уже сказали". И поэтому "написано: "И взял он тельца, которого сделали"[83]. И не написано: "И разрушил жертвенник"».

95) «"Смотри, "и возгласил Аарон"[85], – т.е. провозгласил во всеуслышание, "и сказал: "Праздник Творцу завтра"[85]. Здесь написано: "И провозгласил и сказал"[85], и написано о Йоне: "И провозгласил и сказал"[92]. Так же, как там", с Йоной, "это было провозглашением суда, так же здесь", с Аароном, "это было провозглашением суда. "Праздник Творцу завтра"[85] – он пророчествовал тем духом жертвенника", т.е. Малхут, "что суд будет царить над ними. "Праздник Творцу"[85] – означает ужас и разбиение, т.е. "совершить над вами суд"».

---

[89] Тора, Ваикра, 10:1. «И взяли сыны Аарона, Надав и Авиу, каждый свой совок, и положили в них огня, и возложили на него курений, и принесли пред Творцом чуждый огонь, какого Он не велел им».
[90] См. Пророки, Мелахим 1, 13:2.
[91] См. Пророки, Мелахим 1, 13:32.
[92] Пророки, Йона, 3:4. «И начал Йона ходить по городу, (сколько можно) пройти в один день, и провозгласил и сказал: "Еще сорок дней – и Ниневей опрокинется!"»

96) «"И было три суда: один – "И поразил Творец народ"⁹³, один – среди сынов Леви", которые убивали в Исраэле, "и один – что напоил он сынов Исраэля"». То есть: «Праздник Творцу завтра»⁸⁵. Поскольку «"праздник"⁸⁵ – указывает на убийство сынов Леви. "Творцу"⁸⁵ – указывает на: "И поразил Творец народ"⁹³. "Завтра"⁸⁵ – указывает на то, что напоил их Моше" прахом тельца, "и пошли они спать в ту ночь, а назавтра нашли их раздутыми и мертвыми. И об этом" сказал: "Праздник Творцу завтра"⁸⁵. А всё исцеление, которое сделал Аарон, – в том, что сказано: "И построил жертвенник пред собою"⁸⁵».

97) «"Посмотри, что сказано: "И увидел тельца и танцы"⁹⁴. Однако про жертвенник не сказано. Ибо Аарон знал, что сказано: "Приносящий жертвы божествам, – а не Творцу одному, – истреблен будет"⁹⁵. Конечно, спасся Аарон благодаря доброму совету, который дал сам себе", – сделать жертвенник Творцу. "И всё было в цельном и добром желании, так как не намеревался он делать зло"».

98) «Сказал ему рабби Эльазар: "Отец, конечно, это так, и Исраэль не делали" тельца. "Но Яровам, который сделал тельцов, ведь это были Исраэль, и они сделали тельца?" Сказал ему: "Конечно, это так, и мы объясняли это. Однако Яровам согрешил и вовлек в грех, а не так, как сказали" в объяснении изречений, что сделал он тельцов только для видимости, чтобы Исраэль не пошли в Йерушалаим, но настоящей силы в них не было. "Ибо, несомненно, дурной грех совершил он, и согрешил пред Малхут"». Как великий сброд в грехе тельца.⁹⁶

99) «"Сказал Яровам: "Я знаю наверняка, что сила святости пребывает только лишь в сердце всего мира, а это Йерушалаим. Я не могу притянуть эту силу святости здесь, что же я

---

⁹³ Тора, Шмот, 32:35. «И поразил Творец народ за то, что сделали они тельца, которого сделал Аарон».
⁹⁴ Тора, Шмот, 32:19. «И было, когда он приблизился к стану и увидел тельца и танцы, то воспылал гнев Моше, и бросил он из своих рук скрижали, и разбил их под горою».
⁹⁵ Тора, Шмот, 22:19. «Приносящий жертвы божествам, – а не Творцу одному, – истреблен будет».
⁹⁶ См. выше, п. 56.

буду делать?" Сразу же: "И, посоветовавшись, царь сделал"⁹⁷. Послушался дурного совета, сказал себе: "Ведь ситра ахра притягивается сразу в любое место, и тем более, на этой земле, ведь желание их (нечистых сил) – пребывать на ней. Однако они могут облачиться только лишь в изображение быка"».

100) Спрашивает: «"Почему двух тельцов?" – он сделал. И отвечает: "Но думал Яровам: "В пустыне были те колдуны, о которых сказано: "Чья плоть – плоть ослиная"⁷⁷. И потому притянули они два духа, быка и осла, захар и некеву.⁹⁸ Но облачили их обоих лишь в одного тельца. "Тут эти два злых духа облачатся, как подобает им", в двух тельцов, "потому что они захар и некева, – захар был в Бейт-Эле, а некева была в Дане". И поскольку сказано: "Ибо сотовый мед источают уста чужой (женщины)"⁹⁹, Исраэль потянулись за ними очень сильно, как сказано: "И народ ходил к одному (из них) даже в Дан"¹⁰⁰. И потому было два тельца. И притянул их Яровам в святую землю, и был грех на нем и на Исраэле, и лишил он мир благословений. И о нем сказано: "Обирающий отца своего и мать свою"¹⁰¹», потому что он нанес вред ЗОН, а они – отец и мать его.

101) «"И потому были тельцы, ибо первое облачение, в которое облачается ситра ахра, – это бык, как мы сказали выше.¹⁰² И если ты скажешь: почему телец, а не бык, – то именно так и должно быть, и во всех сторонах, ибо вначале облачения он малый", т.е. телец, "и мы уже это объясняли"».

102) «"И поэтому, возлюбленные сыны мои, поскольку хотели они притянуть имя Всесильного (Элоким)", т.е. имя Малхут, "и на стороне Элоким строилось это действие, поэтому святого

---

⁹⁷ Пророки, Мелахим 1, 12:28. «И, посоветовавшись, царь сделал двух золотых тельцов и сказал им (людям своим): "Довольно ходили вы в Йерушалаим; вот божества твои, Исраэль, которые вывели тебя из земли египетской"».
⁹⁸ См. выше, пп. 83-85.
⁹⁹ Писания, Притчи, 5:3-4. «Ибо сотовый мед источают уста чужой (женщины), и глаже елея небо (речь) ее, но последствия от нее горьки, как полынь, остры, как меч обоюдоострый».
¹⁰⁰ Пророки, Мелахим 1, 12:29-30. «И поставил одного в Бейт-Эле, а другого поместил в Дане. И было это грехом, (ибо) народ ходил к одному (из них) даже в Дан».
¹⁰¹ Писания, Притчи, 28:24. «Обирающий отца своего и мать свою, и говорящий, что нет греха, – товарищ губителю».
¹⁰² См. п. 57.

Элоким, т.е. матери", Малхут, "которая всегда сдерживает руку Царя и убирает плеть, не было там.[103] И нужен был Моше, чтобы быть там вместо нее.[104] Когда намекнул ему Творец, разглядел он"» и понял.

103) «"Три раза намекал Он ему. Ой, Моше, верный пастырь, – как сила твоя крепка, как велика твоя мощь. Три раза намекал Он ему: "И теперь, оставь Меня"[48] – это первый (раз), "И воспылает Мой гнев против них, и истреблю Я их"[48] – уже второй, "И сделаю тебя народом великим"[48] – это третий. И мудрость Моше", как сдержать плеть, "была в этих трех намеках. То, что удержал Его правую руку, соответствует: "Оставь Меня"[48], и это Хесед. "И удержал левую руку, соответствует: "И воспылает Мой гнев против них, и истреблю Я их"[48], и это Гвура. "И заключил в объятия тело (гуф) Царя, соответствует: "И сделаю тебя народом великим"[48], и это Тиферет. "И когда заключил в объятия тело и обе руки, с одной и с другой стороны", т.е. все три сфиры ХАГАТ, "не мог Он пошевелиться", чтобы вызвать суд "в какой-либо стороне мира. Это была мудрость Моше, что из намеков Царя он понял по каждому из них, с какой стороны усилиться, и поступил мудро"».

104) «Подошли рабби Эльазар с товарищами и поцеловали руки рабби Шимону. Был там рабби Аба, сказал: "Если бы мы явились в мир, чтобы услышать только это, нам было бы довольно и этого". Заплакал и сказал: "Горе нам, рабби, когда ты уйдешь из мира, кто будет светить и раскрывать света Торы? Слово это было скрыто во тьме до сих пор, а теперь вышло оттуда, и вот оно светит до самых вершин небосвода, оно записано на престоле Царя, и Творец радуется сейчас этому слову. Какую же беспредельную радость доставляет это святому Царю. Кто пробудит мудрые речи в мире, подобно тебе?!"»

105) «"Смотри, прежде чем согрешил Адам, возвышался он и стоял в мудрости высшего свечения, и не был отделен от Древа жизни. Когда увеличил он свое желание познать" добро и зло "и спуститься вниз, это привлекло ахораим" ситры ахра, "пока не отделился он от Древа жизни, и познал зло и оставил добро. И потому сказано: "Ибо Ты не божество, желающее

---

[103] См. выше, п. 51.
[104] См. выше, пп. 53-58.

беззакония, не водворится у Тебя зло"¹⁰⁵. Поскольку тот, кто тянется за злом, не может жить вместе с Древом жизни. И прежде чем согрешили, они слышали голос свыше", от Бины, "и знали высшую мудрость (хохму), и не боялись. Когда согрешили они, даже нижнего голоса", от ЗОН, "не могли они выдержать"», как сказано: «Голос Твой услышал я в саду и устрашился»¹⁰⁶.

106) «"Подобно этому, до того, как согрешили Исраэль во время стояния у горы Синай, устранилась от них скверна змея, ибо тогда было устранено злое начало из мира, и они отторгли его от себя. И тогда соединились с Древом жизни и взошли наверх, на высшие ступени, и не опускались вниз. При этом они постигали и видели высшие образы" Зеир Анпина, "их глаза светились, и они были рады познавать и слышать. И тогда опоясал их Творец поясами букв святого имени", и это украшения с горы Хорев, "чтобы змей не был властен над ними и не осквернил их, как вначале"», – как в Египте.

107) «"Когда они совершили грех с тельцом, были забраны у них все эти ступени и высшие света, и были забраны у них пояса оружия, которыми украсились они от высшего святого имени. И навлекли на себя нечестивого змея, как вначале, и они снова вызвали смерть во всем мире. А после этого что сказано: "И увидел Аарон и все сыны Исраэля Моше, и вот, лучезарным стало его лицо, и боялись они подступить к нему"¹⁰⁷», – ибо даже света лица Моше боялись они.

108) «"Смотри, что сказано вначале: "И узрел Исраэль великую руку (великое деяние)"¹⁰⁸, т.е. все видели высшие света, которые светили в светящем зеркале", Зеир Анпине, "как сказано: "И весь народ, видят они голоса"¹⁰⁹. А на море видели и не видели, как написано: "Это Творец мой, и

---

¹⁰⁵ Писания, Псалмы, 5:5. «Ибо Ты не божество, желающее беззакония, не водворится у Тебя зло».

¹⁰⁶ Тора, Берешит, 3:10. «И сказал он: "Голос Твой услышал я в саду и устрашился, ибо наг я, (потому) и укрылся"».

¹⁰⁷ Тора, Шмот, 34:30. «И увидел Аарон и все сыны Исраэля Моше, и вот, лучезарным стало его лицо, и боялись они подступить к нему».

¹⁰⁸ Тора, Шмот, 14:31. «И узрел Исраэль великую руку (великое деяние), которое совершил Творец с Египтом, и устрашился народ Творца, и поверили они в Творца и в (пророчество) Моше, раба Его».

¹⁰⁹ Тора, Шмот, 20:15. «И весь народ, видят они голоса и сполохи, и голос шофара, и гору дымящуюся. И увидел народ, и дрогнули они и стали поодаль».

буду восславлять Его"¹¹⁰. А после того как согрешили, лица посредника не могли видеть они, как сказано: "И боялись они подступить к нему"¹⁰⁷».

109) «"И посмотри, что сказано о них: "И сняли сыны Исраэля свои украшения с горы Хорев"¹¹¹. Т.е. было забрано у них оружие, которое получили они на горе Синай, чтобы не господствовал над ними нечестивый змей.¹¹² И когда оно было забрано у них, что сказано: "А Моше брал шатер и разбивал его вне стана, далеко от стана"¹¹³. Сказал рабби Эльазар: "Какая связь между одним изречением¹¹¹ и другим¹¹³?" И отвечает: "Но когда Моше узнал, что забрано у Исраэля высшее оружие, сказал: "Теперь, несомненно, что отныне и впредь нечестивый змей придет обитать среди них, и если здесь будет стоять Святилище", т.е. Шатер собрания, "среди них, осквернится". Сразу же: "А Моше брал шатер"¹¹³, – ибо видел Моше, что нечестивый змей будет господствовать над ними, чего не было прежде"».

110) «"И назвал его Шатром собрания"¹¹³. Спрашивает: "Разве вначале он не был Шатром собрания?" И отвечает: "Однако, вначале он был просто шатром, теперь" он назвал его "Шатром собрания (оэль моэд אֹהֶל מוֹעֵד). Что такое моэд?" Рабби Эльазар сказал: "Во благо". Рабби Аба сказал: "Во зло". Рабби Эльазар сказал: "Во благо, так же как моэд (праздник) – это день радости луны", т.е. Малхут, "в которой прибавилась святость, и не властвует в ней ущербность. Также и тут назвал он ее этим именем", моэд, "чтобы показать, что" шатер, т.е. Малхут, "удалился из их среды и не претерпел ущерба. И поэтому написано: "И назвал его Шатром собрания (оэль моэд אֹהֶל מוֹעֵד)"¹¹³».

111) «А рабби Аба сказал: "Во зло. Ибо сначала был он", т.е. Малхут "просто шатром. Как сказано: "Шатер неколебимый;

---

¹¹⁰ Тора, Шмот, 15:2. «Моя сила и ликование – Всевышний, и будет спасением мне. Это Творец мой, и буду восславлять Его, Всесильный отца моего, и буду превозносить Его».

¹¹¹ Тора, Шмот, 33:6. «И сняли сыны Исраэля свои украшения с горы Хорев».

¹¹² См. выше, п. 106.

¹¹³ Тора, Шмот, 33:7. «А Моше брал шатер и разбивал его вне стана, далеко от стана, и назвал его Шатром собрания. И было, всякий ищущий Творца выходил к Шатру собрания, который вне стана».

основы его не пошатнутся вовек"[114]. А теперь это шатер собрания", т.е. лишь на какое-то время, а не навечно. Ибо моэд означает – (назначенное) время. "Сначала шатер", т.е. Малхут, "дает долгую жизнь миру, чтобы смерть не была властна над ними. Отныне и далее – временный шатер, как сказано: "Обитель смерти, куда нисходит все живое"[115]. Ибо теперь даются ей отмеренные время и жизнь для мира. Вначале в ней не было изъяна, а теперь стала ущербна она. Сначала было соединение и зивуг у луны", Малхут, "с солнцем", Зеир Анпином, "который не прерывался. Теперь зивуг их – время от времени. И потому назвал он его временным шатром (о́эль моэд אֹהֶל מוֹעֵד), чего не было прежде"».

---

[114] Пророки, Йешаяу, 33:20. «Посмотри на Цион, город собраний наших! Глаза твои увидят Йерушалаим, жилище мирное, шатер неколебимый; колья (досл. основы) его не пошатнутся вовек, и ни одна из веревок его не оборвется».

[115] Писания, Иов, 30:23. «Да, я знаю: Ты низведешь меня в (ту) обитель смерти, куда нисходит все живое».

ГЛАВА КИ-ТИСА

Украшения с горы Хорев

112) «Рабби Шимон сидел в одну из ночей и занимался Торой. И перед ним сидели рабби Йегуда и рабби Ицхак, и рабби Йоси. Сказал рабби Йегуда: "Ведь сказано: "И сняли сыны Исраэля свои украшения с горы Хорев"[111]. И мы сказали, что навлекли смерть на себя с этого времени и далее, и властвовал над ними нечестивый змей, которого отстранили от себя уже вначале". И спрашивает: "Исраэль достойны этого, но Йеошуа, не совершавший грех тельца", спрашивается, "было ли снято с него то высшее оружие, т.е. украшения, которые он получил вместе с ними на горе Синай, или нет?"»

113) «"Если скажешь, что не было снято с него" украшение, "то почему он умер, как остальные люди?" Ведь благодаря украшению, они достигли свободы от ангела смерти, как мы уже объясняли. "А если скажешь, что было снято с него" украшение, спрашивается, "почему?" было снято с него. "И ведь он не грешил, поскольку был с Моше, когда согрешили Исраэль? А если скажешь, что не получил он этот венец", т.е. украшение, "на горе Синай, как получили Исраэль", спрашивается, "почему?"»

114) «Провозгласил рабби Шимон и сказал: "Ибо праведен Творец, праведность любит Он, справедлив, – увидят лик Его"[116]. "Ибо праведен Творец"[116], то есть "и Он праведен, и имя Его праведно. И поэтому "праведность любит Он"[116] – т.е. Малхут, называемую праведностью. "Справедлив"[116], как сказано: "праведен и справедлив"[117], и потому "узрят лик Его"[116] – все жители мира, и они исправят путь свой, чтобы идти прямым путем, как подобает"».

115) «"Смотри, когда Творец судит мир, Он судит его лишь по большинству людей. И посмотри, когда Адам совершил грех с Древом, тем, что ел от него, он привел к тому, что в том дереве", т.е. Малхут, "пребывает смерть для всего мира. И причинил ущерб, отлучив жену от мужа ее", т.е. отделив Малхут от Зеир Анпина. "И грех этот пребывал в луне", Малхут, "пока не встали Исраэль у горы Синай. Когда встали Исраэль у горы Синай,

---

[116] Писания, Псалмы, 11:7. «Ибо праведен Творец, праведность любит Он, справедлив, – узрят лик Его».
[117] Тора, Дварим, 32:4. «Он твердыня, совершенно деяние Его, ибо все пути Его – праведны; Всесильный верен, и нет несправедливости, праведен и справедлив Он».

был устранен этот ущерб луны", то есть (была избавлена) от ущерба разлучения и смерти, нанесенного силой Древа познания, "и стала она светить постоянно", без перерыва. "Когда Исраэль совершили грех тельца, луна снова стала ущербной, как вначале, и воцарился нечестивый змей и вцепился в нее, и привлек ее к себе, и стала она ущербной"».

116) «"А когда узнал Моше, что согрешили Исраэль, и забраны у них эти святые украшения, то знал, конечно, что змей вцепился в луну, чтобы привлечь ее к себе, и она стала ущербной". Ибо в тот момент, когда змей хочет питаться от Малхут, свет уходит от нее, чтобы не было у него, чем питаться. "Тогда вынес он ее за пределы стана. И поскольку она должна стать ущербной, несмотря на то, что Йеошуа пребывал в венце своего украшения, поскольку ущерб пребывает в ней", в Малхут, "и она вернулась к ущербу, который был у нее из-за греха Адама, поэтому человек не может существовать. Кроме Моше, который властвовал" над Малхут, так как был мужем госпожи, "и смерть его была с другой стороны", т.е. по слову Творца. "И поэтому не было" у Малхут "позволения поддерживать жизнь Йеошуа постоянно", чтобы он не умирал, "и никакого другого человека (тоже). И потому назвал ее временным шатром, ибо в ней пребывает время" жизни, "отведенное для всего мира"».

117) «"И потому скрытый смысл этого (следующий). Есть правая наверху, и есть правая внизу, есть левая наверху и есть левая внизу". И объясняет: "Есть правая наверху – т.е. в высшей святости, и есть правая внизу – в ситре ахра. Есть левая наверху – в высшей святости, пробуждать любовь, чтобы связалась луна", т.е. Малхут, "с местом святости наверху", с Зеир Анпином, "для того чтобы светить"».

118) «"И есть левая внизу, – разделяющая высшую любовь и отделяющая ее", Малхут, "от того, чтобы светить с помощью солнца, и от приближения к нему. И это сторона нечестивого змея. Ибо когда эта нижняя левая пробуждается, тогда притягивает она к себе луну, и отделяет ее от верха", от Зеир Анпина, "и свет ее меркнет, и она прилепляется к змею, и тогда тянет она смерть вниз всем тем, кто прилепился к змею и отдалился от Древа жизни. И поэтому навлек смерть на весь мир" из-за греха Древа познания. "И это то, из-за чего осквернилось Святилище", т.е. Малхут. "До определенного времени, когда луна

исправляется и снова начинает светить. И поэтому" она называется "временным шатром"».

119) «"И поэтому Йеошуа умер лишь из-за происков того змея, который приблизился и нанес ущерб Скинии", Малхут, как прежде. И это тайный смысл написанного: "Йеошуа бин Нун, юноша"[118], – то есть, несмотря на то, что он юноша внизу", – т.е. в свойстве Матат, называемом юношей, "который получает" свет от Малхут, "не отлучался от шатра"[118], и это означает, что он подобен тому шатру, который являет собой Малхут. "И так же, как был нанесен ущерб этому" шатру, "так же был нанесен ущерб этому", Йеошуа, "несмотря на то, что было у него святое украшение" с горы Синай. "Ибо, когда стала ущербна луна, безусловно, это так, – что он не мог спастись отдельно от нее, из-за того же самого ущерба, и мы это уже учили"».

120) «"Счастливы праведники, знающие тайны Торы и прилепляющиеся к Торе, и исполняющие Писание, как сказано: "И размышляй о ней днем и ночью"[119]. И ради нее удостоятся они жизни будущего мира. Как сказано: "Ибо Он жизнь твоя и долгота дней твоих"[120]».

(Закончилась глава Ки-Тиса)

---

[118] Тора, Шмот, 33:11. «И говорил Творец Моше лицом к лицу, как говорит человек ближнему своему; и возвращался он в стан, а его служитель, Йеошуа бин Нун, юноша, не отлучался от шатра».

[119] Пророки, Йеошуа, 1:8. «Да не отходит эта книга Торы от уст твоих, и размышляй о ней днем и ночью, чтобы в точности исполнять все написанное в ней, тогда удачлив будешь на пути твоем и преуспеешь».

[120] Тора, Дварим, 30:20. «Чтобы любить Творца Всесильного твоего, слушая глас Его и прилепляясь к Нему; ибо Он жизнь твоя и долгота дней твоих, в кои пребывать тебе на земле, которую клялся Творец дать отцам твоим, Аврааму, Ицхаку и Яакову».

Глава Ваякель

И собрал Моше

1) «"И собрал Моше все общество сынов Исраэля"¹. Рабби Хия провозгласил: "И сказал Шауль Кейнийцу: "Уйдите, выйдите прочь из среды амалекитян"². Смотри, что сказано об Амалеке: "Помню Я, что сделал Амалек Исраэлю, как он противостоял ему на пути при выходе его из Египта"³. И во всех войнах, которые вели остальные народы с Исраэлем, – что означает, что они не были так трудны пред Творцом, как та война, которую вел с ними Амалек?" И отвечает: "Но, безусловно, война Амалека была во всех сторонах, наверху и внизу, так как в это время усилился нечестивый змей наверху и внизу"», в этом мире.

2) «"Так же, как нечестивый змей подстерегает на распутье дорог, так же и Амалек был нечестивым змеем для Исраэля, подстерегая их на распутье дорог, как сказано: "Как он противостоял ему на пути при выходе его из Египта"³. И подстерегал он наверху, чтобы осквернить Святилище", Малхут, "и подстерегал внизу, чтобы осквернить Исраэль. Откуда нам известно? Из сказанного: "Как застал он тебя в пути"⁴. Здесь написано: "Как застал (карха́ קָרְךָ)", и там написано: "Человек, который нечист от случая (микре́ מִקְרֵה) ночного"⁵». Как там – нечистота, так же и здесь – нечистота.

3) «"И поэтому о Биламе сказано: "И встретился Всесильный Биламу"⁶. "И встретился (ва-икар וַיִּקָּר)"⁶ – говорится о нечистоте", т.е. о ночном случае, как мы уже сказали. "И если ты

---

¹ Тора, Шмот, 35:1. «И собрал Моше все общество сынов Исраэля, и сказал им: "Вот слова, которые Творец велел исполнить"».
² Пророки, Шмуэль 1, 15:6. «И сказал Шауль Кейнийцу: "Уйдите, выйдите прочь из среды амалекитян, чтобы мне не погубить вас вместе с ними; ты же сделал добро всем сынам Исраэля при выходе их из Египта". И ушел Кейниец из среды Амалека».
³ Пророки, Шмуэль 1, 15:2. «Так сказал Владыка воинств: "Помню Я, что сделал Амалек Исраэлю, как он противостоял ему на пути при выходе его из Египта"».
⁴ Тора, Дварим, 25:17-18. «Помни, что сделал тебе Амалек на пути при вашем исходе из Египта. Как застал он тебя в пути и поразил у тебя всех ослабевших позади тебя, а ты утомлен и измучен, и не убоялся он Всесильного».
⁵ Тора, Дварим, 23:11. «Если будет у тебя человек, который нечист от случая ночного, пусть он выйдет за пределы стана и не входит в стан».
⁶ Тора, Бемидбар, 23:4. «И встретился Всесильный Биламу, и сказал он Ему: "Семь жертвенников воздвиг я и вознес по быку и по овну на жертвеннике"».

скажешь: ведь написано Всесильный (Элоким)", а это святость. "Однако Творец приготовил ему место нечистоты, чтобы оскверниться в нем и на той ступени, с которой тот слился, оскверниться в ней. Как действовал Билам? Он думал с помощью тех жертвоприношений, которые принес, подняться наверх, к святости, и тотчас приготовил ему Творец это место" нечистоты. "Сказал ему: "Вот нечистота для тебя, как и полагается тебе". И поэтому сказано: "И встретился Всесильный Биламу"⁶».

4) «"И подобно этому написано: "Как застал он тебя в пути"⁴, что означает – "подослал тебе нечестивого змея наверху, чтобы осквернить тебя со всех сторон". И если бы не укрепился Моше наверху, а Йеошуа внизу, не одолели бы его Исраэль. И поэтому сохранил Творец ненависть эту во все поколения. И в чем причина? Потому что тот желал искоренить знак союза из места его. И поэтому написано: "Помню Я"³ – т.е. в поминании", Малхут, "ибо там указывается тайна знака святого союза"».

5) «"Смотри, что сказано: "И сказал Шауль Кейнийцу: "Уйдите, выйдите прочь из среды Амалека"⁷. Кто такой Кейниец? Это Итро". И спрашивает: "Разве кто-то поселил сыновей Итро здесь, чтобы проживать среди Амалека, они ведь находились в Йерихо?" И отвечает: "Но сказано: "И сыны Кейнийца, тестя Моше, поднялись из Города пальм с сынами Йегуды в пустыню Йеудейскую"⁸. И когда они поднимались оттуда, то пребывали в пределах Амалека до того времени, когда пришел царь Шауль, как сказано: "И ушел Кейниец из среды Амалека"⁷».

6) «"Ибо в то время, когда есть грешники, благочестивые и праведники, находящиеся среди них, обвиняются в их грехах". И поэтому Шауль вывел Кейнийца из среды Амалека. "И подобно этому, если бы не великий сброд, соединившиеся с Исраэлем, то не были бы Исраэль обвинены за грех тельца"».

---

⁷ Пророки, Шмуэль 1, 15:6. «И сказал Шауль Кейнийцу: "Уйдите, выйдите прочь из среды Амалека, чтобы мне не погубить вас вместе с ними; ты же сделал добро всем сынам Исраэля при выходе их из Египта. И ушел Кэйниец из среды Амалека».

⁸ Пророки, Шофтим, 1:16. «И сыны Кейнийца, тестя Моше, поднялись из Города Пальм с сынами Йегуды в пустыню Йеудейскую, которая на юге от Арада, и пошли, и поселились среди народа».

7) «"И посмотри, что написано до этого: "(Пусть возьмут Мне возношение) от каждого человека, расположенного сердцем"[9], – и это включает всех", даже великий сброд. "Поскольку Творец желал совершить возведение Скинии со всех сторон, и со стороны моаха, и со стороны клипы. И поскольку этот великий сброд были среди них, сказано: "От каждого человека, расположенного сердцем"[9], – чтобы включить их в среду Исраэля, являющихся моахом. И все они исчислены"», чтобы участвовать в возведении Скинии.

8) «"Затем каждый вид потянулся за подобным себе, и пришли великий сброд, и сделали тельца, и потянулись вслед за ними из Исраэля все те, что умерли. И вызвали в Исраэле смерть и убийства. Сказал Творец: "Отныне и впредь возведение Скинии будет осуществляться только со стороны Исраэля". Сразу же: "И собрал Моше все общество сынов Исраэля"[1]. После этого сказано: "Возьмите от вас возношение Творцу"[10]. Конечно, "от вас"[10], а не как раньше: "От каждого человека, расположенного сердцем"[9]. "И собрал Моше"[1]. Из какого места он собрал их? Но поскольку великий сброд находился среди них, должен был Моше собрать их и объединить их между собой"».

9) «"И собрал Моше"[1]. Рабби Аба провозгласил: "Собери народ, мужчин и женщин, и детей"[11] – так же, как и далее они будут общностью всего Исраэля, так же и здесь – это общность всего Исраэля. И кто это? Это – шестьдесят десятков тысяч (рибо)"».

10) «Рабби Эльазар провозгласил изречение об Исраэле, когда Моше спустился с горы Синай, как написано: "И услышал Йеошуа голос народа во зле его, и сказал он Моше: "Шум битвы в стане"[12]. Спрашивает: "Разве Йеошуа слышал, а Моше не слы-

---

[9] Тора, Шмот, 25:1-2. «И сказал Творец Моше, говоря: "Скажи сынам Исраэля, пусть возьмут Мне возношение; от каждого человека, расположенного сердцем, берите возношение Мне"».

[10] Тора, Шмот, 35:5. «Возьмите от вас возношение Творцу; каждый, побужденный сердцем своим, пусть принесет его, возношение Творцу: золото и серебро, и медь».

[11] Тора, Дварим, 31:12. «Собери народ, мужчин и женщин, и детей, и пришельцев, которые во вратах твоих, чтобы слушали они, и чтобы учились, и боялись Творца Всесильного вашего, и старались исполнять все слова этого учения».

[12] Тора, Шмот, 32:17. «И услышал Йеошуа голос народа во зле его, и сказал он Моше: "Шум битвы в стане!"»

шал?" И отвечает: "Однако до этого момента не знал Йеошуа, а Моше знал". И поэтому написано: «И услышал Йеошуа»[12]. Спрашивает: «"В таком случае, что значит: "Во зле его"[12]?" И отвечает: "Однако, "во зле его (бе-реó בְּרֵעֹה)"[12] – написано с буквой "хэй ה", учит нас тому, "что этот голос был в ситре ахра", называемой злом (раá רָעָה). "А Йеошуа был ликом луны", Малхут, "посмотрел он на голос тот, который был со стороны зла. Сразу же: "И сказал он Моше: "Шум битвы в стане"[12]».

11) «"В этот час разбились две первые каменные скрижали. И мы ведь учили, что они стали тяжелыми в руках Моше и упали, и разбились. И в чем причина? В том, что отлетели буквы от каменных скрижалей"», и остались камни без духа, т.е. без букв, и поэтому стали тяжелыми.

12) «"Смотри, в четыре периода года", ХУГ ТУМ, "пробуждается голос в четырех сторонах света". Период месяца Нисан – это южная сторона и Хесед. Период Тишрея – это север и Гвура. Период Тамуза – это восток и Тиферет. Период Тевета – это запад и Малхут. И каждый из них состоит из всех. "Из-за этого голоса происходит пробуждение ситры ахра. И это пробуждение ситры ахра входит между одним голосом и другим", между голосом Тиферет и голосом Малхут. "И померк свет в голосе внизу", в Малхут. "И из-за того, что не приходит свет от голоса наверху", от Тиферет, "к голосу внизу", к Малхут, "поэтому первым происходит это пробуждение", ситры ахра, "и змей, который соблазнил женщину", Хаву, "входит между тем и другим", между Тиферет и Малхут, "и забирает свет. И этот голос", ситры ахра, – "это голос войны, голос зла. И это означает: "Во зле его (бе-реó בְּרֵעֹה)"[12]». То есть, как сказано: «И услышал Йеошуа голос народа во зле его»[12].

13) «"И поэтому услышал Йеошуа, а не Моше, потому что это зло принял свет луны", Малхут, "в которую был включен Йеошуа. А Моше, который был включен в солнце", Зеир Анпин, "не слышал. И померк свет всего Исраэля из-за того зла, которое прилепилось к ним. После того, как простил Творец их грех, тогда: "И собрал Моше все общество сынов Исраэля, и сказал им: "Вот слова, которые Творец велел исполнить"[1] – потому что великий сброд отошел от них"».

Три стражи

14) «Рабби Эльазар и рабби Йоси сидели однажды ночью и занимались Торой до того, как разделилась ночь. Тем временем прокричал петух», т.е. наступила полночь. «Произнесли они благословение» – «(Благословен Творец), который дал петуху разумение (бина) отличать день от ночи!»[13] «Заплакал рабби Эльазар и сказал: "Смотри, до сих пор Творец вызывал потрясение в трехстах девяноста небосводах и ударял по ним, и ронял две слезы в великое море, вспоминал о сыновьях своих с плачем"».

15) «"Из-за трех сторон", правой, левой и средней, "поделилась ночь в двенадцати записанных в ней часах. И если в ночи есть дополнительные часы", больше двенадцати часов, "они считаются дневными, а не ночными, ибо только двенадцать часов принадлежат ей", Малхут, "называемой ночь. И эти двенадцать часов делятся на три стороны, и три стана святых ангелов распределяются в этих трех сторонах"».

Тайна двенадцати ночных часов уже подробно объяснялась.[14] Ибо четыре сфиры – это ХУГ ТУМ, и каждая из четырех сфирот ХУГ ТУМ не включает ХУГ ТУМ, чтобы было шестнадцать свойств, поскольку Малхут исчезает в диагонали, но каждая состоит только из ХАГАТ, и они представляют собой лишь двенадцать свойств, ибо четырежды три – это двенадцать. Таким образом, основа этого свечения – только ХАГАТ, т.е. три линии. Однако они светят в каждой из ХУГ ТУМ, и даже в Малхут.[14] Получается, что ночь поделилась на четыре части ХУГ ТУМ, и в каждой из частей есть три линии ХАГАТ. Две сфиры, Хесед и Гвура, в первой половине ночи, – это шесть, ибо в каждой из них есть три линии. И две сфиры, Тиферет и Малхут, во второй половине ночи, – это шесть часов, ибо каждая из них состоит из трех линий ХАГАТ.

Но относительно воспевания ангелов ночь делится не на четыре стражи ХУГ ТУМ, а лишь на три стражи. Потому что ангелы, произносящие воспевания во время трех страж, вызывают этим свечение Хохмы, светящее ночью, как сказано: «И встает

---

[13] Из утренней молитвы (шахарит).
[14] См. Зоар, главу Ваигаш, пп. 37-39.

она еще ночью»¹⁵. И это действие свечения Хохмы происходит только лишь в трех линиях, но не в Малхут, поскольку Малхут только получает их свечение и раскрывает их, но сама она вообще не действует, и поэтому нет стражи в ее свойстве для произнесения воспевания. И поэтому ночь делится в этом отношении только на три линии, и в каждой линии есть ХУГ ТУМ, и это – двенадцать ночных часов в этом отношении.

И выяснилось, что относительно существования ночи, т.е. парцуфа Малхут, в ней есть четыре сфиры ХУГ ТУМ, и она делится в точке полуночи, т.е. в момент начала свечения сфиры Тиферет, средней линии. И это означает, что Творец входит в Эденский сад, т.е. это средняя линия входит в Малхут, называемую Эденским садом. Но относительно тех, кто произносит воспевания, ночь делится согласно трем линиям, и в каждой линии есть ХУГ ТУМ, поскольку Малхут де-Малхут не действует, и воспевание не относится к ее свойству.

16) «"Первый стан назначен в первые четыре часа начала ночи восславлять Господина своего", т.е. в правой линии, Хесед. "И что они произносят? Они произносят: "Творцу – земля и всё, наполняющее ее"¹⁶, "ибо Он на морях основал ее"¹⁷, "кто взойдет на гору Творца, и кто встанет в месте святости Его?"¹⁸ "Тот, чьи руки чисты и сердце непорочно"¹⁹. Какова причина того, что это произносят? Это потому, что когда ночь простирает крылья свои над миром, тогда все жители мира ощущают вкус смерти, и души их выходят, чтобы вознестись наверх. И эти ангелы стоят и произносят над душами: "Кто взойдет на гору Творца"¹⁸. "Гора Творца"¹⁸ – это Храмовая гора. "Место святости Его"¹⁸ – это двор (эзрат) Исраэля. Подобно тому, что есть в высшем" Храме, Малхут, "есть также в нижнем"» Храме.

---

¹⁵ Писания, Притчи, 31:15. «И встает она еще ночью, раздает пищу в доме своем и урок служанкам своим».

¹⁶ Писания, Псалмы, 24:1. «Давидов псалом. Творцу – земля и всё, наполняющее ее, вселенная и живущие в ней».

¹⁷ Писания, Псалмы, 24:2. «Ибо Он на морях основал ее и на реках утвердил ее».

¹⁸ Писания, Псалмы, 24:3. «Кто взойдет на гору Творца, и кто станет в месте святости Его?»

¹⁹ Писания, Псалмы, 24:4. «Тот, чьи руки чисты и сердце непорочно, кто не склонял к суете душу свою и не клялся ложно».

Объяснение. Всё, что есть в нижнем Храме: Храмовая гора, и двор (эзрат) Исраэля, и святая святых, – всё это исходит из тех форм, которые есть в высшем Храме. И когда мы смотрим внизу, мы знаем, что есть наверху, – что и там есть Храмовая гора, и двор (эзрат) Исраэля, и святая святых, называемые горой Творца, местом святости Его и святая святых, как он продолжает объяснять далее.

17) «"Поскольку на каждом небосводе множество правителей и множество надсмотрщиков. И когда души выходят, они хотят подняться наверх, но если они не удостаиваются, те выталкивают их наружу, и они отправляются странствовать по миру, и берут их к себе множество отрядов духов, и сообщают им ложные события, а иногда истинные события, которые должны произойти в ближайшее время, как уже объяснялось"».

18) «"И эти души праведников непрестанно возносятся наверх, и открывают им входы, и они поднимаются в место, называемое "гора Творца"[18], которое подобно Храмовой горе внизу. И оттуда они поднимаются в то место, которое называется "место святости Его"[18]. И там все души предстают перед Господином своим. И оно подобно тому месту" внизу, называемому "двор (эзрат) Исраэля", где Исраэль являются пред Творцом. В час, когда души предстают там, Творцу доставляет радость исправить с их помощью место, называемое "святая святых". И там записываются все их деяния и заслуги"».

19) «"Второй стан назначен для произнесения воспевания во вторые четыре часа, и они произносят песнь только два часа, пока не разделится ночь, и входит Творец", средняя линия, "в Эденский сад"».

Объяснение. Ибо второй стан ангелов исходит от левой линии, т.к. вторая стража – это левая линия,[20] и они должны были произносить воспевания до начала третьих четырех часов. Но поскольку относительно сущности Малхут ночь делится на четыре части ХУГ ТУМ, в каждой из которых – три часа, то получается, что в точке полуночи оканчивается сфира Гвура, левая линия, и начинается сфира Тиферет, средняя линия, поэтому вынуждены ангелы, относящиеся к левой линии, прекратить свое воспевание. Ибо уже началась власть средней

---

[20] См. выше, п. 15.

линии, с точки зрения сущности ночи, как это подробно объяснено выше.[20] И это означает сказанное: «И они произносят песнь только два часа, пока не разделится ночь», – т.е. они вынуждены прекратить свою песнь в точке полуночи, ибо тогда «и входит Творец», т.е. средняя линия, «в Эденский сад», Малхут, и уже завершается время тех, кто исходит от левой линии, чтобы произносить воспевание.

20) «"И эти" ангелы, второй стражи, "они" после разрушения Храма – "скорбящие Циона"[21], и это те, что плачут о разрушении Храма. И в начале четырех средних часов", являющихся свойством левой линии, в которой и удерживается, в основном, ситра ахра, "возглашают и говорят: "На реках вавилонских – там сидели мы, также плакали"[22], и это те, кто плачет на реках вавилонских вместе с Исраэлем, что следует из сказанного: "Также плакали"[22]». Ибо значение слова «также» – что также и мы плакали, как и ангелы. «"И откуда нам известно, что плакали там? Поскольку сказано: "Вот, ангелы-хранители их громко взывают снаружи"[23]. Что значит "снаружи"? Это Вавилон, поскольку все ангелы сопровождали Шхину до Вавилона и там плакали вместе с Исраэлем. И поэтому начинали с этого"», «На реках вавилонских»[22], а заканчивали: «"Припомни, Творец, сынам Эдома"[24]».

21) «"Тогда пробуждается Творец на ступенях Своих и ударяет по небосводам, и содрогаются двенадцать тысяч миров, и разносится Его призыв и плач. Как сказано: "Творец из высей возгремит, из святого жилища Своего вознесет голос Свой, громко взывает Он над обителью Своей"[25], и Он помнит Исраэль", что они в изгнании, "и роняет две слезы в великое море,

---

[21] Пророки, Йешаяу, 61:3. «Наделить скорбящих Циона, дать им красоту вместо пепла, елей радости вместо скорби, облачение славы вместо духа тусклого; и будут они названы великими справедливостью, насаждением Творца для прославления».

[22] Писания, Псалмы, 137:1. «На реках вавилонских – там сидели мы, также плакали, вспоминая Цион».

[23] Пророки, Йешаяу, 33:7. «Вот ангелы-хранители громко взывают снаружи, ангелы мира горько плачут».

[24] Писания, Псалмы, 137:7. «Припомни, Творец, сынам Эдома день Йерушалаима, говорившим: "Разрушайте, разрушайте до основания его"».

[25] Пророки, Йермияу, 25:30. «А ты пророчествуй о них все слова эти и скажи им: "Творец из высей возгремит, из святого жилища Своего вознесет голос Свой, громко взывает Он над обителью Своей; и, как топчущие (виноград) в давильне, громко призовет Он всех жителей земли"».

и тогда вспыхивает пламя одно на северной стороне. И один ветер на северной стороне соединяется с этим пламенем, и это пламя начинает распространяться по миру. И в этот час разделяется ночь, и пламя ударяет по крыльям петуха, и он кричит. И тогда входит Творец в Эденский сад"».

Объяснение. Уже выяснилось, что три ночные стражи – это три линии Малхут. А от второй стражи, левой линии, исходят суды до появления средней линии, которая соединяет левую с правой линией так, что Хохма левой облачается в хасадим правой и тогда светит в совершенстве. И также известно, что левая линия не склоняется к соединению с правой до тех пор, пока средняя линия не поднимет экран де-хирик: вначале – со стороны Малхут свойства суда, называемой манула, а затем – со стороны Малхут, которая подслащается в Бине, называемой мифтеха.[26]

И это означает сказанное: «Тогда», из-за судов левой линии, «пробуждается Творец», средняя линия, «на ступенях своих и ударяет по небосводам», т.е. производит зивуг с экраном де-хирик, «и содрогаются двенадцать тысяч миров», исходящих от свечения Хохмы в левой линии, содрогаются из-за экрана, который уменьшает их до ВАК. И число их двенадцать, ибо каждая линия состоит из всех двенадцати свойств Малхут. «И разносится Его призыв и плач», ибо вследствие экрана, который уменьшает их до ВАК, т.е. катнута, считается, что раздается призыв и плач. Так как малое состояние, катнут, называется плачем (בכייה), поскольку буквы, следующие за буквами имени Эке (אהיה), составляют имя Боху (בוכו). «И Он помнит Исраэль», что они терпят изгнание из-за судов левой линии, «и роняет две слезы в великое море» – т.е. два свойства Малхут, мифтеха и манула, содержащиеся в экране де-хирик. И поскольку Хохма называется эйнаим (глаза), уменьшение Хохмы называется слезами. «В великое море», – т.е. в Малхут, называемую великим морем.

Однако для того, чтобы притянуть мохин де-ВАК Хохмы, необходимо скрыть суды манулы, и зивуг средней линии

---

[26] См. Зоар, главу Лех леха, п. 22, со слов: «Экран де-хирик, на который выходит средняя линия, происходит от свойства суда, имеющегося в Малхут, которое не подслащается милосердием Бины и называется манула...»

должен быть только на экран мифтехи, как выяснено там.²⁶ И это означает сказанное: «И тогда вспыхивает пламя одно на северной стороне», – суды, содержащиеся в экране де-хирик, называются пламенем, однако он уточняет: «На северной стороне», а это левая линия, в которой может пробудиться только экран мифтехи, т.е. экран свойства Малхут, поднявшейся в Бину, и вследствие возвращения этой Малхут на свое место вышла левая линия. А теперь, с помощью средней линии, снова пробудился там подъем Малхут в Бину, и это называется экраном мифтехи.

«И один ветер на северной стороне соединяется с этим пламенем», – т.е. средняя линия, включенная в северную сторону, называемая ветром (руах), «соединяется с этим пламенем», – т.е. совершает зивуг с экраном этой мифтехи, и тогда снова притягиваются к нему мохин де-ВАК Хохмы. «И оно начинает распространяться по миру», – т.е. экран мифтехи, называемый пламенем северной стороны, распространяется по миру, а свойство манулы скрылось и исчезло. «И в этот час разделяется ночь», – ибо тогда начинается власть сферы Тиферет, средней линии, и ночь разделяется: поскольку первая половина ночи – это две линии, Хесед и Гвура, а вторая половина ночи – это Тиферет и Малхут.²⁷ «И пламя ударяет по крыльям петуха», так как это пламя, т.е. экран мифтеха, производит удар по крыльям петуха, и это ангел Гавриэль, который называется петухом. «И он кричит», – это вестник, который упоминался ранее,²⁸ и он для того, чтобы пробудить людей ото сна. Ибо из-за судов левой линии нисходит к людям сон, т.е. уходят мохин. А с помощью пламени, которое пробуждает средняя линия в левой линии, соединяется левая с правой, и мохин де-ВАК Хохмы, являющиеся милосердием, пробуждаются, и прерывается сон праведников. И признаком этого является петух внизу, когда в середине ночи приходит пламя, т.е. пробуждение, чтобы произвести удар двумя его крыльями, одно по другому, что указывает на соединение правой и левой (линий). «И он кричит» – это указывает на высшего вестника, прерывающего сон праведников.²⁸ И также петух внизу криком своим немного пробуждает людей ото сна. И это означает сказанное: «И тогда входит Творец в Эденский сад», – Творец, т.е. средняя линия,

---

²⁷ См. выше, п. 15.
²⁸ См. Зоар, главу Лех леха, п. 6. «И является вестник, громко призывая и возглашая...»

(входит) в Эденский сад, Малхут, ибо в это время начинается власть Тиферет, средней линии.

22) «"И нет отрады Творцу, пока Он не входит в Эденский сад развлекаться с душами праведников. И признак" этого единства – это то, что сказала Эстер, т.е. Малхут, царю, Зеир Анпину: "Потому что проданы мы, я и народ мой, на истребление, убиение и погибель"[29], т.е. власть судов левой линии. "И отвечал царь: "Кто это такой?"» И сказала: «Это злодей Аман»[30] – т.е. клипа, исходящая из левой линии. И тогда производится зивуг на экран де-хирик мифтехи, и тогда сказано: «"И царь встал в гневе своем, (оторвавшись) от винного пиршества, (и вышел) в дворцовый сад"[31]». «Встал»[31] – притяжение мохин, как сказано: «И встает она еще ночью»[32]. «От винного пиршества»[31] – т.е. мохин де-ВАК Хохмы. «В гневе своем»[31] – под воздействием многочисленных судов, исходящих из левой линии. «В дворцовый сад»[31] – т.е. Эденский сад.

23) «"В час, когда Творец входит в Эденский сад, все деревья сада и все эти души праведников возглашают и говорят: "Поднимите, врата, главы ваши... и войдет Царь славы. Кто этот Царь славы? Творец сильный и могущественный"[33]. "Поднимите, врата, главы ваши", – и в час, когда души праведников, находящихся на земле, возвращаются в тела свои, тогда укрепляют их все эти ангелы и говорят: "(Так) благословите

---

[29] Писания, Мегилат Эстер, 7:3-4. «И отвечала царица Эстер и сказала: "Если я нашла благоволение в очах твоих, о царь, и если это угодно царю, да будет дарована мне жизнь моя, по желанию моему, и народ мой, по просьбе моей; потому что проданы мы, я и народ мой, на истребление, убиение и погибель. Если бы мы в рабы и рабыни проданы были, я молчала бы, но враг не считается с ущербом царя"».

[30] Писания, Мегилат Эстер, 7:5-6. «И сказал царь Ахашверош, и сказал царице Эстер: "Кто это такой, и где тот, который осмелился сделать так?" И сказала Эстер: "Враг и притеснитель – это злодей Аман". И Аман затрепетал пред царем и царицей».

[31] Писания, Эстер, 7:7. «И царь встал в гневе своем, (оторвавшись) от винного пиршества, (и вышел) в дворцовый сад; а Аман стал просить царицу Эстер о жизни своей, ибо видел, что решена ему царем злая участь».

[32] Писания, Притчи, 31:15. «И встает она еще ночью, раздает пищу в доме своем и урок служанкам своим».

[33] Писания, Псалмы, 24:7-8. «Поднимите, врата, главы ваши, и возвысьтесь, двери вечные. И войдет Царь славы. Кто этот Царь славы? Творец сильный и могущественный, Творец – муж битвы!»

же Творца, все служители Творца"³⁴. Мы учили, что этот отрывок произносит третий стан в четыре последних часа"», являющихся свойством средней линии.

24) «"И третий стан произносит воспевание перед утренней зарей, и тогда восславляют Господина своего все те звезды и созвездия и все высшие ангелы, которые властвуют днем", т.е. исходящие от Зеир Анпина. "Все они восславляют Господина своего и возносят песнь. Как сказано: "При всеобщем ликовании утренних звезд и радостных кликах всех сынов Всесильного"³⁵», – т.е. всех ангелов. Ибо ночью возносят песнопения только часть ангелов, – то есть те, которые исходят от Малхут, однако днем все возносят песнопения, также и ангелы, исходящие от Зеир Анпина.

25) «"В час, когда выходит солнце, днем, возносят Исраэль песнопения внизу, а солнце – наверху. Как написано: "Трепетать будут пред Тобой с солнцем"³⁶. В час, когда солнце совершает свои круговращения, возглашает красивым голосом и возносит песнь. И что за песнь возносит? Это: "Благодарите Творца, призывайте имя Его, возвестите среди народов деяния Его. Пойте Ему, воспевайте Его"³⁷. И Исраэль восславляют Творца днем. И это означает: "Трепетать будут пред Тобой с солнцем"³⁶. И хотя мы объясняли это изречение, сказал рабби Эльазар: "Если бы жители мира не были бессердечными и слепыми, они бы не могли устоять перед красивым голосом солнечного круга, который, перемещаясь, возносит славу пред Творцом"». И это означает: «Трепетать будут пред Тобой с солнцем»³⁶.

---

[34] Писания, Псалмы, 134:1. «Песнь ступеней. (Так) благословите же Творца, все служители Творца, стоящие в доме Творца по ночам».

[35] Писания, Иов, 38:7. «При всеобщем ликовании утренних звезд и радостных кликах всех сынов Всесильного».

[36] Писания, Псалмы, 72:5. «Трепетать будут пред Тобой с солнцем и до появления месяца, из рода в род».

[37] Писания, Псалмы, 105:1-2. «Благодарите Творца, призывайте имя Его, возвестите среди народов деяния Его. Пойте Ему, воспевайте Его, рассказывайте обо всех чудесах Его».

ГЛАВА ВАЯКЕЛЬ

Ангел смерти находится среди женщин

26) «В то время, когда рабби Эльазар и рабби Йоси занимались Торой, занялся день. Встали они и отправились к рабби Шимону. Когда увидел он их, сказал рабби Шимон: "Эльазар, сын мой! Ты и товарищи вместе с тобой скройтесь на три дня, и не выходите наружу, поскольку ангел смерти пребывает в городе, и есть у него право уничтожать. И поскольку губителю дано право, он может уничтожить каждого, кто появится пред ним"».

27) «"И еще. На человека, который появляется пред ним", ангел смерти "поднимается и обвиняет его, и вспоминает все грехи его, и требует суда пред Творцом, и не уходит оттуда, пока не осуждают этого человека, и ему дается право, и он убивает его"».

28) «Сказал рабби Шимон: "Всесильный", т.е. поклялся Всесильным, что "большинство жителей мира не умирают преждевременно, кроме тех, кто не умеет беречь себя. Ибо в час, когда выносят мертвеца из его дома на кладбище, ангел смерти находится среди женщин. Почему он находится среди женщин?" Это потому, что "так он действует, так как соблазнил Хаву и из-за нее вызвал смерть во всем мире, и таким образом он убивает человека. И мужчины находятся с мертвым, а" ангел смерти "входит между женщинами по пути"» до кладбища.

29) «"И есть у него право" тогда "умерщвлять людей, и он смотрит в лица проходящих перед ним по пути" на кладбище, "с того часа, когда мертвого выносят из его дома на кладбище, пока не вернутся домой. Таким образом, он вызывает смерть у многих людей в мире прежде, чем наступает их время. И об этом сказано: "Но некоторые гибнут безвременно"[38], – потому что он поднимается и выдвигает обвинения, и вспоминает все грехи человека пред Творцом, и тот осуждается за эти грехи и уходит из мира прежде, чем наступает его время"».

---

[38] Писания, Притчи, 13:23. «Много хлеба на ниве бедных, но некоторые гибнут безвременно».

30) Спрашивает: «"Что является его исправлением?" для того, чтобы уберечь себя от этого ангела смерти, и говорит: "В час, когда несут покойника на кладбище, пусть отвернет человек лицо свое и отойдет от женщин, чтобы они остались у него за спиной. А если" женщины "опередят его, то пойдет за ними так, чтобы не встречаться с ними лицом к лицу. И потом, когда возвращаются с кладбища, он не должен возвращаться тем путем, на котором стоят женщины, и не смотреть на них вообще, но должен заставить себя идти другим путем. И поскольку люди не знают об этом и не следят за этим, большинство людей в мире предаются суду и уходят прежде, чем наступает их время"».

31) «Сказал рабби Эльазар: "В таком случае, может быть, человеку лучше вообще не провожать покойного?" Сказал ему: "Нет. Поскольку человек, берегущий себя таким образом, достоин долголетия и, более того, будущего мира"».

32) «"Смотри, не просто так установили предшественники трубить в шофар при вынесении покойного из его дома на кладбище. Если скажешь, что это только в честь покойного, – нет. Но это для того, чтобы защитить живых людей, чтобы не властвовал над ними ангел смерти, обвиняющий их наверху, и чтобы остерегались его"».

33) «Провозгласил и сказал: "Когда пойдете войной на земле вашей против врага, теснящего вас, трубите в трубы"[39]. "Против врага"[39] – т.е. ангела смерти, "теснящего вас"[39] всегда и умерщвляющего людей, и требующего умерщвления всего. Какое исправление этого? – "Трубите"[39]. Если в Рош а-шана, а это Судный день наверху, опускается ангел смерти вниз, для того чтобы посмотреть на деяния людей и, поднявшись наверх, обвинять их, то Исраэль, знающие, что ангел смерти опускается вниз и поднимается наверх, чтобы стать их обвинителем, спешат трубить в шофар, чтобы пожаловаться на него, дабы не одолел он их, и защитить себя"».

34) «"И тем более в час, когда он вершит суд и убивает людей, и находится внизу. И тем более, когда идут на кладбище и возвращаются с кладбища. Потому что в час, когда женщины

---

[39] Тора, Бемидбар, 10:9. «А когда пойдете войной на земле вашей против врага, теснящего вас, трубите (прерывисто) в трубы, и вспомнит о вас Творец Всесильный ваш, и будете вы спасены от врагов ваших».

идут с мертвым, он нисходит и находится перед ними. Как сказано: "И ноги ее нисходят к смерти"[40]. "Нисходят"[40] – к кому? К тому месту, которое называется смертью", – т.е. ангел смерти ступает перед ними в тот час, когда ноги их провожают мертвого. "Ибо поэтому Хава вызвала смерть во всем мире, – да избавит нас Милосердный"».

35) «"Смотри, написано: "Таков путь жены прелюбодейной: поела, обтерла рот свой и говорит: "Не сделала я худого"[41]. "Путь жены прелюбодейной"[41] – это ангел смерти, и он такой и таким зовется. "Поела, обтерла рот свой"[41] – сжигает мир языками пламени своего и умерщвляет людей прежде, чем наступает их время, "и говорит: "Не сделала я худого"[41] – ведь он просил суда над ними, и они уличены в грехе своем, и вследствие праведного суда умерли"».

36) «"В час, когда Исраэль сделали тельца, и умерло всё это сборище, ангел смерти находился среди женщин внутри стана Исраэля. Когда Моше увидел, что ангел смерти находится среди женщин, и стан Исраэля – между ними, немедля собрал всех мужчин отдельно. Это означает: "И собрал Моше все общество сынов Исраэля"[42] – это мужчины, которых он собрал и отделил особо"».

37) «"А ангел смерти не был отделен от женщин, пока не был возведен Храм, как написано: "И возвел Моше Скинию"[43]. Но даже когда женщины приносили дары в Скинию, не отстранился он от них. Пока не увидел это Моше и тогда дал совет мужчинам: не собираться вместе с ними и не встречаться лицом к лицу, и ходить, только прячась за их спиной. И это означает: "И пришли мужчины с женщинами"[44]. "Привели (женщин)", – не написано, а "пришли"[44]. Это учит нас тому, что" мужчины "не шли" с

---

[40] Писания, Притчи, 5:5. «И ноги ее нисходят к смерти, на преисподнюю опираются стопы ее».

[41] Писания, Притчи, 30:20. «Таков путь жены прелюбодейной: поела, обтерла рот свой и говорит: "Не сделала я худого"».

[42] Тора, Шмот, 35:1. «И собрал Моше все общество сынов Исраэля, и сказал им: "Вот слова, которые Творец велел исполнить"».

[43] Тора, Шмот, 40:18. «И возвел Моше Скинию: и положил ее подножия, и поставил ее брусья, и вложил ее засовы, и поставил ее столпы».

[44] Тора, Шмот, 35:22. «И пришли мужчины с женщинами; все, кто был расположен сердцем, приносили кольца и серьги, и перстни, и подвески, всякие золотые вещи, каждый, кто подносил возношение золота Творцу».

ними "одним путём, но за их спиной. Потому что ангел смерти не отстранился от них, пока не была возведена Скиния"».

38) «"Смотри", ангел смерти "не находится среди женщин, когда их менее семи, и (должно быть) не менее десяти". И объясняет: "В пути находится среди семи женщин открыто и требует суда. А если есть десять женщин, он обвиняет, требуя смерти. И поскольку находится среди них в пути открыто, написано: "Пришли мужчины с женщинами"[44] – т.е. за их спиной, как мы объяснили. "И все товарищи остерегались в этот день и занимались Торой"».

39) «Провозгласил рабби Шимон и сказал: "И сказал Творец Ноаху: "Войди ты и весь твой дом в ковчег"[45]. Разве не мог Творец уберечь Ноаха в каком-либо месте в мире так, чтобы потоп прошёл по всему миру, а в этом месте не прошёл, как сказано о Гидоне: "И было сухо только на шерсти"[46]? Или уберечь его на земле Исраэля, о которой сказано: "Не орошаемая дождем в день гнева"[47], т.е. не опустятся на нее воды потопа?"»

40) И отвечает: «"Но поскольку губитель спустился в мир, тот, кто не закрыл себя, находится перед ним открыто, и тогда расплачивается душой своей, ибо он сам подверг себя смерти. Как сказано: "Спасайся ради души своей, не оглядывайся назад"[48]. Почему "не оглядывайся назад"? Потому что губитель шёл за спиной его, и если бы он повернул голову и увидел его лицом к лицу, тот мог бы нанести ему вред"».

41) «"И поэтому сказано" о Ноахе: "И затворил Творец за ним"[49], – чтобы он не показался перед губителем, и не стал

---

[45] Тора, Берешит, 7:1. «И сказал Творец Ноаху: "Войди ты и весь твой дом в ковчег, ибо тебя увидел Я праведным предо Мною в этом поколении"».

[46] Пророки, Шофтим, 6:40. «И сделал Всесильный так в ту ночь: и было сухо только на шерсти, а на всей земле была роса».

[47] Пророки, Йехезкель, 22:23-24. «И было слово Творца ко мне сказано: "Сын человеческий! Скажи ей: "Ты – земля не очищенная, не орошаемая дождем в день гнева"».

[48] Тора, Берешит, 19:17. «И было, когда выводили их наружу, сказал: "Спасайся ради души своей, не оглядывайся назад и не останавливайся на всей равнине. В горы беги, чтобы тебе не погибнуть"».

[49] Тора, Берешит, 7:15-16. «И вошли к Ноаху в ковчег по паре от всякой плоти, в которой есть дух жизни. И пришедшие мужского и женского пола от всякой плоти вошли, как повелел ему Всесильный. И затворил Творец за ним».

властен над ним ангел смерти. И пока товарищи скрывались" в доме, "умерло тринадцать человек в городе. Сказал рабби Шимон: "Благословен Милосердный, что ангел смерти не посмотрел вам в лицо"».

42) «"И собрал Моше"[42] – снова "вернулся к возведению Скинии, как и раньше", в главе Трума. "Сказал рабби Хия: "Всё как мы учили: возведение Скинии осуществлялось только лишь Исраэлем, но не великим сбродом.[50] Поскольку великий сброд снова вызвали нисхождение в мир ангела смерти. Когда Моше увидел это, прогнал он великий сброд наружу, и собрал только лишь Исраэль, как сказано: "И собрал Моше всю общество сынов Исраэля"[42]». Тогда как в главе Трума сказано: «От всякого человека, расположенного сердцем, берите возношение Мне»[9], – т.е. великий сброд тоже были вместе с ними.[50] И поэтому (Моше) должен был повторно провозгласить о возведении Скинии.

---

[50] См. выше, п. 8.

ГЛАВА ВАЯКЕЛЬ

Кто взошел на небо и спустился

43) «Рабби Шимон провозгласил: "Кто взошел на небо и спустился, кто собрал ветер пригоршнями своими, кто завязал воды в одежду, кто поставил пределы земли? Как имя Его и как имя сына Его, знаешь ли?"[51] Мы это изречение объясняли, и у него есть много толкований. И всё это сказано о Творце, ибо Он – это всё. И мы учили: "Как имя Его и как имя сына Его, знаешь ли"[51] – это Творец. "Как имя Его"[51] – АВАЯ, "как имя сына Его"[51] – Исраэль, как написано: "Сын Мой, первенец Мой, Исраэль"[52]. "Кто взошел на небо"[51] – это Моше, как написано: "А Моше сказал Он: "Взойди к Творцу"[53]».

44) «Другое объяснение. "Кто взошел на небо"[51] – это Элияу, ибо сказано о нем: "И вознесся Элияу в вихре на небо"[54]. И спрашивает: "Но как мог Элияу подняться на небо, ведь все небеса, вместе взятые, не могут вытерпеть относящегося к телу этого мира, даже на величину горчичного зернышка. А ты говоришь: "И вознесся Элияу в вихре на небо"[54]?»

45) И отвечает: «"Но так же, как ты говоришь: "И сошел Творец на гору Синай"[55], и написано: "И вошел Моше в облако, и взошел на гору"[56]. Если Творец находился на горе Синай, как сказано: "И образ славы Творца – как огонь пожирающий на вершине горы"[57], – как же мог Моше подняться к Нему? Однако написано о Моше: "И вошел Моше в облако, и взошел на

---

[51] Писания, Притчи, 30:4. «Кто взошел на небо и спустился, кто собрал ветер пригоршнями своими, кто завязал воды в одежду, кто поставил пределы земли? Как имя Его и как имя сына Его, знаешь ли?»

[52] Тора, Шмот, 4:22. «И передай Фараону, что так сказал Творец: "Сын Мой, первенец Мой, Исраэль"».

[53] Тора, Шмот, 24:1. «А Моше сказал Она Моше сказал Он. Этот раздел был изречен до того, (как были даны) десять речений-заповедей (глагол стоит в преждепрошедшем времени). Четвертого сивана ему было сказано: «взойди...»: "Взойди к Творцу, ты и Аарон, Надав и Авиу, и семьдесят из старейшин Исраэля, и поклонитесь издали"».

[54] Пророки, Мелахим 2, 2:11. «И было, когда они шли, идя и разговаривая, вот, (появилась) колесница огненная и кони огненные, и отделили они их одного от другого; и вознесся Элияу в вихре на небо».

[55] Тора, Шмот, 19:20. «И сошел Творец на гору Синай, на вершину горы, и призвал Творец Моше на вершину горы, и взошел Моше».

[56] Тора, Шмот, 24:18. «И вошел Моше в облако, и взошел на гору. И был Моше на горе сорок дней и сорок ночей».

[57] Тора, Шмот, 24:17. «А образ славы Творца – как огонь пожирающий на вершине горы пред глазами сынов Исраэля».

гору"⁵⁶ – т.е. вошел в облако, подобно тому, как облачаются в одежду. И здесь"», в сказанном: «А Моше сказал Он: "Взойди к Творцу"»⁵³, – "он также облачился в облако и вошел в него. И в облаке он приблизился к огню, и мог приблизиться. Так же и Элияу здесь, как написано: "И вознесся Элияу в вихре на небо"⁵⁴, – т.е. он вошел в вихрь и облачился в вихрь, и вознесся наверх"».

46) «"И я нашел тайну в книге Адама Ришона, где он говорит о тех поколениях, которые придут в мир: "Будет один дух, который низойдет в мир, на землю, и облачится в тело, и зовется он Элияу. И в этом теле он уйдет" из мира "и освободится от тела своего, и останется в вихре. И другое тело, (тело) света, будет послано ему, чтобы пребывать в нем среди ангелов. Когда он низойдет" в этот мир, "то облачится в то тело, которое осталось в том мире", т.е. в вихрь, "и в этом теле он явится внизу. А в другом теле", (в теле) света, "явится наверху. Это смысл сказанного: "Кто взошел на небо и спустился"⁵¹ – ибо не было человека, чтобы дух его взошел на небо" после кончины тела, "а затем спустился вниз, как Элияу, который взошел наверх и спустился вниз"».

47) «Другое объяснение. "Кто взошел на небо и спустился"⁵¹. "Кто взошел на небо"⁵¹ – это Элияу, "и спустился"⁵¹ – это Йона, которого рыба опустила в пучины морской бездны. Йона исходит от силы Элияу", потому что у него была душа (нефеш) Элияу, поэтому "Элияу поднялся, а Йона опустился. Один просил предать душу смерти, и другой просил предать душу смерти. И поэтому называется "сын Амитая (досл. правдивого)"⁵⁸, как написано: "И слово Творца в устах твоих – истина"⁵⁹».

48) «"Кто завязал воды в одежду"⁵¹. "Кто завязал"⁵¹ – это Элияу, который завязал в узел воды в мире, и не опускались роса и дождь небесный. "В одежду"⁵¹ – это Элияу, который

---

⁵⁸ Пророки, Мелахим 2, 14:25. «Он восстановил пределы Исраэля от входа в Хамат до Ям Арава, по слову Творца Всесильного Исраэля, которое Он изрек через раба Своего, Иону, сына Амитая, пророка из Гат Хефера».

⁵⁹ Пророки, Мелахим 1, 17:22-24. «И услышал Творец голос Элияу, и возвратилась душа этого мальчика в него, и он ожил. И взял Элияу мальчика, и свел его из верхней комнаты в дом, и отдал его матери его, и сказал Элияу: "Смотри, жив сын твой!" И сказала та женщина Элияу: "Теперь я знаю, что ты человек Всесильного, и слово Творца в устах твоих – истина"».

приносил свой плащ, чтобы вершить чудеса". Тот, которым ударял по Ярдену он, а также Элиша.[60] "Кто собрал ветер пригоршнями своими"[51] – это Элияу, который вернул человеку дух в тело его"» после того, как он умер.[59]

49) «"Кто поставил пределы земли?"[51] – это Элияу, который после того, как "завязал воды"[51] и поклялся о дожде, затем снова вернулся к молитве и укрепил весь мир тем, что пошел дождь и дал пищу всему. "Как имя Его?"[51] – это Элияу. "И как имя сына Его?"[51] – это Элияу". И объясняет: "Как имя Его?"[51], т.е. когда он поднялся наверх, – это Элияу. "И как имя сына Его?"[51] – т.е. когда он спустился вниз и стал посланником, чтобы совершать чудеса. Имя его – Элияу"».

50) «Другое объяснение. "Кто (МИ) взошел на небо"[51] – это Творец, как мы уже объясняли. И тайна этого" – это то, что сказано "МИ, и мы объясняли", что это имя Бины. И объяснение: небо – это Зеир Анпин, поднимающий Бину, называемую МИ. "И здесь кроется тайна высшего строения (мерkava), и это четыре стороны света", т.е. четыре сфиры ХАГТАМ (Хесед, Гвура, Тиферет, Малхут), от хазе Зеир Анпина и выше, являются строением (меркава) для Бины, называемой МИ, "и это первоосновы всего, и все связаны с местом, называемым МИ", т.е. они – строение (меркава) для нее, "как мы учили"».

51) «"Смотри, когда наступает час благоволения пред Творцом, чтобы объединить высшее строение (меркава) с нижним, чтобы все они были одним целым, тогда выходит голос из высшего места святости, называемого небесами", т.е. Зеир Анпина, "и собирает всех тех, которые обладают святостью внизу", праведников этого мира, "и всех святых правителей", Михаэля-Гавриэля-Уриэля-Рафаэля, "и все высшие станы", т.е. ангелов, "чтобы все были подготовлены вместе. И это означает: "И собрал Моше"[42] – это свойство "небеса", Зеир Анпин, "все общество сынов Исраэля"[42] – это двенадцать высших святых станов"», и они являются нижним строением (меркава), и Малхут держится на них, и они поднимают Малхут к зивугу с Зеир Анпином.

---

[60] См. Пророки, Мелахим 2, 2.

И тайна этих двух строений (меркавот), получающих друг от друга, подробно выяснена выше.[61] Высшее строение (меркава) – это сфирот ХАГТАМ (Хесед, Гвура, Тиферет, Малхут), находящиеся выше хазе Зеир Анпина, и это четыре основания престола Бины. Всего их двенадцать, поскольку каждая из сфирот ХАГТАМ сама содержит в себе ХАГАТ, и подобно этому нижнее строение (меркава) – это четыре сфиры НЕХИМ Нуквы,[62] называемые «четыре создания» или «четыре ангела», Михаэль-Гавриэль-Уриэль-Рефаэль, или «четыре стана ангелов». Их тоже двенадцать, ибо каждая из четырех сфирот НЕХИМ включает в себя НЕХИ, так же, как выяснилось в ХАГТАМ. И таким же образом четыре ангела, и четыре стана – «это двенадцать высших святых станов», о которых он говорит здесь. Ибо каждый из четырех станов ангелов содержит в себе три стана, и они возносят престол, Малхут, к зивугу с Зеир Анпином.[62]

---

[61] См. Зоар, главу Берешит, часть 1, п. 82, со слов: «Пояснение сказанного...»

[62] См. Зоар, главу Берешит, часть 1, п. 90. «В то время, когда престол, Нуква Зеир Анпина, поднимается к зивугу с Зеир Анпином...»

ГЛАВА ВАЯКЕЛЬ

Каждый, побужденный сердцем своим, пусть принесет его

52) «"И сказал им". И что он сказал"? – "Вот что повелел Творец сказать: "Возьмите от вас возношение Творцу; каждый, побужденный сердцем своим, пусть принесет его, возношение Творцу: золото и серебро, и медь"[63]. "Возьмите от вас возношение"[63], что означает: приготовьтесь все подняться над собой, и вознести над собой величие святого престола", Малхут, "чтобы подняться наверх"», к Зеир Анпину.

53) «"Отделите от вас тех, кто возвеличен, – этих высших правителей", и это Михаэль-Гавриэль-Уриэль-Рефаэль, "чтобы поднять это возношение, свойство святого престола", Малхут, "к соединению с праотцами", т.е. ХАГАТ Зеир Анпина. "И Царица", Малхут, "недостойна явиться к мужу своему иначе, как с девственными служанками, идущими с ней и сопровождающими ее до тех пор, пока она не придет к мужу своему", Зеир Анпину. "Как ты говоришь: "За ней – девицы, подруги ее, к тебе приводят их"[64]. И почему до такой степени? Для того чтобы привести ее к соединению с мужем ее"», Зеир Анпином.

Объяснение. «Девственницы» – это ступени, исходящие от свойства ахораим Малхут, и это семь чертогов Брия, и это семь девиц, предназначенные приносить ей из дома Царя. И это смысл сказанного: «За ней – девицы, подруги ее, к тебе приводят их». Поскольку Малхут во время ее гадлута находится только в келим де-хасадим, и она нуждается в «семи девицах», чтобы они восполнили ее келим де-ахораим, потому что свечение Хохмы облачается только в келим де-ахораим. И это означает сказанное: «И Царица недостойна явиться к мужу своему иначе, как с девственными служанками», которые восполняют ее келим де-ахораим.

54) «"Каждый, побужденный сердцем своим (недив либо́ נְדִיב לִבּוֹ), пусть принесет его"[63] – это четыре стана высших" ангелов,

---

[63] Тора, Шмот, 35:4-5. «И сказал Моше всей общине сынов Исраэля так: "Вот что повелел Творец сказать: "Возьмите от вас возношение Творцу; каждый, побужденный сердцем своим, пусть принесет его, возношение Творцу: золото и серебро, и медь"».
[64] Писания, Псалмы, 45:15. «В узорчатых одеждах подведут ее к царю, за ней – девицы, подруги ее, к тебе приводят их».

исходящих от НЕХИМ Малхут, "которые в совокупности своей включают все остальные станы", т.е. двенадцать станов, поскольку каждый из этих четырех содержит в себе три, всего – двенадцать, как мы объяснили выше. "И это те, что исходят от высших праотцев", ХАГАТ, "называемых знатными (недивим נְדִיבִים). Как сказано: "Вырыли его знатные народа"[65], т.е. праотцы"». Ибо ХАГАТ построили этот колодец, Малхут, и исправили его. Таким образом, НЕХИМ Малхут исходят от ХАГАТ Зеир Анпина, и поэтому есть в них двенадцать свойств, как и в ХАГАТ Зеир Анпина.

55) Спрашивает: «"Пусть принесет его"[63] сказано, но не сказано: "Пусть принесут его". Но "пусть принесет его"[63], в единственном числе указывает на "соединение всего в единое целое", ЗОН. И также не сказано: "Пусть принесет", а сказано: "Пусть принесет его"[63], что указывает на Малхут, называемую возношением, "чтобы вознести ее к мужу ее в подобающем для этого величии. "(Эт) возношение Творцу"[63], "эт" призвано включить все остальные станы ангелов, чтобы всё соединилось вместе. И это – двенадцать" станов "в полном единстве, и это "золото, серебро и медь"[63], представляющие собой двенадцать видов, "это – двенадцать высших станов, которые включаются все вместе в совокупность четырех, которые называются святыми созданиями"». Ибо каждое создание включает в себя три, и всего их – двенадцать, как объяснялось с ХАГАТ в предыдущем пункте.

56) «"И все они восходят к святому престолу", Малхут, "чтобы поднять ее наверх для соединения с мужем ее", Зеир Анпином, "дабы всё стало единым целым. Для того, чтобы пребывал Он с ней в высшем величии. Тогда восседает высший Царь на святом престоле, и воссоединяется жена с мужем своим", Малхут с Зеир Анпином, "чтобы стать единым целым. И тогда это – всеобщая радость"».

57) «"Смотри, здесь он начинает перечисление с золота, а потом идет серебро, поскольку расчет ведется снизу" вверх, и тогда Гвура, золото, идет перед Хеседом, серебром. "Но когда ведет расчет со стороны высшего строения (меркава), начинает отсчет от правой стороны", серебра, "а затем – от

---

[65] Тора, Бемидбар, 21:18. «Колодец, выкопанный старейшинами, вырыли его знатные народа по стилу закона своими посохами».

левой", золота. "Откуда нам это известно? Из того, что написано: "Мне – серебро, и Мне – золото"[66], поскольку говорится о том, что наверху. "А в строении (мерkava), которое внизу", в Малхут, "начинается отсчет от левой, а затем – от правой. Как сказано: "Золото и серебро, и медь"[63]. Золото – вначале, а затем – серебро"».

58) «"И все эти строения (меркавот) называются "побужденный сердцем". Каждый"», как сказано: «Каждый, побужденный сердцем»[63], – «"это для включения остальных строений (меркавот)", которых двенадцать. "Что такое "сердцем"? Это как сказано: "А у добросердечного – всегда торжество"[67], так как это – сердце всего, и это – святой престол", Малхут. "И поэтому называются сердцем. "Каждый, побужденный сердцем"[63], – это как мы объясняли, что четыре стана являются совокупностью всех их", поскольку каждый из них включает три, и всего их – двенадцать. "И все они называются одним свойством, "побужденный сердцем". "Возношение Творцу"[63] – это святой престол, и поскольку подняли его наверх, вознеся ее (Малхут) наверх", к Зеир Анпину, "он называется "возношение Творцу"[63]».

59) «"Поэтому, когда Йехезкель увидел создания, которые возносили" Малхут к соединению (зивугу), "он не видел, что они возносят", т.е. Малхут, восседающую на них, "ибо она поднялась к высшему Царю", Зеир Анпину, "исчезнув и скрывшись в высшем величии"».

60) «"И всякий мудрый сердцем среди вас, пусть придут они и сделают всё, что повелел Творец"[68], – это шестьдесят источников", т.е. ХАГАТ НЕХИ Зеир Анпина, каждый из которых включает десять, "орошающие мир", Малхут. "И от них она орошается. "Пусть придут они и сделают"[68], почему написано: "Пусть придут они"[68]?" И отвечает: "Но это, чтобы пришли они получить от сокровищницы жизни", Бины, "а затем "сделают"[68] то, что Творец", Бина, "заповедует им для наслаждения мира"».

---

[66] Пророки, Хагай, 2:8. «Мне – серебро, и Мне – золото, – слово Творца воинств».

[67] Тора, Притчи, 15:15. «Все дни убогого – дурны, а у добросердечного – всегда торжество (в сердце)».

[68] Тора, Шмот, 35:10. «И всякий мудрый сердцем среди вас, пусть придут они и сделают все, что повелел Творец».

61) «"Возьмите от вас возношение Творцу"[63]. Рабби Йегуда провозгласил: "Не означает ли (пост): раздели с голодным хлеб твой и бедняков скитающихся введи в дом"[69]. Счастлива участь человека, если бедный придет к нему, ибо бедный – это дар, посланный ему Творцом. Тот, кто приветливо принимает этот дар, – счастлива участь его"».

62) «"Смотри, тому, кто милосердно относится к бедному и возвращает тому душу его, Творец это ставит в заслугу, словно он сам создал душу его. Поэтому Аврааму, милосердно относившемуся ко всем жителям мира, Творец поставил это в заслугу, словно он сам создал их. Как сказано: "И души, которые они приобрели в Харане"[70]».

63) «"И хотя мы объясняли сказанное: "Не означает ли: раздели (фарос פָּרֹס)"[69]. Что значит: "Раздели"? Это значит – "расстелить (лифрос לִפְרֹשׂ)" ему скатерть с хлебом и пищей для еды. И еще одно объяснение: "Не означает ли: раздели (фарос פָּרֵס)"[69] – это как сказано: "Раздели на части"[71], т.е. нужно нарезать ломти хлеба перед ним, чтобы он не стеснялся, и должен нарезать перед ним благожелательно. "Хлеб твой"[69] – не написано: "Хлеб", а "хлеб твой", – указывает на то, "чтобы" хлеб "был твоим, купленным на твои деньги, а не похищенным, не отобранным и не украденным. Ибо в таком случае это будет не достоинством, а недостатком, напоминающем ему о грехе его. Подобно этому: "Возьмите от вас возношение"[63], – чтобы вознести" и дать "принадлежащее вам, а не отобранное, и не похищенное, и не украденное"».

64) «Рабби Хия и рабби Ицхак, и рабби Йоси, находились в пути. Пока они шли, повстречался им рабби Аба. Сказал рабби Хия: "Несомненно, Шхина с нами". Когда подошел к ним, сказал рабби Аба: "Написано: "С того дня, как вывел Я народ Мой, Исраэль, из Египта, Я не выбрал города ни в одном из

---

[69] Пророки, Йешаяу, 58:7. «Не означает ли (пост): раздели с голодным хлеб твой и бедняков скитающихся введи в дом? Когда увидишь нагого, одень его, и от родственника твоего не скрывайся».

[70] Тора, Берешит, 12:5. «И взял Аврам Сарай, жену свою, и Лота, сына брата своего, и все достояние, которое они приобрели, и души, которые они приобрели в Харане; и вышли, направляясь в землю Кнаан; и пришли в землю Кнаан».

[71] Писания, Даниэль, 5:28. «Раздели на части царство твое и отдай Мадаю и Парасу».

колен Исраэля для построения Храма, чтобы пребывало там имя Мое, но избрал Давида, чтобы быть ему над народом Моим, Исраэлем"[72]. В этом изречении начало не соответствует концу, а конец – началу. Почему сказано: "Я не выбрал города... но избрал Давида"[72], как одно связано с другим? Надо было сказать: "Но избрал Йерушалаим"».

65) «"Но когда у Творца есть желание возвести город, Он смотрит вначале на того главу, что управляет народом в городе, а затем возводит город и вводит в него народ. И это означает: "Я не выбрал города"[72] – пока не взглянул на Давида, чтобы стал он предводителем над Исраэлем. Поскольку город и все жители города зависят от предводителя, управляющего городом, – если предводитель достойный, то хорошо и ему, и городу, и народу, а если предводитель негодный, то горе и ему, и городу, и народу. Ныне же посмотрел Творец на мир, и возникло у Него желание отстроить его, и Он возвел сначала Давида. И это означает: "Но избрал Давида"[72], раба Моего"».

66) «"Новое слышал я". Провозгласил и сказал: "Счастлив тот, кому в помощь Всемогущий Яакова, упование его – на Творца Всесильного своего"[73]. Спрашивает: "Разве "Всемогущий Яакова"[73], а не Всемогущий Авраама, и не всемогущий Ицхака, а "Всемогущий Яакова"[73]?" И отвечает: "Потому что Яаков полагался не на отца и не на мать, когда убежал от брата своего, и ушел один, без денег, как сказано: "Ибо с посохом моим перешел я этот Ярден"[74], но он полагался на Творца, как написано: "Если Всесильный будет со мною и сохранит меня"[75], и всё просил у Творца, и Он давал ему"».

---

[72] Пророки, Мелахим 1, 8:16. «С того дня, как вывел Я народ Мой, Исраэль, из Египта, Я не выбрал города ни в одном из колен Исраэлевых для построения Храма, чтобы пребывало там имя Мое, но избрал Давида, чтобы быть ему над народом Моим, Исраэлем».

[73] Писания, Псалмы, 146:5. «Счастлив тот, кому в помощь Всемогущий Яакова, упование его – на Творца Всесильного своего».

[74] Тора, Берешит, 32:11. «Недостоин я всей этой милости и истины, которые Ты сотворил рабу Твоему; ибо с посохом моим перешел я этот Ярден, а теперь у меня два стана».

[75] Тора, Берешит, 28:20-21. «И дал Яаков обет, сказав: "Если Всесильный будет со мною и сохранит меня на том пути, которым я иду, и даст мне хлеб в пищу и облачиться в одежду, и возвращусь с миром в дом отца моего, будет Творец мне Всесильным"».

67) «"Упование его – на Творца Всесильного своего"⁷³. Спрашивает: говорит: "Упование его"⁷³, а не "надежда его" и не "уверенность его". Читай не "упование его (сивро́ שִׂבְרוֹ)", где шин огласована с левой стороны, а "переламывание себя (шивро́ שִׁבְרוֹ)" – где шин огласована с правой стороны. "Ибо приятно им, праведникам, переламывать себя, ломая себя раз за разом, и всё это – ради "Творца Всесильного своего"⁷³. Как сказано: "Ибо из-за Тебя убивают нас всё время"⁷⁶. "Ибо за Тебя переносил я посрамление"⁷⁷».

68) «"Как Яаков, о котором сказано: "И увидел Яаков, что есть хлеб (ше́вер שֶׁבֶר) в Египте"⁷⁸ – ибо испытал ломку (шевер שֶׁבֶר) изгнания, которая была у него в Египте, и полагался на уверенность в Творце. И сыновья Яакова терпели ломку изгнания, но не изменили вере отцов своих, и имя Творца неизменно было на их устах"».

69) «"И поэтому сказано о Моше: "А они спросят меня: "Как имя Его?" Что (я скажу им)?"⁷⁹» И последние буквы слов: «меня (ли לִי)», «как (ма מה)», «имя Его (шмо שמוֹ)», «что (ма מה)» – это «йуд-хэй יְ"ה» «вав-хэй וְ"ה», которое неизменно было на их устах. «Поскольку они знали Его и не забывали Его никогда, и терпели ломку изгнания ради Творца, поэтому удостоились избавлений и чудес, и многочисленных знамений"».

70) «"А вы, высшие праведники, терпящие ломку тела (гуф) при переселении из одного места в другое ради Творца, во много раз больше заслуживаете того, чтобы Он совершал для вас чудеса и избавления, и удостоитесь жизни будущего мира". Пошли все они вместе"».

71) «Провозгласил и сказал: "Возьмите от вас возношение Творцу; каждый, побужденный сердцем своим, пусть принесет его"⁶³. Смотри, в час, когда человек отдает свое желание

---

⁷⁶ Писания, Псалмы, 44:23. «Ибо из-за Тебя убивают нас все время, считают нас овцами для заклания».

⁷⁷ Писания, Псалмы, 69:8. «Ибо за Тебя переносил я посрамление, стыд покрыл лицо мое».

⁷⁸ Тора, Берешит, 42:1. «И увидел Яаков, что есть хлеб в Египте, и сказал Яаков сыновьям своим: "Зачем вы себя показываете?"»

⁷⁹ Тора, Шмот, 3:13. «И сказал Моше Всесильному: "Вот приду я к сынам Исраэля и скажу им: "Всесильный отцов ваших послал меня к вам", а они спросят меня: "Как имя Его?" – Что я тогда скажу им?"»

работе Творца, это желание сначала охватывает сердце, которое является жизненной силой и основой всего тела. А затем это хорошее желание охватывает все органы его тела, и тогда желание всех органов тела и желание сердца соединяются вместе. И притягивают они к себе свечение Шхины, чтобы она пребывала среди них. И такой человек является уделом Творца. Это означает: "Возьмите от вас возношение"[63]. "От вас" должно исходить стремление – взять на себя это возношение, Шхину, чтобы стал" человек "уделом Творцу"».

72) «"И если скажешь, что это не находится в распоряжении человека, – смотри, что сказано: "Каждый, побужденный сердцем своим, пусть принесет его, возношение Творцу"[63]. "Каждый, побужденный сердцем своим"[63], конечно, – каждый, чье сердце пожелает, привлечет к себе Шхину. Это означает: "Принесет его"[63] – хотя она (Шхина) находится в высшем подъеме, "принесет" ее из высшего места, чтобы привлечь ее обитать с ним"».

73) «"И когда она явится, чтобы пребывать с ним, множество благословений и несметное богатство она приносит вместе с собой, и это означает: "Золото и серебро, и медь"[63] – не будет у него недостатка во всем богатстве в мире. Это относительно остальных жителей мира. Но вы, высшие праведники, "возьмите от вас возношение Творцу"[63]», – то есть возобновите изучение Торы ради вознесения Шхины. «Сказал рабби Хия: "Тот, кто начинает возносить, – он вознесет"».

ГЛАВА ВАЯКЕЛЬ

В действии начала творения во всем этом Он условился с ними

74) «Провозгласил рабби Аба и сказал: "И сказал Творец рыбе, и извергла она Йону на сушу"[80]. Спрашивает: "Разве Он в каком-то месте сказал ей?" И отвечает: "Но в час, когда Творец создавал мир в действии начала творения, в пятый день создал Он рыбу морскую, и тогда повелел и указал, что одной из рыб морских предстоит проглотить Йону, и пробудет он в чреве этой рыбы три дня и три ночи, а затем она извергнет его наружу"».

75) «"И не только это, но всему, что содеял Творец в действии начала творения, во всем этом Он условился с ними. В первый день начала творения создал Он небеса и условился с ними, чтобы они подняли Элияу на небо в вихре. И так оно и было, как написано: "И вознесся Элияу в вихре на небо"[81]. В этот же день Он создал свет и условился с ним, чтобы затмилось солнце в Египте на три дня, как написано: "И была тьма (со) мглою на всей земле египетской три дня"[82]».

76) «"Во второй день Он создал небосвод, чтобы отделить воды от вод. Как написано: "И сказал Всесильный: "Да будет небосвод посреди вод, и будет он отделять воды от вод"[83]. И условился с ними Творец, что воды будут отделять для Исраэля скверну от чистоты, чтобы очищаться с их помощью. И было так"».

77) «"В третий день Он извлек землю из воды, и собрал воды,[84] и сделал Он из всего этого собрания вод, которые

---

[80] Пророки, Йона, 2:11. «И сказал Творец рыбе, и извергла она Йону на сушу».

[81] Пророки, Мелахим 2, 2:11. «И было, когда они шли, идя и разговаривая, вот, (появилась) колесница огненная и кони огненные, и отделили они их одного от другого; и вознесся Элияу в вихре на небо».

[82] Тора, Шмот, 10:22. «И простер Моше свою руку к небу, и была тьма (со) мглою на всей земле египетской три дня»

[83] Тора, Берешит, 1:6-7. «И сказал Всесильный: "Да будет небосвод посреди вод, и будет он отделять воды от вод". И создал Всесильный небосвод, и отделил воды под небосводом от вод, которые над ним. И было так».

[84] Тора, Берешит, 1:9. «И сказал Всесильный: "Да соберутся воды под небесами в одно место, и покажется суша". И было так».

стеклись в одно место, море. И условился Он с морем провести через себя Исраэль посуху, и утопить египтян. И было так. Как написано: "И возвратилось море под утро к силе своей"[85], – читай не "к силе своей (ле-эйтанó (לְאֵיתָנוֹ))", а "к условию его (ли-тнаó (לִתְנָאוֹ))", т.е. к тому, о чем Творец условился с ним в действии начала творения. Еще Он условился с землей, чтобы отверзла она уста свои в распре Кораха, и поглотила Кораха со всей его общиной. И было так. Как написано: "И разверзла земля уста свои, и поглотила их и Кораха"[86]».

78) «"В четвертый день Он создал солнце и луну, как сказано: "Да будут светила на своде небесном"[87]. И Он условился с солнцем стоять посреди неба в дни Йеошуа. Как написано: "И остановилось солнце посреди неба"[88]. И условился со звездами вести войну с Сисрой. Как написано: "Звезды с путей своих сражались с Сисрой"[89]».

79) «"В пятый день Он создал рыбу морскую и птицу небесную, и условился с птицами, чтобы вороны кормили Элияу, как сказано: "А воронам Я повелел кормить тебя там"[90]. "Я повелел"[90] – именно так", т.е. в действии начала творения. И условился с рыбами морскими, что одной из рыб предстоит проглотить Йону и извергнуть его наружу"».

80) «"В шестой день Творец создал Адама. И условился с ним, что произойдет от него женщина и будет кормить Элияу, как

---

[85] Тора, Шмот, 14:26-27. «И сказал Творец Моше: "Простри руку твою на море, и обратятся воды на египтян, на колесницы их и на всадников их". И простер Моше руку свою на море, и возвратилось море под утро к силе своей. А египтяне бежали ему навстречу, и опрокинул Творец египтян среди моря».

[86] Тора, Бемидбар, 26:10. «И разверзла земля уста свои, и поглотила их и Кораха, когда погибло это сборище, когда пожрал огонь двести пятьдесят человек, и стали они знамением».

[87] Тора, Берешит, 1:14-15. «И сказал Всесильный: "Да будут светила на своде небесном, чтобы отделять день от ночи; и будут они для знамений и времен, и для дней и лет. И будут они светилами на своде небесном, чтобы светить над землей". И было так».

[88] Пророки, Йеошуа, 10:13. «И остановилось солнце, и луна стояла, пока мстил народ врагам своим. Это ведь написано в Сефер Аяшар. И остановилось солнце посреди неба, и не спешило к заходу почти целый день!»

[89] Пророки, Шофтим, 5:20. «С неба сражались, – звезды с путей своих сражались с Сисрой».

[90] Пророки, Мелахим 1, 17:4. «И будет, из этого потока ты пить будешь, а воронам Я повелел кормить тебя там».

сказано: "Вот, Я повелел там женщине-вдове кормить тебя"[91]. "Вот, Я повелел"[91] – т.е. со дня, когда был создан мир. Также и здесь: "И сказал Творец рыбе"[80]. "И сказал"[80] – со времени шести дней начала творения повелел Он ей"».

---

[91] Пророки, Мелахим 1, 17:9. «Встань и пойди в Царфат, что у Цидона, и живи там; вот, Я повелел там женщине-вдове кормить тебя».

ГЛАВА ВАЯКЕЛЬ

Когда Йона спустился на корабль

81) «"Здесь", поскольку толкование никогда не исключает простого смысла сказанного, "мы можем полагаться только лишь на действия людей в этом мире. Йона, который спустился на корабль, – это душа человека, нисходящая в этот мир, чтобы находиться в теле человека. Почему она называется Йона? Потому что после соединения с телом, она голубка (йона) в этом мире, т.е. она вводится в заблуждение телом, которое обманывает ее. Как сказано: "И не обманывайте друг друга"[92]. И тогда человек проходит по этому миру, словно корабль по великому морю, который в любой момент может разбиться. Как сказано: "И корабль, казалось, вот-вот разломается"[93]».

82) «"И когда человек – в этом мире, он грешит и думает, что убежал от Господина своего, ибо" Господин его "не следит за ним в этом мире. И тогда Творец наводит сильный штормовой ветер, то есть приговор суда, который всегда находится пред Творцом и требует от Него выполнения суда над человеком. Штормовой ветер настигает корабль и напоминает о грехах человека, чтобы забрать его"».

83) «"Когда человек захвачен этой бурей в месте заболевания его, что написано: "А Йона спустился в трюм корабля, лег и уснул"[94]. И хотя человек пребывает в месте заболевания его, не пробуждается душа его к возвращению пред Господином ее, чтобы искупить грехи свои. Что написано: "И подошел к нему капитан"[95]. Кто такой "капитан"? Это доброе начало, управляющее всем. "И сказал ему: "Что же ты спишь? Вставай, воззови к Богу своему!"[95] – не время дремать, ибо поднимают тебя к суду за всё, что ты сделал в этом мире, отвратись от грехов своих"».

84) «"Внемли словам этим и вернись к Господину своему". Как сказано: "Каково ремесло твое и откуда ты пришел, из

---

[92] Тора, Ваикра, 25:17. «И не обманывайте друг друга, и бойся Всесильного твоего, ибо Я – Творец Всесильный ваш».

[93] Пророки, Йона, 1:4. «А Творец навел сильный ветер на море, и была буря большая в море, и корабль, казалось, вот-вот разломается».

[94] Пророки, Йона, 1:5. «И испугались моряки, и воззвали каждый к божеству своему, и выбросили сосуды, которые на корабле, в море, чтобы облегчить корабль, а Йона спустился в трюм, лег и уснул».

[95] Пророки, Йона, 1:6. «И подошел к нему капитан и сказал ему: "Что же ты спишь? Вставай, воззови к Богу своему! Может быть, подумает Бог о нас, и мы не пропадем!"»

какой земли и из какого народа ты?"[96] "Каково ремесло твоё"[96], – которым ты занимался в этом мире. Раскрой всё о себе пред Господином твоим. "И откуда ты пришел"[96] – посмотри, откуда ты исходишь – из зловонной капли, и не наполняйся гордостью пред Ним. "Из какой земли ты"[96] – посмотри, что ты создан из земли и в землю вернешься. "И из какого народа ты"[96] – проверь, есть ли у тебя заслуги отцов, чтобы защитили тебя"».

85) «"Когда поднимают его, чтобы судить высшим судом, эта буря, т.е. приговор суда, который неистовствует над человеком, просит у Царя суда над этими узниками Царя, и все они предстают" пред Ним, "один за другим, в час приближения суда. Одни провозглашают о его заслугах, другие – о недостатках. И приговор суда требует суда"».

86) «"И если этот человек не удостоился быть оправданным на суде, то сказано: "И стали грести люди, чтобы вернуться на сушу, но не смогли"[97], – это те, кто отстаивали его заслуги и пытались вернуть его в этот мир, но не могли. И в чем причина? "Ибо море все сильнее бушевало против них"[97], – т.е. приговор суда становится всё более грозным из-за прегрешений человека, и усиливается из-за них"».

87) «"Тогда спускаются к нему три ангела-посланника: один – записывающий все заслуги и все провинности, которые он совершил в этом мире", и это соответствует двум линиям, правой и левой, заслуги – в правой линии, а провинности – в левой; "еще один – производящий подсчет дней", и это соответствует согласующей линии, взвешивающей их; "и еще один – сопровождавший его, когда он находился в утробе матери"», и это свойстве Малхут, как написано: «Когда Он светил светильником Своим над моей головой»[98], и говорится о месяцах зарождения.

---

[96] Пророки, Йона, 1:8. «И сказали ему: "Скажи-ка нам ты, из-за которого постигло нас это бедствие: каково ремесло твое и откуда ты пришел, из какой земли и из какого народа ты?"»

[97] Пророки, Йона, 1:13. «И стали грести люди, чтобы вернуться на сушу, но не смогли, ибо море все сильнее бушевало против них».

[98] Писания, Иов, 29:2-3. «Был бы я, как в прежние месяцы, как в дни, (когда) Творец меня хранил, когда Он светил светильником Своим над моей головой; при свете его шел я (во) тьме».

«"Мы объясняли, что приговор суда не успокаивается до того момента, о котором сказано: "И вынесли они Йону"[99]. "И вынесли"[99] означает – "так же, как выносят его из дома на кладбище"».

88) «"Тогда возглашают о нем. Если он праведник, возглашают о нем, говоря: "Воздайте славу образу Царя". Как сказано: "Отойдет к миру, будет покоиться на ложе своем, идущий в праведности своей"[100]. И также сказано: "Пойдет пред тобой праведность твоя, слава Творца приобщит тебя"[101]. Но если он грешник, возглашают о нем, говоря: "Горе такому-то, лучше бы ему не рождаться". Тогда что сказано: "И бросили его в море. И перестало море бушевать"[99]. То есть, когда помещают его в могилу, в место суда, и тогда приговор суда, который бушевал" и требовал суда над ним, теперь "перестает бушевать". Ибо осуществилось то, чего он желал. "А рыба, поглотившая его, – это могила"».

89) «"Что написано: "И пробыл он в чреве этой рыбы три дня и три ночи"[102]. "Чрево этой рыбы"[102] – это чрево преисподней. Откуда нам это известно? Из сказанного: "Из чрева преисподней возопил я"[103], – то есть он был в чреве этой рыбы, и назвал его чревом преисподней. "Три дня и три ночи"[102] – это три дня, в течение которых у человека в могиле чрево разрывается"».

90) «"После трех дней эта скверна", что в чреве его, "выворачивается ему в лицо, говоря ему: "Забери то, что ты вложил в меня, – ел и пил целый день, не делясь с бедным, и все дни твои были празднеством и торжеством, а бедные оставались голодными, ибо не ели с тобой. Забери то, что ты вложил в

---

[99] Пророки, Йона, 1:15. «И вынесли они Йону, и бросили его в море. И перестало море бушевать».
[100] Пророки, Йешаяу, 57:2. «Отойдет к миру, будет покоиться на ложе своем, идущий в праведности своей».
[101] Пророки, Йешаяу, 58:8. «Тогда прорвется, как заря, свет твой, и исцеление твое скоро явится, и пойдет пред тобой праведность твоя, слава Творца приобщит тебя».
[102] Пророки, Йона, 2:1. «И предуготовил Творец рыбу большую, чтобы поглотила она Йону, и пробыл он в чреве этой рыбы три дня и три ночи».
[103] Пророки, Йона, 2:2-3. «И молился Йона Творцу Всесильному своему из чрева этой рыбы, и сказал: "Воззвал я в беде моей к Творцу, и Он ответил мне. Из чрева преисподней возопил я – услышал Ты голос мой"».

меня". И это смысл сказанного: "И брошу вам в лицо нечистоты"[104], и мы это уже объясняли"».

91) «"После этого, от трех дней и далее, человек осуждается (за совершенное) глазами", – за то, что созерцал запрещенное, "(за совершенное) руками", – за то, что делал запрещенное, и "(за совершенное) ногами", – за то, что шел на нарушения. "И мы объясняли, что это" продолжается "до тридцати дней. Все эти тридцать дней осуждаются душа (нефеш) и тело (гуф) вместе. И поэтому находится душа внизу, на земле, и не поднимается на свое место, подобно женщине, находящейся вовне все дни нечистоты своей. А затем душа поднимается, и тело разлагается в прахе. До тех пор, пока Творец не пробудится для" оживления "мертвых"».

92) «"И одному голосу предстоит пробудиться на кладбище и произнести: "Пробудитесь и ликуйте, лежащие во прахе, ибо роса рассветная – роса Твоя, и земля изрыгнет покоящихся"[105]. Когда это произойдет? В то время, когда ангел смерти будет устранен из мира, как сказано: "Уничтожит Он смерть навеки"[106]. После того, как "уничтожит Он смерть навеки"[106], сказано: "И утрет Творец Всемогущий слезы со всех лиц, и позор народа Своего устранит Он на всей земле"[105]. И тогда: "И сказал Творец рыбе, и извергла она Йону на сушу"[107]».

93) «"После того, как пробудится этот голос среди могил, извергнут все могилы мертвых своих наружу. И это означает: "И земля изрыгнет покоящихся"[105]. Что значит "изрыгнет"? То есть извергнет его наружу. "Покоящиеся"[105], что это за "покоящиеся (рефаим)"? Это получившие излечение (рефуа)" и исцелившиеся, и ставшие такими, "как и прежде. И сойдутся кости с костями,[108] и они называются покоящимися (рефаим)"».

---

[104] Пророки, Малахи, 2:3. «Вот проклинаю у вас семя и брошу вам в лицо нечистоты, нечистоты праздников ваших, и они будут влечь вас к себе».
[105] Пророки, Йешаяу, 26:19. «Оживут Твои умершие, падшие восстанут! Пробудитесь и ликуйте, лежащие во прахе, ибо роса рассветная – роса Твоя, и земля изрыгнет покоящихся».
[106] Пророки, Йешаяу, 25:8. «Уничтожит Он смерть навеки, и утрет Творец Всемогущий слезы со всех лиц, и позор народа Своего устранит Он на всей земле, – ибо (так) сказал Творец».
[107] Пророки, Йона, 2:11. «И сказал Творец рыбе, и извергла она Йону на сушу».
[108] См. Зоар, главу Пинхас, п. 160.

94) «"И если скажешь: ведь сказано: "Покоящиеся (рефаим) не встанут"[109]?" И отвечает: "Но, безусловно, все жители мира излечатся сами на кладбище, но одни встанут к возрождению, а другие не встанут к возрождению", те, что не верили в возрождение мертвых. "И об этом написано: "Покоящиеся (рефаим) не встанут"[109]. Счастлива участь Исраэля, о которых сказано: "Падшие восстанут"[105]. А об этой рыбе", которая поглотила Йону, "я нашел слова", указывающие "на исцеление всего мира"», т.е. на возрождение из мертвых, как уже объяснялось.

95) «"Эта рыба, после того как поглотила Йону, умерла, и Йона пребывал в ней три дня, а затем она возродилась к жизни, как и раньше, и извергла Йону наружу. И мы объясняли, что написано: "И молился Йона Творцу Всесильному своему из чрева этой рыбы"[103]. Здесь написано "рыба"[103], и там написано: "И рыба, которая в реке, умрет"[110], и здесь тоже рыба умерла. "И мы объясняли, что подобно этому вначале предстоит пробудиться земле Исраэля", – то есть, чтобы очиститься от всех грешников, и это как рыба Йоны, которая возродилась к жизни, "а затем: "И земля изрыгнет покоящихся (рефаим)"[105]», – т.е. затем извергнет мертвых для возрождения, как объяснялось выше.

96) «"И мы установили, что семь судов будут произведены над человеком, когда он уходит", скончавшись, "из мира:
1. Высший суд, когда дух выходит из тела", – т.е. смертный приговор;[111]
"2. Когда деяния и речи его выступают перед ним и провозглашают о нем;[112]
3. Когда он входит в могилу;[112]
4. Суд могилы;[113]
5. Суд червей", которые съедают его;
"6. Суд преисподней;
7. Суд духа, отправляющегося скитаться по миру, которому нет места покоя, пока не очистятся и не довершатся деяния

---

[109] Пророки, Йешаяу, 26:14. «Мертвые не оживут, покоящиеся не встанут, для того Ты и наказал их и истребил их, и уничтожил всякую память о них».
[110] Тора, Шмот, 7:18. «И рыба, которая в реке, умрет. И воссмердит река, и не смогут египтяне пить воду из реки».
[111] См. выше, п. 86.
[112] См. выше, п. 88.
[113] См. выше, пп. 89-90.

его. Поэтому человек должен всегда следить за своими деяниями и пребывать пред Господином своим"».

97) «"Когда царь Давид внимательно изучил эти суды человека, он поспешил произнести: "Благослови, душа моя, Творца"[114] – прежде, чем ты уйдешь из мира, пока ты еще находишься с телом, "и всё нутро моё – имя святое Его"[114] – это органы тела, действующие вместе с духом (руах). Теперь, когда вы находитесь с душой (нефеш), спешите благословить святое имя прежде, чем наступит время, когда вы не сможете благословить и совершить возвращение. И об этом сказал: "Благослови, душа моя, Творца, благословите Творца (алелуйа)"[115]. Подошли товарищи и поцеловали его в голову».

98) «Рабби Хия провозгласил и сказал: "Возьмите от вас возношение Творцу"[116]. Смотри, когда Творец создал мир, Он создал его лишь для того, чтобы пришли Исраэль и получили Тору. Торой был создан мир, и на Торе он держится. Это означает сказанное: "Если бы не Мой союз днем и ночью, законов неба и земли не установил бы Я"[117]. Тора – это долгая жизнь в этом мире и долгая жизнь в мире будущем"».

99) «"И каждый, кто прилагает старания в Торе, словно прилагает старания в чертоге Творца, так как высший чертог Творца", Малхут, "это Тора", т.е. устная Тора, являющаяся свойством Малхут. "И когда человек занимается Торой, Творец находится там и прислушивается к голосу его, как сказано: "И внимал Творец, и выслушал"[118]. И человек избавляется от трех судов: от суда в этом мире и от суда ангела смерти, который не властен над ним, и от суда преисподней"».

---

[114] Писания, Псалмы, 103:1. «Благослови, душа моя, Творца, и все нутро мое – имя святое Его».

[115] Писания, Псалмы, 104:35. «Пусть исчезнут грешники с земли, и нечестивых не будет более! Благослови, душа моя, Творца, благословите Творца (алелуйа)!»

[116] Тора, Шмот, 35:4-5. «И сказал Моше всей общине сынов Исраэля так: "Вот что повелел Творец сказать: "Возьмите от вас возношение Творцу; каждый, побужденный сердцем своим, пусть принесет его, возношение Творцу: золото и серебро, и медь"».

[117] Пророки, Йермияу, 33:25. «Если бы не Мой союз днем и ночью, законов неба и земли не установил бы Я».

[118] Пророки, Малахи, 3:16. «Тогда говорили друг с другом боящиеся Творца. И внимал Творец, и выслушал, и написана была книга памяти пред Ним для боящихся Творца и чтущих имя Его».

ГЛАВА ВАЯКЕЛЬ

Книга наверху и книга внизу

100) «"И написана была книга памяти"[118]. Спрашивает: "Что такое "книга памяти"[118]?" И отвечает: "Есть книга наверху", т.е. Хохма, "и есть книга внизу", Малхут. "Память" – это знак святого союза", Есод, "который берет и собирает у себя всю жизненную силу, находящуюся наверху", т.е. все высшие мохин. "Книга памяти" – это две ступени, представляющие собой одну. И это тайна "имя АВАЯ": "имя" – это одно", т.е. Малхут, "АВАЯ" – это одно", Зеир Анпин. "И всё это является одним понятием"», так «книга памяти»[118] является одним понятием, но включающим в себя две ступени – Малхут и Есод.

101) «"Поскольку есть имя и есть имя". И объясняет: есть "имя наверху, которое записалось от того, что неизвестно, и в виде намека не воспринимается знанием вообще", т.е. от Кетера, "и это называется высшей точкой", Хохмой. И есть "имя внизу", Малхут, "называемая "имя". Как сказано: "От края небес и до края небес"[119]. Потому что "край небес", Есод, "называется памятью, а это имя – точка, находящаяся ниже" Есода, т.е. Малхут. "И она – имя этой памяти, являющейся краем небес, принимающее всю жизненную силу, имеющуюся наверху", т.е. мохин. "И это – "край небес" внизу", Есод, "а имя его – это точка внизу", Малхут. "И эта точка – это книга, находящаяся в счете", т.е. мохин числа.[120] "И это означает: "И почитающих имя Его"[118]», как сказано: «И написана была книга памяти пред Ним, для боящихся Творца и почитающих имя Его»[118]. И «книга памяти»[118] предназначена для «почитающих имя Его»[118], т.е. дает мохин подсчета и числа. «"Книга, о которой мы сказали, и имя – это одно целое во всех отношениях"», т.е. Малхут.

102) «"Поскольку эта точка находится в центре, она является самой высшей точкой, находящейся над всеми, кто соединился в ней". И объясняет: "Шесть окончаний (ВАК)", представляющие

---

[119] Тора, Дварим, 4:32. «Ибо спроси о временах прежних, какие были до тебя, со дня, когда сотворил Всесильный человека на земле, и от края небес и до края небес: бывало ли подобное сему великому делу, или слыхано ли подобное?»

[120] См. «Предисловие книги Зоар», п. 19, со слов: «И сказано: "Ибо по числу шестьдесят рибо (десятков тысяч) – это звёзды, находящиеся вместе, и они выводят воинства по видам их, которые не счесть (досл. которым нет числа)". "Число" означает – окончательное совершенство. То есть "число" указывает на свечение полного совершенства. А незавершенное свечение определяется как "без числа"...»

собой ИШСУТ, "объединились в высшей книге", т.е. Хохме, "и она является высшей по отношению к ним. Шесть окончаний (ВАК)", являющиеся шестью чертогами Брия, "объединились в нижней книге", т.е. Малхут, "и она является высшей по отношению к ним. И поэтому есть высшая книга и нижняя книга. И это всё называется Торой"».

Объяснение. Высшая Хохма, т.е. высшая книга, относительно себя полностью скрыта, и это высшие Аба ве-Има, однако она раскрывается с помощью Бины, т.е. ИШСУТ, потому что в ней раскрывается Хохма, но не на ее собственном месте, а для того, чтобы она передала Малхут, нижней книге. И поэтому ИШСУТ называются строением (меркава) для высшей Хохмы. И также Малхут после того, как она установилась в свойстве «центральная точка поселения»,[121] – Хохма уже не раскрывается в ней самой, а только с помощью семи ее чертогов в мире Брия. И это смысл сказанного: «За ней – девицы, подруги ее, к тебе приводят их»[122], – потому что в них облачаются келим де-ахораим Малхут, и нет иного места для раскрытия Хохмы, кроме как в келим де-ахораим Малхут.[123]

И это означает сказанное: «Поскольку эта точка находится в центре», т.е. в центре поселения, и вернулась к состоянию паним, поэтому «она является самой высшей точкой, находящейся над всеми, кто соединился в ней», – т.е. является высшей по отношению к шести окончаниям (ВАК), и это семь чертогов мира Брия, объединяющиеся в ней. Иначе говоря, несмотря на то, что ахораим Малхут облачаются в них, и они объединяются в ней, и Хохма раскрывается над ними, они не соединены вместе с Малхут, ибо Малхут – паним и свойство хасадим, а они – свойство ахораим и келим раскрытия Хохмы левой линии. И поэтому Зоар уподобляет ее высшей Хохме, которая называется высшей книгой, т.е. это высшие Аба ве-Има, которые сами по себе являются свойством хасадим, и

---

[121] См. Зоар, главу Тецаве, п. 98. «"В двух точках отделена Малхут небес, сторона святости: одна – ее собственная, а другая – та, которую она получила от будущего мира", Бины...»

[122] Писания, Псалмы, 45:15. «В узорчатых одеждах подведут ее к царю, за ней – девицы, подруги ее, к тебе приводят их».

[123] См. «Предисловие книги Зоар», п. 5, со слов: «И сказано: "А если бы они не показались к этому времени, то не могли бы остаться в мире". Дело в том, что Нуква вначале была создана в свойстве "два великих светила", и находилась на равной ступени с Зеир Анпином, однако пребывала в ахораим Зеир Анпина...»

Хохма в них раскрывается в келим ИШСУТ, представляющих собой шесть их окончаний (ВАК). Таким образом, Малхут находится в свойстве хасадим после того, как она установилась в качестве центральной точки поселения, и Хохма ее раскрывается в ее ВАК, т.е. в семи чертогах Брия.

И это смысл сказанного: «Шесть окончаний объединились в высшей книге, и она является высшей по отношению к ним. Шесть окончаний объединились в нижней книге, и она является высшей по отношению к ним», т.е. в этом отношении высшая книга и нижняя книга подобны друг другу, так как сами они являются свойством хасадим, а Хохма в них раскрывается в их строении (меркава), как уже выяснилось. И это означает: «И поэтому есть высшая книга и нижняя книга. И это всё называется Торой», – и поэтому обе они называются книгой, и обе они называются Торой, ибо они равны друг другу.

103) Спрашивает: «"В чем различие между одной и другой?", – между высшей книгой и нижней. И отвечает: "Однако, высшая книга – это письменная Тора", т.е. высшая Хохма, "потому что она скрыта и может находиться только в письменном виде", т.е. соответствующем раскрытию, "ибо там место", т.е. ИШСУТ, "для раскрытия Хохмы внизу", в Малхут. "И что представляет собой это место? Это будущий мир", ИШСУТ. "Нижняя книга – это устная Тора. И что такое "устная (аль пэ)"? Это строения (меркавот) внизу", т.е. семь чертогов мира Брия, "и она", Малхут, "стоит над ними", как объяснялось в предыдущем пункте. "И поскольку они не относятся к высшему письму", т.к. не пребывают в свойстве скрытия, как высшая Хохма в ИШСУТ, называемая письмом, "поэтому они называются "устная"», так как это раскрытие того, что есть в письменном виде. Поскольку в месте Малхут раскрывается Хохма в келим ее ахораим, а это чертоги Брия.

104) «"И эта Тора находится "над устами (аль пэ)" – т.е. над семью чертогами, являющимися ее устами (пэ) для раскрытия Хохмы, "поскольку сказано: "И оттуда разделяется и образует четыре главных реки"[124]», – т.е. от сада, Малхут, и ниже начинается мир разделения. Таким образом, семь чертогов мира Брия находятся уже в мире разделения. Поэтому Малхут

---

[124] Тора, Берешит, 2:10. «И река вытекает из Эдена, чтобы орошать сад, и оттуда разделяется и образует четыре главных реки».

находится над ними, т.е. «над устами (аль пэ)». «"А высшая Тора", высшая Хохма, "хотя она тоже находится выше ее строения (меркава)", т.е. ИШСУТ, "всё же не называется Торой "над письмом", а "письменной (досл. в письме)", т.е. находится внутри этого письма. И это письмо", т.е. ИШСУТ, "становится чертогом для нее", для высшей Хохмы, "и она", высшая Хохма "находится внутри этого чертога и скрывается там". Иначе говоря, поскольку это письмо, т.е. ИШСУТ, тоже является миром Ацилут, как и высшая Хохма, поэтому это письмо считается ее чертогом, "и поэтому называется дословно "Тора в письме", а не "Тора над письмом"».

105) «"Но Тора внизу", т.е. Малхут, "находится над ее строением (меркава), и называется "над устами (аль пэ)", так как она находится над ними. И поскольку она не считается внутренним свойством, по отношению ко всему письму", т.е. Хохма в ней не скрывается посредством чертогов, как в письменной Торе, потому что письмо указывает на скрытие, пока не появляется тот, кто читает это письмо и раскрывает его, а Хохма в ней раскрывается в чертогах и не скрывается. "Поэтому" семь чертогов "не стали свойством чертога для этой точки", Малхут, "как" ИШСУТ, ставшему чертогом "для высшей точки", ибо чертог означает покрытие, а они не скрывают, однако сами по себе тоже называются чертогами, и это потому, что Хохма в них находится в состоянии ахораим. "И поскольку Малхут стоит над ними, она называется возношением"».

Две из ста

106) «"Еще я слышал от праведного светоча: "Возношение"[116]. Что такое "возношение"? Это, как мы установили" в главе Трума для коэна, – "две" части "из ста" частей. "Смотри, все эти ступени святости, имеющиеся в тайне веры, в которых раскрывается Творец, – это десять ступеней, и это десять речений", т.е. десять сфирот, "как мы установили. И эти десять восходят к ста", поскольку каждая сфира включает десять сфирот. "И когда мы должны поднять эту нижнюю точку", Малхут, нельзя нам брать ее одну, но ее и мужа ее", т.е. Есод. "И их двое", т.е. две сфиры, Есод и Малхут, "из тех ста, о которых мы сказали. Ибо ее нужно вообще не отделять, а соединить ее и мужа ее. И поэтому она называется возношением, в единой совокупности"», т.е. Есод и Малхут.

Намерение молитвы

107) «"Каждый день раздается призыв ко всем жителям мира: "От вас это зависит!" И это означает: "Возьмите от вас возношение Творцу"[116]. А если скажете, что вам это трудно, (сказано): "Каждый, побуждённый сердцем своим, пусть принесёт его"[116]».

108) Спрашивает: «"Что означает "принесёт его"[116]?" И отвечает: "Но отсюда мы изучали секрет к молитве. Поскольку человек, боящийся Господина своего и направляющий сердце своё и желание своё в молитве, он производит высшее исправление, как мы установили. Вначале посредством воспеваний и прославлений, которые произносят высшие ангелы наверху, и посредством порядка прославлений, которые произносят Исраэль внизу, Малхут украшает себя и устанавливается в своих исправлениях, словно жена, украшающаяся для мужа своего"».

109) «"И в последовательности этой молитвы, и в исправлении молитвы, произносимой сидя"», от благословения «Создающий свет» и выше, до молитвы «Восемнадцать», произносимой стоя, «"были исправлены все эти служанки", семь девиц Малхут,[125] "и все они принадлежат ей, и все они украшаются вместе с ней. После того, как всё установлено и приведено в порядок, когда достигают слов: "Истинно и незыблемо", – тогда исправляются все, она и служанки её, пока не достигают слов: "Избавивший Исраэль". И тогда все должны встать на своём месте"».

110) «"Ибо когда человек достигает слов: "Истинно и незыблемо", и всё уже исправлено, служанки возводят" Малхут, "и она восходит сама к высшему Царю", Зеир Анпину. "Когда достигают слов: "Избавивший Исраэль", святой высший Царь перемещается по своим ступеням", т.е. в последовательности трёх линий, светящих только во время движения.[126] "И он выходит, чтобы принять её"», Малхут.

111) «"И мы пред ликом высшего Царя обязаны встать на месте в благоговении и трепете, ибо тогда Он простирает к ней

---

[125] См. выше, п. 53.
[126] См. Зоар, главу Бешалах, п. 137, со слов: «И три эти линии не раскрывают Хохму иначе, как с помощью своих движений...»

десницу Свою"», при произнесении благословения: «Защищающий Авраама», и это – правая линия. «"А затем – левую руку Свою, которую кладет ей под голову"», как сказано: «Его левая рука под моей головой»[127], и это при произнесении благословения: «Ты могуществен», и это – левая линия. «"А затем оба они обнимаются вместе в поцелуях (нешикин)"», и это при произнесении благословения: «Творец святой», и это – средняя линия. Оттуда и выше – это состояние «поцелуев (нешикин)», вплоть до трех последних (благословений). «"И это – три первых благословения"» молитвы «Восемнадцать». «"И человек должен отдать этому всё свое сердце и желание, и стремиться во всех этих исправлениях и последовательности произнесения молитвы соединить вместе свои уста, сердце и желание"».

112) «"Теперь, когда высший Царь и Царица (Малхут) находятся в соединении и радости в этих поцелуях (нешикин), тот, кто желает задать вопросы" и обратиться с просьбами, "пусть задает, ибо тогда это – благоприятное время. После того, как человек изложил свои просьбы пред Царем и Царицей" т.е. в двенадцати средних благословениях, он должен направить желание и сердце свое на три последних" благословения, "чтобы пробудить радость, пребывающую в скрытии. Поскольку вследствие этих трех" благословений "он благословляется другим видом слияния", называемого зивугом. "И человек должен исправить себя так, чтобы выйти от них и оставить их в скрытой радости, пребывающей в этих трех" благословениях.[128] "Но, вместе с тем, его желанием должно быть, чтобы нижние благословились этими благословениями скрытой радости"».

113) «"И тогда нужно упасть ниц и вверить душу свою в час, когда" Малхут "поддерживает души (нефашот) и дух (рухот), ибо это время, чтобы вверить душу его среди тех душ, которые она поддерживает. Поскольку в это время средоточие жизни", Малхут, – "оно как подобает"». А понятие «падение ниц» уже выяснялось.[128]

114) «"Это я слышал среди тайн великого светоча, и мне не было дано позволения раскрывать это, но лишь вам, высшим приверженцам. Если в час, когда Малхут поддерживает души

---

[127] Писания, Песнь песней, 2:6. «Его левая рука под моей головой, а правая обнимает меня».
[128] См. Зоар, главу Трума, п. 45.

(нефашот) и дух (рухот) людей в едином желании слияния, человек направляет свое сердце и свое желание к этому и вкладывает душу свою в слияние с этим желанием, т.е. чтобы включить душу свою в это слияние, если было принято" вручение его души "в этот час желанием нефашот, рухот и нешамот, которые Малхут поддерживает, то этот человек включается в средоточие жизни, – в этом мире и в мире будущем"».

115) «"И кроме этого, Царь и Царица", т.е. Тиферет и Малхут, "должны включиться во все стороны сверху и снизу, и украситься душами во всех сторонах. Она украшается душами сверху и украшается душами снизу", – т.е. от тех, кто вручает ей свою душу. "И если человек направляет сердце и желание свое на всё это, и передает ей душу свою снизу в слиянии и стремлении, как мы сказали, тогда Творец возглашает для него мир внизу, подобно миру наверху", т.е. Есоду, называемому миром (шалом), "тому миру, который благословляет Царицу и включает ее в себя, и украшает ее со всех сторон"».

116) «"Точно так же этому человеку Творец возглашает мир, как сказано: "Но Творец сказал ему: "Мир тебе"[129]. И все дни его называют его так наверху – "мир (шалом)", потому что он включил в себя и украсил Царицу внизу, подобно тому миру, что наверху"», т.е. Есоду, как объяснялось в предыдущем пункте.

117) «"И когда этот человек уходит из этого мира, душа его поднимается и пробивает все эти небосводы, и нет того, кто бы мог воспрепятствовать ей. И Творец возглашает о ней, говоря: "Отойдет к миру"[130], а Шхина говорит: "Будет покоиться на ложе своем"[100], и раскроются ей тринадцать гор чистого Афарсемона. И не будет того, кто бы воспрепятствовал ей. Поэтому счастлив тот, кто отдает этому сердце и желание свое. И поэтому написано: "Каждый, побужденный сердцем своим, пусть принесет его, возношение Творцу"[116], – высшему Царю, как я уже сказал"».

118) «"Возвысил рабби Аба голос свой и сказал: "Ой, рабби Шимон. Ты еще при жизни, а я уже оплакиваю тебя. Не о

---

[129] Пророки, Шофтим, 6:23. «Но Творец сказал ему: "Мир тебе! Не бойся, не умрешь"».

[130] Пророки, Йешаяу, 57:2. «Отойдет к миру, будет покоиться на ложе своем, идущий в праведности своей».

тебе я плачу, а плачу я о товарищах и плачу о мире", что они останутся сиротами без тебя после того, как ты покинешь мир. "Рабби Шимон – как свет свечи, горящий наверху и горящий внизу. Тем светом, который он зажег внизу, светят всем жителям мира. Горе миру, когда уйдет нижний свет", и войдет "в высший свет. Кто же будет светить светом Торы миру?" Встал рабби Аба и поцеловал рабби Хию. Сказал ему: "Эти слова были в твоей власти, поэтому послал меня Творец сюда, чтобы соединиться с тобой, счастлив мой удел!"»

119) «Рабби Йоси провозгласил изречение после него, и сказал: "И всякий мудрый сердцем среди вас, – пусть придут они и сделают всё, что повелел Творец"[131]. Это изречение истолковали, но посмотри, в час, когда Творец сказал Моше: "Возьмите себе людей мудрых и проницательных, и знатных в коленах ваших"[132], осмотрел он весь Исраэль и не нашел проницательных. Это означает: "И взял я глав ваших колен, людей мудрых и знатных"[133], – но "проницательных" не написано. И если ты скажешь, что "проницательный" – это ступень более высокая, чем "мудрый", ведь потому и не нашел он проницательных, "это, безусловно, так"», – что проницательный важнее мудрого.

120) Спрашивает: «"В чем различие между тем и другим?" – между мудрым и проницательным. И отвечает: "Ведь мы установили, что даже ученик, способствовавший мудрости своего рава, называется мудрым. "Мудрый" – это знающий о себе всё, что необходимо. "Проницательный" содержит в себе множество ступеней, ибо он вникает во всё и знает о себе и о других. Как сказано: "Праведный знает свою животную душу"[134] – т.е. праведник, Есод, передает Малхут, т.е. АВАЯ де-БОН, и животное (беэма בְּהֵמָה) в гематрии БОН (52). Как сказано: "Праведник,

---

[131] Тора, Шмот, 35:10. «И всякий мудрый сердцем среди вас, – пусть придут они и сделают все, что повелел Творец».

[132] Тора, Дварим, 1:13. «Возьмите себе людей мудрых и проницательных, и знатных в коленах ваших, и я поставлю их во главе вас».

[133] Тора, Дварим, 1:15. «И взял я глав ваших колен, людей мудрых и знатных, и поставил я их главами над вами: начальниками тысяч, начальниками сотен, начальниками пятидесяти и начальниками десяти, и смотрителей (назначил я) коленам вашим».

[134] Писания, Притчи, 12:10. «Праведный знает свою животную душу, а милосердие нечестивых – жестоко».

правящий страхом Всесильного"¹³⁵ – т.е. праведник, Есод, правит и наполняет Малхут, называемую страхом Всесильного. "А здесь именно "мудрый сердцем"¹³¹», т.е. «мудрый», о котором говорится здесь, он от свойства Малхут, которая называется «мудрый сердцем». «"Мудрый в сердце", Малхут, "а не в другом месте. Поскольку мудрость (хохма) находится в сердце", Малхут, а не в другом месте. "А "проницательный" – он наверху и внизу, он вникает в себя и в других"».

Объяснение. «Мудрый» – это Малхут, из которой раскрывается Хохма, а «проницательный» – это Есод, праведник. И это означает: «Что "проницательный" – это ступень, более высокая, чем "мудрый"»¹³⁶, потому что «мудрый» – это Малхут, а «проницательный», т.е. Есод, – выше нее. И известно, что Хохма в Малхут светит только снизу вверх. И поэтому сказано: «"Мудрый" – это знающий о себе всё что необходимо», т.е. она светит в нем снизу вверх, и он знает только для себя и не может передавать вниз, т.е. другим. И это означает: «Мудрый в сердце, а не в другом месте», потому что сердце, Малхут, получает наполнение снизу вверх, а не сверху вниз, что является другим местом. И это означает: «А "проницательный" – он наверху и внизу», потому что Есод, являющийся проницательным, передает хасадим сверху вниз, «вникает в себя и в других», – т.е. получает для себя и передает вниз другим, т.е. в Малхут, как сказано: «Праведный знает свою животную душу»¹³⁴, «праведник, правящий страхом Всесильного»¹³⁵.

---

[135] Пророки, Шмуэль 2, 23:3. «Сказал Всесильный Исраэля, мне говорил Оплот Исраэля: "Правящий человеком – праведник, правящий страхом Всесильного"».
[136] См. выше, п. 119.

ГЛАВА ВАЯКЕЛЬ

Восхождение молитвы

121) «Провозгласил и сказал: "И сказал мне: "Ты раб Мой, Исраэль, в котором Я прославлюсь"[137] – здесь говорится о молитве, которую человек должен произнести пред Творцом, и это одна большая и важная работа из работ его Господина. Смотри, есть работа Творца, которая состоит в действии, и это работа, состоящая в действии тела", – т.е. заповеди, связанные с действием. "А есть работа Творца, т.е. более внутренняя работа, являющаяся основой всего, и она состоит в той внутренней работе, которая является основой всего"», – т.е. заповеди, связанные с речью и с желанием сердца.

122) «"В теле есть двенадцать органов, участвующих в действии тела, как мы объясняли", и это две руки и две ноги, каждая из которых состоит из трех частей, и четырежды три – двенадцать. "Это – органы тела, и работа Творца в заповедях, связанных с действием, основана на них. Ибо работа Творца совершается в двух видах:

1. Органами тела, находящимися снаружи", и это – двенадцать органов, имеющихся в руках и ногах;

"2. И есть двенадцать других, внутренних органов, которые во внутренней части тела", и это – мозг, сердце, печень, рот, язык, пять долей легкого и две почки. "Это внутренние исправления, направленные внутрь тела, чтобы произвести с помощью них исправление духа (руах), что является внутренней важной работой Творца", – т.е. заповеди, связанные с речью, такие как молитва, благословения и благодарения. "Как мы установили во внутренних тайнах, поведанных рабби Шимоном, и это тайна высшей мудрости, и они известны среди товарищей. Счастлив их удел"».

123) «"Молитва человека – это работа духа (руах)", работа второго вида, указанного выше, связанная с речью. "Она восходит к высшим тайнам, и люди не знают, что молитва человека пересекает воздушные пространства и пересекает небосводы, открывает проходы и возносится наверх"».

124) «"В час, когда восходит свет" утра, "и свет отделяется от тьмы, разносится воззвание по всем небосводам: "Поднимитесь, властители проходов, властители чертогов, каждый на

---

[137] Пророки, Йешайяу, 49:3. «И сказал мне: "Ты раб Мой, Исраэль, в котором Я прославлюсь"».

месте стражи своей". Поскольку те, что властвуют днем, это не те, что властвуют ночью. Когда наступает ночь, уходят властители дня, и назначаются другие властители, правящие ночью, и одни заменяются другими"».

125) «"И это скрытый смысл слов: "Светило большое – для правления днем, и светило малое – для правления ночью"[138]. "Правление днем" и "правление ночью" означает – "властители, назначаемые днем, и властители, назначаемые ночью. Одни называются "правление днем", другие – "правление ночью"».

126) «"Когда приходит ночь, выходит воззвание: "Встаньте, властители ночи, каждый на месте своем". А когда светит день, выходит воззвание: "Встаньте, властители дня, каждый на месте своем". И когда вестник провозглашает, тогда каждый устанавливается на том месте, которое подобает ему. Тогда спешит низойти Шхина, и Исраэль входят в дом собрания, чтобы восславлять Господина своего, и начинают песнопения и прославления"».

127) «"Человек после того, как установил себя в работе (по выполнению) действия, т.е. в первом виде,[139] в исправлениях заповеди и святости, т.е. цицит и тфилин, он должен соединить сердце свое в исправлении внутренней работы Господина своего, т.е. второго вида,[139] и вложить свое сердце и желание в эту работу тех речей", что в прославлениях, "ибо эта речь возносится"» наверх.

128) «"И эти правители, пребывающие в воздухе, назначены в четырех сторонах мира. В восточной стороне был назначен один правитель, пребывающий в воздухе в этой стороне, и имя его Гзардия, и вместе с ним другие назначенные правители, которые ждут слов молитвы, восходящей в воздух на этой стороне. И этот правитель принимает ее"».

129) «"Если речь эта как подобает, все правители целуют эту речь и возносятся вместе с ней к воздушному пространству небосвода наверху, и там назначаются другие правители. Когда

---

[138] Тора, Берешит, 1:16. «И создал Всесильный два великих светила: светило большое – для правления днем, и светило малое – для правления ночью, и звезды».
[139] См. выше, п. 122.

они целуют эту речь, то провозглашают, говоря: "Счастливы вы, Исраэль, умеющие увенчать величие Господина вашего святыми украшениями. Счастливы уста, из которых вышла эта высочайшая речь"».

130) «"Тогда воспаряют буквы, находящиеся в воздухе, принадлежащие святому двенадцатибуквенному имени, и имя это властвует в воздухе. И это имя, в котором воспарял Элияу, пока не поднялся на небо. И это смысл сказанного Овадьей Элияу: "А дух Творца вознесет тебя"[140] – ибо с этим именем воспарял Элияу в воздух, и это имя, которое властвует в воздухе"».

131) «"И эти буквы воспаряют и поднимаются вместе с этим словом, и тот правитель, в руках которого находятся ключи от воздуха, и все остальные правители, все они поднимаются с этим словом до небосвода, и там передается оно в руки другому правителю, чтобы поднять его наверх"».

Пояснение сказанного. После разделения, которое приводится в «Шаар а-каванот на Рош а-шана»[141], Зеир Анпин становится полностью хасадим, т.е. свойством правой линии, а Малхут – полностью гвурот, свойством левой линии. Поэтому так же, как две линии Бины, правая и левая, находятся в разногласии,[142] пока Зеир Анпин не поднимется в средней линии и не установит мир между ними, соединяя их друг с другом, так же Зеир Анпину и Малхут, тоже являющимся двумя линиями, правой и левой, необходима средняя линия, чтобы установила мир между ними и соединила их друг с другом. И это (осуществляется) с помощью МАНа, который поднимают праведники своей молитвой, ибо, будучи свойством этого мира, они являются носителями свойства экрана де-хирик, средней линии, приводящей левую линию к соединению с правой, а также Нукву к соединению с Зеир Анпином.

---

[140] Пророки, Мелахим 1, 18:12. «И будет, я пойду от тебя, а дух Творца вознесет тебя, не знаю куда. И пойду я уведомить Ахава, и не найдет он тебя, и убьет меня; а раб твой с юности богобоязнен».

[141] Ари, книга «Шаар а-каванот (Врата намерений)», комментарий на Рош а-шана.

[142] См. Зоар, главу Берешит, часть 1, п. 44, со слов: «А правая линия является совершенством всего, потому что все сфирот получают от нее жизненные силы...»

И это означает сказанное выше: «И посредством порядка прославлений, которые произносят Исраэль внизу, Малхут украшает себя и устанавливается в своих исправлениях, словно жена, украшающаяся для мужа своего»[143], поскольку эта молитва стала МАНом и средней линией, устанавливающей мир между Малхут и Зеир Анпином, мужем ее, и соединяющей их. И это смысл сказанного выше: «И если человек направляет свое сердце и свое желание на всё это, и передает ей душу свою снизу в слиянии и стремлении, тогда Творец возглашает для него мир внизу, подобно миру наверху»[144]. Ибо так же, как Есод наверху является средней линией, устанавливающей мир и соединяющей Творца со Шхиной, так же молитва, которую возносит человек, исправляет свойство средней линии и устанавливает мир между Творцом и Шхиной Его, дабы соединить их в полном единстве. И поэтому этот человек называется «мир (шалом)», так же как Есод наверху. И более того, «мир» внизу предваряет «мир» наверху, т.е. Есод, поскольку пробуждение внизу предваряет пробуждение наверху, как известно. Ибо нет пробуждения наверху прежде, чем поднимется пробуждение для этого от нижних.

И вот, слова этой молитвы – это части души человека, т.е. именно души, облаченной в тело, как сказано: «Вышла душа моя от слов его!»[145] В таком случае удивительно: если молитва – это душа человека в этом мире, ВАК де-нефеш от Малхут де-Малхут ступени Малхут мира Асия, то как может быть, чтобы она вознеслась через все ступени трех миров БЕА и достигла ступени Малхут мира Ацилут, чтобы служить там МАНом и средней линией, дабы соединить ее с Зеир Анпином мира Ацилут? Ведь известно, что никакая ступень не может подняться выше своей ступени даже на толщину волоса, и уж тем более столь большой скачок – от самой нижней ступени до мира Ацилут.

И это означает сказанное им: «Что молитва человека пересекает воздушные пространства и пересекает небосводы, открывает проходы и возносится наверх»[146]. И сначала нужно понять, что такое «воздушные пространства», и что такое «небосводы»,

---

[143] См. п. 108.
[144] См. п. 115.
[145] Писания, Песнь песней, 5:6. «Отворила я другу моему, а друг мой ускользнул, сокрылся. Вышла душа моя от слов его! Искала я его, но его не находила я, звала я его, но он мне не ответил».
[146] См. п. 123.

и что такое «проходы». А затем выясним, каким образом их пересекают. И дело вот в чем: ты уже узнал, что вследствие подъема Малхут в Бину, в качестве точки холам, десять сфирот каждой ступени разделяются надвое так, что Кетер и Хохма десяти сфирот каждой ступени остаются на ступени, а Бина, Тиферет и Малхут десяти сфирот каждой ступени падают на ступень под ней.[147] И это потому, что Малхут, которая поднялась в Бину, образовала там новое окончание на этой ступени, из-за сокращения, которое установлено на Малхут, чтобы не получать свет. И поскольку Бина и ТУМ находятся под этим новым окончанием ступени, они считаются ступенью под ней.

А затем, с помощью МАН, который поднимают нижние, свечение от зивуга АБ-САГ де-АК распространяется так, что это свечение выводит Малхут с места Бины и возвращает ее на свое место, как и вначале, в окончание десяти сфирот каждой ступени. И тогда Бина и ТУМ, которые упали с каждой ступени, возвращаются и поднимаются на свою ступень, как и до падения, поскольку уже отменилось новое окончание, которое находилось в месте Бины. И таким образом, все ступени снова восполняются до десяти полных сфирот, как и раньше.

Однако, хотя Малхут, являющаяся новым окончанием, образовавшимся на каждой ступени из-за подъема ее в Бину, снова опускается на свое место в окончании десяти сфирот, все же окончание, которое она образовала, не отменяется окончательно в месте Бины, и поэтому не соединяются Бина и ТУМ со своей ступенью, когда они находятся ниже этого нового окончания, но они должны подняться выше нового окончания и становятся там левой линией по отношению к Кетеру и Хохме, которые никогда не падали со ступени, так как являются правой линией.

И поэтому новое окончание, оставшееся постоянным и существующим на каждой ступени даже после опускания Малхут оттуда, называется небосводом. А те Бина и ТУМ, которые упали с каждой ступени во время подъема Малхут в Бину и снова поднялись на свою ступень после опускания Малхут на свое место, называются «воздух (авир)» или «ветер (руах)».

---

[147] См. Зоар, главу Берешит, часть 1, п. 2, со слов: «Пояснение сказанного. Зоар начинает выяснять, каким образом вышли пять парцуфов Ацилута из Малхут мира АК...»

И это потому, что каждая нижняя ступень считается уровнем ВАК, который называется «руах» по отношению к высшей ступени. И согласно этому, Бина и ТУМ, которые упали с каждой ступени на ступень под ней, стали вследствие этого ступенью «руах», так же, как и нижняя ступень, на которую они упали. А после опускания Малхут из места Бины считается, что этот «руах», т.е. «воздух (авир)», и это Бина и ТУМ, которые были под небосводом, вознесся теперь, поднявшись выше небосвода, и стали они там левой линией, как уже объяснялось.

Ты также узнал, что в то время, когда Бина и ТУМ восходят, поднимаясь на свою ступень над небосводом, они берут с собой нижнюю ступень, которая облачала их в то время, когда они упали на нее, и они поднимают также и ее выше небосвода.[148] И это потому, что Бина и ТУМ высшего, сравнявшиеся с нижним во время этого падения, больше не расстаются с ними, даже во время подъема. И получается, что с помощью подъема Малхут в Бину, открылся для нижней ступени проход, для того чтобы она смогла подняться к высшей. Именно поэтому, затем, во время опускания Малхут из Бины, сможет каждая нижняя ступень подняться на высшую вместе с Биной и ТУМ высшей, которые при падении облачились в нее.

Таким образом, благодаря подъему Малхут в место Бины и опусканию ее на свое место во время свечения АБ-САГ, образовались на каждой ступени три свойства:

1. «Воздушные пространства», т.е. Бина и ТУМ каждой ступени, которые упали на нижнюю;

2. «Небосводы», т.е. новое окончание, образовавшееся на каждой ступени вследствие подъема Малхут в Бину, которое уже не отменяется никогда, и оно постоянно и существует даже после опускания Малхут из Бины;

3. «Проходы», т.е. возникновение прохода для нижней ступени, который образовался на каждой ступени вместе с подъемом Малхут в ее Бину, и без этого не было бы никакой возможности для нижней ступени когда-либо подняться в высшую по отношению к ней. Ибо не может ступень хоть сколь-нибудь вознестись выше своего уровня.

---

[148] См. «Предисловие книги Зоар», п. 17, со слов: «И это означает: "Мать (има) одалживает свои одежды дочери и венчает ее своими украшениями" – т.е. во время выхода мохин гадлута...»

А пересечение воздушных пространств, о которых он говорит,[149] не означает, что воздух рассекается, но что граница, существующая над воздухом, т.е. Биной и ТУМ высшей (ступени), которая образовалась вследствие подъема Малхут в место Бины, эта граница пересекается в результате опускания Малхут оттуда на свое место, ибо тогда поднимается воздух (авир) над небосводом и достигает там свойства ГАР, как мы уже говорили.

И тогда происходит также пересечение небосводов, ибо небосвод, т.е. граница нового окончания, которая вытолкнула Бину и ТУМ, т.е. воздух, на нижнюю ступень, и препятствовала возвращению их на свою ступень, таким образом пересекается посредством возвращения Малхут на свое место и не препятствует больше Бине и ТУМ подняться и соединиться со своей ступенью.

И тогда происходит также раскрытие проходов для нижней ступени, так как вследствие опускания Малхут на свое место и пересечения небосвода, поднимаются Бина и ТУМ на свою ступень над небосводом, взяв вместе с собой также и нижнюю ступень. Таким образом, раскрывается проход для нижней ступени, чтобы подняться к высшей.

И это свечение, опускающее Малхут из места Бины и возвращающее ее на свое место в окончании десяти сфирот, приходит от зивуга (парцуфов) АБ-САГ де-АК, являющихся Хохмой и Биной мира АК. Потому что подъем Малхут в Бину начинается в Бине де-АК, но десять сфирот Хохмы де-АК вовсе не были затронуты, и Малхут находится там на своем месте. И поэтому, когда эта Хохма совершает зивуг с Биной мира АК, также и в ней Малхут выталкивается из места Бины на свое место, а от Бины де-АК это свечение нисходит к Бине Ацилута, называемой Эке, а от Бины Ацилута оно нисходит ко всем ступеням АБЕА. И они опускают Малхут из Бины в них на свое место. И поэтому считается, что это имя Эке властвует в воздухе, т.е. это имя устраняет границу из воздуха (авир), вследствие опускания Малхут из Бины на свое место.

И поскольку есть четыре общих свойства ХУБ ТУМ или ХУГ ТУМ в каждом мире, и в каждом из свойств есть десять сфирот,

---

[149] См. выше, п. 123.

то вследствие подъема Малхут в Бину каждого свойства, упали его Бина и ТУМ на ступень под ним, поэтому есть четыре воздушных пространства в каждом мире, в которых воцаряются три имени Эке: Эке в воздухе (авир) Хеседа, Эке в воздухе (авир) Гвуры, и Эке в воздухе (авир) Тиферет. И также в Малхут, получающей от них, властвуют все эти три вида Эке вместе в ее воздухе (авир). А трижды Эке (אהי״ה) – это двенадцать букв, т.е. двенадцатибуквенное имя, властвующее в воздухе (авир).

И это означает сказанное им: «Тогда воспаряют буквы, находящиеся в воздухе, принадлежащие святому двенадцатибуквенному имени»[150], – т.е. двенадцать букв, имеющиеся в трех именах Эке (אהי״ה), «и имя это властвует в воздухе»[150], – так как имя Эке властвует в воздухе, чтобы опустить Малхут из Бины на свое место и вернуть упавшие Бину и ТУМ, называемые «воздух (авир)», на свою ступень над небосводом. «И это имя, в котором воспарял Элияу, пока не поднялся на небо», – ибо выяснилось выше, что благодаря подъему Малхут в Бину образовался проход для нижнего, чтобы он мог подняться к высшему в тот момент, когда откроется этот проход, т.е. во время возвращения Малхут на свое место.

Поэтому в то время, когда Элияу хотел вознестись на небо, поднималась Малхут каждой ступени в Бину этой ступени, и Бина и ТУМ падали на ступень под ней, и между ними простирался небосвод, как мы уже поясняли. Получается, что каждая ступень удвоилась:

1. Сама ступень;
2. Бина и ТУМ высшей ступени, которые упали и облачились в нее.

И это происходит на каждой из ступеней миров АБЕА, пока Бина и ТУМ ступени Малхут мира Асия не упали и не вышли из Малхут в состояние этого мира, и (пока) ступень Малхут мира Асия не закончилась на ее небосводе, являющимся новым окончанием в месте Бины. И она тоже удвоилась, поскольку Бина и ТУМ Есода Асия упали на ее ступень и облачились в нее. И так же Есод мира Асия оканчивается на его небосводе, и в нем есть также Бина и ТУМ ступени Ход де-Асия. И так же удвоилась (ступень) Нецах де-Асия, и так далее, до ступени Бина мира Ацилут.

---
[150] См. выше, п. 130.

И поэтому Элияу поднялся и соединился с Биной и ТУМ, которые упали из Малхут де-Асия в этот мир, и он уподобился им и облачил их, до такой степени, что они стали, словно его собственная ступень. И тогда вступило в действие двенадцатибуквенное имя, которое снова опустило Малхут из места Бины ступени Малхут де-Асия на свое место, в окончание ее десяти сфирот, и поднялись Бина и ТУМ на свою ступень, как вначале, выше небосвода ступени Малхут. И поскольку Элияу был слит с этим свойством «авир (воздух)», т.е. Биной и ТУМ, которые поднялись, то он (воздух) поднял с собой также и Элияу над небосводом ступени Малхут, благодаря этому уподоблению, как уже объяснялось.

И когда он поднялся выше небосвода ступени Малхут де-Асия, он встретил там воздух Есода де-Асия, т.е. Бину и ТУМ Есода, которые упали туда. И тогда он соединился с этим воздухом и облачился в него, находясь уже с ним на одной ступени. А затем вступило в действие двенадцатибуквенное имя, которое опустило эту Малхут из Бины Есода де-Асия на ее место в окончании десяти сфирот Есода де-Асия. И тогда поднялись Бина и ТУМ, являющиеся воздухом Есода, над небосводом Есода. Но поскольку Элияу уже был слит с этим воздухом, то также и Элияу поднялся вместе с ним над небосводом Есода де-Асия, благодаря подобию.

И когда он поднялся над небосводом Есода де-Асия, он встретил там воздух ступени Ход де-Асия, т.е. Бину и ТУМ ступени Ход де-Асия, которые упали туда. И тогда он соединился с этим воздухом и облачился в него, находясь уже с ним на одной ступени. И поэтому после того, как вступило в действие двенадцатибуквенное имя и вернуло Малхут в окончание десяти сфирот Хода де-Асия, и воздух, т.е. Бина и ТУМ его, поднялись над небосводом Хода де-Асия, и взяли с собой также и Элияу, который был слит с ними, и подняли его на небосвод Хода де-Асия, благодаря этому подобию.

А после того, как он уже был на небосводе Хода де-Асия, он уже встретил там воздух Нецаха де-Асия и соединился с ним. И когда вступило в действие двенадцатибуквенное имя и вернуло Малхут на свое место, поднялся воздух Нецаха над небосводом и поднял вместе с собой также и Элияу, который был слит с ним. А после того, как он уже был на небосводе Нецаха, он встретил там воздух Тиферет, и так далее, пока не поднялся вместе с этим воздухом над небосводом Тиферет де-Асия. И таким же образом поднимал его воздух каждой ступени на более высокую ступень, до окончания ступеней Асия, а оттуда – в Малхут де-Ецира, и оттуда – ко всем ступеням миров Ецира и Брия, до тех пор, пока не поднялся в небеса, т.е. в Зеир Анпин Ацилута. Это означают слова: «И это смысл сказанного Овадьей Элияу: "А дух Творца вознесет тебя"[140]», так как «дух (руах) Творца», т.е. Бина и ТУМ высшего, называемые «руах (дух)» или «авир (воздух)», которые упали на место ступени нижнего, – этот «дух (руах)» буквально возносил его со ступени на ступень через все частные ступени, от самой нижней мира Асия до Ацилута, как выяснилось.

И это смысл сказанного им: «И эти правители, пребывающие в воздухе, назначены в четырех сторонах мира. В восточной стороне был назначен один правитель, поднимающийся в воздухе в этой стороне, и имя его Гзардия»[151]. Ибо есть правители в каждом свойстве «воздух» в четырех сторонах мира, т.е. в ХУГ ТУМ, в руках которых находятся ключи, чтобы побудить двенадцатибуквенное имя действовать и опустить Малхут из Бины на свое место. И Зоар не перечисляет эти четыре стороны в их последовательности, но смешивает их порядок, поскольку он обычно утаивает подобные вещи, как известно. Однако порядок четырех этих свойств «авир (воздух)» берется снизу вверх – запад, восток, север, юг. И это – Малхут, Тиферет, включающая НЕХИ, Гвура и Хесед.

И не объясняется, что правители возносят молитву от одного свойства «воздух» к другому, а затем – от одного небосвода к другому, как это выстроено, на первый взгляд, в Зоаре, но свойства «воздух» возносят молитву к небосводам, каждый воздух – к своему небосводу. Это означает сказанное: «И тот правитель, в руках которого находятся ключи от воздуха, и все остальные правители, все они поднимаются с этим словом до небосвода, и там передается оно в руки другому правителю» таким образом, что вначале молитва поднимается к воздуху ступени Малхут де-Асия, т.е. в Бину и ТУМ, которые упали из Малхут де-Асия в этот мир, и это как свойство самой молитвы, как сказано выше. И поскольку этот воздух в равном свойстве с молитвой, они слились друг с другом, словно одна ступень.

---
[151] См. выше, п. 128.

И тогда правитель Звулиэль, находящийся там, пробуждает двенадцатибуквенное имя, которое опускает Малхут из Бины мира Асия на свое место, и тут же возвращается «авир (воздух)» на свою ступень, поднимаясь над небосводом де-Асия. А поскольку этот «авир (воздух)» уже стал одинаковым со ступенью этой молитвы, он берет с собой также и молитву, вознося ее над небосводом ступени Малхут де-Асия.

И когда эта молитва уже достигла небосвода мира Асия, она встречает там воздух Есода де-Асия, упавший туда, как объяснено выше с Элияу. И также встречается там с правителем, властвующим в свойстве «авир (воздух)» восточной стороны, называемым Гзардия, потому что восточная сторона, т.е. Тиферет, включает также и Есод, ибо он включает НЕХИ. И этот правитель пробуждает двенадцатибуквенное имя и опускает Малхут из Бины Есода к окончанию его, и тогда поднимается воздух Есода на свою ступень, на небосвод Есода. И поскольку он уже сравнялся с молитвой на одной ступени, он берет также и молитву, и поднимает ее вместе с собой над небосводом Есода. И то же самое – с воздухом и небосводом Нецаха и Хода, и с воздухом и небосводом де-Тиферет.

И когда эта молитва поднялась над небосводом де-Тиферет, она встречает там воздух северной стороны, т.е. Бину и ТУМ Гвуры де-Асия, который упал туда. И она сравнивается с этим воздухом на одной (с ним) ступени. И тогда правитель Птахья, властвующий в северной стороне, пробуждает двенадцатибуквенное имя и опускает Малхут из Бины на свое место, и воздух снова поднимается в небосвод Гвуры и берет вместе с собой также эту молитву, с которой сравнялся на одной ступени во время падения. И когда молитва находится на небосводе Гвуры, она встречает там воздух южной стороны, т.е. Бину и ТУМ Хеседа де-Асия, который упал туда, и она соединяется с этим воздухом и тогда правитель Псагния, властвующий над воздухом южной стороны, т.е. Хеседом де-Асия, пробуждает двенадцатибуквенное имя и опускает Малхут из Бины Хеседа де-Асия на свое место, и воздух южной стороны снова поднимается на свою ступень, на шестой небосвод, т.е. (на ступень) Хеседа де-Асия, называемого югом.

И когда эта молитва находится на шестом небосводе, она встречает там воздух, который упал с седьмого небосвода, т.е. (со ступени) Бины, включающей ГАР, и она прилепляется к этому воздуху. И когда двенадцатибуквенное имя опускает Малхут из Бины седьмого небосвода на свое место, возвращается этот воздух на свою ступень, на седьмой небосвод, и берет с собой также и молитву, которая слита с ним со времени падения. И когда она – на седьмом небосводе, она встречает и прилепляется к воздуху, упавшему из Малхут де-Ецира. И тогда берет ее Сандаль, главный правитель над всем (миром) Асия, и пробуждает двенадцатибуквенное имя, которое опускает Малхут от Малхут де-Ецира на свое место, и поднимается воздух и возвращается на свою ступень, на небосвод Малхут де-Ецира, и берет с собой также и молитву, и поднимает ее на небосвод Малхут де-Ецира. И то же самое происходит во всех семи чертогах Ециры и Брии, до Ацилута.

Итак, подробно выяснилось то, что мы спрашивали: как может молитва подняться от нижней ступени мира Асия до мира Ацилут – ведь никакая ступень не может подняться выше своего уровня даже на толщину волоса? И из выясненного предельно понятно, что поскольку она прилепляется к первому воздуху, который упал из Малхут де-Асия в свойство этого мира, то этот воздух возносит ее к небосводу этой Малхут, а воздух Есода де-Асия – к небосводу Есода, и т.д. И таким образом, эти свойства «воздух», в которые поднялась молитва и прилепилась к ним, они вознесли ее и подняли ее до Малхут мира Ацилут. В этом заключается смысл сказанного: «И дух (руах) Творца вознесет тебя»[140].

132) «"В южной стороне", в Хеседе, "есть правитель Псагния, властвующий в воздухе в этой стороне, и множество других правителей и повелителей с ним. И имя его – Псагния. Ему переданы ключи от воздуха этой стороны, и все те, кого постигли несчастья, возносят молитву Господину своему из своих невзгод, из глубины разбитого сердца. Если речь их обращена (к Нему) как подобает, она поднимается в воздух в той стороне, и принимает ее этот правитель и целует ее. Поцеловав ее, он произносит: "Творец смилуется над тобой и преисполнится милосердием к тебе"».

133) «"Поднимаются с ним все эти святые правители и все повелители, что в этой стороне, воспаряют буквы святого имени" Эке, двенадцатибуквенного имени, т.е. четыре буквы Эке

(אהיה) в каждой стороне, как объяснялось выше, "которые украшаются и властвуют в этой стороне воздуха, и поднимаются в этой стороне воздуха до небосвода" южной стороны, Хеседа, т.е. шестого небосвода, как подробно выяснилось выше, "до правителя этого небосвода, властвующего в этой стороне"», в южной стороне. Ибо на небосводе южной стороны уже есть другой правитель, имя которого Анфиэль.[152]

134) «"В северной стороне", т.е. Гвуре, "есть другой правитель", Птахья, властвующий в воздухе, "и вместе с ним множество назначенных повелителей властвуют в воздухе. И все те, кто молятся о спасении от врагов, притесняющих их, – когда речь этой молитвы поднимается в воздух, если он праведник, то принимает ее этот правитель и целует ее"».

135) «"Тогда пробуждается один ветер, выходящий из бездны северной стороны, и этот ветер взывает ко всем этим свойствам "воздух (авир)", и все они принимают эту речь, поднимают ее до небосвода северной стороны", и это пятый небосвод, "и целуют ее и говорят: "Господин твой сокрушит врагов твоих пред тобой!"»

Объяснение. После того, как правящий над этим воздухом принял молитву и поцеловал ее, т.е. когда она прилепилась к этой ступени воздуха и к правителю, «тогда пробуждается один ветер, выходящий из бездны северной стороны». Иначе говоря, окончание, которое образовала Малхут в Бине, называется бездной (тэом תהום), от слова «пустынность (тоу תהו)», и с помощью двенадцатибуквенного имени опустилась Малхут из Бины Гвуры де-Асия на свое место, как мы уже объясняли, и тогда пробуждается воздух, который упал в свойство судов этой бездны, чтобы подняться на небосвод ступени Гвуры, и все ступени, которые были слиты с ним во время падения, он поднимает с собой на небосвод Гвуры вследствие уподобления, как мы уже подробно объясняли.

И это означает: «И этот ветер взывает ко всем этим свойствам "воздух (авир)"» – т.е. ко всем ступеням, которые были слиты с этим воздухом, и была у них ступень воздуха, «и все они принимают эту речь, поднимают ее до небосвода» так, что все эти ступени сливаются с воздухом северной стороны,

---
[152] См. далее, в п. 147.

поднимающимся к небосводу северной стороны, и берут с собой также молитву, которая была слита с ними, и поднимают ее на небосвод, т.е. на пятый небосвод.

136) С этого момента начинается порядок вознесения молитвы.[153] И молитва «"восходит все выше и пересекает воздушные пространства", т.е. воздух, который упал из Малхут де-Асия в состояние этого мира, "пока они не поднимаются с ней на первый небосвод", т.е. небосвод Малхут де-Асия. "Молитва поднимается и приходит к одному правителю, который назначен в западной стороне", т.е. Малхут, "и там находятся девять проходов, и в них стоят многочисленные повелители и многочисленные правители, а над ними – один правитель по имени Звулиэль"».

Объяснение. Девять проходов – они в десяти сфирот Малхут. И их не десять, потому что Малхут де-Малхут, со стороны ее принадлежности к свойству суда, включена в Есод де-Малхут.[154] И поэтому у Есода с Малхут есть только один проход, а всего их – девять проходов. Но необходимо спросить: в чем здесь отличие, что во всех сторонах есть особый правитель над воздухом и особый правитель над небосводом? Например, в восточной стороне, есть правитель над воздухом восточной стороны по имени Гзардия,[155] и особый правитель на небосводе восточной стороны, и это Тиферет, четвертый небосвод, и имя его – Шамшиэль.[156] И также в южной стороне, есть правитель над воздухом по имени Псагния,[157] и особый правитель над небосводом по имени Анфиэль.[158] И также в северной стороне, есть правитель над воздухом по имени Птахья,[159] и особый правитель над небосводом по имени Гадриэль.[160] А здесь, в Малхут, есть всего лишь один правитель над воздухом и над небосводом вместе, и имя его Звулиэль.

---

[153] См. выше, п. 130.
[154] См. «Предисловие книги Зоар», п. 44. «В этих воротах есть один замо́к и одно узкое место, чтобы вставить в него этот ключ...»
[155] См. выше, п. 128.
[156] См. далее, п. 145
[157] См. выше, п. 132.
[158] См. далее, п. 147.
[159] См. выше, п. 134.
[160] См. далее, п. 146.

Ибо выяснилось, что из-за подъема Малхут в Бину, вышли Бина и ТУМ со всех ступеней и упали на ступень ниже, и опустились до уровня воздух. И упала не вся Бина, а только половина ее, т.е. ее ЗАТ, таким образом, что Кетер, Хохма и половина Бины остались на этой ступени, а половина Бины и ТУМ упали с нее и стали свойством «воздух». И поэтому были назначены два правителя: один – на высшей половине ступени, которая осталась на ступени над небосводом, и еще один правитель – на нижней половине ступени, которая вышла со своей ступени и стала воздухом.

Но иначе было на ступени Малхут, с которой упали все ее девять нижних сфирот на ступень под ней во время подъема Малхут в Бину, и на ее ступени остался только лишь Кетер, который остался в свойстве «точка под Есодом». И также та точка, которая осталась, считается больше свойством Есода, над свойством Малхут, и поэтому в ней имеется только свойство «воздух», и она полностью свойство «воздух», кроме ее Кетера. Поэтому у нее есть только один правитель над этими двумя (ступенями).

137) «"И этот (Звулиэль) хочет пользоваться этим небосводом днем, но ему не предоставляется право до тех пор, пока не взойдет свет луны", т.е. ночью. "И тогда он выводит все эти воинства и всех правителей. А когда начинает светить день, поднимаются все они в один из этих девяти проходов, являющийся высшим проходом над всеми", т.е. в точку Кетера, которая осталась на ступени, "под которой находится небосвод", как мы объяснили в предыдущем пункте. "И когда молитва восходит, она входит в этот проход", высший над всеми, "и все повелители и все правители выходят из этого прохода, а над ними этот Звулиэль, высший правитель". Иначе говоря, там нет другого правителя, но тот же Звулиэль, правящий в воздухе, является также правителем высшего прохода, находящегося над небосводом Малхут де-Асия. "И все они выходят и целуют ее (молитву), и достигают вместе с ней второго небосвода"», Есода де-Асия.

Объяснение. Малхут – это свойство левой линии, т.е. Хохма без хасадим. Поэтому в час, когда она властвует, нет света, а только тьма, ведь Хохма не светит без хасадим. И это смыл сказанного: «И встает она еще ночью»¹⁶¹, так как время ее подъема, т.е. ее власти, – ночью. И это означает сказанное: «И этот (Звулиэль) хочет пользоваться этим небосводом днем, но ему не предоставляется право», – потому что временем, когда Малхут властвует, является ночь, а не день, «до тех пор, пока не взойдет свет луны» – т.е. до наступления ночи. «И тогда он выводит все эти воинства и всех правителей», – так как ночью властвуют все девять нижних сфирот Малхут, и из них выходят все воинства и правители, господствующие в силу левой линии.

И это смысл сказанного: «А когда начинает светить день», и Малхут опускается из Бины на свое место, хотя в ее девяти нижних сфирот нет ущерба, поскольку Малхут уже опустилась из небосвода, сократившего их до свойства «воздух», вместе с тем нет у них власти на своем месте, и они должны подняться от небосвода и выше, к самому высшему из них проходу, Кетеру. И там они включаются в правую (линию), в хасадим. И вместе с ними всё время возносится молитва, вследствие уподобления свойств, достигнутого ею с ними, когда они находились под небосводом.¹⁶²

И когда молитва вознеслась выше небосвода де-Малхут, она встречает там воздух второго небосвода, который упал туда. И затем, после опускания Малхут из Бины Есода де-Асия на свое место, восходит этот воздух и поднимается к небосводу Есода, и берет вместе с собой все воинства и правителей, и эту молитву, которые были слиты с ним во время падения, и поднимает их к небосводу Есода. И это смысл сказанного: «И все они выходят и целуют ее (молитву), и достигают вместе с ней второго небосвода». И это небосвод Есода де-Асия.

138) «"И когда эта молитва поднимается к небосводу Есода, раскрываются двенадцать ворот этого небосвода, и в двенадцатых воротах стоит один правитель по имени Анаэль, и он правитель над многочисленными воинствами и многочисленными станами. И когда эта молитва поднимается, стоит этот правитель и возглашает над всеми этими проходами,

---

¹⁶¹ Писания, Притчи, 31:15. «И встает она еще ночью, раздает пищу в доме своем и урок служанкам своим».
¹⁶² См. выше, п. 131.

говоря: "Отворите ворота"¹⁶³. И все ворота отворяются, и молитва входит во все эти ворота"».

Объяснение. В Тиферет имеется двенадцать диагональных границ. И это сфирот ХУГ ТУМ, в каждой из которых содержится три линии ХАГАТ, и всего их – двенадцать, и они называются диагональными границами.¹⁶⁴ И всё, что имеется в Тиферет, имеется также и в Есоде, но в Есоде они (эти границы) называются двенадцатью воротами. И это смысл сказанного: «И молитва входит во все эти ворота».

139) «"Тогда пробуждается один правитель, старец преклонных лет, стоящий в южной стороне, и имя его Азриэль Сава. А иногда он зовется Маханиэль, поскольку он поставлен над шестьюдесятью десятками тысяч (рибо) станов (маханот). И все они обладают крыльями, владеют станами, которые "полны глаз (эйнаим)"¹⁶⁵, и при них стоят те станы, которые обладают ушами, и называются ушами (ознаим), потому что внимают всем тем, кто тайно возносит свою молитву в желании сердца, и другому она не слышна. Эта молитва возносится, и внимают ей все те, которые называются обладающими ушами"».

Объяснение. Есть особое раскрытие в сфире Есод от высшего Хеседа, называемого Хеседом, раскрывающимся (апума де има). И он нисходит из правой линии Бины, и поэтому правитель над этим Хеседом называется по имени Азриэль Сава, потому что Хохма и Бина называются старцами. И он является правителем над шестьюдесятью десятками тысяч (рибо) станов, т.е. шестьюстами тысячами. Ибо шестьсот исходят к нему от ХАГАТ НЕХИ Бины, сфирот которой исчисляются в сотнях, а тысячи – это свечение Хохмы, и каждая (из сфирот Бины) включает его, поэтому их шестьдесят десятков тысяч (рибо). И свойства ГАР Твуны называются «ознаим (уши)», поскольку в них светят хасадим, а не Хохма. ВАК Твуны называются «эйнаим (глаза)», поскольку в них светит Хохма. И поэтому он притягивает из Бины два этих свойства. И это означает сказанное: «Владеют станами, которые "полны глаз (эйнаим)", и

---

¹⁶³ Пророки, Йешаяу, 26:2. «Отворите ворота, пусть войдет народ праведный, хранящий верность».
¹⁶⁴ См. Зоар, главу Лех леха, п. 10, со слов: «И когда Зеир Анпин окружен двенадцатью границами...»
¹⁶⁵ Пророки, Йехезкель, 10:12.

при них стоят те станы, которые обладают ушами». И известно, что в свойстве «уши» установилась наклонная ступень, чтобы слышать добро и зло.[166] И наклонная ступень означает «диагональ», т.е. что Малхут и Бина, представляющие собой две стороны, западную и северную, включились одна в другую и образовали диагональ.[167] И это – сочетание и подслащение (смягчение) меры суда мерой милосердия. И поэтому хорошо слышат того, кто удостоился, – т.е. молитва его принимается мерой милосердия в диагонали, и слышат плохо того, кто не удостоился, – т.е. молитва его принимается мерой суда. И это означает сказанное: «И называются ушами (ознаим), потому что внимают всем тем, кто тайно возносит свою молитву», и далее, как он продолжает объяснять.[168]

140) «"И если молитва была услышана человеком, то нет того, кто примет ее наверху, и повторно не принимают ее другие от того, кто слышал ее вначале", т.е. другие – от этого человека. "Поэтому надо остерегаться, чтобы молитва не была услышана людьми. И еще: ведь речь молитвы объединяется с высшим миром", Зеир Анпином, "а речь высшего мира не должна быть услышана"».

141) «"Подобно этому, если кто-то читает книгу Торы, то один должен читать, а другой – соблюдать молчание. И если двое читают Тору, они наносят ущерб высшей вере, поскольку только голос и речь одного – это одно целое. А два голоса и две речи – это недостаток и изъян в вере", т.е. в Малхут. "Но должны быть голос и речь одним целым, как подобает, чтобы голос", Зеир Анпин, называемый голосом, "и речь", Малхут, называемая речью, "были одним целым"».

Объяснение. Он говорит о двух причинах, почему молитва должна быть речью без голоса, чтобы не была услышана человеком. Первая – потому что Малхут, от которой исходят люди,

---

[166] См. Зоар, «Сифра ди-цниута», в седьмом исправлении ЗАТ Гальгальты Зеир Анпина, п. 29, со слов: «Седьмое исправление – "извилистая ступень, чтобы слышать добро и зло", т.е. ознаим (уши) во время гадлута, когда устранены от них сеарот (волосы), закрывавшие их, как мы уже говорили. И тогда они открываются, чтобы слышать добро и зло, делать добро хорошим, наказывать плохих и принимать молитвы нижних...»
[167] См. Зоар, главу Лех леха, п. 10, со слов: «Вследствие подъема Малхут и подслащения ее в Бине, получилась диагональная линия...»
[168] См. п. 140.

состоит из двух точек – из Малхут свойства суда, которая не пригодна получать свет, и из Малхут, подслащенной в Бине, являющейся свойством милосердия, и тогда она достойна получать свет. И также человек состоит из двух этих точек. Если он удостаивается, то свойство суда скрыто, а свойство милосердия раскрыто, и он достоин получения высшего света. А если не удостаивается, раскрывается в нем свойство суда, и все света уходят от него.[169] И поэтому устанавливается высшее «ухо (озен)» на наклонной ступени, чтобы принимать молитву человека праведного, который удостоился того, что его мера суда находится в скрытии,[170] для того чтобы ухо, слышащее его, не пробудило свойства суда, скрытого в речи молитвы. Поэтому, если другой человек слышит молитву прежде, чем она поднялась наверх, то этот человек пробуждает свойство суда, скрытое в речи молитвы, и тогда она уже не может быть услышана наверху, ибо она не пригодна для получения наполнения. И это означает сказанное: «И если молитва была услышана человеком, то нет того, кто примет ее наверху»[171].

А вторая причина в том, что речь молитвы – это свойство Малхут, и молящийся должен стать строением (меркава) для свойства Малхут. И поэтому молитва должна сначала подняться и включиться в высшую Малхут, называемую «речь», и тогда Малхут соединяется с Зеир Анпином, называемым «голос», и молитва принимается, т.е. получает наполнение от Зеир Анпина. Поэтому нельзя пробуждать голос человека во время молитвы, чтобы пребывал в ней высший голос, Зеир Анпин. И это смысл сказанного: «И еще: ведь речь молитвы объединяется с высшим миром», Зеир Анпином. Ибо речь поднимается в Малхут и соединяется с Зеир Анпином с помощью Малхут, и получает полностью смягченный голос от Зеир Анпина, и тогда эта молитва достойна получить наполнение. И это означает: «А речь высшего мира не должна быть услышана», – посредством голоса человека, как уже выяснилось.

---

[169] См. «Предисловие книги Зоар», статью «Две точки», п. 123. «"Начало мудрости – страх Творца. Разум добрый у всех, кто исполняет их (заповеди)". Почему Малхут называется страхом Творца? Так как Малхут – это Древо познания добра и зла, если удостоился человек – стало добром, а если не удостоился – то злом…»

[170] См. выше, п. 139.

[171] См. выше, п. 140.

И также читающий Тору должен быть строением (меркава) для Зеир Анпина, называемого Торой, и голос читающего – он вместо голоса Зеир Анпина, и поэтому нельзя, чтобы вместе с ним звучал другой голос, голос человека, который смешан со свойством суда. И это означает сказанное: «И если двое читают Тору, они наносят ущерб высшей вере», так как голос этого человека мешает голосу читающего Тору, и высшая Малхут неспособна получить наполнение от Зеир Анпина. И это смысл сказанного: «Поскольку только голос и речь одного – это одно целое», т.е. вызывает наверху состояние, когда голос, Зеир Анпин, и речь, Малхут, сливаются в едином зивуге, и если соединяется с ним голос и речь человека, то нарушает этот зивуг, как мы объяснили.

142) «"Имя этого правителя – Азриэль Сава, и когда молитва поднимается скрыто, все эти шестьдесят десятков тысяч (рибо) станов, и все обладающие глазами (эйнаим), и все обладающие ушами (ознаим), все они выходят и целуют это слово восходящей молитвы. Это смысл сказанного: "Очи Творца – к праведникам, и уши Его – к воплю их"[172]. "Очи Творца – к праведникам"[172] – это обладающие глазами (эйнаим) внизу", т.е. ангелы, как мы уже сказали, находящиеся на небосводе Есода де-Асия. "Поскольку имеются обладающие глазами (эйнаим) наверху"», в свойстве ГАР, так как эйнаим – это Хохма. Однако эти глаза (эйнаим) – это эйнаим Есода. И поэтому сказано: «Очи Творца – к праведникам»[172], ибо Есод называется праведником. «"И уши Его – к воплю их"[172] – это обладающие ушами (ознаим)"».

143) «"Третий небосвод" – это Нецах и Ход де-Асия. "Эта молитва восходит и достигает этого небосвода. И есть там правитель, называемый Гдарья, и с ним многочисленные повелители и многочисленные правители. И он служит трижды в день", т.е. во время движения трех линий наверху, в Ацилуте, "в соответствии одному жезлу исходящего света, поднимающемуся и опускающемуся, и не стоящему на одном месте"». То есть, он желает притянуть свечение Хохмы, имеющееся в левой, называемое жезлом (шарвит שַׁרְבִיט) света, ибо это слово состоит из двух: «шар (שַׁר)» и «бит (בִיט)», где «шар (שַׁר)» – это видение,

---

[172] Писания, Псалмы, 34:16. «Очи Творца – к праведникам, и уши Его – к воплю их».

как в сказанном: «Посмотрит (яшор יָשֹׁר) на людей»¹⁷³, и также «бит (בִּיט)» – это видение, от слова «הַבָּטָה (абатá видение)». И свечение Хохмы называется видением. «"И это жезл, который три раза перемещается и прячется"», ибо Хохма раскрывается только во время движения трех линий, в трех точках холам-шурук-хирик.¹⁷⁴ А по окончании движения она сразу скрывается. «"И когда молитва восходит"», т.е. свойство средней линии, несущей в себе экран де-хирик,¹⁷⁵ "опускается жезл", свечение левой линии, "и склоняется пред этой молитвой", т.е. склоняет голову (рош), что означает – прячет свои ГАР, называемые рош. Ибо средняя линия уменьшает левую на три первые сфиры (ГАР) с помощью экрана де-хирик.¹⁷⁶ "И этот третий небосвод", Нецах и Ход де-Асия, "называется небосводом жезла (шарвит), из-за жезла, который действует в нем"».

144) «"И когда эта молитва возносится, этот правитель, после того как он склоняется" перед молитвой по той же причине, что и жезл, "ударяет этим жезлом по могучей светящей скале, стоящей посреди небосвода, и выходят из этой скалы триста семьдесят пять воинств, которые были упрятаны там со дня нисхождения Торы на землю, поскольку они всячески противились" и препятствовали "нисхождению Торы на землю, и прогневался на них Творец, и они укрылись внутри этой скалы. И они не выходят" оттуда, "кроме того времени, когда молитва восходит наверх, и тогда они провозглашают, говоря: "Творец, Владыка наш, как величественно (адир) имя Твое по всей земле!"¹⁷⁷ Эта молитва"», которая называется «Адир (Величественный)», поскольку «"она поднимается над всеми этими небосводами. И тогда они склоняются пред ней"».

Объяснение. Те ангелы, которые жаловались на Тору, т.е. среднюю линию, чтобы она не спускалась на землю, т.е. Малхут, и к мирам БЕА, исходили от левой линии. И они хотели,

---

¹⁷³ Писания, Иов, 33:27. «Посмотрит на людей и скажет: "Грешил я, и прямое искривил, но не стоило (делать) мне это"».
¹⁷⁴ См. Зоар, главу Бешалах, п. 137, со слов: «И три эти линии не раскрывают Хохму иначе, как с помощью своих движений...»
¹⁷⁵ См. выше, п. 130.
¹⁷⁶ См. Зоар, главу Лех леха, п. 22, со слов: «Экран де-хирик, на который выходит средняя линия, происходит от свойства суда, имеющегося в Малхут, которое не подслащается милосердием Бины и называется манула...»
¹⁷⁷ Писания, Псалмы, 8:10. «Творец, Владыка наш! Как величественно имя Твое по всей земле!»

чтобы в Малхут и в БЕА была власть левой, а не средней линии, называемой Тора, так как она сокращает свечение ГАР в левой линии. Поэтому сказано: «Поскольку они всячески противились нисхождению Торы на землю», – т.е. в Малхут, называемую землей, включающую все миры БЕА. Однако, «и прогневался на них Творец», – т.е. Творец, средняя линия, прогневался на них, и вынудил их принять свечение средней линии и укрыться. И тогда «они укрылись внутри этой скалы», – т.е. скрылись внутри скалы, представляющей собой силу суда средней линии, и это означает сказанное: «По могучей светящей скале, стоящей посреди небосвода», сила суда называется могучей скалой, которая стоит посреди небосвода, т.е. средняя линия.

И это означает сказанное: «И они не выходят, кроме того времени, когда молитва восходит», так как молитва поднимается лишь вследствие пробуждения левой линии, т.е. Бины и ТУМ, которые упали к нижнему, а затем снова поднялись над небосводом и стали левой линией, и они берут вместе с собой также молитву, которая была слита с ними во время их падения.[178] И поэтому этот правитель получает тогда жезл, т.е. свечение левой, – ведь во время подъема молитвы выходит свечение левой под его власть. И поэтому сказано: «Ударяет этим жезлом по могучей светящей скале, стоящей посреди небосвода, и выходят из этой скалы триста семьдесят пять воинств», т.е. в это время они пробуждаются и получают свечение левой линии от этого жезла. Это означает: «Тогда они провозглашают, говоря: "Творец, Владыка наш, как величественно (адир) имя Твое по всей земле!"[177]», – так как молитва, восходящая над небосводами, она величественна, поскольку включает в себя экран де-хирик средней линии, уменьшающий силой (своей) ГАР левой линии.[178] И поэтому: «Тогда они склоняются пред ней», т.е. склоняют голову, иными словами, перестают притягивать свечение Хохмы от ГАР, а только от ВАК. И называются они так – «триста семьдесят пять воинств», ибо сказано: «А на Каина и на дар его не обратил внимания (ло шаа́ לֹא שָׁעָה)»[179], поскольку дар его относился к свойству трехсот семидесяти пяти (שע"ה) воинств, на которых Творец прогневался, и они укрылись в скале, и поникли лица их. Поэтому также и у Каина: «Поникло лицо его»[179].

---

[178] См. выше, п. 131.
[179] Тора, Берешит, 4:5. «А на Каина и на дар его не обратил внимания; и очень досадно стало Каину, и поникло лицо его».

145) «"Отсюда и далее украшается молитва высшими украшениями и поднимается на четвертый небосвод", Тиферет. "И тогда выходит солнце (шемеш)", Тиферет, "на всех ступенях своих, и выходит Шамшиэль, высший правитель. И триста шестьдесят пять станов поднимаются с ним на этот небосвод, и называются они днями солнца", поскольку это ступени, исходящие от солнца, Тиферет. "И все они венчают эту молитву украшениями в небе Эденского сада"».

146) «"И там задерживается молитва", чтобы слиться с воздухом Гвуры, со ступенями, которыми в ней, потому что на предыдущих небосводах, НЕХИ, она не должна была настолько задерживаться, так как они включены в Тиферет, "до тех пор, пока все станы не поднимутся вместе с ней на пятый небосвод", Гвуру, "и там один правитель по имени Гадриэль, правящий войнами остальных народов". Поскольку Гвура – это левая линия, в которой содержатся эти народы. "И когда эта молитва поднимается", т.е. несет в себе экран средней линии, сокращающий ГАР левой линии, как уже объяснялось, "тогда содрогается он и все станы его, и сокрушается сила их, и выходят и склоняются", т.е. склоняют свою голову (рош), а это их ГАР, "и украшают эту молитву"».

147) «"И поднимаются с ней, пока не достигают шестого небосвода", т.е. Хеседа. "Тогда выходят многочисленные воинства и станы, и они принимают эту молитву, пока не достигают семидесяти врат", т.е. (сфирот) ХАГАТ НЕХИМ, каждая из которых состоит из десяти. Поскольку Хесед включает все семь нижних сфирот (ЗАТ). "И там стоит один правитель по имени Анфиэль, высший правитель, и он венчает эту молитву семидесятью украшениями"».

148) «"И когда молитва украшается всеми этими украшениями, тогда объединяются все воинства всех небосводов", которые сопровождали эту молитву от небосвода к небосводу до сих пор, "и возносят эту молитву на седьмой небосвод", – Бину, включающую ГАР. "И тогда входит молитва" туда. "И Сандальфон, величественный высший повелитель, в руках которого находятся все ключи Господина его, вводит эту молитву в семь чертогов"» Ециры.[178] (Здесь не хватает пределов и чертогов, которые вышли в печать в главе Берешит, в части второй, в начале ее).

149) «"Семь этих чертогов – это чертоги Царя", т.е. семь чертогов Малхут мира Ацилут, в которых совершает зивуги Царь, Зеир Анпин. "И когда эта молитва венчается всеми этими украшениями, поднявшись туда, она соединяет вместе" Зеир Анпин и Малхут, "чтобы увенчаться наверху, чтобы всё стало единым, как подобает, и чтобы имя Творца", т.е. Малхут, "украсилось со всех сторон, наверху и внизу, чтобы стать одним целым" с Зеир Анпином. "И тогда написано: "Благословения на голове праведника"[180]», – то есть Есод, называемый праведником, дает благословения Малхут.

150) «"Счастлива участь человека, умеющего выстроить свою молитву как подобает. С этой молитвой", которая как подобает, "когда украшается ею Творец, Он ждет, пока не закончат подниматься все молитвы Исраэля", соединившись в совершенной молитве. "И тогда всё наполняется подобающим совершенством наверху и внизу. До сих пор – то, что касается молитвы, чтобы знать высшие тайны" в ней. "Отсюда и далее, есть заповеди Торы, связанные с речью, так же как есть" другие, "связанные с действием"».

151) «"И это шесть заповедей, имеющиеся и в этой молитве:
1. "Бояться величественного и страшного имени"[181];
2. Любить Его;
3. Благословлять Его;
4. Соединять Его;
5. Коэн должен благословлять народ;
6. Вручать Ему душу.

И эти шесть заповедей, имеющиеся в молитве", они связаны "с речью. Они не включают заповеди, связанные с действием, такие, как цицит и тфилин"».

152) И он поясняет эти шесть заповедей:

---

[180] Писания, Притчи, 10:6. «Благословения – на голове праведника, а уста нечестивых скрывают насилие».

[181] Тора, Дварим, 28:58-59. «Если не будешь соблюдать и исполнять все слова учения этого, написанные в книге этой, и не будешь бояться величественного и страшного имени Творца Всесильного твоего, то обрушит Творец удары ужасные на тебя и на семя твое, удары мощные и верные и болезни опасные и тяжелые».

«"Первая (заповедь). "Бояться величественного и страшного имени"[181]. Эта заповедь относится к тем прославлениям, которые вознес царь Давид, и к жертвоприношениям, описываемым Торой, где человек должен испытывать страх пред Господином своим. Поскольку песнопения находятся в месте, называемом "страх", т.е. в Малхут. "И все изречения, в которых произносится: "Восславляйте Творца (алелуйа)" – являются тайной "страх Творца", т.е. Малхут. "И человек должен вложить всё своё желание в эти песнопения, пребывая в страхе. И товарищи уже объяснили все эти тайны песнопений и прославлений, и все тайны "алелуйа"».

153) «"Вторая (заповедь). Когда человек пришел к (произнесению благословения): "Да восславится", он должен всем своим желанием благословить Творца, так же, как и при (произнесении благословений) "Создающий свет" и "Создающий светила".

Третья (заповедь). Любить Его. Когда он приходит к (произнесению благословения): "Любовью вечной", и (благословения): "И возлюби Творца Всесильного твоего"[182]. И это тайна любви Творца.

Четвертая (заповедь). Соединять Его, т.е. (произнесением воззвания): "Слушай, Исраэль, Творец – Всесильный наш, Творец един!"[183] Ибо здесь находится тайна единства Творца, чтобы соединить имя Его в желании сердца, как подобает. С этого момента и далее – память о выходе из Египта, и это заповедь – напоминать о выходе из Египта, как написано: "И помни, что рабом ты был на земле египетской"[184]».

154) «"Пятая (заповедь). Коэн должен благословлять народ – это для того, чтобы соединить Исраэль вместе в то время, когда они принимают благословения свыше, ибо в то же время получает (благословения) Кнессет Исраэль", Малхут.

---

[182] Тора, Дварим, 6:5. «И возлюби Творца Всесильного твоего всем сердцем своим и всей душою своей, и всей сутью своей».
[183] Тора, Дварим, 6:4. «Слушай, Исраэль, Творец – Всесильный наш, Творец един!»
[184] Тора, Дварим, 5:15. «И помни, что рабом ты был на земле египетской, и вывел тебя Творец Всесильный твой оттуда рукою мощною и мышцею простертою. Поэтому повелел тебе Творец Всесильный твой отмечать день субботний».

"Шестая (заповедь). Вручать Ему душу. И это время благоволения, чтобы передать Ему душу (нефеш), и вручить Ему душу (нешама) в стремлении сердца, когда падают ниц и произносят: "К Тебе, Творец, вознесу я душу свою"[185]. Чтобы направил к Нему сердце и желание: вручить ему душу в совершенном желании.

Это шесть заповедей, установленных в молитве, которые равны по своей значимости шестистам заповедям Торы"».

155) «"И если скажешь, что остается еще тринадцать других заповедей Торы", поскольку в Торе есть шестьсот тринадцать заповедей, – почему же он говорит, что шесть заповедей соответствуют шестистам? И отвечает: "Эти" тринадцать заповедей "установлены для того, чтобы притянуть тринадцать свойств милосердия, в которые все (заповеди) включены". Иначе говоря, тринадцать свойств милосердия, о которых мы говорим, – они соответствуют им. "А эти шесть заповедей – это те, которыми украшается молитва"», т.е. они соответствуют ХАГАТ НЕХИ, которые молитва, Малхут, получает от Зеир Анпина.

156) «"Счастлива участь того, кто обратил свое сердце и желание к этому, и он должен приводить их к совершенству каждый день, и в остальном от них зависит очень многое. Но когда человек достигает этих мест, о которых говорится выше, он должен направить свое сердце и желание на довершение заповеди, зависящей от этого (произносимого) слова. И тогда возглашают о нем, говоря: "И сказал мне: "Ты раб Мой, Исраэль, в котором Я прославлюсь"[186]. Подошел рабби Аба и поцеловал его».

157) «Провозгласил рабби Ицхак вслед за ним, сказав: "И собрал Моше все общество сынов Исраэля"[187]. Спрашивает: "Зачем он собрал их?" И отвечает: "Чтобы вручить им субботу, как и раньше. Ибо раньше, прежде чем Исраэль сделали тельца, вручил им субботу. И это причина того, что великий сброд не соблюдали ее, – когда услышали: "Между Мной и сынами

---

[185] Писания, Псалмы, 25:1. «(Псалом) Давида. К Тебе, Творец, вознесу я душу свою».

[186] Пророки, Йешайау, 49:3. «И сказал мне: "Ты раб Мой, Исраэль, в котором Я прославлюсь"».

[187] Тора, Шмот, 35:1. «И собрал Моше все общество сынов Исраэля, и сказал им: "Вот слова, которые Творец велел исполнить"».

Исраэля"[188], сказали: "А мы не позволим ему это сделать". Сразу же: "И собрался народ против Аарона"[189] – т.е. сделать тельца, "и за ними потянулись массы. И после того, как умерли те, кто умер", из поклоняющихся тельцу, "собрал Моше только сынов Исраэля, и вручил им субботу, как и раньше. И это смысл слов: "Шесть дней пусть выполняется работа, а в седьмой день – суббота покоя, святыня Творцу; всякий, выполняющий работу в субботний день, будет предан смерти"[190]».

---

[188] Тора, Шмот, 31:16-17. «И пусть соблюдают сыны Исраэля субботу, чтобы сделать субботу для своих поколений союзом вечным. Между Мною и сынами Исраэля знак это вовеки, что шесть дней созидал Творец небо и землю, а в седьмой день прекратил (созидание) и отдыхал».

[189] Тора, Шмот, 32:1. «И увидел народ, что медлит Моше спускаться с горы, и собрался народ против Аарона, и сказали ему: "Встань, сделай нам божества, которые пойдут перед нами; ибо этот муж, Моше, который вывел нас из земли Египта, – не знаем мы, что стало с ним"».

[190] Тора, Шмот, 31:15. «Шесть дней пусть выполняется работа, а в седьмой день – суббота покоя, святыня Творцу; всякий, выполняющий работу в субботний день, будет предан смерти».

ГЛАВА ВАЯКЕЛЬ

Огненное зарево в канун субботы

158) «"Не зажигайте огня во всех поселениях ваших в день субботний"[191] – здесь есть тайна тайн для тех, кто постиг высшую мудрость. Но эта тайна передана высшим мудрецам, потому что суббота – это высшая тайна"».

159) «"Смотри, в час, когда шестой день подходит к вечеру, тогда светит одна звезда в северной стороне, и с ней – семьдесят других звезд. Эта звезда ударяет по этим семидесяти другим звездам, и все они включаются в эту звезду, и становятся" в ней "все семьдесят звезд одним целым. И эта звезда распространяется и становится одним большим заревом, горящим во всех сторонах. Тогда распространяется это зарево вокруг тысячи гор, и стоит" над ними, "словно единая охватывающая" их "нить"».

Объяснение. «Шесть дней» – это ХАГАТ НЕХИ. «Шестой день» – это Есод. «К вечеру» – в окончание Есода, когда крайняя плоть, т.е. три клипы, как мы выясним далее, усиливается в своей власти, чтобы прервать зивуг в Малхут, называемой субботой. И это означает сказанное: «В час, когда шестой день», Есод, «подходит к вечеру», т.е. в своем окончании. «Тогда светит одна звезда в северной стороне», и эта звезда – это клипа руах сеара (ураганный ветер), как объяснит нам далее Зоар, и в ней есть суровые суды от экрана Малхут свойства суда. И она усиливается в своем свечении в северной стороне, т.е. в левой линии, чтобы притянуть оттуда Хохму сверху вниз, как делают все клипот, «и с ней – семьдесят других звезд», – т.е. семьдесят повелителей, исходящих от свечения левой, и нет в них сурового суда (клипы) руах сеара. Однако «эта звезда ударяет по этим семидесяти другим звездам», – т.е. совершает с ними зивуг, «и все они включаются в эту звезду», – т.е. свойство сурового суда этой звезды распространяется во все их, «и становятся все семьдесят одним целым. И эта звезда распространяется и становится одним большим заревом, горящим во всех сторонах», – т.е. в соединении с семидесятью звездами становится заревом огня, т.е. суровым судом, пылающим и сжигающим во всех сторонах. Ибо эти суды очень тяжки и суровы, и нет того, кто бы мог устоять против них, и нет у него иного исправления, кроме скрытия, как нам предстоит выяснить.[192]

---

[191] Тора, Шмот, 35:3. «Не зажигайте огня во всех поселениях ваших в день субботний».
[192] См. далее, п. 172.

Три сферы НЕХИ называются «горы», и когда они притягивают Хохму, они становятся свойством «тысяча гор», ибо «тысяча» – это название Хохмы. И это означает: «Тогда распространяется это зарево вокруг тысячи гор, и стоит словно единая охватывающая (их) нить», – т.е. распространяется вокруг НЕХИ, чтобы питаться от них.

160) «"И это зарево огня притягивает к себе другие цвета", от НЕХИ, как мы сказали, "которые являются более внутренними, чем он", – чем его цвет. "Первый цвет – он зеленый", и это свечение средней линии. "После того, как уже установился этот цвет, поднимается зарево огня и перескакивает наверх, над этим зеленым цветом, и входит внутрь, больше, чем он, и вытесняет зеленый цвет наружу. И устанавливается зеленый цвет снаружи, а зарево огня звезды, включающей" семьдесят звезд, устанавливается "внутри"». Иначе говоря, оно отменило свечение средней линии и оттолкнуло его, и властвует вместо него, поскольку из любого места, которому передаются суды меры сурового суда, сразу же уходят оттуда света.[193]

161) «"Затем оно притянуло после него второй цвет, белый", – т.е. свечение правой линии, "и этот белый светил внутри. Когда уже установился этот цвет, поднялось зарево огня этой звезды и вытеснило белый цвет наружу, а само вошло внутрь. И так же – со всеми остальными цветами, оно вытеснило их наружу, а само вошло внутрь, приближаясь к скрытой точке", т.е. к атаре (венцу) Есода, "чтобы получить свет"». Ибо, если бы оно приблизилось, свет вышел бы из Есода, и оно бы получило его, как объяснено выше в отношении цветов. Однако было произведено исправление, чтобы оно не могло приблизиться, как мы сказали.

162) «Провозгласил и сказал: "И увидел я: и вот ураганный ветер пришел с севера, и огромное облако и огонь разгорающийся, и сияние вокруг него, и изнутри него словно сверкание (хашмаль) – изнутри огня"[194]. Это было видение Йехезкеля в исправлении, которое устанавливается лишь в час, когда властвует эта звезда". Ибо она не властвует всё время, поскольку

---

[193] См. Зоар, главу Ваеце, п. 23.
[194] Пророки, Йехезкель, 1:4. «И увидел я: вот ураганный ветер пришел с севера, и огромное облако и огонь разгорающийся, и сияние вокруг него, и изнутри него словно сверкание (хашмаль) – изнутри огня».

скрыта.¹⁹⁵ "Но это изречение уже выяснялось, "и вот ураганный ветер (руах сеара)"¹⁹⁴, выяснилось, что этот ветер пришел, чтобы завоевать весь мир перед Навухаднецаром. Однако "ураганный ветер (руах сеара)"¹⁹⁴ – это та звезда, о которой мы сказали, что она поглотила семьдесят других звезд. И это тот "ураганный ветер"¹⁹⁴, который видел Элияу", о котором сказано: "Разбивающий горы и сокрушающий скалы"¹⁹⁶ – ибо нет силы, способной устоять перед ним,¹⁹⁷ "И это тот, который всегда находится перед всеми" клипот снаружи, "чтобы защищать те, что внутри" от него, "подобно оболочке (клипе), защищающей мозг"». Объяснение. Хотя он скрыт, сила его находится всегда снаружи всех этих судов, чтобы защищать их, поскольку он является корнем всех судов, и если бы он исчез, исчезли бы вместе с ним все суды.

163) «"И почему он называется ураганным? Потому что сметает всё наверху и внизу". И нет того, кто мог бы устоять перед ним. "Пришел с севера"¹⁹⁴, – потому что он приходит с этой стороны. И признак для тебя: "С севера начнется бедствие"¹⁹⁸». Иначе говоря, он сам является свойством «суровые суды» экрана Малхут меры суда, однако приходит с севера, чтобы притянуть Хохму от левой линии, как делают все клипот. «"Ибо множество других свойств, кроме северной стороны, содержится в этом ураганном ветре (руах сеара)¹⁹⁴, и поэтому" говорит о них Писание: "Пришел с севера"¹⁹⁴», – т.е. он принял в себя также и суды северной стороны.

164) «"Облако"¹⁹⁴, т.е. вторая клипа, (о которой упоминается) у Йехезкеля, называемая огромным облаком (анан гадоль). Она называется облаком, "поскольку это – отходы золота. И она удерживается в северной стороне", т.е. в левой линии, "и это центральная точка, находящаяся в местах разрушения. И поскольку сумело соблазнить" Хаву, "властвует в центральной точке поселения и во всем, находящемся в этом поселении, кроме земли Исраэля. В то время, когда Исраэль находились в ней, эта точка не властвовала над ней, а после того,

---

¹⁹⁵ См. далее, п. 172.
¹⁹⁶ Пророки, Мелахим 1, 19:11. «И вот, Творец проходит, и сильный и могучий ветер, разбивающий горы и сокрушающий скалы перед Творцом, – не в ветре Творец. А после ветра – гром. Не в громе Творец».
¹⁹⁷ См. выше, п. 158.
¹⁹⁸ Пророки, Йермияу, 1:14. «И сказал мне Творец: "С севера начнется бедствие для всех жителей этой земли"».

как Исраэль совершили прегрешение, она стала властвовать также и над святой землей. Как сказано: "Убрал Он десницу Свою пред врагом"[199]».

Объяснение. Клипа, называемая облаком, она – свойство «отходы золота», т.е. непосредственно от левой линии, как объясняет сам Зоар.[200] И он говорит: «А когда оно в возношении»[200], – т.е. свечение Хохмы от левой линии, называемой «золото», светит снизу вверх, «тогда это чистое золото, а всё, что внизу»[200], – т.е. как он говорит до этого: «Что распространяется вниз»[200], т.е. что свечение Хохмы протягивается сверху вниз, тогда оно становится (свойством) «отходы золота, и это окалина его»[200]. Таким образом, «огромное облако»[194], являющееся свойством «отходы золота», по сути своей принадлежит непосредственно к левой линии.[200] Однако «ураганный ветер»[194] является свойством судов Нуквы, т.е. от экрана де-Малхут, но только приходящим с севера, как объяснялось выше. И она называется точкой разрушения,[201] и поэтому сказано: «И поскольку сумело соблазнить», – т.е. соблазнило Хаву привлечь (свечение) сверху вниз, и это было грехом Древа познания. И поэтому «властвует в центральной точке поселения», – т.е. удерживается в Малхут, называемой «точка поселения», а также над землей Исраэля после разрушения, ибо она властвует во всех местах разрушения.[201]

165) Спрашивает: «"Почему называется "огромное облако"[194]?" И отвечает: "Потому что это облако тьмы, омрачившее весь мир. Смотри, что отличает одно облако от другого. То облако, о котором написано: "И облако Творца над ними днем"[202], "И облако Твое стоит над ними"[203], – это облако, светящее и сияющее, и все света раскрываются в нем, внутри этого облака. Однако это облако", клипот, – "это облако тьмы, которое

---

[199] Писания, Эйха, 2:3. «В пылу гнева сразил Он всю мощь Исраэля, убрал Он десницу Свою пред врагом; и запылал Он в среде Яакова, как огонь пламенеющий, что (все) пожирает вокруг».
[200] См. Зоар, главу Пкудей, п. 75.
[201] См. Зоар, главу Тецаве, п. 97. «И эта ситра ахра является центральной точкой разрушенной части мира...»
[202] Тора, Бемидбар, 10:34. «И облако Творца над ними днем при выходе их из стана».
[203] Тора, Бемидбар, 14:14. «И скажут жителям земли этой, которые слышали, что Ты, Творец, в среде народа этого, что лицом к лицу являлся Ты, Творец, и облако Твое стоит над ними, и в столпе облачном идешь Ты пред ними днем, и в столпе огненном ночью».

не светит вовсе, но препятствует всем светам, и они не могут раскрыться из-за него"».

166) Спрашивает: «"Оно называется "огромное", но если оно является тьмой, "почему называется огромным – ведь оно малое?" И отвечает: "Но оно огромное потому, что властвует", то есть оно огромно во власти своей, поскольку исходит от Хохмы левой линии, так как является отходами золота, как было сказано выше. "Другое объяснение". Оно называется "огромное потому, что тьма в нем огромна, поскольку скрывает света, и они не раскрываются из-за него. И оно огромно из-за всего, что происходит в мире"».

167) «"И огонь разгорающийся (эш митлакахат)"[194] – т.е. огонь сурового суда не оставляет его никогда"». Иначе говоря, сама клипа не является огнем, т.е. не является суровым судом, но этот огонь поднялся снизу из-за «ураганного ветра (руах сеара)»[194] и разгорелся в нем, и не оставляет его никогда.

«"И сияние вокруг него"[194] – говорит о том, что "хотя всё это находится в ней"», в клипе «разгорающегося огня (эш митлакахат)»[194], тем не менее «"сияние вокруг него"[194]. Отсюда мы учили, что хотя эта сторона лишь сторона нечистоты, "сияние вокруг" нее, – т.е. имеется сияние от свечения святости вокруг, и поэтому человек не должен его выталкивать наружу. В чем причина? Потому что "сияние вокруг него"[194], – т.е. у него есть сторона святости веры, и не надо пренебрегать им, и поэтому надо дать ему долю в стороне святости веры"».

Объяснение. Эти три вида клипот соответствуют судам в Малхут, Зеир Анпине и Бине:

1. «Ураганный ветер» – соответствует суровому суду в Малхут;

2. «Огромное облако»[194] – соответствует суровому суду в Гвуре Зеир Анпина;

3. «Огонь разгорающийся» – соответствует судам в Бине, когда Малхут поднимается в нее.

И об этой третьей клипе говорит Писание: «И сияние вокруг него»[194], и учит тому, что она близка к святости, так как происходит от тенёт, которые набрасывают на морду (паним) чудовища, чтобы не причиняло вред хвостом своим, как выяснилось ранее.²⁰⁴ Таким образом, он (огонь) служит святости, и поэтому говорит Писание: «И сияние вокруг него»¹⁹⁴. И поэтому не надо пренебрегать этой клипой, а давать ей долю в святости. То есть ей позволяют удерживаться в Бине, хотя в самой Бине нет судов вообще. Но это только из-за Малхут, которая поднялась туда. И это становится западней для клипот, как объяснено там.²⁰⁴

168) «Рав Амнуна Сава сказал так», что эти слова сказаны с выражением удивления: «"Неужели сияние вокруг него?!" Поэтому "надо пренебрегать разгорающимся огнем, так как сияние у него, негодного, оно внутри, и не находится снаружи" и вокруг "разгорающегося огня. И поскольку сияние у него, негодного, оно внутри, написано: "И изнутри него словно сверкание (хашмаль) – изнутри огня"¹⁹⁴. Изнутри кого? – Изнутри этого сияния. "Словно сверкание (хашмаль חַשְׁמַל)"¹⁹⁴ – это буквы слов "хаш (חָשׁ)" и "маль (מַל)", и уже объяснялось: огненные бормочущие животные"».

Объяснение. Рав Амнуна Сава придерживается другого мнения, и говорит, что нужно пренебрегать клипой «огонь разгорающийся», хотя они и служат святости. Ибо святость не находится снаружи клипы, т.е. святость не раскрывается иначе, как после устранения и вытеснения клипы. И считается это, что святость находится внутри клипы, и эта клипа защищает ее и окружает ее снаружи. Поэтому необходимо пренебрегать ею и вытеснять ее, чтобы раскрылась святость.

И то, что говорит: «Изнутри этого сияния», это противоречит тому, что объяснял раньше рабби Йоси,²⁰⁵ где он говорит, что «хашмаль»¹⁹⁴ – он изнутри «разгорающегося огня». И то, что (рав Амнуна) говорит: «Огненные бормочущие животные», – это означает, что их свечение исходит от соединения (зивуга) голоса и речи, т.е. ЗОН.

169) «"Однако от великого светоча мы слышали о ней тайны тайн, когда эта крайняя плоть пребывает над святым союзом, чтобы осквернить место святости", т.е. атару́, свойство Малхут, "тогда это место святости препятствует раскрытию тайны святого союза", т.е. светов хасадим, раскрытых в свечении Хохмы,

---

²⁰⁴ См. Зоар, главу Ваэра, пп. 109-110.
²⁰⁵ См. Зоар, главу Итро, п. 311. «Мы учили, – сказал рабби Йоси, – что сверкание (хашмаль) означает "сердце огня"…»

"из-за крайней плоти. А когда сияние входит внутрь, и отделяет крайнюю плоть от места святости, тогда называется "хашмаль (חַשְׁמַל)", что означает – "ускорил (хаш חָשׁ)" и раскрылось"». Спрашивает: «Но в «хашмаль חַשְׁמַל», написано также «"маль (מַל)", что такое "маль"?" И отвечает: "Это как сказано: "Обрезал (маль מַל) Йеошуа"²⁰⁶, – указывает на "знак союза, который препятствует раскрытию светов своих из-за крайней плоти"». А теперь, после того, как уже обрезал (маль מַל), раскрылось. И объяснение такое: ускоряет (хаш חָשׁ) раскрытие, поскольку уже обрезал (маль מַל) крайнюю плоть.

Объяснение. «Крайняя плоть» включает три клипы, указанные выше: «ураганный ветер (руах сеара)», «огромное облако (анан гадоль)», «огонь разгорающийся (эш митлакахат)». И когда она (клипа) близка к Есоду и желает питаться оттуда, тогда перекрываются все света. И «сияние (нóга נֹגַהּ)»¹⁹⁴ – это свечение Хохмы, и когда оно входит внутрь Есода, оно устраняет и отделяет все клипот. И они убегают, как тьма бежит от света. И тогда раскрываются открытые хасадим от Есода. И это средняя линия, и этот свет называется «хашмаль (חַשְׁמַל)», поскольку он спешит (хаш חָשׁ) раскрыться в час, когда обрезает (маль מַל) крайнюю плоть.

170) «"И есть другая тайна. Свет его", т.е. клипот, "они показывались и не показывались", то есть в них еще было слабое свечение, которое иногда показывалось, "а когда раскрылось это "сверкание (хашмаль)", то их свет исчез" полностью. "Однако первая тайна", о которой мы сказали, "она находится в тайне этого изречения, как подобает. И эта тайна не согласовывается с изречением. И всё это верно и правильно"», т.е. обе они – истинны.

171) «"Этим сиянием (нóга נֹגַהּ)" змей "соблазнил женщину", Хаву, "принять свет. Поэтому сказано: "И глаже елея речь ее"²⁰⁷ – ибо название этого света соответствует союзу обрезания, и поэтому он соблазнил ее, и она приняла его свет. И это – тот

---

²⁰⁶ Пророки, Йеошуа, 5:3-4. «И сделал себе Йеошуа ножи кремневые, и обрезал сынов Исраэля у холма Аралот. И вот причина, почему обрезал Йеошуа: весь народ, вышедший из Египта, мужчины, все люди, способные к войне, умерли в пустыне в пути по выходе из Египта».

²⁰⁷ Писания, Притчи, 5:3-4. «Ибо сотовый мед источают уста чужой (женщины), и глаже елея небо (речь) ее, но последствия от нее горьки, как полынь, остры, как меч обоюдоострый».

соблазн, в который он вовлек женщину, как сказано: "Ибо сотовый мед источают уста чужой"[207]».

Объяснение. Выше он говорит,[208] что клипа «огромного облака (анан гадоль)» соблазнила Хаву к Древу познания, и говорит: «И поскольку (облако) сумело соблазнить, властвует в центральной точке поселения»[208]. А здесь сказано, что «этим сиянием (нóга) соблазнил женщину». Однако это не означает, что «сияние» вовлекло в соблазн женщину, а именно клипа «огромного облака», т.е. змей, он соблазнил ее, как он говорит выше. Но здесь он говорит, каким светом и как он соблазнил ее. И это означает: «Этим сиянием (нóга) соблазнил женщину», – т.е. соблазнил ее принять свет этого сияния (нóга). И поэтому сказано: «Название этого света соответствует союзу обрезания», – т.е. показал ей, как это сияние (нóга) светит на союз, и отделяет и обращает в бегство все клипот,[209] и устраняет все зло, будучи светом Хохмы, и из-за этого сила змея оказалась действенной, чтобы соблазнить ее принять этот свет. Однако, когда это сияние (нóга) светит в свойстве союза, то оно светит снизу вверх, что присуще средней линии, которой является этот союз, т.е. Есод.

Но змей, являющийся свойством клипы «огромного облака (анан гадоль)»[194], соблазнил ее притянуть этот свет «сияния (нóга)» сверху вниз, как это делает «огромное облако (анан гадоль)»,[208] и тем самым ввел ее в заблуждение. И это тайна, о которой сказали мудрецы, что грех Древа познания заключался в том, что она «выдавила виноград», т.е. притянула свечение Хохмы сверху вниз, как это делает клипа «огромного облака (анан гадоль)». И поэтому «сияние (нóга)» считается наполовину святостью, наполовину клипой. Объяснение. Если оно слито со святым союзом, т.е. светит только снизу вверх, то это половина ВАК де-ГАР, т.е. большая святость. А если клипот приближаются, чтобы притянуть от него вторую половину, т.е. ГАР де-ГАР, которая притягивается сверху вниз, тогда это – нечистая клипа, т.е. действительно свойство «огромное облако (анан гадоль)».

172) «"Смотри, в шестой день", и это Есод, "когда наступает вечернее время", т.е. в конце его, "переходит зарево того огня"»,

---

[208] См. выше, п. 164.
[209] См. выше, п. 169.

т.е. «ураганный ветер», «"внутрь, и поднимается вверх, чтобы войти внутрь цветов.[210] Тогда Исраэль внизу исправляются, и устраивают трапезы, и накрывают столы, каждый из них накрывает свой стол. Тогда выходит одно пламя", исходящее от судов Малхут, подслащенной в Бине, "и ударяет в зарево того огня", то есть соединяется с ним. "Когда оно ударило в него и соединилось с ним, передвигаются" вместе "пламя и зарево, и входят в проем великой бездны, и скрываются и находятся там"».

Объяснение. После того, как пламя со стороны Малхут, подслащенной в Бине, произвело удар и соединилось с заревом огня, т.е. с «ураганным ветром (руах сеара)» от экрана Малхут меры сурового суда, тогда это зарево получает свойство судов, подслащенных в Бине, от этого пламени, и суровые суды его самого устраняются, и поэтому передвигаются оба они к великой бездне, где место судов Бины. Ибо место судов Малхут называется «малой бездной». И после того, как отменились суровые суды пламени огня, могут проявиться света субботы.

173) «"Это пламя – оно от правой стороны", т.е. точка холам, в которой Малхут поднялась в Бину и получила подслащение.[211] "И поскольку она с правой стороны, устранила (правая сторона) суды этого зарева и ввела его в проем великой бездны", поскольку клипа всегда желает удерживаться в более высоком месте, и поэтому, поскольку предоставлено место клипе зарева огня удерживаться в Бине, вследствие ее соединения с этим пламенем, сразу же оставила она суды Малхут и поднялась в суды пламени, которые удерживаются в Бине, и соединилась с ней,[204] "и находится там, в великой бездне, до исхода субботы. По окончании субботы народ Исраэля должен произнести благословение на огонь. И вследствие благословения снизу выходит это пламя и, выйдя, властвует над тем заревом всю эту ночь" исхода субботы. "И это зарево склоняется"», т.е. исчезает сила его.

---

[210] См. выше, п. 159.
[211] См. Зоар, главу Берешит, часть 1, п. 9. «Высшая точка, Арих Анпин, посеяла внутри чертога ИШСУТ три точки: холам, шурук, хирик...»

ГЛАВА ВАЯКЕЛЬ

Что такое суббота

174) «"Смотри, когда наступила суббота, и это зарево спряталось в великой бездне, тогда все языки сильного огня скрылись и склонились", потому что зарево, т.е. ураганный ветер, является корнем всех суровых судов.[212] "И даже от огня преисподней отдыхают пребывающие там грешники, и отдыхает всё наверху и внизу. А когда заканчивается суббота, и Исраэль произносят благословения на огонь, тогда выходят все скрывавшиеся языки огня, возвращаясь каждый на свое место. И для того, чтобы не зажечь другого огня" от тех, которые скрывались, "написано: "Не зажигайте огня во всех поселениях ваших в день субботний"[213]. И уже установлено, почему огонь жертвенника разрешен"» в субботу.[214]

175) «"А когда начинается суббота, вестник провозглашает на всех небосводах: "Поднимитесь, строения (меркавот), и поднимитесь, станы, перед Господином вашим". Тогда выходит один ветер с южной стороны", Хесед, "и этот ветер простирается над всеми воинствами и станами правой стороны, и они облачаются в него. Этот ветер называется величественным облачением субботы. Тогда столы, которые люди накрывают в этом мире, устанавливаются в одном чертоге", Малхут. "Счастлива участь человека, стол которого считается там накрытым как подобает, и всё установлено так, что нет стыда, – каждый соответственно своим силам"».

176) «"При наступлении субботы святой народ должен совершить омовение, очищая себя от буднической работы. И по какой причине? Это потому, что в будни другой дух витает и пребывает над народом, и когда человек хочет освободиться от этого духа, и облачиться в иной, высший и святой дух, он должен совершить омовение, чтобы пребывал над ним этот высший святой дух"».

177) «"Смотри, все эти шесть дней", ХАГАТ НЕХИ Зеир Анпина, "соединяются в одной святой точке", Малхут, "и все дни объединены в ней. Но есть другие дни, находящиеся снаружи,

---

[212] См. выше, п. 161.
[213] Тора, Шмот, 35:3. «Не зажигайте огня во всех поселениях ваших в день субботний».
[214] См. далее, п. 258.

в ситре ахра", ХАГАТ НЕХИ клипот. "А есть еще дни, стоящие внутри круга святости", т.е. ХАГАТ НЕХИ Малхут, "и соединяющиеся в точке святости"», т.е. Малхут де-Малхут.

178) «"И Исраэль, исполненные святости, и все те, кто занят святостью, во все субботние дни, – соединяются все эти шесть дней" их "с находящимися внутри шестью днями", с ХАГАТ НЕХИ де-Малхут, "которые соединяются с точкой" Малхут де-Малхут, "и объединяются в ней, чтобы хранить ее. И все эти шесть дней субботы, они принадлежат этой скрытой точке", и они – ХАГАТ НЕХИ Малхут. "Когда наступает суббота, поднимается эта точка", Малхут де-Малхут, "и украшается и соединяется наверху, и все они скрыты в ней"».

Объяснение. Малхут, называемая точкой, получает от Зеир Анпина шесть дней, которые в нем, называемые ХАГАТ НЕХИ. И тогда у нее уже есть два свойства: ХАГАТ НЕХИ, которые она получила от Зеир Анпина, и свое собственное, т.е. Малхут. И различие между ними в том, что ХАГАТ НЕХИ, которые она получила от Зеир Анпина, – это свет хасадим, а ее собственное свойство, называемое точкой, – это свет Хохмы. Таким образом, шесть дней действия – это ХАГАТ НЕХИ де-Малхут, которые она получила от Зеир Анпина, а суббота – это свойство власти ее собственной точки. И свойство «шесть дней действия», т.е. ее ХАГАТ НЕХИ, скрыты в ней, иначе говоря, не властвуют и не проявляются. И только Малхут, относящаяся к ее собственному свойству, властвует и проявляется.

179) «"Смотри, есть дни и есть дни". Есть "будние дни, как мы учили" выше, т.е. ХАГАТ НЕХИ ситры ахра, "и они установлены снаружи для народов. Дни субботы, т.е. шесть дней недели, установлены для Исраэля", т.е. ХАГАТ НЕХИ де-Малхут, как мы уже сказали. "А когда поднимается эта точка", Малхут де-Малхут, т.е. Малхут в ее собственном свойстве, "всё скрывается", все шесть сфирот ХАГАТ НЕХИ, которые в ней, скрываются, "и она поднимается", как объяснялось в предыдущем пункте. "Когда она поднимается, называется субботой"».

180) Спрашивает: «"Что такое суббота?" То есть: почему она называется субботой (шаббат שַׁבָּת)? "Если скажешь, что из-за прекращения работы (швита שָׁבְתָה), как сказано: "Ибо в этот

день отдыхал (шава́т שָׁבַת) от всей работы Своей"²¹⁵, это верно. Но дело в том, что когда поднялась эта точка, и свет ее светит, тогда она украшается в праотцах", в ХАГАТ Зеир Анпина, "после того, как украшается в праотцах, тогда она соединяется и сливается с ними, становясь одним целым, и всё называется субботой", – т.е. Малхут вместе с праотцами называется субботой. "Суббота (шаббат שָׁבַּת)" – это буквы "шин ש" "бат בת". Ведь "шин ש" уже объяснялось, что это три праотца, объединяющиеся в единственной дочери (бат בת)". Ибо три буквы «вав ו» в «шин ש», указывают на трех праотцев ХАГАТ, «"и она" – та, что называется дочь (бат), "украшается ими, а они, праотцы, украшаются будущим миром", Биной. "И это означает "шин-бат בת ש" – что все становятся одним целым"».

Объяснение. Малхут получает Хохму только посредством своего подъема от хазе Зеир Анпина и выше, где находятся его ХАГАТ. И есть в этом два состояния:

1. Когда это в состоянии «два больших светила»,²¹⁶ и тогда их ступени равны так, что один не нуждается в другом, и один не получает от другого. ХАГАТ Зеир Анпина получают от правой линии Имы, т.е. хасадим, а Малхут получает от левой линии Имы, т.е. Хохму. И это состояние определяется как ахораим, потому что Хохма, будучи одна, без хасадим, не светит.²¹⁶

2. И второе состояние, когда Малхут уже опустилась в свойство от хазе Зеир Анпина и ниже, и тогда она получает хасадим. И после того, как есть у нее хасадим, Зеир Анпин поднимает ее в свои ХАГАТ, и там светит ей семидесятидвухбуквенное имя отрывков «И двинулся (ва-иса וַיִּסַּע)»²¹⁷,

---

²¹⁵ Тора, Берешит, 2:3. «И благословил Всесильный день седьмой, и освятил его, ибо в этот день отдыхал от всей работы Своей, которую совершил Всесильный, созидая».

²¹⁶ См. Зоар, главу Берешит, часть 1, п. 111, со слов: «Сказанное: "Два светила" – указывает на то, что вначале были два светила, Зеир Анпин и Нуква его, в полном соединении, т.е. на равной ступени, и не нуждались друг в друге...»

²¹⁷ Тора, Шмот, 14:19. «И двинулся ангел Всесильного, шедший перед станом Исраэля, и пошел позади них. И двинулся облачный столп, (шедший) перед ними, и встал позади них».

«И вошел (ва-яво וַיָּבֹא)»²¹⁸, «И простер (ва-йет וַיֵּט)»²¹⁹, и она получает от них Хохму. И это состояние определяется как мохин, получаемые паним бе-паним.

И это означает сказанное им: «Когда поднялась эта точка, и свет ее светит», – когда она поднимается в ХАГАТ, после того как свет хасадим светит в ней, т.е. во втором состоянии, паним бе-паним, «тогда она украшается в праотцах», ХАГАТ Зеир Анпина, т.е. получает от них Хохму, от семидесятидвухбуквенного имени в них. «Тогда она соединяется и сливается с ними, становясь одним целым», – т.е. не так, как в первом состоянии ахораим, когда они были отделены друг от друга, и ХАГАТ получали хасадим от правой линии Имы, а Малхут получала Хохму от левой линии Имы. Однако теперь, во втором состоянии, она соединяется и сливается с ХАГАТ, становясь одним целым с ними. И это означает сказанное: «И она украшается ими», ХАГАТ, «а они», ХАГАТ, «украшаются будущим миром». Иначе говоря, теперь Малхут не сама получает Хохму от будущего мира, Бины, как в первом состоянии, но Малхут получает Хохму от ХАГАТ Зеир Анпина, а ХАГАТ получают Хохму от будущего мира и передают ее Малхут. Поэтому сказано: «И это означает "шин-бат ש בת" – что все становятся одним целым», т.е. поэтому и праотцы – «шин ש», и Малхут – «бат בת», косвенно указываются в одном имени «шаббат שבת», чтобы указать, что они сейчас во втором состоянии одно целое, и не разделяются в первом состоянии. И это означает «шаббат שבת».

181) «"И если скажешь: большая суббота", т.е. Бина, тоже называемая субботой, "но она наверху", где Хохма скрыта и не раскрывается, "почему она называется субботой (шаббат)?" И отвечает: "Но это, безусловно, так", что называется субботой. "И суть этого в том, что точка в любом месте, именно она является основой глаза", т.е. в ней имеется Хохма, называемая глазами (эйнаим), "называется "бат", как сказано: "Храни меня, как зеницу ока (бат аин בַּת עַיִן)"²²⁰, – и поскольку является

---

²¹⁸ Тора, Шмот, 14:20. «И вошел он между станом Египта и станом Исраэля, и было облако и мрак, и осветил ночь, и не приближался один к другому всю ночь».

²¹⁹ Тора, Шмот, 14:21. «И простер Моше руку свою на море, и гнал Творец море сильным восточным ветром всю ночь, и сделал море сушею, и расступились воды».

²²⁰ Писания, Псалмы, 17:8. «Храни меня, как зеницу ока, в тени крыл Твоих сокрой меня».

основой всего глаза, она называется "бат (בַּת)"». Объяснение. Три цвета имеются в глазу (аин), т.е. ХАГАТ, а четвертый цвет – это черная точка, Малхут, и только в ней раскрывается Хохма, называемая «глаз (аин)», поэтому она является основой всех цветов глаза.

182) «"Будущий мир", Бина, – "это чертог для этой высшей точки", для высшей Хохмы. "И когда она устанавливается и берет на крылья свои праотцев, чтобы украсить их наверху, тогда называются все "шаббат". Таким образом, когда праотцы украшаются наверху, в высшей точке, называются "шаббат", и когда нижняя точка", Малхут, "украшается в праотцах, называется "шаббат"».

Объяснение. Точка всегда указывает на Хохму, а здесь имеется в виду та черная точка в глазу (аин), которая называется также «бат-аин (зрачок, досл. дочь глаза)», и она считается основной, считающейся достойной называться «аин», Хохмой. Поскольку остальные три цвета глаза – это ХАГАТ, в которых Хохма, называемая «видение», не раскрывается. Поэтому в парцуфах Ацилута есть два парцуфа, называемые точкой:
1. Высшая Хохма, Аба ве-Има;
2. Нижняя Хохма, Малхут.

Однако, хотя Аба ве-Има и являются высшей Хохмой, они не раскрывают Хохму в их собственном парцуфе, а только в парцуфе ИШСУТ, которые называются Биной.

И это означает сказанное: «Будущий мир – это чертог для этой высшей точки», то есть Бина, называемая ИШСУТ, – это чертог для высшей точки, т.е. Абы ве-Имы. Иначе говоря, Аба ве-Има не раскрывают Хохму, которая в них, но только в свойстве этого чертога, т.е. Бины. Однако, также и в Бине Хохма раскрывается только над тремя линиями ХАГАТ, называемыми «праотцы». Таким образом, высшая точка не раскрывает Хохму в ней иначе, как для Бины, когда она украшается и передает Хохму по трем своим линиям, называемым «праотцы».

И это смысл сказанного: «И когда она устанавливается и берет на крылья свои праотцев, чтобы украсить их наверху», – т.е. Бина получает три линии, называемые праотцами, чтобы украсить их высшей Хохмой, «тогда называются все "шаббат"», –

так как высшая точка, высшая Хохма, раскрывающаяся над свойством «праотцы», называется «дочь (бат בת)», а сами праотцы называются «шин ש», и вместе это – «шаббат שבת». И получается, что «когда праотцы украшаются наверху, в высшей точке, они называются "шаббат שבת", и когда нижняя точка", Малхут, "украшается в праотцах", т.е. получает Хохму, "она называется "шаббат שבת"». Так как «шаббат שבת» включает в себя свечение Хохмы, называемое «дочь (бат בת)», и свечение праотцев, называемое «шин ש». И это имеет место как в Бине, так и в Малхут, и поэтому обе они называются «шаббат שבת».

Дополнительная душа

183) «"Когда эта нижняя точка", Малхут, "поднимается и видна", т.е. получает Хохму, называемую ви́дением, "и украшается" высшими мохин, "тогда вся радость пребывает наверху и внизу, и все миры – в радости. И в эту ночь" субботы "распространяется эта точка со своими светами и простирает крылья над миром, и тогда все другие властители уходят и защита пребывает над миром"».

184) «"И тогда добавляется дух души (руах а-нешама) в Исраэле, над каждым, и благодаря этой дополнительной душе они оставляют всю печаль и гнев, и только радость пребывает наверху и внизу. Этот дух, который нисходит и добавляется людям, когда нисходит, он омывается ароматами Эденского сада во время своего нисхождения, и тогда спускается и воцаряется над святым народом. Счастливы они, когда этот дух пробуждается"».

185) «"В тот час, когда этот дух нисходит, опускаются вместе с ним в Эденский сад шестьдесят строений (меркавот), украшающиеся для шести окончаний", сфирот ХАГАТ НЕХИ, каждая из которых включает в себя десять, всего – шестьдесят. "И когда он приходит в Эденский сад, то все те духи и души (рухот и нешамот), которые находятся в Эденском саду, украшаются этим духом. И вестник провозглашает, говоря: "Счастливы вы, Исраэль, народ святой, что благоволение Господина вашего пробудилось к вам"».

186) «"Это тайна тайн для знающих эту мудрость. Счастливы они, когда этот дух пробуждается. Дух этот – это распространение этой точки", Малхут, "и он выходит из нее и распространяется по миру. И он", этот дух, – "это таинство субботы, воцаряющейся внизу, и поэтому говорится о нем, как о хранении: "И будут хранить сыны Исраэля субботу (эт а-шаббат)"[221]. И уже объяснялось, что не написано: "Шаббат", а написано: "Эт а-шаббат", чтобы включить также и этот дух, царящий над всем. И необходимо хранить его, поскольку он находится с

---

[221] Тора, Шмот, 31:16. «И будут хранить сыны Исраэля субботу, чтобы сделать субботу для своих поколений союзом вечным».

человеком. Поэтому сказано: "Каждого, хранящего субботу от осквернения"[222]».

187) «"В этой тайне есть еще одна тайна. Дух этот получает наслаждение в этот день от наслаждений Исраэля и блаженства их. И поэтому нужно дать ему наслаждение в еде и питье трижды – в трех трапезах трех ступеней веры, как уже объяснялось.[223] И этот дух испытывает радость и блаженство в этих трапезах Исраэля. Счастлив тот, кто дает ему наслаждение и блаженство в этот день"».

188) «"Этот дух наслаждается все шесть дней высшим духом (руах) Атика. В субботний день, после того как он низошел, совершив ночью омовение в Эденском саду, он наслаждается блаженством тела в трапезе веры, и украшается этот дух (руах) сверху и снизу, и место его – во всех сторонах", т.е. в Хохме и хасадим, "в верхней атаре́", т.е. хасадим, "и в нижней атаре"», Хохме.

189) «"И когда он пребывает с человеком, необходимо хранить его, и поэтому сказано: "И будут хранить сыны Исраэля субботу (эт а-шаббат)"[221]. "Шаббат" – это нижняя точка", Малхут. "Эт а-шаббат" – это этот дух (руах), т.е. распространение этой точки. Когда добавляется святость и благословения сверху, над этой точкой, – всё светло. И это" распространение "стало духом (руах), светящим со всех сторон". Половина его "делится наверху и светит", а половина "делится внизу и светит, и это означает: "Между Мной и сынами Исраэля"[224], – т.е. этот дух (руах) делится между Ним и между Исраэлем, "удел и наследие есть у нас одновременно"».

---

[222] Пророки, Йешаяу, 56:4-6. «Ибо так сказал Творец бесплодным: "Тем, кто будет хранить субботы Мои, и изберет угодное Мне, и будет держаться союза Моего, – и дам Я им в доме Моем и в стенах Моих память и имя, лучше сыновей и дочерей, имя вечное дам ему, которое не истребится. И чужеземцев, присоединившихся к Творцу, чтобы служить Ему и любить имя Творца, чтобы быть Ему рабами, каждого, хранящего субботу от осквернения, и держащихся союза Моего"».

[223] См. Зоар, главу Итро, пп. 455-457. «Спросил рабби Эльазар отца: "Как устраиваются эти трапезы?"...»

[224] Тора, Шмот, 31:16-17. «И пусть соблюдают сыны Исраэля субботу, чтобы сделать субботу для своих поколений союзом вечным. Между Мною и сынами Исраэля знак это вовеки, что шесть дней созидал Творец небо и землю, а в седьмой день прекратил (созидание) и отдыхал».

190) «"Верхняя часть украсилась в этот день высшим святым блаженством и наслаждается высшим свечением Атика всех Атиков", т.е. Кетера. "Нижняя часть украшается в этот день нижним блаженством, т.е. наслаждается этими трапезами", которые проводят Исраэль. "Поэтому нужно доставлять ей наслаждение едой и питьем, одеянием величия и большой отрадой"».

191) «"И когда украсилась та часть, которая внизу, и соблюдалась в подобающем виде, она поднимается наверх и соединяется с другой частью", верхней. "И эта точка", Малхут, "берет всё" от этого духа (руах), от части "наверху и" от части "внизу, и включает в себя все стороны. И благодаря тому, что она украшается в субботу наверху и внизу, все остальные дни", т.е. ХАГАТ НЕХИ, "дают силу всему, и предоставляется ей", Малхут, "власть наверху и внизу. И в книге царя Шломо находится эта тайна, и разъяснил ее великий светоч", т.е. рабби Шимон. "Счастлив удел Исраэля"».

192) «"Сказано: "Шесть дней созидал Творец небо и землю, а в седьмой день прекратил (созидание) и отдыхал"[224]. "И отдыхал (ве-инафаш, также: вздохнул)"[224], и объяснили: "Горе, что исчезла нефеш". И это правильно. Но, в таком случае, "горе телу", – следовало сказать, из которого исчезла нефеш?"», а в сказанном: «И отдыхал (ве-инафаш)»[224] упомянута только нефеш. И отвечает: «"Но тайна заключена в том, что у человека есть нефеш, которая получает и притягивает к себе этот дух (руах)", о котором мы говорили выше, "с вечера субботы. И этот руах воцаряется в нефеш и пребывает в ней весь субботний день. И тогда эта нефеш – в большем величии и превосходстве по сравнению с тем, какой она была"».

193) «"И об этом мы учили, что все души Исраэля украшаются в субботний день, и украшение их – этот дух", упомянутый выше, "живущий в них. Когда суббота заканчивается, и этот дух поднимается наверх, тогда горе душе, которая лишилась того, что лишилась, – т.е. того высшего украшения (атара́) и той силы святости, что были в ней. И это смысл сказанного: "И отдыхал (ве-инафаш)"[224], что означает: "Горе душе (нефеш), которая лишилась того, что лишилась""».

194) «"Время супружеской близости мудрецов, знающих высшие тайны, – от кануна субботы и до кануна субботы. И это уже объяснялось. Однако мы видим, что этот нижний Кетер", Малхут, "получает то, что получает" от Зеир Анпина в зивуге "днем, а ночью она дает пищу всем своим воинствам, как написано: "И встает она еще ночью, раздает пищу в доме своем и урок служанкам своим"²²⁵. Получает" в зивуге "днем, а отдает ночью", – ведь нет зивуга ночью. А сейчас мой господин сказал, что зивуг происходит в эту ночь"» субботы.

195) «"Сказал, разумеется, что происходит зивуг в эту ночь. И в чем причина? В том, что эта ночь" субботы, т.е. Малхут, "наделяет душами всех тех мудрецов, которые знают секрет этой мудрости. И нет зивуга в иной день, в совершенной радости, без вмешательства чужого", со стороны ситры ахра, "как в эту ночь, поскольку те души, которыми она наделяет, она распределяет их среди мудрых, среди праведных, среди преданных, как подобает. И так в каждую ночь, конечно, есть зивуг" Зеир Анпина с Малхут. "Когда? В полночь. И это мы уже объясняли. Однако он не" является совершенным "со всех сторон, как этот зивуг"» ночи субботы.

196) «"И поэтому мудрецы, знающие тайны, должны надлежащим образом совершать слияние в эту ночь. И в чем причина? Это потому, что во все дни этой субботы есть у нас другой дух (руах), пребывающий над миром.²²⁶ А в эту ночь есть у нас иной высший дух святости, опускающийся на праведных сыновей. И этот дух (руах) веет от Атика", Кетера, "и опускается к нижней точке, чтобы передать ей покой всего. И этим духом наделяются все стороны, наверху и внизу, как сказано: "Между Мной и сынами Исраэля"²²⁴"».²²⁷

197) «"Когда эти мудрецы пребывают в этом духе святости, высшем духе, они должны совершать слияние на ложе своем. Ибо этот дух влечет за собой вниз все эти святые души, и высшие праведники с помощью этого духа (руах) передают в наследство эти святые души сыновьям своим, как подобает"».

---

²²⁵ Писания, Притчи, 31:15. «И встает она еще ночью, раздает пищу в доме своем и урок служанкам своим».
²²⁶ См. выше, п. 176.
²²⁷ См. выше, п. 189.

Хранение в субботу

198) «"Когда этот дух пребывает над миром, все злые духи и обвинители устраняются из мира, и мы не должны произносить молитву об охранении, ибо Исраэль хранимы этим духом, и шатер мира", Малхут, "простирает над ними свои крылья, и они хранимы от всего"».

199) «"И если скажешь: мы ведь изучали, что не должен выходить человек в одиночку ни в ночь четвертого дня недели, ни в субботнюю ночь. И человек должен остерегаться. Но мы же сказали, что в субботнюю ночь люди хранимы от всех обвинителей мира, и мы не должны молиться об охранении?"»

200) И отвечает: «"Смотри, это так, безусловно, что в четвертую ночь недели необходимо остерегаться их", нечистых сил (ситры ахра). "И в чем причина? Потому что написано: "Да будут светила"[228], – "светила (меорот מְאֹרֹת)" без "вав ו", что указывает на ущерб луны. Ведь из-за того, что луна", Малхут, "ущербна, множество станов духов включились в это "светила (меорот מְאֹרֹת)". Проклятия и светила (меорот מְאֹרֹת) – они в ущербе луны, и все они властвуют в эту ночь"», и поэтому запрещено в это время выходить в одиночку.

201) «"В ночь субботы, после того как все вредители расходятся, чтобы войти в проем праха" для того, "чтобы не могли властвовать и причинять вред", – то есть до того, как они вошли в проем праха, они могут причинить вред, поэтому "когда человек один, он должен остерегаться выходить в одиночку", – ведь они смогут причинить ему вред, пока находятся на своем пути, прежде чем войдут в проем праха. "Но, кроме того, хотя и не могут властвовать, они могут иногда показываться, и человек, вышедший в одиночку, должен оберегать себя"», – чтобы не увидеть их, ибо он может нанести себе вред тем, что увидит.

202) И напоминает, как он учил относительно рассматриваемого вопроса, и говорит, что «"так учил этот вопрос". И говорит следующее. Спрашивает: "Но если так", – если человеку

---

[228] Тора, Берешит, 1:14-15. «И сказал Всесильный: "Да будут светила на своде небесном, чтобы отделять день от ночи; и будут они для знамений и времен, и для дней и лет. И будут они светилами на своде небесном, чтобы светить над землей". И было так».

запрещено выходить в ночь субботы в одиночку, – "это ведь отсутствие охраны?" И отвечает: "Однако в субботу есть охранение святого народа. И Творец, когда наступает суббота, венчает каждого из Исраэля" дополнительной душой, "и необходимо хранить это святое украшение, которым украсились. И хотя они", вредители, "не находятся в месте поселения, вместе с тем они иногда показываются одинокому человеку, и ослабевает везение (мазаль) его. И человек должен украситься святым украшением и беречь его"».

203) «"В конце концов, есть охранение у святого народа, потому что шатер мира", Бина, "распростерт над народом. Ведь мы учили, что в любом месте, где есть шатер мира, не находится там ситра ахра. И поэтому это охрана, и охрана есть"».

204) «"Субботний день – это радость всего, и всё охраняется наверху и внизу, и нижняя точка", Малхут, "светит, чтобы подняться наверх", к Абе ве-Име, "в великолепии семидесяти венцов", получаемых от ЗАТ (семи нижних сфирот) Абы ве-Имы, каждая из которых состоит из десяти, и это "дополнительные части" относительно ночи субботы. "И самый древний из всех старцев пробуждается"», т.е. Кетер, – чтобы передавать наполнение ей.

205) «"Тогда, когда свет поднимается, святой народ спешит в дом собраний, в облачении величия, в радости, и украшается святым венцом, который наверху. И благодаря этому духу", т.е. дополнительной душе (нешама), "установившемуся над ними внизу, они возносят славу в песнопениях и восхвалениях. Эти восхваления поднимаются наверх, и тогда и высшие и нижние, все пребывают в радости и украшаются все вместе. И высшие провозглашают, говоря: "Благословенны вы, народ святой на земле, ибо Господин ваш украшается над вами, и все святые воинства украшаются благодаря вам"».

206) «"Этот день – это день душ, а не день тела, поскольку он – господство средоточия душ", Бины. "И пребывают высшие и нижние, все в едином слиянии (зивуге), в украшении этого святого высшего дополнительного духа"».

Субботняя молитва

207) «"Субботняя молитва святого народа. Три молитвы имеются в этот день, соответствующие трем субботам", – Бины, Зеир Анпина и Малхут, властвующим вместе.[229] "И это объяснялось. И все они – одно целое. А после того, как входит святой народ в дом собрания, запрещено даже заниматься нуждами дома собрания, но только восхвалениями, молитвой и Торой, и как подобает им"».

208) «"И тот, кто занимается другими делами и делами мирскими, – это человек, оскверняющий субботу, и нет у него удела в народе Исраэля. Два ангела назначены следить за этим в день субботний, и они возлагают руки свои на голову его, произнося: "Горе такому-то, что нет у него удела в Творце". И поэтому должны прилагать старания возносить молитвы, песнопения и прославления Господину своему, и заниматься Торой"».

209) «"Этот день – это день душ, которыми венчается это средоточие душ", Бина, "поэтому среди прославлений произносят прославление души: "Душа всякого живущего благословит имя Твое, Творец Всесильный наш, и дух всякой плоти прославит и превознесет память о Тебе"[230]. И нет иного прославления, кроме как со стороны души (нешама) и духа (руах). И этот день установлен ради" состояния "духа (руах) и души (нешама), и не относится к телу"».

210) «"Прославление иной, более высокой ступени, являющейся тайной дня, святого солнца", т.е. Зеир Анпина, "который является светом дня", – это" благословение: "Создающий свет"[231]. И это сияющий свет, от которого питаются и светят все воинства и строения (меркавот), и звезды и созвездия, и все те, которые властвуют над миром"».

---

[229] См. Зоар, главу Итро, п. 530. «"Это три ступени, и все они называются субботой. Суббота высшего", – Бины, "суббота дня", – Зеир Анпина, "суббота ночи", – Малхут. И все они – одно целое…»

[230] Благословение из утренней молитвы (шахарит) в субботний и праздничный день.

[231] Первое благословение перед молитвой «Шма Исраэль»: «Благословен Ты, Творец Всесильный наш, Царь вселенной, создающий свет и творящий тьму, устанавливающий мир и сотворяющий всё».

211) «"Прославление будущего мира", Бины, "в этот день: "Творец – Властелин над всеми деяниями"[232] – это прославление в порядке двадцати двух высших святых букв, украшающихся в праотцах", ХАГАТ, "и в высшем святом строении (меркава)"», Бине.[233]

212) «"Маленькие буквы – это двадцать две буквы нижнего мира", Малхут, "и это: «"Творец благословенный, великий знанием... אֵל בָּרוּךְ גְּדוֹל דֵעָה"[234]. Здесь между словами нет иного промежутка, а только" одна "буква из двадцати двух записана в каждом слове: "Творец благословенный, великий знанием (**Эль б**арух **г**доль **д**еа אֵל בָּרוּךְ גְּדוֹל דֵעָה)"[234]. А в высшем мире", Бине, "есть расстояние и стороны святости между этими буквами"».[235] Ибо к «алеф א» относятся пять слов: «Творец (Эль אל) – Властелин над всеми деяниями», и к «бет ב» относятся пять слов: «Благословен (барух בָּרוּךְ) и благословляем устами каждой души». А к «гимель ג» относятся четыре слова «Его величием (годло גוּדְלוֹ) и добротой полнится мир» и так далее, как приводится там. «"И это – прославление над прославлениями, где высшие буквы седьмого дня", т.е. Бина, "восславляет и говорит высшему Царю, создавшему все вначале (берешит)"». И это Хохма, т.е. высшая точка.[223]

213) «"Когда это прославление восходит наверх, шестьдесят высших строений (меркавот)", находящихся в Эденском саду, "как мы уже говорили,[236] производят зивуг и принимают это прославление от святого народа, и возносят его, чтобы украситься им в многочисленных высших строениях (меркавот),

---

[232] Отрывок из утренней молитвы (шахарит), произносимой перед молитвой «Шма Исраэль» в субботу или праздничный день, начинающийся со слов: «Творец – Властелин над всеми деяниями; благословен и благословляем устами каждой души; Его величием и Его добротой полнится мир; знание и разумение окружают Его». (אֵל אָדוֹן עַל כָּל הַמַּעֲשִׂים בָּרוּךְ וּמְבֹרָךְ בְּפִי כָּל הַנְּשָׁמָה גָּדְלוֹ וְטוּבוֹ מָלֵא עוֹלָם דַּעַת וּתְבוּנָה סוֹבְבִים הוֹדוֹ)

[233] См. выше, п. 182.

[234] Отрывок из утренней молитвы (шахарит), произносимой повседневно перед молитвой «Шма Исраэль»: «Творец благословенный, великий знанием, уготовил и создал солнечное сияние. Благословенный сотворил все во славу имени Своего. Окружил крепость Свою светилами. Главы воинства Его – ангелы святые, превозносящие Всемогущего постоянно». אֵל בָּרוּךְ גְּדוֹל דֵּעָה הֵכִין וּפָעַל זָהֳרֵי חַמָּה טוֹב יָצַר כָּבוֹד לִשְׁמוֹ מְאוֹרוֹת נָתַן סְבִיבוֹת עֻזּוֹ פִּנּוֹת צְבָאוֹת קְדוֹשִׁים רוֹמְמִים שַׁדַּי תָּמִיד).

[235] См. Зоар, главу Трума, п. 104. «"Две другие буквы, находящиеся в конце прославления "Творец – Властелин..."»

[236] См. выше, пп. 184-185.

когда правители и все праведники, находящиеся в Эденском саду, все они украшаются этим прославлением, и все эти строения (меркавот) и все эти души (нешамот) праведников – все они поднимаются благодаря этому прославлению до свойства трона"», т.е. Малхут.

214) «"Когда это прославление достигает святого трона", Малхут, "то это прославление", которое произносят "весь Исраэль, находится там до времени произнесения Исраэлем высшей святости молитвы "мусаф"», то есть: «Короной (кетер) увенчают Тебя». «"Тогда есть подъем" у тех, кто "внизу", чтобы подняться "наверх", т.е. Малхут, трон, восходит к Име, Бине, а Зеир Анпин восходит к Абе, т.е. к высшей точке, "чтобы всё соединилось наверху", в Абе ве-Име, "и всем стать одним целым"». И тогда уже это прославление: «Творец (Эль אל) – Властелин над всеми деяниями», которое поднялось вместе с Малхут в Бину, произносит Бина высшему Царю, т.е. Хохме. И это прославление поднимается над всеми прославлениями.

215) «"Отсюда и далее – это такой же порядок молитвы, как и в остальные дни, до благословения "Возрадовался Моше"[237], – это радость высшей ступени", т.е. Тиферет, называемой Моше, и это свойство Яаков, "основа праотцев", т.е. линия, согласующая и соединяющая Хесед и Гвуру, называемые Авраам и Ицхак. "И он рад этой своей участи", т.е. Малхут, "когда трон", Малхут, "поднимается к нему, и он принимает ее, и они соединяются вместе. И это – радость Торы наверху, т.е. письменной Торы", Тиферет, "которая радуется Торе внизу, т.е. устной Торе", Малхут, "и они соединяются друг с другом"».

216) «"После того, как они соединились вместе, человек должен включить в эту радость святой народ" и сказать: "Возрадуются царству Твоему соблюдающие субботу"[238], амен и амен, "да будет желанен Тебе покой наш"[238]».

---

[237] Благословение из утренней молитвы «Амида» субботнего дня.
[238] Из дополнительной молитвы (мусаф) на субботний и праздничный день.

Тайна книги Торы

217) «"Тайна книги Торы в этот день. Мы уже объясняли. Мы учили. Написано: "И читали они книгу, Тору Всесильного, истолковывая и разъясняя, и понимали прочитанное"[239]. И мы объясняли, что тайна разделительных интонаций, канонов письма, точного значения текста, скрытого смысла, – всё это было передано Моше на горе Синай". Спрашивает: "Но если Тора была передана Моше со всем ее точным значением, то почему в книге Торы, повествующей обо всех тайнах святости, недостает всех этих уточнений и тайн, переданных Моше с Торой?"»

218) «"Но секрет этого в том, что когда святой трон", Малхут, "довершившись, включается в письменную Тору", Тиферет, "то все эти формы и интонации, и каноны письма, – все они входят в скрытом виде и записываются в святом троне", от Тиферет. "И от всех этих форм, которые вводит письменная Тора", Тиферет, "в устную Тору", Малхут, "она беременеет, как женщина беременеет от мужчины. И только высшие буквы" письменной Торы "остались в своей святости, как подобает", – без всякой формы. И чтобы показать их в доме собрания, что трон", Малхут, "благословляется и украшается письменной Торой, Он ввел туда", в Малхут, "все эти формы, т.е. интонации и каноны", как уже сказано, "и она освящается от Него. И нужно представлять их по одним только буквам, как полагается"».

219) «"И тогда всё освящается высшей святостью, как подобает, и уж тем более день субботний. В этот день должны подняться к Торе семь человек, что соответствует семи голосам", т.е. ХАГАТ НЕХИМ Зеир Анпина, "являющимся тайной Торы", т.е. Зеир Анпина. "А в установленные времена и дни должны подняться пять человек к раскрытию этой тайны". Ибо основой семи сфирот являются пять: ХАГАТ Нецах Ход, а Есод – это совокупность их со стороны дающего, а Малхут – совокупность их со стороны получающего. "А в День искупления поднимаются шесть человек к этой высшей тайне"», – т.е. ХАГАТ НЕХИ Зеир Анпина.

---

[239] Писания, Нехемия, 8:7-8. «...И левиты разъясняли народу Тору, а люди стояли на своих местах. И читали они книгу, Тору Всесильного, истолковывая и разъясняя, и (люди) понимали прочитанное».

220) «"Пять" относящихся к праздникам – "это пять ступеней" ХАГАТ Нецах Ход, "под ступенью предшествующего света", т.е. Бины и ГАР, "однако находящихся внизу", в Зеир Анпине, "и они составляют Тору", ибо Зеир Анпин называется Торой. "Шесть" Дня искупления – "это шесть окончаний", т.е. учитывается также и их совокупность, Есод. "И все это одна тайна", и нет здесь дополнения к пяти сфирот "основным. "Семь" субботнего дня, – "это семь голосов", т.е. учитывается также вторая совокупность, Малхут. "И все это – одна тайна – и те, и другие"», т.е. указывают на сфирот Зеир Анпина.

221) «"В новомесячье добавляется один", соответствующий Малхут, "к трем, которые (поднимаются к Торе) в будние дни", указывающим на ХАГАТ Зеир Анпина, "поскольку солнце", Зеир Анпин, "светит в это время луне", Малхут. "Поэтому есть дополнительная молитва (мусаф)", произносимая в новомесячье, которая соответствует вышеуказанному добавлению. "В книге Торы необходимо, чтобы было слышно голос и речь только одного (человека)"».[240]

222) «"Порядок действий, который должен соблюдать святой народ в этот день и в остальные дни", в которые есть чтение "книги Торы, заключается в том, что необходимо выстроить молитву и произвести исправление одного престола, называемого "ковчег". И престол этот должен быть в шесть ступеней", ХАГАТ НЕХИ де-Малхут, "чтобы подняться по ним, но не более. Как написано: "И шесть ступеней к престолу"[241], т.е. Малхут. "И одна ступень наверху", соответствующая Хохме в ней, т.е. ковчег, "чтобы возлагать на нее книгу Торы и раскрывать всем"». Ибо ковчег, Хохма де-Малхут, дает видение книги Торы, Зеир Анпина.[242] И нет иного видения, кроме как в Малхут.

223) «"Когда поднимается туда книга Торы, весь народ должен привести себя в порядок внизу, "в благоговении и страхе,

---

[240] См. выше, п. 141.
[241] Писания, Диврей а-ямим 2, 9:17-18. «И сделал царь большой престол из слоновой кости, и обложил его чистым золотом. И шесть ступеней к престолу, и подножие золотое, к престолу прикрепленное, и подлокотники по обе стороны сиденья; и два льва стояли у подлокотников».
[242] См. Зоар, главу Берешит, часть 1, п. 340, со слов: «И, кроме того, так же как высшая Хохма является началом (решит רֵאשִׁית), так же и нижняя Хохма считается началом (решит רֵאשִׁית). Потому что от высшей Хохмы до Малхут, являющейся нижней Хохмой, нет во всех сфирот того, кто бы взял себе свечение Хохмы...»

трепете и тревоге"²⁴³, и направить сердце свое так, словно стоят они сейчас у горы Синай, чтобы получить Тору. И будут слушать с усиленным вниманием. И нет права у народа открывать уста, даже произнося речения Торы, и уж тем более – другие речи. Но все должны быть в страхе, словно нет у них уст. Как сказано: "А когда открыл он (ее), встал весь народ"²⁴⁴. И сказано: "И весь народ внимательно слушал книгу Торы"²⁴⁵».

224) «Сказал рабби Шимон: "Когда выносят Тору в собрании, чтобы читать ее, раскрываются небесные врата милосердия и пробуждают любовь наверху, и человек должен произнести следующее"».

225) «"Благословенно имя Владыки мира, благословен Твой царский венец и место обитания Твоего, да будет вечно пребывать благословение Твое с народом Исраэля, чтобы явить народу Своему спасение десницы Твоей в Храме Твоем, и озарить нас благодатным светом Твоим, и принять молитвы наши благосклонно. Да будет желанным для Тебя продлить жизнь нашу в благополучии, и чтобы быть мне, рабу Твоему, помянутым среди праведников, смилостивиться надо мной, и хранить меня и всё, что есть у меня и у народа Твоего, Исраэля.

Ты тот, кто дает пищу всему и посылает пропитание всем, Ты – тот, кто властвует над всеми, Ты – тот, кто властвует над царями, и всё царствие принадлежит Тебе. Я – раб Творца благословенного, и преклоняюсь я пред Ним и пред величием Торы Его во всякое время. Не на человека я полагаюсь, и не на сынов Всесильного возлагаю надежды, а на Властителя небес, и Он – истинный Создатель, и Тора Его истинна, и пророки Его истинны, и умножает Он милосердие и истину. На Него я уповаю, и имени Его святому и величественному возношу я прославления. Да будет угодным Тебе раскрыть сердце мое в Торе Твоей, и дай мне сыновей, выполняющих желание Твое, исполни просьбу сердца моего и сердца народа Твоего, Исраэля, во имя благополучия, жизни и мира. Амен"».

---

²⁴³ Вавилонский Талмуд, трактат Брахот, лист 22:1.
²⁴⁴ Писания, Нехемия, 8:5. «И открыл Эзра книгу на глазах у всего народа, потому что стоял он выше всего народа; а когда открыл он (ее), встал весь народ».
²⁴⁵ Писания, Нехемия, 8:3. «И читал он ее на площади против Водных ворот, от рассвета до полудня, перед мужчинами и женщинами, и понимающими; и весь народ внимательно слушал книгу Торы».

226) «"Книгу Торы разрешается читать лишь одному человеку, а все должны слушать внимательно и молчать, для того чтобы слушать слова, исходящие из уст его, так, словно они получили ее сейчас с горы Синай. И рядом с тем, кто читает Тору, должен стоять один", поднимающийся к Торе, "и соблюдать молчание, чтобы слышать лишь одну речь, а не две".[246] Должен быть "один" читающий "на языке святости, и это одна речь, а не две. Если читающих книгу Торы оказываются двое, это является недостатком веры, а недостаток величия Торы привносится в книгу Торы. Должен быть только один голос", и также должен быть только "один комментатор, и это тайна: оболочка (клипа) и мозг (моах)"». Ибо комментатор – это свойство клипы, а читающий на языке святости – свойство «моах». И не бывает мозга (моах) без оболочки (клипы).

227) «"Все в молчании, а один читает. Как написано: "И произносил Всесильный все эти слова, говоря"[247], – наверху", на вершине горы, "а весь народ (находился) внизу. Как написано: "И встали они у подножья горы"[248]. И написано: "А Моше взошел к Всесильному"[249]». Таким образом, был один читающий и один поднимающийся к Торе наверху, на вершине горы. А весь народ у подножия горы внимательно слушал и молчал. И так должно быть при раскрытии книги Торы.

228) «"И тот, кто читает Тору, должен направить свое сердце и желание к словам, которые читает, ибо он является посланником Господина своего в порядке произносимых во всеуслышание всего народа речений. Ведь он как бы представляет собой высший образ", подобия Творцу при вручении Торы. "Поэтому тот, кто поднимается к чтению Торы, должен подготовить эти речения вначале у себя дома. А если нет", не подготовил, "не должен читать Тору. Откуда мы это знаем? Из той же речи" Творца – "прежде чем Он сообщил во всеуслышание Тору святому народу, сказано: "Тогда Он увидел и установил ее, утвердил,

---

[246] См. выше, п. 141.
[247] Тора, Шмот, 20:1. «И произносил Всесильный все эти слова, говоря».
[248] Тора, Шмот, 19:17. «И вывел Моше народ навстречу Всесильному из стана, и встали у подножия горы».
[249] Тора, Шмот, 19:3. «И Моше взошел к Всесильному, и воззвал к нему Творец с горы, сказав: "Так скажи дому Яакова и возгласи сынам Исраэля"».

еще и испытал"²⁵⁰. А затем сказано: "И сказал человеку: "Вот, страх Творца – он и есть мудрость"²⁵¹». Таким образом, прежде чем Он дал услышать ее человеку, Он выстроил всю речь саму по себе. И так обязан поступать всякий, читающий Тору.

229) «"Запрещено тому, кто читает Тору, прерывать главу или даже одно слово, но только в том месте, в котором прекращал читать Моше эту главу святому народу, – там он должен прерваться. И не должен прекращать слова главы этой субботы словами главы другой субботы"».

230) «"И дело в том, что в то время, когда прекращались главы, каждая из них украшалась и представала пред Творцом. А когда завершались все главы за весь год, украшались все пред Творцом и произносили: "Я от субботы такой-то, а я – от такой-то"».

231) «"В этот час призвал Творец Йофиэля, высшего правителя, и пятьдесят три святых строения (меркавы), находящихся под его правлением", соответствующих пятидесяти трем главам Торы, "которые назначены для служения Торе, и каждое из строений получило свое назначение. Это строение – над такой-то главой, произносимой в такую-то субботу, а такое-то строение (меркава) – над такой-то главой, произносимой в такую-то субботу. И каждое из них служит Торе своей субботы, и запрещено нам смешивать одни с другими, и привносить одно строение в другое даже на толщину волоса, даже одним словом, или даже одной буквой. Но каждое из них должно соответствовать тому, что определил для них Творец", т.е. как они украсились пред Ним,²⁵² "и как Он назначил их", строения, "над этими главами – каждая на страже своей"».

232) «"Поэтому, когда завершается глава, поднимаются слова главы, завершенной в собрании, и их принимает то строение, которое назначено над этой главой, и поднимает их пред Творцом; и именно эти слова стоят перед Ним и произносят: "Я,

---

²⁵⁰ Писания, Иов, 28:27. «Тогда Он увидел (мудрость) и установил ее, утвердил, еще и испытал; и передал человеку».
²⁵¹ Писания, Иов, 28:28. «И сказал Он человеку: "Вот, страх Творца – он (и есть) мудрость, и удаляться от зла – разум"».
²⁵² См. п. 230.

такая-то глава, которую завершили в таком-то собрании так-то и так-то"». Иначе говоря, как полагается, или нет.

233) «"Если эта глава была завершена как подобает ей, то поднимаются эти слова и становятся украшением над святым престолом", Малхут, "и это строение служит ей. Каждое строение" служит "главе каждой субботы", т.е. каждое строение – своей главе. "И все они становятся украшением в святом троне, и он поднимается вместе с ними, чтобы соединиться высоко-высоко", в Зеир Анпине. "И становится всё", т.е. глава и престол, и Зеир Анпин, "единым целым. Поэтому счастлив удел того, кто завершает главу в каждую субботу как подобает, – как закончили ее наверху"».

234) «"Дважды читают Тору в субботу", один раз – утром (во время утренней молитвы), второй – "во время минхи (послеполуденной молитвы), в час, когда суд зависит" от будних дней, "в момент наступления вечера. Поскольку нужно включить левую линию в правую, так как Тора вручена с двух сторон, как написано: "От десницы Его – пламя закона для них"[253]». Ведь Тора – это огонь, левая линия, и она «от десницы Его»[253]. То есть, «"правая и левая (стороны)". И поэтому читают ее утром, а это правая (сторона), и также во время минхи, являющейся левой (стороной). "И поэтому книга Торы во время минхи читается в десяти отрывках или более, но не полная глава, ибо полная глава может быть лишь в правой (стороне), а правая пребывает до наступления минхи". Но в минхе – это левая (сторона). "И это уже объяснялось"».

235) «"Во второй и пятый день недели (Тору читают), поскольку ступени нисходят вниз", ибо в будние дни совершают слияние Яаков и Рахель в месте больших ЗОН, которые облачают Зеир Анпин от хазе и ниже, "и они (эти ступени) являются совокупностью Торы", ибо Яаков является свойством Тора, как и Зеир Анпин. "И если скажешь: ведь Пророки комментируются внизу?" Другими словами, Яаков облачает только НЕХИ Зеир Анпина, и это свойство Пророки, а не Тора, ибо Тора – это свойство ХАГАТ. В таком случае, почему читают Тору? И отвечает: "Но это, безусловно, так", что Яаков облачает НЕХИ

---

[253] Тора, Дварим, 33:2. «И сказал он: "Творец из Синая пришел и воссиял им из Сеира, явился от горы Паран и пришел из среды десятков тысяч святых. От десницы Его – пламя закона для них"».

Зеир Анпина, "однако те, что внизу", т.е. девять сфирот Яакова, "все они – совокупность Торы", т.е. Яаков в общем является свойством ХАГАТ, т.е. Торой, как и Зеир Анпин, "и каждая сфира состоит из всех сфирот"» – содержит в себе все остальные сфирот. И поскольку все они состоят друг из друга, имеется в каждой из них ХАГАТ, т.е. Тора.

236) «"Но дело в том, что эти высшие ступени", т.е. семь сфирот ХАГАТ НЕХИ Зеир Анпина,[254] "называются одной главой", т.е. недельной главой, "а затем выходят из них девять ступеней, соединенных вместе", т.е. девять сфирот Яакова, "и поэтому вызываются к чтению девять человек: трое – во время субботней минхи", и они соответствуют сфирот ХАБАД Яакова; "и трое – во второй день", и они соответствуют сфирот ХАГАТ Яакова; "и трое – в пятый день", и они соответствуют сфирот НЕХИ Яакова. "Итого – девять"». И уже выяснилось в предыдущем пункте, что девять сфирот включают друг друга, и поэтому в каждой из них есть ХАГАТ, т.е. Тора, и даже в НЕХИ.

237) «"В книге рава Йева Савы (старца) написано: "Во время минхи в субботу пробуждается левая сторона, и нижняя точка", Малхут, "получает в этой левой стороне Тору. Тогда в этот час" Малхут "движется с левой стороны. И с его стороны мы читаем"» Тору. Иначе говоря, хотя сама Малхут не является свойством «письменная Тора», но поскольку она получает от левой стороны Зеир Анпина свойство «письменная Тора», поэтому мы читаем Тору.

238) «"Ибо" Малхут "пребывает в тайне девяти" сфирот, "и поэтому мы вызываем девять" человек, "и это шесть" человек, т.е. ее ХАГАТ НЕХИ, "в будни", во второй и пятый дни, "и три" человека, т.е. ГАР ее, "в час, когда пробуждается левая сторона в субботу", т.е. во время субботней минхи, "чтобы соединить всех как одно целое. И она украшается ими в трех сторонах", правой-левой-средней, "как три высшие стороны", ХАГАТ, "входящие в совокупность субботней главы"», которую мы читаем утром. Объяснение. Хотя мы говорим, что в субботнюю минху Малхут получает от левой стороны, это не означает, что только от левой стороны, но получает она от всех трех линий, и имеется в виду – во власти левой. «"Счастлив удел того, кто удостоился величия субботы, счастлив он в двух мирах, в этом мире и в мире будущем!"»

---

[254] См. выше, п. 220.

ГЛАВА ВАЯКЕЛЬ

Тайны субботы

239) «"Написано: "Пусть не выходит никто из места своего в день седьмой"²⁵⁵. Спрашивает: "Что значит "из места своего"²⁵⁵?" И отвечает: "Мы учили, "из места своего"²⁵⁵ означает – "из места, предназначенного для того, чтобы ходить", – т.е. за пределы города и двух тысяч локтей (ама), прилегающих к нему. "И суть этого, как написано: "Благословенно величие Творца с места Его"²⁵⁶. И это место. И это скрытый смысл сказанного: "Ибо место, на котором ты стоишь"²⁵⁷. Потому что есть известное место наверху", Малхут, "и называют его местом, так как в нем проявляется высшее величие, которое наверху", т.е. Малхут, "поэтому это является предупреждением человеку, украшающемуся высшим венцом святости, не выходить из этого места. Ибо, выходя из него, он оскверняет субботу".²⁵⁸ И не "руками – работой, как мы объясняли", и не "ногами – выходя за пределы двух тысяч локтей (ама). Всё это считается осквернением субботы"».

240) «"Пусть не выходит никто из места своего"²⁵⁵ – это место того святого величия", т.е. Малхут, "ибо вне пределов его – это место иных божеств. "Благословенно величие Творца с места Его"²⁵⁶. "Величие Творца"²⁵⁶ – это высшее величие", Бина. "С места Его"²⁵⁶ – это нижнее величие, Малхут. И это – венец субботы, и поэтому: "Пусть не выходит никто из места своего"²⁵⁵. Благословен Он всегда и во веки веков!"»

241) «"Написано: "Вот место у Меня"²⁵⁹. Несомненно, это место скрытое и сокровенное, которое неизвестно вовсе", Бина. "Это означает сказанное: "У Меня"²⁵⁹ – указывает на то, что "это место, которое не раскрылось, и оно пребывает в скрытии, и это высшее место высоко-высоко наверху, т.е. высший чертог,

---

²⁵⁵ Тора, Шмот, 16:29. «Смотрите, ведь Творец дал вам субботу, поэтому дает Он вам в день шестой хлеба на два дня; сидите каждый у себя, пусть не выходит никто из места своего в день седьмой».

²⁵⁶ Пророки, Йехезкель, 3:12. «И понес меня дух, и услышал я позади себя голос, шум мощный: "Благословенно величие Творца с места Его!"»

²⁵⁷ Тора, Шмот, 3:5. «И сказал Он: "Не приближайся сюда, сними обувь с ног твоих, ибо место, на котором ты стоишь, – земля святая"».

²⁵⁸ См. Зоар, главу Бешалах, п. 419. «"Пусть не выходит никто из места своего" – это возвышенное место святости. Ибо за пределами его – чужие боги...»

²⁵⁹ Тора, Шмот, 33:21. «И сказал Творец: "Вот место у Меня: стань на этой скале"».

скрытый и сокровенный", высшая Бина. "Однако" место, о котором говорится здесь, "это место, которое внизу", Малхут, "как мы уже сказали. И это то место, которое выясняется наверху", в Бине, "и выясняется внизу", в Малхут. "И поэтому: "Пусть не выходит никто из места своего в день седьмой"²⁵⁵».

242) «"Написано: "И отмерьте вне города на восточной стороне две тысячи локтей"²⁶⁰. Ведь уже объяснялись эти высшие тайны. Однако "две тысячи локтей"²⁶⁰ – это потому, что Малхут, называемая городом, наследовала "две стороны", т.е. правую и левую, когда Хохма облачена в хасадим, а хасадим – в Хохму, и это две тысячи, ибо сфирот Хохмы исчисляются в тысячах. А Малхут, "она всегда украшается в двух сторонах – как наверху, так и внизу. И (будет) признаком тебе, – что Шхина не пребывает вне назначенных ей пределов"», т.е. двух линий.

243) «"Когда вышла суббота, Исраэль, что внизу, должны медлить", т.е. добавлять от будней к святости, "ибо это великий высший день, и в этот день пребывает над ним высокий величественный гость" – дополнительная душа. "Поэтому нужно медлить, показывая этим, что не торопятся выпроводить этого святого гостя. Тогда Исраэль провозглашают, говоря: "А Он, милостивый, прощает грех"²⁶¹, – это является нужным исправлением в эту ночь, поскольку суд возвращается на свое место. И это не было проявлено накануне субботы, ибо суд устранился и не пребывал"».

244) «"В час, когда Исраэль провозглашают, говоря: "Да будет милость"²⁶², и благословение святости"», то есть: «А Ты, святой»²⁶³, «"все те грешники, что в преисподней, провозглашают, говоря: "Счастливы вы, Исраэль, народ святой. Счастливы вы, праведники, хранящие заповеди Торы. Горе тем грешникам, которые не удостоились хранить Тору", тогда спешно появляется Дума и раздается воззвание: "Возвратятся

---

²⁶⁰ Тора, Бемидбар, 35:5. «И отмерьте вне города на восточной стороне две тысячи локтей, и на южной стороне две тысячи локтей, и на западной стороне две тысячи локтей, и на северной стороне две тысячи локтей, а город посередине; это будет им предместьями городов».
²⁶¹ Писания, Псалмы, 78:38. «А Он, милостивый, прощает грех и не губит, многократно отвращает гнев Свой и не пробуждает всей ярости Своей».
²⁶² Писания, Псалмы, 90:17. «Да будет милость Творца Всесильного нашего на нас, и дело рук наших утверди для нас, и дело рук наших утверди».
²⁶³ Писания, Псалмы, 22:4. «А Ты, Святой, пребываешь в славословии Исраэля!»

нечестивые в преисподнюю, все народы, забывшие Всесильного"²⁶⁴. И все отряды ангелов-губителей истязают их в преисподней, и нет того, кто бы смилостивился над ними. Счастливы все, соблюдающие субботу в этом мире и дающие наслаждение тому, кто пребывает свыше", т.е. высшему духу, "как мы уже говорили"».²⁶⁵

245) «"Того, кто соблюдает пост в субботу, обвиняют перед святым Царем двое. Один – это святой высший дух, который необходимо насладить, а он не наслаждается. И еще один – правитель, стоящий над тем, кто соблюдает пост, и имя его – Сангарья. Они поднимаются, представ пред святым Царем, и обвиняют его"».

246) «"И этот дух уходит из-за отсутствия блага и наслаждения внизу. И когда этот дух не восполняется внизу, то не восполняется и другой, высший дух. Поскольку не восполняется наверху и внизу, то этот человек заслуживает проклятия и наказания. Но когда он восполняется в другое время этим же человеком, а правитель, отвечающий за мучение и пост, восполняется высшим наслаждением среди прочих правителей, то отменяют ему весь срок приговора суда, к которому приговорен, – все эти семьдесят высших лет"», т.е. ХАГАТ НЕХИМ.

247) «"Это подобно царю, который радуется на своем пиру, и все люди радуются вместе с ним. Вдруг он видит человека, заключенного в оковы, и тут же отдает приказ о немедленном освобождении его. Для того, чтобы все пребывали в радости"».

248) «"Затем возвращаются те правители, которые наказывают людей, и они взыскивают с человека за то, что он стал причиной недостатка наверху и внизу", поскольку не наслаждался в субботу. "И каково исправление его? Оно заключается в том, что он должен отсидеть пост за тот его пост", который соблюдал в субботу. "И в чем причина? Из-за того, что он отменил субботнее наслаждение, он должен теперь отменить наслаждение в будний день"».

---

²⁶⁴ Писания, Псалмы, 9:18. «Возвратятся нечестивые в преисподнюю, все народы, забывшие Творца».
²⁶⁵ См. выше, п. 187.

249) «"А если он отменяет субботнее наслаждение, и наслаждается в будний день, то он подобен тому, кто дорожит чем-то иным больше, чем дорожит Творцом. Ибо высший дух, святая святых, пребывающий над ним, он не насладил и отстранил его от себя, а другим духом, будничным, пребывающим затем над миром, он дорожит и наслаждает его. Тогда снова взыскивают с него в этом мире и в мире будущем"».

250) «"Поэтому требуется другой пост, в первый из будних дней, когда воцаряется над миром дух будней. И тогда есть у него исцеление, поскольку не предпочел он дух будней" духу субботы. "И признак для тебя: "Должен возвратить награбленное, которым завладел"[266]. Грабитель не считается ни с Творцом, ни с людьми. Поэтому его наказание не так велико, как наказание вора. Вор, дорожащий людьми больше, чем Творцом, получает наказание в этом мире и в мире будущем. Счастлив тот, кто восполняет внизу высшее наслаждение как подобает"».

251) «"Этот день венчается семидесятью украшениями", ибо это седьмой день, в котором украсились и восполнились ХАГАТ НЕХИМ, каждый из которых включает десять, и это – семьдесят украшений. "И высшее святое имя", Бина, "восполняется со всех сторон", т.е. от трех линий, называемых праотцами.[267] "И светят все ступени, и все они получают радость благословений и святость над святостью, и дополнительную святость"». Благословения нисходят от Бины, а святость – от Хохмы.

252) «"Святость кануна субботы", т.е. Малхут, – "это святость субботы начала творения", т.е. Бины,[268] и это тайна тридцати двух Элоким действия начала творения, получивших святость от тридцати двух тропинок, имеющихся в Хохме. И также Малхут "получила святость от тридцати двух тропинок" Хохмы "и трех ступеней святых яблонь", т.е. трех линий, в которых содержатся три цвета такой яблони, белый-красный-зеленый, притягивающие

---

[266] Тора, Ваикра, 5:21-23. «Если кто-нибудь согрешит пред Творцом и злоупотребит доверием ближнего, отрицая, что ему было отдано что-то на хранение или во временное пользование; или будет виновен в грабеже или присвоении имущества ближнего; или найдет потерянное и будет отрицать все это, и поклянется ложно, что он не совершил эти грехи, то, признав вину, должен возвратить награбленное, которым он завладел, или присвоенное, которое он выдает за свое, или вклад, который был ему доверен, или потерянное, которое нашел».

[267] См. выше, пп. 181-182.
[268] См. выше, п. 182.

Хохму, и это святость. Поэтому они называются святыми яблонями, а Малхут, получающая их, называется садом святых яблонь.

"И нужно напоминать об этой святости, обо всем действии начала творения, и покое", который в седьмом дне, "в тайне тридцати двух тропинок Хохмы и трех ступеней яблонь, включающихся в них, и это тайна свидетельства действия начала творения, то есть: "И завершены были небо и земля и все воинство их. И завершил Всесильный в седьмой день свою работу..."[269]. В этом свидетельстве есть тридцать пять слов", соответствующих "тридцати двум тропинкам и трем ступеням святых яблонь"».

253) «"Три ступени, и это – "седьмой", "седьмой", "седьмой"», которые есть в (изречении): «И завершены были»[269]. «"Есть в них тайна высшего мира", то есть Бины, называемой седьмой снизу вверх, если начать отсчет со сферы Есод. "И тайна нижнего мира", то есть Малхут, называемой седьмой, если начать (отсчет) с Хеседа. "И тайна всей веры", то есть атары́ Есода Зеир Анпина, и это свойство Малхут Зеир Анпина, которая называется седьмой. "Трижды Элоким"», которые есть в (изречении) «И завершены были»[269]. «"Одно – это нижний мир", т.е. Малхут, называемая Элоким. "И еще одно – страх Ицхака", т.е. Гвура Зеир Анпина, называемый Элоким. "И еще одно – высший святой мир, святая святых", т.е. Бина, называемая Элоким. "И человек должен произнести это свидетельство с радостью и желанием сердца пред Господином веры. И каждый, кто произносит это свидетельство, отдавая этому все свое сердце и желание, искупает этим все свои прегрешения"».

254) «"Благословен Ты, Творец Всесильный наш, Царь вселенной, освятивший нас своими заповедями, и благоволивший к нам"[270], – это освящение по важности своей равно свидетельству

---

[269] Тора, Берешит, 2:1-3. «И завершены были небо и земля, и все воинство их. И завершил Всесильный в седьмой день свою работу, которую делал, и отдыхал в седьмой день от всей работы своей, которую сделал. И благословил Всесильный день седьмой и освятил его, ибо в этот день отдыхал от всей работы своей, которую создал Всесильный, чтобы сделать».

[270] Слова из благословения Кидуш (освящения) кануна субботы: «Благословен ты, Творец Всесильный наш, Царь вселенной, освятивший нас своими заповедями, и благоволивший к нам, и давший нам в наследие, по любви и благосклонности, святую субботу Свою в память о сотворении мира, первый из святых праздников, напоминающий о выходе из Египта, ибо нас избрал Ты и нас освятил среди всех народов. и святую субботу Свою по любви и благосклонности дал нам в наследие. Благословен Ты, Творец, освящающий субботу!»

веры"», то есть: «И завершены были небо»[269], «"и это тридцать пять других слов – столько же, сколько содержится в свидетельстве "и завершены были"[269]. И всё вместе составляет семьдесят слов, чтобы украсить ими субботу кануна субботы", т.е. Малхут. "Счастлив удел человека, устремляющего свое желание к словам этим во имя величия Господина его"».

255) «"Дневное освящение, ведь объяснялось, – оно: "Сотворивший плод виноградной лозы"[271], и не более. Поскольку день", Зеир Анпин, "должен освятить ее" – Малхут, называемую чашей освящения. Ибо днем ЗОН поднимаются до Абы ве-Имы, называемых святостью, и освящаются ими. "Тогда как ночью мы должны освятить" Малхут "с помощью этих слов, как мы уже объясняли", т.е. семидесяти слов.[272] "И эта ночь", Малхут, "освящается только лишь путем освящения внизу, – в час, когда пребывает над ними высший дух (руах)", т.е. дополнительная душа (нешама), "и мы должны освятить ее желанием сердца и направить на это разум"». Потому что ночью они поднялись только до уровня ИШСУТ, и должны продолжить святость.

256) «"День субботы" – это Зеир Анпин, который поднялся в высшие Абу ве-Иму и стал святостью, как и они, "он освящает ее", Малхут, называемую чашей, а не мы. "А Исраэль освящают молитвами и просьбами", т.е. с помощью утренней и дополнительной молитв, и повтора молитвы ведущим молитву, и поднимают ЗОН до Абы ве-Имы, и не нуждаются теперь в освящении, чтобы еще освящать их, "но освящаются святостью" Зеир Анпина, который в Абе ве-Име, "в этот день. Счастливы Исраэль, святой народ, унаследовавшие этот день наследием вечным"».

---

[271] Слова из утреннего Кидуша (освящения) в субботу: «Благословен ты, Творец Всесильный наш, Царь вселенной, сотворивший плод виноградной лозы».

[272] См. выше, п. 253.

Светила огненные

257) «"После того, как закончилась суббота, человек должен отделить святое от будничного. Почему? Из-за того, что дано разрешение нижним правителям властвовать над миром и во всяком деянии мира", и нужно "проявить единство в святом месте, в высшей святости", т.е. субботе, "и отделить нижних от высшего единства, и произнести благословение на свет огня"».

258) «"Ибо любой другой огонь скрыт и упрятан в день субботний, кроме одного огня высшей святости, которая раскрылась", и она от экрана де-хирик, находящегося в средней линии Бины, вернувшейся в Хохму, "и включается в святость субботы", т.е. Малхут, которая облачает Бину. "И когда появляется этот огонь, все остальные огни прячутся и укрываются от него. И этот огонь – это огонь принесения в жертву (связывания) Ицхака", т.е. средней линии, охватывающей и связывающей левую линию, Ицхака, чтобы она светила лишь снизу вверх, дабы включиться в правую. "И он горит на жертвеннике" в день субботы. Иными словами, огонь жертвенника, горящий также и в субботу, нисходит от огня средней линии к Малхут, называемой жертвенником. "И поэтому человек должен благословлять на этот свет огня" на исходе субботы. "И под этим огнем не имеется в виду огонь будних дней, а только огонь субботы, и это огонь, который нисходит от высшего огня"», т.е. нисходит от средней линии к жертвеннику, Малхут.

259) «"И это огонь, несущий (в себе) другой огонь", – т.е. огонь, который горит в Малхут. "И поскольку этот огонь выходит от высшего огня", средней линии, "он получает благословение света, и тогда все остальные огни выходят и распределяются по своим местам, т.е. им предоставляется право светить"».

Объяснение. Суды называются «огонь», ибо они подобны огню. Так же, как земной огонь – в то время, когда он применяется правильно, то нет ничего лучшего в мире, т.е. лучшего, чем он, для поддержки всего существующего. А если он применяется неправильно, нет у тебя ничего, что губит и уничтожает всё существующее более, чем он. Так высшие суды, в то время, когда они применяются правильно, то всё совершенство поддержки духовного существования зависит от них. Как, например, суды, применяемые в средней линии, благодаря которым она заставляет левую линию соединиться с правой, вызывая тем самым свечение Хохмы,[273] которое вообще не светит без хасадим правой. И свечение Хохмы – это источник всех мохин состояния гадлут в высших парцуфах, как известно. Таким образом, всё совершенство зависит от правильного применения этих судов. А если они применяются неправильно, то все наказания и всё исчезновение светов у высших происходят из-за них.[274] И с помощью этого ты поймешь скрытый смысл благословения «Творящий светила огненные»[275], которое мы произносим в конце субботы на этот исправленный огонь, который в Малхут, нисходящий от высшего огня, от средней линии, и теперь производится этим исправление всех огней, исходящих от Малхут, чтобы они могли светить, как например, четырех ангелов строения (меркавы) Малхут, Михаэль-Гавриэль-Уриэль-Рефаэль, которые начинают светить, и тогда свечение Хохмы в Малхут, которая восседает над ними, раскрывается, как выяснится в дальнейшем.

260) «"В тот час, когда мы благословляем на огонь, появляются четыре строения (меркавы), четыре стана внизу", то есть Михаэль-Гавриэль-Уриэль-Рефаэль, каждый из которых является правителем над станом ангелов. "И они светят от того огня" в Малхут, "который благословился, и они называются светилами огненными", поскольку свечение их исходит от огня Малхут, которая благословилась. "Поэтому необходимо сложить четыре пальца правой руки и осветить их светом свечи, который благословился". Объяснение. Поскольку это косвенно указывает, что этот огонь, который благословляется, исходящий от высшего огня, т.е. средней линии, приводит к сокращению ГАР в свечении Хохмы левой линии.[273] И сгибание пальцев указывает на сокращение ГАР, как нам предстоит еще выяснить.

261) «"И эти пальцы косвенно указывают на светила огненные", т.е. четыре вышеуказанных строения, "которые светят и главенствуют, получая от света свечи, которая благословилась.

---

[273] См. Зоар, главу Лех леха, п. 22, со слов: «Экран де-хирик, на который выходит средняя линия, происходит от свойства суда, имеющегося в Малхут, которое не подслащается милосердием Бины и называется манула...»

[274] См. Зоар, главу Ваеце, п. 23.

[275] Слова из благословения (авдала), произносимого при отделении субботы от будней: «Благословен ты, Творец Всесильный наш, Царь вселенной, творящий светила огненные».

И поскольку это ступени внизу, поэтому, когда человек рассматривает пальцы свои перед светом свечи, он должен сложить их перед собой, так как этот свет властвует над ними, и они получают свет от него"».

Объяснение. Свечение Хохмы в Малхут называется светом огня. И это по той причине, что свечение Хохмы выходит только от левой линии.[276] И левая линия не может светить иначе, как с помощью согласования средней линии посредством ее экрана де-хирик, называемым «огонь».[273] Ведь свечение Хохмы не может светить иначе, как с помощью огня средней линии, и поэтому называется эта Хохма светом огня. И известно, что Хохма может светить лишь в Малхут, поэтому Малхут называется светом огня или светом свечи.

А четыре ангела Михаэль-Гавриэль-Уриэль-Рефаэль – это три линии НЕХИ и Малхут, получающая их в то время, когда они поднимаются и облачают НЕХИМ этой Малхут. И тогда раскрывается над ними Малхут в своем свечении Хохмы, словно царь, показывающийся народу в своей меркаве (колеснице). И поэтому они называются меркавой (строением) Малхут. И это смысл сказанного: «И эти пальцы косвенно указывают на светила огненные», – т.е. на четырех вышеуказанных ангелов, над которыми раскрывается свечение Хохмы в Малхут, в тайне сказанного: «И увидишь Меня сзади, но лика Моего не будет видно»[277].[278]

И это означает сказанное: «Он должен сложить их перед собой», указывающее на сокращение ГАР в свечении Хохмы, раскрывающемся над пальцами. Ведь поскольку Малхут находится в свойстве «свет огня», это вынуждает их сложиться, что означает сокращение ГАР. И это смысл сказанного: «Так как этот свет властвует над ними», т.е. свет огня, и это Хохма в Малхут, называемая так (светом огня), поскольку не светит без него. В таком случае, она вынуждена светить в соответствии

---

[276] См. Зоар, главу Берешит, часть 1, п. 44, со слов: «И сразу после выхода состояния гадлут первого дня, правой линии, вместе с ней и левая линия неизбежно достигает всей своей величины ...»

[277] Тора, Шмот, 33:22-23. «И будет, когда проходить будет слава Моя, укрою тебя в расселине скалы, и заслоню тебя ладонью Своею, пока не пройду. И отведу ладонь Свою, и увидишь Меня сзади, но лика Моего не будет видно».

[278] См. далее, п. 268.

с согласованием средней линии,²⁷⁹ только в ВАК де-ГАР, т.е. только снизу вверх, на что указывает сгибание пальцев, а не сверху вниз, что означает ГАР де-ГАР, на что указывает распрямление пальцев.

262) «"В остальных благословениях", как, например, благословение коэнов, "необходимо выпрямить пальцы для того, чтобы показать высшую святость верхних ступеней, властвующих над всем", – т.е. ступеней правой (стороны) Зеир Анпина, притягивающих свою святость от высших Абы ве-Имы, называемых святостью. "И святое имя", Малхут, "украшается ими и освящается ими, и все ступени благословляются вместе и получают свет от светила, которое выше всего», от ГАР Бины, корня всех хасадим, "и поэтому надо выпрямлять пальцы вверх. А здесь надо согнуть пальцы перед свечой, чтобы показать нижние ступени", т.е. четыре вышеуказанных строения (меркавот), "светящие от верхнего светила ", Малхут, "поэтому они властвуют и светят от нее, и они – светила огненные"».

Объяснение. Благодаря согласованию средней линией двух линий, правой и левой, их света исправляются так, что свет правой линии, т.е. хасадим, начинает светить сверху вниз в свойстве самих ГАР, а свет левой, т.е. свечение Хохмы, будет светить лишь снизу вверх, что является свойством ВАК Хохмы.²⁷⁹ А свечение Хохмы светит только в Малхут,²⁸⁰ в то время, когда она восседает на четырех ее строениях (меркавот), Михаэль-Гавриэль-Уриэль-Рефаэль. И выходит, что света, находящиеся выше Малхут и являющиеся светом хасадим и светом правой линии, светят сверху вниз, на что указывает распрямление пальцев, это означает сказанное: «В остальных благословениях необходимо выпрямить пальцы». Тогда как в свете Малхут, являющемся свечением Хохмы и левой линией, исправленной, чтобы светить только снизу вверх, необходимо согнуть пальцы, что указывает на склонение ГАР и сокращение их.

---

[279] См. Зоар, главу Бнршит, часть 1, п. 50. «Разногласие, которое было исправлено согласно высшему подобию...»

[280] См. Зоар, главу Берешит, часть 1, п. 340, со слов: «И, кроме того, так же как высшая Хохма является началом (решит ראשית), так же и нижняя Хохма считается началом (решит ראשית). Потому что от высшей Хохмы до Малхут, являющейся нижней Хохмой, нет во всех сфирот того, кто бы взял себе свечение Хохмы...»

263) «"Каждый день мы произносим благословения (на) источники света"», т.е. «Создающий свет», «Создающий светила». «"И это высшие света, находящиеся в том первом свете"», т.е. Хеседе. "И благословляются все эти ступени и светят вместе от высшего светила", Бины. Однако "эти", о которых говорится здесь, "называются светилами огненными, поэтому мы и благословляем: "Творящий светила огненные"[275]».

264) «"И если скажешь: почему "Творящий светила огненные"[275], а не "освещающий светила огненные?" И отвечает: "Потому что они светят от огня этого светила, который благословляется", и это огонь, нисходящий к нему от средней линии.[281] "Однако после того, как начинается суббота, все ступени внизу", четыре этих строения (меркавы), "и все светящие и властвующие от этого свечения огня, все они входят и включаются в эту свечу", Малхут, и скрываются и прячутся и хранятся в ней, и не видны в ней, но лишь одна эта точка", Малхут, "и все они скрываются в ней каждую субботу"».

Объяснение. В субботний день Малхут с Зеир Анпином в зивуге паним бе-паним, и в ней вообще не проявляется свойство левой (линии), и более того, все ступени, которые исходят от ее свечения Хохмы, называемого «светила огненные», все они включаются и входят в нее и не проявляются таким образом, что в Малхут от своего собственного свойства остается только сущность этой точки в ней. И это смысл сказанного: «И не видны в ней, но лишь одна эта точка». И внимательно разберись во всем этом выше,[282] где мы выяснили это подробно.

265) «"По окончании субботы" Малхут "выводит их", светила огненные, каждое из них так, словно они созданы в этот час. И выходят все они, сотворенные, как и вначале, и назначается каждое, чтобы править над относящимся к нему местом. Тогда благословляется эта свеча,[281] и они склоняются перед ней, чтобы светить", на что указывает сгибание пальцев. После того, как светят, тогда назначаются, – каждое на свое место"».

266) "И подобно этому высшие ступени, называемые "источники света", властвуют днем и светят от высшего светила",

---

[281] См. выше, п. 257.
[282] См. Зоар, главу Берешит, часть 1, статью «Сияющие светила и огненные светила», п. 128. «"И создал Всесильный (Элоким) два светила"...»

Бины. "А в час, когда наступает ночная тьма, это высшее светило собирает их и включает их в себя до появления света дня. После того, как Исраэль произносят благословения на свет днем, тогда оно выводит их в совершенстве свечения их. И вместе с тем произносится благословение "Создающий светила", а не "Творящий", хотя они обновляются каждое утро. "А здесь", на исходе субботы, "говорят: "Творящий"[275]. И отвечает: "Потому что это нижние ступени. Объяснение. Есть здесь вторая причина, почему говорят «Творящий» на исходе субботы. И это потому, что светила огненные – это нижние ступени, т.е. относящиеся к ахораим, как мы еще выясним. А по отношению к светам свойства «ахораим» применимо слово «Творящий»[275], так же, как «Творю тьму»[283].

267) «"И все это – тайна пальцев. В них указание на высшие ступени", называемые источниками света, "и на нижние ступени", называемые светилами огненными. Высшие ступени известны распрямлением пальцев вверх", что указывает на свечение ГАР, направленное сверху вниз.[284] И при распрямлении пальцев благословляются высшие и нижние ступени вместе. А при сгибании пальцев", указывающем на ВАК, свечение которых происходит только снизу вверх,[284] "они благословляются, чтобы светить только на нижних ступенях"», т.е. (на ступенях) Малхут и строений (меркавот), исходящих от нее. Ибо свечение Хохмы раскрывается только в Малхут.[280]

---

[283] Пророки, Йешаяу, 45:7. «Создаю свет и творю тьму, делаю мир и навожу бедствие, Я, Творец, совершаю все это».
[284] См. выше, п. 262.

ГЛАВА ВАЯКЕЛЬ

Ногти

268) «"И это свойство "ногти", растущие на обратной стороне пальцев", указывающие на светила огненные, "и сами "пальцы" с внутренней стороны" руки, указывающие на источники света. И объясняет: "Ногти, которые (растут) с обратной стороны пальцев, это другие паним, которые должны светить от этой свечи", т.е. Малхут. "И эти паним – они называются ахора́им. Пальцы с внутренней стороны" руки, и они "без ногтей, это внутренние паним, которые укрываются" в которых нет свойства видения, т.е. Хохмы. И это скрытый смысл сказанного: "И увидишь Меня сзади (ахора́й אֲחֹרָי)"[277], что эти "ахорай" означают – обратная сторона (ахораим) пальцев, с ногтями. "Но лика Моего (пана́й פָּנַי) не будет видно"[277] – это пальцы с внутренней стороны (пнимию́т)" руки, и они "без ногтей, и это – внутренние паним"».

269) «"И когда произносят благословения на свечу, надо показывать обратную сторону (ахораим) пальцев, с ногтями", которые указывают на четыре вышеуказанных строения (меркавы), "чтобы они светили от света этой свечи", указывающей на Малхут. Однако внутреннюю сторону пальцев не надо показывать, чтобы они светили от света этой свечи", Малхут, "потому что они светят только от высшей свечи, высоко-высоко", т.е. от Хохмы Зеир Анпина, "а она укрыта и спрятана, т.е. ее Хохма "вообще не раскрывается. И они не светят от свечи, которая открылась", т.е. Малхут, в которой Хохма раскрыта. "И поэтому нужно показывать обратную сторону пальцев, с ногтями" на них, поскольку они притягивают свойство Хохмы от этой свечи, Малхут, "а внутреннюю сторону (паним) пальцев не надо показывать перед этой свечой, так как скрыты они и светят скрыто", и не получают Хохму от этой свечи, "ибо это внутренние свойства и светят от внутренних свойств, высшие они и светят от высших. Счастливы Исраэль в этом мире и в мире будущем"».

Объяснение. Человек (адам) является строением (меркава) для ЗОН, а руки – это Хесед и Гвура, которые становятся Хохмой и Биной во время гадлута, как сказано: «Вознесите руки ваши в святости»[285]. И в каждой руке есть три части, называемые ХАБАД. Три части правой руки – это ХАБАД Хохмы, а три

---

[285] Писания, Псалмы, 134:2. «Вознесите руки ваши в святости, и благословите Творца».

части левой руки – это ХАБАД Бины, где мышца плеча, соединенная с плечом, это Даат, предплечье – это Бина, а часть, относящаяся к пальцам, – это Хохма. Таким образом, пальцы человека укзывают на Хохму.

И известно, что нет ступени, в которой бы не было паним и ахораим. Ибо на каждой ступени есть десять сфирот КАХАБ ТУМ, в которых Кетер, Хохма и половина Бины считаются паним этой ступени, под которыми расположена парса, выводящая в состоянии катнут половину ступени на ступень, расположенную под ней, и это половина Бины, Тиферет и Малхут. А в состоянии гадлут опускается экран Малхут из парсы на свое место внизу, возвращая половину Бины и ТУМ на их ступень. Поэтому те Бина и ТУМ, которые упали во время катнута ступени, называются «ахораим» этой ступени также и во время гадлута, после того, как они вернулись на ступень.

И также ступень «пальцы» разделилась на две эти ступени, паним и ахораим, где Кетер, Хохма и половина Бины в них, считающиеся свойством «паним» ступени «пальцы», это верхние части пальцев со стороны плоти (подушечек). А Бина и ТУМ, которые упали со ступени во время катнута и вернулись во время гадлута, считающиеся свойством «ахораим», – это верхние части пальцев со стороны ногтей. А сами ногти – это парса, разделяющая между келим паним и келим ахораим.

И вот, Малхут в общем виде считается свойством ахораим Зеир Анпина. А в частном виде каждое свойство ахораим Зеир Анпина передается Малхут при ее отделении от него. И поэтому каждое свойство в ступени «пальцы» получает от свойства, соответствующего ему. Паним ступени «пальцы» получает от свойства Хохмы Зеир Анпина, являющегося свойством паним, в котором Хохма не раскрывается. И это означает сказанное: «Однако внутреннюю сторону пальцев не надо показывать, чтобы они светили от света этой свечи» – ибо нет у них отношения к Малхут, а получают они от соответствующего свойства в Зеир Анпине. И это означает сказанное: «Потому что они светят только от высшей свечи, высоко-высоко» – т.е. от Хохмы Зеир Анпина, и это свойство, соответствующее им и относящееся к ним. Однако обратная сторона (ахораим) пальцев получает от Хохмы в Малхут, и это свойство, соответствующее и относящееся к ним. И сказано: «И когда произносят благословения на свечу, надо показывать обратную сторону (ахораим) пальцев, с ногтями, чтобы они светили от света этой свечи», – так как они получают от свечи, Малхут, поскольку она соответствует их свойству.

270) «"И нужно обонять запах благовоний на исходе субботы, поскольку уходит" от человека "этот дух (руах)", являющийся дополнением души (нешама) субботы, "и нефеш человека остается обнаженной из-за этого ухода, оттого что ушел этот дух от нее, и это уже объяснялось.

271) «"Написано: "И обонял запах одежд его и благословил его"[286]. Это изречение объяснялось и мы учили. Но посуди, запах – это форма существования нефеш, поскольку он входит в нефеш, а не в гуф. Смотри, написано: "И обонял запах одежд его"[286], – ведь объяснялось, что это были облачения Адама Ришона, которые дал ему Творец, чтобы облачить их"».

272) «"Потому что когда Адам прегрешил, было забрано у него облачение величия, в которое он облачался вначале, когда Творец ввел его в Эденский сад. А после того, как прегрешил, Он облачил его в другое одеяние. Первое одеяние, в которое облачался Адам вначале в Эденском саду, было из тех строений (меркавот), которые называются "ахораим", и это – облачения, называемые облачения (свойства) "ципорен"».

273) «"Когда он был в Эденском саду, все эти строения и святые станы окружали Адама, и он был защищен от всего. И никакое зло не могло приблизиться к нему. После того, как согрешил, и были забраны у него все облачения (свойства) "ципорен (досл. ногтя)", он начал испытывать страх перед любым злом и перед злыми духами, и удалились от него все святые станы", которые окружали и защищали его. "И не осталось от этих одеяний ничего, кроме этих "ципорнаим (ногтей)", расположенных в верхней части пальцев, и грязь иная (ситры ахра иной стороны) окружает ногти вокруг"».

Объяснение. Ты уже знаешь, что ногти (ципорнаим) – это парса, разделяющая между келим де-паним и келим де-ахораим,[287]

---

[286] Тора, Берешит, 27:27. «И обонял (Ицхак) запах одежд его, и благословил его, и сказал: "Гляди, запах сына моего, как запах поля, которое благословил Творец"».
[287] См. выше, п. 269.

и она вплотную расположена над келим де-ахораим, так как является корнем их свечения. Ведь всё их свечение происходит в силу того, что парса опустила из себя оканчивающую Малхут на свое место, и вследствие этого келим Бины и ТУМ поднялись из места падения их на свою ступень, и стали там левой (линией) и келим де-ахораим. Таким образом, парса – это корень их свечения, и поэтому она соединена с ними подобно тому, как ногти соединены с верхней частью пальцев.

И так же, как парса является корнем келим де-ахораим, она является корнем свечения нижней ступени. Ибо в тот момент, когда поднимаются келим де-ахораим, Бина и ТУМ, на свою ступень, они берут вместе с собой также и нижнюю ступень и поднимают ее с собой на их ступень.[288] И получается, что парса стала также корнем и для нижней ступени, подобно тому, как она является корнем для келим де-ахораим. И поэтому парса соединена также с келим нижней ступени.

А вот души Адама и Хавы, – они от нижней по отношению к ЗОН ступени, так как происходят и выходят от них.[289] И получается, что в то время, когда парса де-ЗОН подняла их келим Бину и ТУМ, которые упали в души Адама и Хавы, поднялись с ними также души Адама и Хавы в место Малхут мира Ацилут, которая называется Эденским садом. И это смысл сказанного: «И взял Творец Всесильный человека и поместил его в Эденском саду»[290]. И получается, что та же парса де-Малхут мира Ацилут, соединенная с келим де-ахораим, т.е. с ее Биной и ТУМ, соединена также с Адамом, ибо она является его корнем так же, как является корнем для келим де-ахораим.

И это смысл сказанного: «Первое одеяние, в которое облачался Адам вначале в Эденском саду, было из тех строений (меркавот), которые называются "ахораим", и это – облачения, называемые облачения "ципорен (досл. ногтя)"». Ибо так же, как «ципорнáим (ногти)» присоединены к келим де-ахораим Малхут,

---

[288] См. «Предисловие книги Зоар», п. 17, со слов: «И это означает: "Мать (има) одалживает свои одежды дочери и венчает ее своими украшениями" – т.е. во время выхода мохин гадлута...»

[289] См. Зоар, главу Трума, часть Сифра ди-цниута, п. 44. «И сказал Всесильный: "Создадим человека (адам אדם)"...»

[290] Тора, Берешит, 2:15. «И взял Творец Всесильный человека и поместил его в Эденском саду, чтобы возделывать и оберегать его».

так же они облачали всю ступень Адама Ришона, поскольку «ципорнаим» были корнем их свечения, как объяснено выше.

И это облачение было очень-очень важным, поскольку является свойством парсы Малхут мира Ацилут, расположенной над келим ее ахораим. И это означает сказанное: «После того, как согрешил, и были забраны у него все облачения (свойства) "ципорен (досл. ногтя)", он начал испытывать страх перед любым злом и перед злыми духами, и удалились от него все святые станы. И не осталось от этих одеяний ничего, кроме этих "ципорнаим (ногтей)", расположенных в верхней части пальцев». Поскольку после прегрешения он потерял душу от Ацилута, которая пришла к нему в силу парсы, и, разумеется, потерял также облачение «ципорен», приходящее от парсы. И соответственно той малой части, что осталась у него от его высокой души, осталась в нем также незначительная часть от облачения «ципорен». И это – оставшаяся мера ципорнаим (ногтей), которые расположены на верхней части пальцев. И в силу того, что ципорнаим относятся к свойству келим де-ахораим, есть сила у ситры ахра прилепляться к ним и питаться от них. И это та часть ципорнаим (ногтей), которая не присоединена к плоти пальца, и там всегда находится нечистота, т.е. ситра ахра, питающаяся оттуда. И потому запрещено отращивать их настолько, чтобы они выступали над плотью пальца.

274) «"И потому не должен человек отращивать ногти (ципорнаим) – так как есть в них нечистота. Поскольку так же, как они растут, растет над ним сила суда", – из-за клипот, питающихся от ногтей (ципорнаим), выступающих за плоть. "И должен беспокоиться об этом каждый день, и должен обрезать их, но не выбрасывать их, чтобы не наводить позора на это место", поскольку корень их происходит из высокого места, как мы объясняли в предыдущем пунте, "ведь этим человек может навредить себе. И все это – по высшему подобию. Так как во всех" келим "ахораим – сверху "их окружает ситра ахра". Поэтому так же и с ногтями, – ногти (ципорнаим) окружает нечистота, поскольку они происходят от ахораим. "И они не должны находиться в месте мира"», т.е. в месте поселения.

ГЛАВА ВАЯКЕЛЬ

Обонять запах мирта

275) «"Затем Творец сделал для Адама другие одеяния, из листьев деревьев в Эденском саду"». И хотя сказано: «И сделал Творец Всесильный Адаму и жене его облачения накожные, и одел их»[291]. Однако в учении рабби Меира сказано: «Облачения света» – поскольку они были из листьев деревьев Эденского сада, которые являются светами. «"Ибо вначале облачения Адама были от ахораим высшего сада", т.е. Малхут мира Ацилут, т.е. от парсы ее,[292] а теперь", после греха, "они были от земного Эденского сада", который в мире Асия, "и исходят от этого сада. И эти облачения источали запахи и ароматы сада, и душа (нефеш) обитала среди них и радовалась им. И это смысл сказанного: "И обонял он запах одежд его и благословил его"[293]. Ибо нашли пристанище душа (нефеш) и дух (руах) Ицхака в этом благоухании"».

276) «"Поэтому, когда заканчивается суббота, нужно обонять то благоухание, в котором нашла пристанище его душа (нефеш) вместо высшего святого благоухания, которое ушло от него. И самый лучший среди всех ароматов – это (запах) мирта. Ибо поддержкой святого места", Малхут, "из которого выходят души, является мирт. И это также поддержка души (нефеш) человека, как и наверху, чтобы существовать из той наготы, которая осталась в нем"» после того, как ушла дополнительная душа (нешама) субботы.

Объяснение. ХАГАТ Зеир Анпина называются миртом, поскольку они передают свечение Хохмы Малхут, т.к. свечение Хохмы называется запахом. Таким образом, эти свойства мирта поддерживают Малхут, основой которой является свечение Хохмы. И это означает сказанное: «Ибо поддержкой святого места», т.е. Малхут, называемой местом, «является мирт», т.е. ХАГАТ Зеир Анпина, источающие запах, т.е. свечение Хохмы для передачи Малхут. И поэтому берут мирт для поддержки души (нефеш) человека на исходе субботы, после исчезновения дополнительной души (нешама).

---

[291] Тора, Берешит, 3:21. «И сделал Творец Всесильный Адаму и жене его облачения накожные, и одел их».
[292] См. выше, п. 274.
[293] Тора, Берешит, 27:27. «И обонял (Ицхак) запах одежд его, и благословил его, и сказал: "Гляди, запах сына моего, как запах поля, которое благословил Творец"».

277) «"Когда вышла суббота, облачился Адам Ришон в одеяния земного Эденского сада, как мы уже сказали, источающие благоухания и ароматы, чтобы поддержать его душу (нефеш) вместо святого высшего величественного духа (руах)", являющегося высшим сиянием Ацилута, "который ушел от него. Мирт является поддержкой души (нефеш), так же, как и в высшем, когда осуществляется поддержка души (нефеш)"», т.е. Малхут, как выяснилось в предыдущем пункте.

ГЛАВА ВАЯКЕЛЬ

Высший дух

278) «"Этот высший дух (руах)", т.е. дополнительная душа (нешама), "нисходит к человеку" в субботу "в радости, и радует его душу (нефеш). Тогда душа (нефеш) человека словно находится в будущем мире, в котором его душе предстоит насладиться им", этим духом (руах). "Так же как человек наслаждал этот дух (руах) в этом мире, так же этот дух наслаждает этого человека в будущем мире. Как написано: "Тогда наслаждаться будешь Творцом"[294], и написано: "И насыщать в чистоте душу твою"[295] – как человек наполнял это наслаждение", т.е. этот дух, "доставляя отраду ему, также и сам будет наполняться им в мире будущем. И теперь, когда удостаивается человек и довершает совершенство величия субботы, как мы уже сказали, Творец провозглашает о нем, говоря: "И сказал мне: "Ты раб Мой, Исраэль, в котором Я прославлюсь"[296]».

279) «Встал рабби Аба и остальные товарищи, и поцеловали его в голову", рабби Ицхака, "заплакали и сказали: "Благословен наш удел, ибо Творец уготовил нам этот путь". Сказал рабби Аба: "Мне уготовил Творец этот путь, чтобы объединиться с вами. Благословен мой удел, ибо удостоился я этого пути"».

280) «Сказал им: "Расскажу вам то, что видел я в тот день, когда отправился в путь, я видел один свет, который разделился на три света, и они шли предо мной и скрылись. Подумал я: "Наверное, я видел Шхину. Благословен мой удел". И вот теперь, те три света, которые я видел, – это вы", – т.е. рабби Хия и рабби Йоси, и рабби Ицхак. "Вы – высшие света и источники, дабы светить в этом мире и в мире будущем"».

281) «Сказал рабби Аба: "До сих пор не знал я, что все эти недоступные жемчужины были у вас под рукой. После того, как увидел я, что в желании выполнять заповеди Господина вашего были сказаны эти слова, знаю я, что все эти слова

---

[294] Пророки, Йешаяу, 58:14. «Тогда наслаждаться будешь Творцом, и Я возведу тебя на высоты земли, и питать буду тебя наследием Яакова, отца твоего, потому что уста Творца изрекли это».

[295] Пророки, Йешаяу, 58:11. «И Творец будет вести тебя всегда, и насыщать в чистоте душу твою, и кости твои укрепит, и будешь ты, как сад орошенный и как источник, воды которого не иссякают».

[296] Пророки, Йешайяу, 49:3. «И сказал мне: "Ты раб Мой, Исраэль, в котором Я прославлюсь"».

восходят в этот день к высшему трону", Бине, "и принимает их ответственный за внутреннее управление", Матат, "и делает из них украшения для Господина своего. И этот день украшается шестидесятью святыми строениями (меркавот)", соответственно ХАГАТ НЕХИ, "во славу трона", Бины, "благодаря тем словам, которые произнесены были здесь в этот день"».

282) «Тем временем он поднял глаза и увидел, что зашло солнце. Сказал рабби Аба: "Пойдем, искупим того, что в пустыне, который близок нам". Пошли они и заночевали там. В полночь встали рабби Аба и остальные товарищи заниматься Торой. Сказал рабби Аба: "С этого момента и далее мы будем произносить слова, чтобы украшались ими праведники, пребывающие в Эденском саду. Ибо сейчас то время, когда Творец и все праведники в Эденском саду внимают голосу праведников, которые на земле"».

ГЛАВА ВАЯКЕЛЬ

Небосводы мира Асия

283) «Провозгласил рабби Аба и сказал: "Небеса эти, небеса – Творцу, а землю Он отдал сынам человеческим"[297]. Следует внимательно всмотреться в это изречение, поскольку следовало сказать так: "Эти небеса – Творцу, а землю Он отдал сынам человеческим". Что означает: "Небеса эти, небеса"[297]?" И отвечает: "Но здесь надо всмотреться, потому что есть небеса и есть небеса, – есть небеса внизу", в мире Асия, "и земля под небесами, а есть небеса наверху", в мире Ацилут, "и земля под небесами. И все высшие и нижние ступени нисходят одна из другой, подобно этому"», и всё, что есть наверху, есть внизу. И подобны они друг другу, как печать и ее отпечаток, когда всё, что есть в печати, есть и в отпечатке ее, и каждый внизу получает от свойства, соответствующего ему, наверху.

284) «"Небеса внизу", в мире Асия, "это десять полотнищ", т.е. десять сфирот, "как сказано: «Простер небеса, словно полотнище»[298]. Творец создал их и станы" ангелов "в них, чтобы управлять нижней землей", де-Асия. "А девятый" небосвод, т.е. Хохма, "управляет нижними, и окружает их словно ожерельем драгоценных камней"», окружающих шею. Иначе говоря, ничего не совершается у нижних иначе, как посредством Него, и это смысл сказанного: «Все их в мудрости создал Ты»[299]. «"Десятый" небосвод – "он основа"» всех небосводов, будучи сфирой Кетер, так как является корнем и основой всех девяти нижних сфирот.

285) «"И на всех" небосводах "есть станы правителей, до седьмого небосвода", свойства Хесед. Однако в ГАР небосводов нет правителей. "От седьмого" небосвода "и далее", т.е. в ГАР, КАХАБ, "имеется свет, нисходящий вниз от высшего трона", т.е. Малхут Ацилута, "и светит он десятому" небосводу, Кетеру де-Асия. "И этот десятый" небосвод "от того, света, который получил, дает девятому" небосводу, Хохме. "А этот" девятый небосвод "светит восьмому" небосводу, Бине, "и ниже"».

---

[297] Писания, Псалмы, 115:16. «Небеса эти, небеса – Творцу, а землю Он отдал сынам человеческим».
[298] Писания, Псалмы, 104:2. «Окутан светом, как плащом, простер небеса, как полотнище».
[299] Писания, Псалмы, 104:24. «Как многочисленны дела Твои, Творец! Все их в мудрости создал Ты, полна земля созданиями Твоими».

286) «"Этот восьмой" небосвод, в нем находятся звезды, и "когда сосчитываются воинства звезд, и он выводит их, тот самый свет", полученный им от небосвода Хохмы, устанавливается и дает силу свою каждой из них, чтобы быть назначенной в том месте, где нужно. Как сказано: "Выводящий по числу воинства их, всех их по имени называет Он, от Великого могуществом и Мощного силой никто не скроется"[300]. "От Великого могуществом"[300] – это высшее сияние", которое он получил от небосвода Хохмы, "называемое Великим могуществом"».

287) «И на каждом из небосводов есть правитель, назначенный над миром и над землей, чтобы управлять всеми. Кроме земли Исраэля, которой не управляет ни небосвод, ни другая сила, а только сам Творец. И это уже объяснялось. И если скажешь: как же пребывает небосвод над землей Исраэля напрасно – ведь дождь и роса нисходят на нее с небосвода, так же как на любую другую землю?"»

288) И отвечает: «"Но на каждом из небосводов есть правители, властвующие над миром. И тот правитель, который властвует над небосводом, передает от имеющейся у него силы этому небосводу, а этот небосвод получает от этого правителя и передает вниз, земле. И этот правитель получает только лишь остатки высшего света". Ибо народы мира питаются только лишь от остатков. "Однако в земле святости не властвует в небосводе над ней ни другой правитель, ни другая сила, а только один Творец, и Он управляет землей святости на этом небосводе над ней"».

289) «"На каждом из небосводов есть известные проходы, и владычество каждого правителя отмечено от одного прохода до другого, и от этого прохода и далее он уже не властвует даже на толщину волоса. Один не входит в пределы прохода другого, кроме того времени, когда ему дается разрешение властвовать над другим. И тогда также цари на земле властвуют один над другим"», т.е. цари на земле, относящиеся к этим небосводам и правителям.

---

[300] Пророки, Йешаяу, 40:26. «Поднимите глаза ваши ввысь и посмотрите, Кто создал их. Выводящий по числу воинства их, всех их по имени называет Он; от Великого могуществом и Мощного силой никто не скроется».

290) «"В центре всех небосводов, т.е. над землей Исраэль, расположенной в центре мира, "есть один проход, называемый Гвилон, и под этим проходом есть семьдесят других проходов внизу. Семьдесят правителей охраняют с расстояния две тысячи локтей", и это предел субботы, от прохода, называемого Гвилон, "т.е. не приближаются к нему. И от этого прохода восходит путь выше и выше, пока не приходит к высшему трону", Малхут, "и от этого прохода распространяется" власть его "во все стороны небосвода, до ворот прохода", называемого Магдон, где находится окончание небосвода земли Исраэля"».[301]

291) «"И все семьдесят проходов, которые записаны в том проходе, что называется Гвилон, все они записаны на святом троне", Малхут, "и все их называют вратами праведности", по имени Малхут, называемой праведностью. "Ибо другой не властвует над ними. И Творец управляет землей Исраэля на этом небосводе, от прохода до прохода", т.е. от прохода, называемого Гвилон, до прохода Магдон, "с подобающей заботой", т.е. давая полностью всё необходимое, "и от остатков этого управления берут эти семьдесят правителей", о которых мы говорили, "и передают всем остальным правителям"», поставленным над народами мира.

---

[301] Пояснение приводится в комментарии Сулам п. 299, со слов: «И также выясняется...»

ГЛАВА ВАЯКЕЛЬ

Небосводы Эденского сада

292) «"В Эденском саду, который внизу", т.е. в земном Эденском саду, "небосвод, стоящий над ним, содержит в себе высшие тайны. Когда Творец создавал этот небосвод, он взял огонь и воду от трона величия", т.е. мира Брия, "и соединил их вместе, и сделал из них небосвод внизу", на нашей земле. "И они распространялись, пока не достигли этого места Эденского сада, и остановились", т.е. далее не распространялись. "Что сделал Творец? Он взял от высших святых небес", т.е. ХУБ Зеир Анпина, которые называются небом Ацилута, "другие огонь и воду, которые и есть, и нет, проявляются, и не проявляются. Из этих огня и воды, взятых от высших небес, Он произвел от них распространение небосвода, протянув их над Эденским садом, который внизу. И этот небосвод", т.е. Даат, "соединяется с другим небосводом"», который над нашей землей, и это Тиферет.

Пояснение сказанного. Вначале необходимо понять следующее. Мы иногда объясняем, что небосвод – это новое окончание, образовавшееся на каждой ступени вследствие подъема Малхут в Бину каждой ступени. А иногда мы говорим, что средняя линия называется небосводом, и это – небо, т.е. Тиферет. И дело здесь в том, что новое окончание образовалось в точке холам, куда (как раз и) поднялась Малхут в Бину.

Однако, с выходом точки шурук, левой линии, возникает разногласие, когда она хочет полностью отменить это окончание и светить сверху вниз. Пока не выходит средняя линия и не решает, что левая будет светить только снизу вверх, и новое окончание не отменится. И тогда вынуждены Бина и ТУМ, которые находились ниже этого нового окончания, подняться над ним и соединиться со своей ступенью.[302] Таким образом, средняя линия привела к тому, что новое окончание, образовавшееся в точке холам, стало устойчивым и существующим всегда.[302] И выходит, что это новое окончание стало постоянным в средней линии, представляющей собой экран де-хирик. И поэтому иногда мы называем небосвод новым окончанием второго сокращения, а иногда – средней линией.

---

[302] См. выше, п. 131, со слов: «И это означает сказанное им: "Что молитва человека проходит сквозь воздушные пространства и сквозь небосводы, открывает проходы и возносится наверх"...»

И это означает сказанное выше: «Есть небеса внизу, и земля под небесами, а есть небеса наверху, и земля под небесами»[303], – так же, как есть небо и земля в Ацилуте, где средняя линия, называемая Зеир Анпин, который включает ХАГАТ НЕХИ, называется небом Ацилута, а под ним – общая Малхут, называемая землей, так же есть в мире Асия небо и земля, где небо – средняя линия, включающая ХАГАТ НЕХИ, а под ним – Малхут де-Асия, называемая землей.

И это смысл сказаного: «Небеса внизу – это десять полотнищ»[304]. Ибо те ХАГАТ НЕХИ, что в средней линии, включают десять сфирот, так как Хесед включает КАХАБ, а Есод в ней включает Малхут, т.е. атерет Есода. И это – десять полотнищ, как сказано: «Простер небеса, как полотнище»[298]. Однако Малхут в нем, т.е. атара́, является не настоящей Малхут, а включенной в Есод. И поэтому мы считаем их только девятью небосводами, а Малхут – это земля, которая расположена полностью под небосводом, и она является десятой.

И так же, как небо Асии включает десять небосводов, так же земля Асии включает десять сфирот. И это означает – семь земель, и высшая из них – это Бина, включающая ГАР, и это – та земля, на которой селимся мы. Однако также и Бина земель де-Асия, на которой селимся мы, делится на десять сфирот, и мы селимся только в ЗАТ этой Бины, и земля Исраэля является Есодом в них, а (сфира) Бина этой Бины, включающая ГАР, – это Эденский сад земли.

Таким образом, выяснилось, что все десять полотнищ неба Асии – это десять сфирот (свойства) Тиферет, включающего ХАГАТ НЕХИ. И согласно этому, следует спросить: откуда вышла эта средняя линия, – ведь средняя линия является порождением согласования двух линий Бины, правой и левой, т.е. огня и воды, о чем сказано: «Трое выходят благодаря одному, один находится трех»[305]? И из какой Бины вышла средняя линия де-Асия, если настоящая Бина не находится ни в мире Асия, ни в мире Ецира?

---

[303] См. выше, п. 283.
[304] См. выше, п. 284.
[305] См. Зоар, главу Берешит, часть 1, п. 363. «Трое выходят благодаря одному, один находится в трех, входит между двумя, двое питают одного, и один питает многие стороны …»

И это означает сказанное: «Когда Творец создавал этот небосвод, он взял огонь и воду от трона величия и соединил их вместе, и сделал из них небосвод внизу», – т.е. из огня и воды, имеющихся в Бине мира Брия, называемой троном величия, которые средняя линия совместила и соединила вместе в виде «трое выходят благодаря одному»[305], вышел из них небосвод внизу, и это – десять небосводов мира Асия, в виде «один находится в трех»[305]. А из Брия нисходит в мир Асия. И это потому, что ниже мира Брия нет ступени Бина для того, чтобы средняя линия могла соединить две линии в ней.

Однако ступень Бина, имеющаяся в мире Брия, считается только внешним свойством Бины, когда средняя линия, выходящая из нее, является не свойством Даат, а свойством Тиферет, т.е. семь нижних сфирот (ЗАТ), и этого достаточно, чтобы быть небосводами над семью нижними сфирот земли де-Асия и также над землей, в которой селимся мы, т.е. над ЗАТ Бины земли де-Асия. Но для свойства «Эденский сад», т.е. (сфиры) Бина де-Бина земли де-Асия, средняя линия которой должна быть свойством Даат, т.е. средней линией самих ГАР, как может быть достаточно средней линии, выходящей из огня и воды Бины де-Брия, являющейся только внешним свойством, т.н. Тиферет?

И это смысл сказанного: «И они распространялись, пока не достигли этого места Эденского сада, и остановились». Ибо вследствие того, что эти небосводы происходят от огня и воды Бины де-Брия, являющихся внешним свойством и свойством Тиферет, включающем десять полотнищ, то как, в таком случае, могут они простираться над Эденским садом, являющимся Биной Бины земли де-Асия, если средняя линия, простирающаяся над ней, должна быть средней линией самих ГАР, т.е. свойством Даат? И поэтому, когда они достигают Эденского сада земли, они останавливаются и не могут распространиться над Эденским садом. И хотя наша земля тоже происходит от Бины земли де-Асия, однако только от ЗАТ этой Бины, которые тоже являются внешним свойством этой Бины, и поэтому достаточно им средней линии огня и воды мира Брия. Тогда как этому Эденскому саду, являющемуся Биной этой Бины, т.е. самими ГАР, требуется средняя линия самих ГАР.

И это означает сказанное: «Что сделал Творец? Он взял от высших святых небес другие огонь и воду», – т.е. взял от средней линии, согласующей между Хохмой и Биной Зеир Анпина, называемого небом, и это средняя линия ГАР Зеир Анпина, называемая Даат. И от этого Даат распространился небосвод, расположенный над Эденским садом земли. И это означает: «Он произвел от них распространение небосвода» – т.е. согласование между огнем и водой, являющееся средней линией, называемой небосводом, и это Даат, как мы уже сказали. «протянув их над Эденским садом, который внизу» – т.е. Биной Бины земли мира де-Асия. «И этот небосвод соединяется с другим небосводом», – то есть, как свойственно Даат соединяться и распространяться в ХАГАТ НЕХИ, т.е. в Тиферет, так соединяется и этот небосвод, т.е. Даат, с другими небосводами де-Асия, представляющими собой свойство Тиферет, как уже говорилось.

И то, что сказал: «Которые и есть, и нет, проявляются, и не проявляются» учит нас тому, что эти огонь и вода, являющиеся Хохмой и Биной Зеир Анпина, не относятся к высшим Абе ве-Име Зеир Анпина, которые вовсе недоступны постижению, так как в них не раскрывается Хохма,[306] но это Хохма и Бина свойства ИШСУТ Зеир Анпина, в которых раскрывается Хохма в виде Даат, и они доступны постижению. Однако не на их месте, в Зеир Анпине, а после того, как они распространяются в Малхут. И это смысл сказанного: «Которые и есть, и нет, проявляются, и не проявляются» – то есть, с одной стороны, вышла в них «йуд י» из воздуха (авир אויר)», и раскрывается в них Хохма, и поэтому они доступны постижению, а с другой стороны, их нет и они не проявляются – поскольку на месте Зеир Анпина они недоступны постижению, а только после их распространения в Малхут, и там место раскрытия Хохмы.

293) «"Четыре цвета есть в распространении этого небосвода над садом, и это белый-красный-зеленый-черный", представляющие собой три линии, правую-левую-среднюю, и это белый-красный-зеленый, а черный – это Малхут, получающая три эти линии. "В этих цветах есть четыре прохода внизу от распространения небосвода. И они открыты в направлении

---

[306] См. Зоар, главу Берешит, часть 1, п. 308. «Теперь выясняется различие между зивугом высшего мира Бины и зивугом нижнего мира Бины. И говорится, что высший мир опускается в нижний мир...»

четырех сторон этого небосвода, простирающегося над садом". Юг, север – это Хесед и Гвура, восток и запад – Тиферет и Малхут. "От этих огня и воды", Хохмы и Бины Зеир Анпина, "из которых образовался этот небосвод, открываются в этих четырех проходах четыре света"».

294) «"В правой стороне этого прохода, вследствие распространения стороны воды" в небосводе, образовавшейся из огня и воды, т.е. из света хасадим, "светят два света в двух проходах, т.е. в проходе, расположенном справа", в южной стороне, свойстве Хесед, "и в том проходе, который соответствует свойству паним"», т.е. в восточной стороне, Тиферет. Ибо запад и восток называются паним ве-ахор (прямая и обратная сторона), но свет хасадим светит также и в Тиферет, как известно.

295) «"В том свете, который светит в правой стороне, проявляется одна буква, светящаяся и выпуклая и создающая сверкание в этом свете. И это буква "мем מ», являющаяся первой буквой в имени Михаэль (מיכאל), "и устанавливается в центре света этого проема. Эта буква поднимается и опускается и не стоит на одном месте. Этот свет", находящийся в правой стороне, "берет эту букву и выводит ее, и поэтому она не стоит на одном месте"». И это скрытый смысл слов: «И живые существа эти исчезали и появлялись»[307], – т.е. они не стоят на одном месте.

296) «"В том свете, который светит в стороне, соответствующей паним", в восточной стороне, Тиферет, записалась одна буква, светящаяся и выпуклая и искрящаяся в этом свете. И это буква "рейш ר", являющаяся первой буквой в имени ангела Рефаэля (רפאל). "А иногда появляется "бет ב", являющаяся первой буквой в имени ангела Боэля (בואל).[308] "И она устанавливается в центре света этого проема. И она поднимается и опускается, иногда появляется, иногда нет. И она не стоит на одном месте"». И это смысл сказанного: «И живые существа эти исчезали и появлялись»[307]. «Эти две буквы устанавливаются" в центре света этих двух проемов, "и когда души праведников вступают в Эденский сад, эти две буквы выходят из этого света и пребывают над этой душой. И они поднимаются и опускаются"», т.е. как в сказанном: «Исчезали и появлялись»[307]. И то,

---

[307] Пророки, Йехезкель, 1:14. «И живые существа эти исчезали и появлялись, как вспышки молний».
[308] См. Зоар, главу Трума, п. 388.

что называет восточную сторону именем Рефаэля, в отличие от того, что написано во многих местах, что Уриэль – восточная сторона, смотри далее.[309]

297) «"Тогда из этих двух проходов сверху опускаются сначала первые две колесницы (меркавот). Высшая колесница принадлежит Михаэлю, главному над высшими сановниками. Вторая колесница принадлежит высшему правителю Боэлю, и это – величественный служитель, называемый Рефаэль. И они опускаются и устанавливаются над душой, говоря ей: "Мир пришедшему! Войдет с миром, войдет с миром".[310] Тогда эти две буквы поднимаются и устанавливаются на своих местах, и исчезают в свете этих проходов"».

298) «"Два других прохода – это два других света, пылающих от света огня в этих проходах, один – в левой стороне, один – с задней стороны. Две другие буквы пылают внутри этих светов и искрятся в них. Одна буква – это "гимель ג", а другая буква – "нун נ", являющиеся первыми буквами в имени ангела Гавриэля (גבריאל) и ангела Нуриэля (נוריאל). И когда те первые буквы возвращаются на свое место, эти две другие буквы искрятся и поднимаются и опускаются, выходят из этих светов", которые в проходах, "и устанавливаются над душой"».

299) «"Тогда опускаются две колесницы из этих двух проходов. Первая колесница (меркава) – это колесница Гавриэля, высшего величественного правителя. Вторая колесница – это святая колесница (меркава) Нуриэля, высшего правителя. И они опускаются из этих проходов и устанавливаются над душой. И буквы "гимель ג" и "нун נ" возвращаются на свое место"».

Пояснение сказанного. В новом окончании, которое образовалось в середине ступени, в точке «холам», вследствие подъема Малхут в Бину, образовался проход для нижнего, чтобы он смог подняться к высшему и получить от него мохин. И если бы не это новое окончание, образовавшееся в середине каждой ступени, не было бы никакого подступа и прохода, чтобы нижний мог подняться хотя бы сколько-нибудь выше своей ступени. Поэтому вначале образуется проход посередине, а от этого прохода

---

[309] См. Зоар, главу Пкудей, п. 660. «С восточной стороны находится свет, называемый Рефаэль, присутствующий в любом исцелении...»
[310] Пророки, Йешаяу, 57:2.

распространяются и образуются четыре прохода в четырех сторонах под небосводом.

«Небосвод» – это средняя линия, поддерживающая новое окончание, которое образовалось в середине ступени, в виде точки «хирик», в месте Бины, которая в ней. И даже после того, как Малхут снова опустилась из места Бины на свое место, не отменилось вследствие этого новое окончание, и те половина Бины, Тиферет и Малхут, которые очистились благодаря новому окончанию в силу опускания Малхут, не соединяются со своей ступенью, находясь на своем месте, но должны подняться над новым окончанием, и там они соединяются со своей ступенью.

Последний небосвод из девяти небосводов, Есод, находится в месте нового установившегося окончания, в середине ступени, в месте Бины этой ступени. И этот проход, являющийся самим новым окончанием, которое стало проходом для нижнего, находится в середине ступени, в месте нового окончания, и он находится под всеми девятью небосводами, в небосводе ступени Есод, в окончании его, где стоит новое окончание, находящееся в середине ступени.

Из этого прохода, находящегося в середине небосводов этого сада, выходит один свет, который распределяется в четырех сторонах на четыре прохода. Этот проход образовался для нижнего, вместо нового окончания, стоящего в середине ступени, в месте Бины, и оттуда выходит свет к нижнему, и это ХУГ ТУМ. Вначале поднимается нижний через этот проход к высшему, через Бину и ТУМ высшего, от небосвода и выше. И там получает света ХУГ ТУМ. А затем опускается нижний на свое место с этими мохин, и свет делится в четырех сторонах, ХУГ ТУМ, на четыре прохода. И каждый моах считается отдельным проходом, так, что моаху Хесед светит проход в южной стороне, моаху Гвура светит проход в северной стороне, моаху Тиферет светит проход в восточной стороне, а моаху Малхут светит проход в западной стороне.

«Четыре цвета есть в распространении этого небосвода над садом» – это четыре мохин ХУГ ТУМ, представляющие собой три линии и Малхут, получающую их. Они светят внутри небосвода, находящегося над садом, и это Бина сфиры Бина ступени Малхут мира Асия, и этот небосвод тоже делится на девять небосводов и получает свое свечение от Хохмы и Бины Зеир Анпина мира Ацилут. «В этих цветах образуется четыре входа внизу вследствие распространения небосвода» – и эти входы не могут быть вместо этих цветов, ибо цвета находятся на самом небосводе, от Есода этого небосвода и выше. Однако проходы находятся под Есодом этого небосвода, в самом его окончании, т.е. в новом окончании, образовавшемся в середине ступени, которая стала проходом для ступени нижнего, и это ступень душ праведников в Эденском саду. И они получают света четырех цветов, имеющихся в этих небосводах. Поэтому эти цвета нисходят от них, однако проходы не находятся в одном с ними месте.

«Благодаря этим огню и воде, Хохме и Бине Зеир Анпина, из которых образовался этот небосвод, открываются в этих четырех проходах четыре света». Ибо эти огонь и вода являются двумя линиями Зеир Анпина Ацилута, правой и левой, а небосвод Зеир Анпина, свойство Даат, это средняя линия, соединяющая их, и это три цвета белый-красный-зеленый, и Малхут, соединенная с Даат, это черный цвет. И эти света протягиваются к проходам, ХУБ ТУМ, так, что каждый моах светит через проход, находящийся в его стороне.

Эти четыре делятся на два свойства – огонь и воду. Вода – это свечение хасадим, т.е. свет Хесед в южной стороне и свет Тиферет в восточной стороне. А огонь – это свечение Хохма, т.е. свет Гвуры в северной стороне и свет Малхут в западной. Душе вначале светят эти два света, свойство «вода», в южной стороне и в Тиферет, являющиеся свойством хасадим, а затем светят два света, т.е. свойство «огонь», в северной и западной сторонах, являющиеся свечением Хохма.

Место, откуда получает свойство «небо» Эденского сада, это «небосвод», расположенный над садом, т.е. от тех огня и воды, которые взяты от высшего неба, т.е. Зеир Анпина мира Ацилут. А от какого места получает земля Эденского сада, т.е. сам сад? Каждое свойство получает от свойства, соответствующего ему наверху. И поэтому так же, как небо Эденского сада получает от огня и воды высшего неба, Зеир Анпина, так же и земля Эденского сада, т.е. сам Эденский сад, получает от земли, расположенной наверху, в Малхут мира Ацилут – то есть, посредством ее строения (меркава), которое составляют четыре ангела Михаэль-Гавриэль-Рефаэль-Нуриэль, над которыми восседает и раскрывается Малхут, и которые называются «четырьмя строениями (меркавот)».

Однако, также и они не могут распространяться и светить вниз душам сада иначе, как через четыре этих прохода. Ибо эти четыре ангела являются также четырьмя свойствами ХУГ ТУМ. Поэтому Михаэль светит через проход, расположенный в южной стороне небосвода, Гавриэль светит через проход в северной стороне небосвода, Рефаэль светит через проход в восточной стороне небосвода, а Нуриэль светит через проход в западной стороне.

Также следует знать, что эти четыре ангела непосредственно сами светят душам всё то время, пока не закончили своего воздействия. Но после того, как закончили свое воздействие, они возвращаются на свое место наверху, и оставляют на своем месте в четырех проходах только четыре вида записей (решимот), и это – первые буквы их имен: «мем מ» – от Михаэля (מיכאל), «рейш ר» – от Рефаэля (רפאל), «гимель ג» – от Гавриэля (גבריאל), и «нун נ» – от Нуриэля (נוריאל).

Ибо «запись (решимо)» в любом месте – это свойство «нефеш». А четыре буквы в каждом имени ангела – это четыре кли для четырех светов НАРАНХ (нефеш-руах-нешама-хая) в них. И известно, что есть обратное соотношение келим и светов. То есть, когда на ступени имеется лишь свойство нефеш светов, оно должно облачиться в самое большое кли. И поскольку от каждого ангела осталось только решимо его света, его свойство нефеш, то должна была остаться первая буква от имени его в качестве кли для этого решимо. Ибо первая буква – это самое большое кли из всех букв его имени.

Поэтому необходимо различать в этих проходах небосвода, расположенного над садом, два вида светов:

1. То, что получают сами небосводы от высшего неба, Зеир Анпина мира Ацилут, как сказано: «Благодаря этим огню и воде, Хохме и Бине Зеир Анпина, из которых образовался этот небосвод, открываются в этих четырех проходах четыре света».

2. Решимот светов, которые земля Эденского сада, т.е. сам сад, получает от высшей земли, Малхут, через этих четырех ангелов. И эти решимот являются первыми буквами их имен. Как

сказано: «В том свете, который светит в правой стороне» – в свете Хесед, получаемом от высшего неба и светящем в проходе, находящемся в правой стороне небосвода, «вырисовывается одна буква, светящаяся и выпуклая и создающая искрение в этом свете. Это буква "мем מ", являющаяся первой буквой в имени Михаэль (מיכאל), и она находится в центре света этого прохода». И точно так же – в остальных трех проходах.

Таким образом, есть два вида светов в этих проходах: от высшего неба и от высшей земли. «И когда души праведников вступают в Эденский сад, эти две буквы выходят из этого света и устанавливаются над этой душой» – ибо сразу же при входе души праведника в Эденский сад светят ему четыре решимот четырех этих ангелов, которые остались вследствие воздействия, которое завершилось. А затем «из этих двух проходов сверху опускаются сначала первые две колесницы (меркавот)» – т.е. сами ангелы являются, чтобы наполнить светом души в Эденском саду. И эти четыре ангела делятся по двое:

1. Двое – со стороны хасадим, в южной и восточной сторонах, Михаэль и Рефаэль, Хесед и Тиферет.
2. Двое – со стороны гвурот, светящие свечением хохма, в северной и западной сторонах, Гавриэль и Нуриэль.

Михаэль и Рефаэль, которые светят свойством хасадим, опускаются и устанавливаются над душой, говоря ей: «"Мир пришедшему", пусть войдет с миром» – т.е. светят ему светом хасадим, содержащимся в правой линии, благодаря средней линии, устанавливающей мир между правой и левой линиями. «Тогда эти две буквы поднимаются и устанавливаются на своих местах, и исчезают в свете этих проходов» – ибо после того, как явились сами ангелы, нет необходимости в их решимот. И таким же образом две буквы «гимель ג» и «нун נ», и ангелы Гавриэль-Нуриэль, находящиеся в северной и западной сторонах, т.е. Гвура и Малхут.

И сказано: «В центре всех небосводов, находящемся над землей Исраэль, расположенной в центре мира, есть один проход, называемый Гвилон». Это новое окончание, находящееся в середине ступени, которое стало проходом для нижнего, чтобы он мог подняться и получить наполнение от высшего. «И под этим проходом есть семьдесят других нижних проходов» – чтобы получить через них семьдесят имен, имеющихся в Малхут Ацилута, свечение семидесятидвухбуквенного имени.

«Семьдесят правителей сторожат пределы субботы на расстоянии двух тысяч локтей от прохода Гвилон» – т.е. семьдесят правителей семидесяти народов. «И от этого прохода восходит путь высоко наверх, пока не достигает высшего трона» – ибо этим путем можно подняться до Малхут мира Ацилут.

От этого прохода простираются четыре прохода в каждую сторону этого небосвода, и это – четыре свойства ХУГ ТУМ. «До ворот прохода, называемого Магдон, где находится окончание небосвода земли Исраэля». То есть проход, расположенный в западной стороне, – это Малхут, на которой оканчивается ступень.

300) «"Тогда эти две колесницы (меркавот) поднимаются в один скрытый чертог, называемый Шатры, и там – двенадцать видов скрытых благовоний, как сказано: "Нард и шафран, аир и корица, со всеми деревьями бальзамными, мирра и алоэ, со всеми лучшими благовониями"[311], и это – двенадцать видов, соответствующих двенадцати диагональным границам в Зеир Анпине. Но они находятся во власти Хохмы, поднимающейся снизу вверх, и называются благовониями и ароматом. "И они" также – "двенадцать видов благовоний", в Эденском саду, "что внизу"».

И поскольку корень их – от Зеир Анпина, поэтому они скрыты, т.к. свечение Хохмы не раскрывается в Зеир Анпине. И только лишь двум колесницам (меркавот), Гавриэля и Нуриэля, относящимся к свойству левой линии, Малхут, в котором раскрывается Хохма, где Гавриэль – это ее Гвура, а Нуриэль – это ее Малхут, дано разрешение являться туда и получать одеяние для облачения души. Как объяснено далее. То есть они – свечение Хохмы, исходящее от этих двенадцати видов благовоний.

301) «"И там – все эти облачения душ, в которые они удостоились облачиться, каждая – по своему достоинству. В этом облачении записаны все добрые деяния, которые совершил в этом мире. И все они записаны в нем и возглашают: "Это облачение такого-то". И" ангелы "берут это облачение, и облачаются в него души праведников в саду, подобно тому, как в этом мире"».

---

[311] Писания, Песнь песней, 4:14. «Нард и шафран, аир и корица, со всеми деревьями бальзамными, мирра и алоэ, со всеми лучшими благовониями».

302) «"Всё сказанное относится ко времени от тридцати дней и далее. Ибо все тридцать дней после смерти, нет такой души, которая не получила бы наказания, прежде чем войдет в Эденский сад, как уже объяснялось. Когда получила наказание, она вступает в Эденский сад. И после того, как обелилась", т.е. очистилась от скверны этого мира благодаря этому наказанию, "облачается" в это одеяние, "когда облачилась в это одеяние, предоставляют ей место согласно ее заслугам. Тогда", после того как душа получила свое место, "все эти буквы" мем-рейш-гимель-нун (מרג"נ), являющиеся начальными буквами имен вышеуказанных ангелов, "опускаются, и колесницы" четырех этих ангелов "поднимаются на свое место"». Ибо после того, как эти ангелы возвращаются, должны остаться решимот от их свечения, и это четыре буквы мем-рейш-гимель-нун (מרג"נ).

303) «"Этот небосвод каждый день дважды повторяет движение другого небосвода, который прилепляется к нему. И этот небосвод не выходит за пределы Эденского сада", т.е. простирается только над Эденским садом. "Этот небосвод сплетен из всех видов цветов"», И это белый-красный-зеленый-черный, т.е. ХУГ ТУМ.

Объяснение. Небосвод Эденского сада – это свойство Даат, а небосводы мира Асия – свойство Тиферет, включающее ХАГАТ НЕХИ. Этот небосвод Эденского сада соединяется с небосводом мира Асия таким же образом, как Даат распространяется в ХАГАТ НЕХИ гуф. Однако Даат распространяется в ВАК свойства Тиферет только в том случае, когда он поднимается к нему в качестве средней линии, т.е. сам Даат делится на две линии – Хохма и Бина, правую и левую, а сфира Тиферет, поднимающаяся в него, становится средней линией, соединяющей их друг с другом и облачающей их друг в друга. И ту меру свечения, которая добавилась в Даат благодаря Тиферет, получает сама Тиферет. Ибо той меры, которая вышла в высшем благодаря нижнему, удостаивается сам нижний. А после того, как Тиферет получила свечение Даат, она распространяется на свое место в гуф, и это свечение называется «распространяющийся Даат». И известно, что три линии называются «три времени» или «три места», и раскрытие их свечения происходит лишь во время движения.

И это означает: «Этот небосвод каждый день дважды повторяет», – т.е. небосвод Эденского сада, Даат, делится и светит в двух линиях, правой и левой, «движение другого небосвода, который прилепляется к нему», – и две эти линии сфиры Даат соединяются во время движения другого небосвода, мира Асия, который прилепляется к нему. То есть, небосвод мира Асия, Тиферет, становится средней линией, соединяющей две линии Даат во время движения, когда распространяется свечение этого небосвода, находящегося над Эденским садом, к остальным небосводам мира Асия, представляющим собой Тиферет, так же, как Даат распространяется в гуф. Однако «этот небосвод не выходит за пределы Эденского сада», – он сам не выходит за пределы Эденского сада к небосводам мира Асия, а только свечение его распространяется таким образом, как мы уже сказали.

304) «"Двадцать две буквы записаны и высечены на этом небосводе", который над Эденским садом, и от каждой буквы на этот сад капает роса, от росы, что наверху, над Эденским садом. И этой росой", т.е. свечением хасадим, "омываются эти души, и исцеляются после того, как окунаются в реку Динур (досл. огненную) для того, чтобы очиститься. И эта роса нисходит только из записанных и высеченных на этом небосводе букв, поскольку эти буквы являются совокупностью Торы", т.е. нисходят от Зеир Анпина Ацилута, который "называется Торой, так как из огня и воды Торы образовалась"», т.е. из огня и воды Зеир Анпина мира Ацилут.[312]

305) «"И поэтому они стекают каплями росы на всех тех, кто занимается Торой во имя ее самой (лишма) в этом мире. Эти слова записаны в Эденском саду и поднимаются до того небосвода", что над Эденским садом, "и берут от этих букв", двадцати двух букв, находящихся там, "эту росу, чтобы питать эту душу. И это смысл сказанного: "Польется, как дождь, наставление Мое, и будет струиться, как роса, речь Моя"[313]».

306) «"Посередине этого небосвода находится один проход, соответствующий проходу чертога, который наверху", в Ецире.

---

[312] См. выше, п. 292.
[313] Тора, Дварим, 32:2. «Польется, как дождь, наставление Мое, и будет струиться, как роса, речь Моя, как мелкий дождь на зеленый покров и как капли на траву».

"И в этот проход возносятся души из нижнего Эденского сада вверх, по одному столбу, вставленному в землю" Эденского сада и доходящему "до этого прохода"».

Объяснение. Уже выяснилось выше,[314] что этот проход, образовавшийся посередине небосвода, является новым окончанием, образовавшимся в середине ступени неба Эденского сада из-за подъема Малхут в место Бины, и вследствие образования этого окончания упала половина ступени, Бина и ТУМ, на ступень, расположенную внизу и называемую землей Эденского сада. А во время гадлута, когда Малхут возвращается на свое место, а Бина и ТУМ поднимаются наверх на свою ступень к небосводу, они поднимают с собой также и нижнюю ступень – те души (нешамот), которые обитают на земле Эденского сада. Таким образом, новое окончание, образовавшееся в Бине, стало проходом для нижнего, по которому он может подняться к высшему.

Бина и ТУМ, которые вначале упали вниз, на землю Эденского сада, в своем слиянии со ступенью «земля Эденского сада» считаются словно погруженными в почву этого сада, а сами они подобны высокому столбу, достигающему этого прохода, находящегося посреди небосвода. И по этому столбу поднимаются души из земли Эденского сада к небосводу Эденского сада. То есть во время гадлута, когда Бина и ТУМ, называемые столбом, поднимаются снова на небосвод Эденского сада, они берут с собой также и души, пребывающие в земле Эденского сада, поднимая их на небосвод Эденского сада.

307) «"В небосвод, в проход посреди небосвода, расположенного над Эденским садом, входят три цвета в свете, включенные вместе, т.е. ХАБАД, и светят цветам того столба, который поднялся туда, и тогда этот столб искрится и зажигается множеством пылающих цветов". И праведники, поднявшиеся с помощью этого на небосвод, получают света от этого небосвода через этот столб. "И в любое время светят праведники от этого высшего свечения" – т.е. это происходит всегда. "Однако в каждую субботу и в каждое новомесячье раскрывается Шхина на этом небосводе еще больше, чем в остальное время, и все праведники приходят и преклоняются пред ней"».

---

[314] См. выше, п. 299.

308) «"Благословен удел того, кто удостоился этих облачений, о которых мы говорили.[315] Эти облачения приобретаются добрыми деяниями, совершёнными человеком в этом мире, в заповедях Торы", т.е. в заповедях, связанных с действием, "и в них пребывает душа в нижнем Эденском саду, и облачается в эти величественные одеяния"».

309) «"Когда душа поднялась по проходу этого небосвода наверх, предназначены ей другие высшие величественные одеяния, и они" создаются посредством заповедей, связанных "с желанием и намерением сердца в Торе и молитве, ибо, когда поднимается это желание наверх, украшается ею тот, кто украшается, и часть от него остается этому человеку, и образуются из него одеяния света, в которые облачается душа, чтобы подняться наверх. И хотя объяснялось, что эти облачения" души в нижнем Эденском саду "зависят от деяния, но те, кто поднимаются на небосвод наверху, зависят только лишь от благоволения этого духа, как мы сказали, чтобы находиться среди ангелов, представляющим собой дух святости. И это объяснение происходящего. И так научился великий светоч", т.е. рабби Шимон, "у Элияу нижним облачениям в земном Эденском саду, зависящим от действия, и высшим облачениям, зависящим от желания и устремления духа в сердце"».

310) «"И река вытекает из Эдена, чтобы орошать сад"[316], - это ведь уже объяснялось. Но в том саду, который внизу", т.е. в нижнем Эденском саду, река вытекает из своего Эдена, разумеется. И необходимо знать: та река, которая вытекает в саду, что внизу, – в каком месте находится корень и основа ее?" И отвечает, что нет вопроса – "в каком месте?" Поскольку это "в Эдене", так же как и река, выходящая из Эдена Ацилута, т.е. из Хохмы Ацилута. "Однако Эден – это высшая тайна, и не дано право глазу разума владеть ею. И секрет в том, что если бы это место", т.е. Эден, являющийся Хохмой небосводов нижнего Эденского сада, "было передано для раскрытия внизу, то было бы передано также место святого высшего Эденского сада для постижения его, но благодаря скрытию величия высшего святого Эдена", т.е. Хохмы мира Ацилут, чтобы не раскрывалось, "скрыт и упрятан также нижний Эден", Хохма небосводов

---

[315] См. выше, п. 301.
[316] Тора, Берешит, 2:10. «И река вытекает из Эдена, чтобы орошать сад, и оттуда разделяется и образует четыре главных реки».

нижнего Эденского сада", из которого вытекает та река, что в нижнем Эденском саду. И поэтому этот Эден не передается для раскрытия даже душам в Эденском саду"».

Объяснение. Хохма Арих Анпина, скрытая в высших Аба ве-Има мира Ацилут, называется Эденом. Эта Хохма скрылась от нижних, и она совершенно непостижима. А Хохма, которая раскрывается нижним, исходит от Бины, которая вышла за пределы рош Арих Анпина и называется «рекой, вышедшей из Эдена»[124] по причине подъема Малхут в место Бины, однако затем, при возвращении ее в рош во время гадлута, она получает Хохму от скрытой Хохмы в рош Арих Анпина. И тогда Бина снова становится Хохмой, и свечение ее Хохмы раскрывается в месте Малхут, а от Малхут – нижним.

Это происходит на каждой ступени, вплоть до мира Асия и небосводов Эденского сада. Ибо на каждой ступени есть десять сфирот, в которых Хохма называется Эден, и сама она недоступна так же, как и скрытая Хохма Арих Анпина наверху. Но благодаря подъему Малхут в место Бины этой ступени, и падения Бины и ТУМ на ступень под ней, вследствии чего они называются «река, выходящая из Эдена»[124] той же ступени, во время гадлута, когда эти Бина и ТУМ возвращаются на свою ступень, они получают от своего Эдена Хохму, а от них выходит Хохма к Малхут этой ступени.

Если бы Эден, который находится в небосводах Эденского сада, был передан для раскрытия внизу, то было бы передано также место святого высшего Эденского сада для постижения его. Ибо Хохма на каждой ступени называется Эден, и если бы был раскрыт для постижения Эден нижней ступени, то был бы раскрыт и Эден высшей ступени, вплоть до высшей Хохмы. Поэтому любое свойство ГАР на каждой ступени вообще непостижимо.

«Река, выходящая из Эдена»[124], называется иногда Биной и ТУМ, иногда Тиферет, а иногда Есодом. Ибо всё сходится в одном месте, т.к. эти Бина и ТУМ являются не более чем половиной Бины и ТУМ. Ибо ГАР Бины не считаются выходящими из Эдена, но только ЗАТ Бины, что означает Тиферет и Малхут, включенные в Бину. Таким образом, нет здесь Бины, а только Тиферет и Малхут, и поэтому считаются все они только свойством Тиферет. А относительно парцуфа, десять сфирот которого делятся на рош, тох, соф, считается, что Бина, Тиферет и Малхут, падающие со ступени, начинаются от хазе и ниже. Так как ХАГАТ де-гуф считаются свойством ГАР де-гуф, которые тоже не вышли из своего Эдена, но только НЕХИ де-гуф. И поскольку основой НЕХИ является средняя линия, Есод, то мы называем Бину, Тиферет и Малхут, которые упали со ступени, Есодом.

311) «"Так же, как эта река", т.е. Бина и ТУМ, "отделяется и выходит из Эдена", т.е. Хохмы в рош Арих Анпина, чтобы "орошать сад наверху", Малхут Ацилута, "выходит также из того прохода, что посреди" небосводов сада, "один свет, который делится на четыре стороны в четырех проходах, как мы сказали.[317] Место, в котором находятся четыре записанные буквы "мем-гимель-рейш-нун מגר״ן"[318] и этот свет, который делится на четыре света и четыре искрящиеся буквы, выходит из Эдена", является местом, где светит высшая точка"», т.е. Хохма небосводов земного Эденского сада, являющаяся свойством высшей точки, которая там.

312) «"И эта" высшая "точка засветилась и стала Эденом (досл. усладой), чтобы светить. И нет того, кто бы смог увидеть и познать эту точку, но только свет, исходящий из нее, благодаря проходу посреди небосводов, как говорилось в предыдущем пункте, пред которым преклоняются праведники в Эденском саду, как мы учили, и эта нижняя точка", т.е. Малхут Эденского сада, – "это сад по отношению к высшему Эдену", к высшей точке, к Хохме, к тому "месту, которое невозможно ни познать, ни увидеть"».

313) «"Обо всем этом написано: "Глаз, который не видел Всесильного (Элоким), кроме Тебя"[319]. Это имя Элоким выясняется следующим образом:

1. "Всесильного (Элоким), кроме Тебя"[319] – это нижняя святая точка", Малхут Ацилута, называемая Элоким, "которая знает Эден, который внизу", в земном Эденском саду, "скрытый в саду, и нет другого, кто знает Его", кроме Малхут Ацилута.

---
[317] См. выше, п. 293.
[318] См. выше, пп. 295, 296, 298.
[319] Пророки, Йешаяу, 64:3. «И никогда не слышали, не внимали; глаз, который не видел Всесильного, кроме Тебя, даст Он уповающему на Него».

2. "Всесильного (Элоким), кроме Тебя"[319] – это высший над всем Эден, и это свойство "будущий мир", т.е. Хохма Ацилута, являющаяся высшим Эденом, раскрывающаяся в Бине Ацилута, называемом будущим миром, "Ии называется Элоким, который знает нижнюю точку", Малхут Ацилута, "благодаря одному праведнику, который выходит из нее, т.е. река, наполняющая ее"», то есть «река, вытекающая из Эдена»[316], – Есод,[320] называемый праведником. «"И нет того, кто бы познал ее, кроме Него, как написано: "Всесильного (Элоким), кроме Тебя"[319] – который включен высоко-высоко, до Бесконечности"».

Объяснение. «Глаз» – это Хохма. «Видение» – это передача Хохмы. Есть два объяснения сказанного «глаз не видел Всесильного (Элоким), кроме Тебя»[319]:

1. Это указывает на Малхут Ацилута, называемую Элоким. И Хохма не раскрывается ни в одной из сфирот, кроме нее. И сказанное: «Глаз не видел»[319] означает – передать Хохму Эдену, относящемуся к земному Эденскому саду, ближнему Элоким, т.е. Малхут, в которой раскрывается Хохма.

2. Это указывает на Бину Ацилута, тоже называемую Элоким, и сказанное: «Глаз не видел»[319] означает передачу Хохмы сфире Малхут мира Ацилут, ближней Элоким, т.е. Бины Ацилута, так как от нее начинается корень света Хохмы в Малхут, а не от другой сфиры. Ибо Малхут строится от левой линии Бины, из которой она получает Хохму в ней.

314) "И эта река, вытекающая из Эдена в Эденский сад, что внизу, – это тайна для мудрецов, в скрытом смысле сказанного: "И насыщать в чистоте душу твою"[321]. И это выясняется наверху и внизу, ибо душа, выходящая из этого темного мира, стремится увидеть в свете высшего мира, как человек, стремящийся напиться воды в жажде своей, так каждая из них жаждет чистоты, как сказано: "Будет томиться жаждою"[322]. Также и чистота означает – томиться чистотою, т.е. она томится по чистоте светов сада, и небосвода, и чертогов сада"».

---

[320] См. выше, п. 310, в конце комментария Сулам.
[321] Пророки, Йешаяу, 58:11. «И Творец будет вести тебя всегда, и насыщать в чистоте душу твою, и кости твои укрепит, и будешь ты, как сад орошенный и как источник, воды которого не иссякают»
[322] Пророки, Йешаяу, 5:13. «Поэтому пойдет народ Мой в изгнание безрассудно, и знатные люди его будут голодать, и толпа его будет томиться жаждою».

315) «"И эта река, вытекающая из Эдена,[316]. Все души обитают в облачении величия у этой реки, и если бы не это облачение, они бы не могли вынести" этих светов, "и тогда они поселяются и наполняются этой чистотой, и могут вынести. И эта река – это исправление душ, чтобы обитать, питаться и наслаждаться этой чистотой, и души исправляются на этой реке и поселяются в ней"».

316) Как «"эта высшая река", Есод Зеир Анпина, "выводит души, и они воспаряют от нее к саду", т.е. к Малхут Ацилута, так "эта река, что внизу, в земном Эденском саду, исправляет души, чтобы исправиться и обитать в этой чистоте. Подобно этому миру, внешнему, когда поселяются души, чтобы светить в свежести воды, и это потому, что вначале они вышли в таком виде, как мы уже сказали. И поскольку души исправляются на этой реке, проистекающей и выходящей из Эдена, они могут обитать в свойствах этой высшей чистоты и подниматься наверх, в тот проход, что посреди небосвода, по одному столбу, стоящему посреди сада, как мы уже сказали"[323]». Итак, выяснилось сказанное: «И насыщать в чистоте душу твою»[321] – наверху и внизу. «В чистоте» наверху – как уже здесь выяснилось. И «в чистоте» внизу, и это света сада и небосводов, и чертогов.[324] И оба (вида очищения) совершаются с помощью этой реки, вытекающей из Эдена.

317) «"По этому столбу", что посреди сада, "поднимаются наверх через тот проход, что в небосводе" Эденского сада души праведников. "И вокруг него есть облако и дым, и сияние"». И это как написано: «И сотворит Творец над всем местом горы Цион и над собраниями ее облако – днем, и дым и сияние пылающего огня – ночью»[325]. «И хотя это изречение объяснялось, но эти облако и дым" были "снаружи, а сияние (но́га) – внутри, и это было, чтобы прикрыть тех, кто поднимается наверх, чтобы не видны были тем, кто обитает внизу"».

318) «"И вот здесь (скрыта) тайна тайн. Ибо, когда эта точка", т.е. сад, и это Малхут Бины земли де-Асия, называемая

---

[323] См. выше, п. 306.
[324] См. выше, п. 314.
[325] Пророки, Йешаяу, 4:5. «И сотворит Творец над всем местом горы Цион и над всеми собраниями ее облако днем, и дым и сияние пылающего огня ночью, – ибо над всею славою будет покров».

точкой, "захотела совершить исправления свои и украситься в субботу и в установленные времена, и в праздники, посылает" ей Творец "четыре лика орла, устанавливающиеся над чертогом, называемым Свобода (дрор), как сказано: "Мирры самоточной (мор дрор)"[326]. И поэтому в субботу юбилейного года (йовель) необходимо провозгласить о свободе, как сказано: "И возгласите свободу на земле всем ее обитателям"[327]. И эти четыре лика возносят голос", – т.е. возглашают о свободе всем обитателям сада. "И нет того, кто слышит его, кроме душ, достойных подняться, и они собираются там", в этом чертоге Свобода. "И эти четыре лика берут их и проводят их внутрь по столбу, стоящему в середине"» сада.

Пояснение сказанного. В субботу, праздники и новомесячье во всех мирах светят большие мохин. И они не распространяются сверху вниз, но нижние поднимаются в место высших ступеней, и там они получают мохин, а не на своем месте. И для того, чтобы каждый нижний мог подняться к высшему, необходимо раскрытие проходов, расположенных посреди небосводов, ибо по ним поднимается нижний в место высшего.

И это раскрытие происходит благодаря трем именам Эке, опускающего Малхут из места Бины на свое собственное место. И тогда открывается граница нового окончания, находившаяся в месте Бины, называемая «небосводом», и тогда Бина и ТУМ, упавшие из высшего, могут вернуться на свою ступень. И они берут с собой также нижнего, ибо были слиты с ним во время своего падения, и поднимают его к высшему, как подробно выяснилось выше (в п.131). И только одно изменение имеется здесь – Бина и ТУМ высшего, там называемые «авир (воздух)», называются здесь «столбом», стоящим посередине. И так же, как сказано там, что «авир (воздух)» возносит нижнего и поднимает его к высшему, так же и здесь говорится, что «столб, стоящий посередине, возносит нижнего и поднимает его к высшему».

---

[326] Тора, Шмот, 30:22-23. «И говорил Творец, обращаясь к Моше, так: "Ты возьми себе лучших благовонных кореньев: мирры самоточной пятьсот (шекелей) и корицы благовонной половину того – двести пятьдесят, и тростника благовонного двести пятьдесят».

[327] Тора, Ваикра, 25:10. «И освятите пятидесятый год, и возгласите свободу на земле всем ее обитателям. Юбилеем будет это для вас, и возвратитесь вы каждый к своему семейству».

«И когда точка сада, Малхут Бины ступени земля мира Асия, пожелала совершить исправления свои и украситься в субботу и в установленные времена и праздники» – то есть, чтобы получить свечения трех Эке, отменяющие границу, находящуюся в окончании небосвода, так как они возвращают оттуда Малхут на свое место, «посылает ей Творец четыре лика орла» – ХУГ ТУМ средней линии, называемой «лик орла», и в эти ХУГ ТУМ облачаются три Эке, свечение которых опускает Малхут из окончания небосвода на свое место, отменяя тем самым все суды и границу над садом. «Поднимающихся над чертогом, называемым "свобода"», ибо свечение их – это свечение свободы и независимости, и чертог называется «свободой», поскольку оно устраняет все суды и границы из всей реальности обитающих в саду, вследствие того, что поднимает их из окончания небосвода наверх с помощью этого срединного столба сада.

Это свечение подобно свечению юбилейного года (йовель), как сказано: «И возгласите свободу на земле всем ее обитателям, и юбилеем будет это для вас»[327]. Также и здесь: «И эти четыре лика возносят голос» – иными словами, провозглашают о свободе всем обитателям сада, что отменились все суды и граница и каждый может подняться наверх вместе со столбом, стоящим посередине. «И нет того, кто слышит его, кроме душ, достойных подняться» – а те, которые недостойны подняться, вообще не чувствуют этой свободы. И они собираются там, в чертоге свободы. «И эти четыре лика берут их и проводят их внутрь по столбу, стоящему посреди сада» – вместе с этим столбом они поднимаются от небосвода и выше согласно их ступени. Как сказано: «И возвратитесь каждый во владение свое»[327].

319) «"В этот час столб этот поднимает облако, и огонь, и дым, и сияние изнутри. И эти два", свечение свободы и душ, "называется "местом горы Цион и собраниями ее"[325]», о которых говорит: «И сотворит Творец над всем местом горы Цион и над собраниями ее облако – днем, и дым и сияние огня пылающего – ночью»[325]. «"Ибо "место горы Цион"[325] – это исправление наверху, когда нижняя точка украшается", т.е. свечение свободы благодаря четырем ликам орла наверху. "А они", души – "это собрания этой точки, чтобы украситься". То есть, те души, которые слышали призыв свободы, называются «собраниями ее», ибо они как в сказанном: «Призванные ею»[328].

---

[328] Писания, Притчи, 9:18.

Объяснение. Поскольку выяснилось выше,[329] что хотя Малхут и опустилась из места Бины на свое место, еще не отменились там окончание и граница, образовавшиеся по причине подъема этой Малхут, ибо средняя линия устанавливает эту границу благодаря экрану точки «хирик» в ней. И Бина и ТУМ, которые соединяются со своей ступенью, не соединяются, находясь под новым окончанием, а обязаны подняться выше нового окончания и стать левой линией для Кетера и Хохмы, которые остались на ступени.

Суды, которые нисходят вследствие установления границы экраном «хирик» средней линии, называются облако, и огонь, и дым, и сияние, ибо по их причине нет нисхождения свечения свободы от окончания небосводов и ниже в сад. А светит оно от окончания небосводов и выше. Поэтому обязаны души, обитающие в саду, подняться вместе со столбом, стоящим в середине, в этот небосвод, и там они получают свое свечение.

Если бы эта граница полностью отменилась, и свечение небосводов протянулось вниз, в сад, тогда бы души получили высшее свечение без всякой необходимости совершать подготовку. Однако теперь, после установления границы с помощью облака и дыма и огня, высшее свечение распространяется вниз лишь тогда, когда души должны подняться вместе с этим столбом над небосводом. Поэтому души, которые недостойны этого, не знают ничего о свечении свободы и не поднимаются, и только души, достойные этого, слышат исходящий от свечения свободы призыв, и поднимаются.

Получается, что установление границы, образовавшейся благодаря огню, дыму и свечению, покрывает те души, которые недостойны, и они не знают о подъеме достойных душ наверх, поскольку этот свет вообще не опускается в место этих душ внизу.

Поэтому сказано: «Облако и дым – снаружи, а сияние (нóга) – внутри, чтобы прикрыть тех, кто поднимается наверх, чтобы не видны они были тем, кто обитает внизу». «В этот час поднимает этот столб облако, и огонь, и дым, и сияние изнутри» – и поэтому не может этот столб оставаться внизу, ибо не сможет соединиться с Кетером и Хохмой небосводов, пока не поднимется

---

[329] См. выше, п. 130, со слов: «И это означает сказанное им…»

над окончанием небосводов. Таким образом, облако и огонь и дым обязывают этот столб, т.е. Бину и ТУМ, которые упали из небосвода, не оставаться на своем месте, а подниматься наверх. И тогда он берет с собой все души, находящиеся в саду, достойные этого, и поднимает их вместе с собой к небосводам.

«И они собираются там, в чертоге свободы». «И эти четыре лика берут их и проводят их внутрь по столбу, стоящему посреди сада». И для того, чтобы этот столб поднялся выше небосводов, «поднимает этот столб облако, и огонь, и дым, и сияние (нóга) изнутри» – ибо вследствие этого он обязан подняться наверх, и он берет с собой эти души. Однако необходимо помнить, что нет исчезновения в духовном, и хотя этот столб поднимается наверх, считается, что он так же остается на своем месте, как и был. И поэтому считается, что этот столб всегда погружен в почву сада, хотя и поднимается наверх.

Как сказано: «И сотворит Творец над всем местом и над собраниями ее облако – днем, и дым и сияние огня пылающего – ночью»[325]. «И сотворит Творец»[325] – с помощью средней линии, посредством экрана де-хирик в ней. «Над всем местом горы Цион»[325] – это свечение свободы. «И над собраниями ее»[325] – это души, удостаивающиеся слышать призыв свободы. «Облако – днем, и дым и сияние огня пылающего – ночью»[325] – т.е. создать такую границу, чтобы высшие света, находящиеся над небосводом, не опускались вниз. И тем самым скрывается свечение свободы от душ, недостойных ее.

320) «"Когда души поднимаются, достигая этого прохода на небосводе, тогда этот небосвод обращается сам и обращает сад трижды", – т.е. небосвод совершает движение в трех местах, в виде трех линий, основное свечение которых происходит во время движения.[330] "И от приятной мелодии вращения небосвода" по трем линиям "выходят все души, находящиеся в проходе этого небосвода, и слушают эту мелодию небосвода и видят этот столб", поднявший их, "который возносит огонь и облако, и дым, и сияние пылающее", – т.е. суды, пылающие от экрана де-хирик средней линии, поддерживающего границу таким

---

[330] См. Зоар, главу Бешалах, п. 137, со слов: «И три эти линии не раскрывают Хохму иначе, как с помощью своих движений, т.е. когда свечение каждой из них раскрывается специально одно вслед за другим в месте трех точек: холам, затем шурук, а затем хирик...»

образом, чтобы света не притягивались сверху вниз, а только снизу вверх. "И все они кланяются". Другими словами, склоняют голову, и это указывает на то, что они принимают эту границу, чтобы не притягивались сверху вниз, т.е. свойство ГАР, называемое рош, но они принижают свой рош, чтобы не получать свет, но только снизу вверх, т.е. свечение ВАК Хохмы, а не ГАР Хохмы. А после того, как души приняли на себя эту границу, чтобы притягивались лишь снизу вверх, "тогда души поднимаются по этому проходу, пока не поднимутся внутрь круга, окружающего эту точку", т.е. внутрь небосвода, окружающего этот сад, называемый точкой, и этот небосвод – это Хохма. "Тогда они видят то, что видят", – т.е. получают свечение Хохмы, называемое видением. "И из состояния света и радости от того, что они видят, они поднимаются и опускаются, приближаются и отдаляются"», как в сказанном: «Исчезали и появлялись»[307].

321) И Хохма, свойство высшей точки, «"она стремится к ним, и украшается ими в свете своем", – то есть души, которые поднялись к ней, становятся в ней свойством МАН, "тогда ревность охватывает одного высшего праведника", Есод мира Ецира, "и он вглядывается в свет красоты этой точки и в исправление ее, и берет ее и поднимает ее к себе", в Ецира. "И светит свет в свете" – т.е. свет хасадим Есода светит в свете Хохмы точки, "и они становятся одним целым", т.е. соединяются. "Все небесные воинства провозглашают, говоря в этот час: "Счастливы вы, праведники, хранящие Тору, счастливы вы, поскольку занимаетесь Торой, ибо радость Господина вашего – в вас, ибо венец Господина вашего украшается вами"», – так как они вызвали этот зивуг.

И сказанное: «Тогда ревность охватывает одного высшего праведника» означает, что тогда любовь находится в полном совершенстве, как объяснялось ранее: «Всякий, кто любит, но не испытал в связи с этим ревность, это не называется любовью»[331]. И суть ревности в том, чтобы не удерживались в ней внешние из-за отсутствия хасадим.

322) «"Теперь, когда светят свет в свете", т.е. свет хасадим в свете Хохмы, "два света соединяются вместе и светят. Затем

---

[331] См. Зоар, главу Ваехи, п. 733. «"Тяжка, как ад, ревность". Всякий, кто любит, но не испытал в связи с этим ревность, это не называется любовью, – когда же возревновал, любовь становится совершенной...»

эти цвета", света этого зивуга, "нисходят и ищут возможность развлекаться с этими душами праведников", которые поднялись в МАН, как уже говорилось. "И они исправляют их, чтобы украсились наверху. И об этом сказано: "Глаз, который не видел Всесильного, кроме Тебя, даст Он уповающему на Него"[319]».

323) «Провозгласил рабби Шимон и сказал: «Написано: "А над головами этого создания – подобие небосвода, словно ужасающий лед, простертый над головами их сверху"[332]. Это изречение объяснялось. Однако есть небосвод и есть небосвод. Небосвод внизу", т.е. парса в месте хазе Зеир Анпина, "установился над четырьмя созданиями", и это четыре создания в Малхут, свойства Михаэль-Гавриэль-Рефаэль-Нуриэль. "И оттуда", – от этого небосвода, являющегося парсой Зеир Анпина, "простирается и пребывает образ одной нуквы", т.е. Малхут, "в ахораим захара", Зеир Анпина. "И это смысл сказанного: "И увидишь Меня сзади"[333] – т.е. Малхут, находящаяся в ахораим (обратной стороне) Зеир Анпина. "Как сказано: "Сзади и спереди Ты объемлешь меня"[334]», что указывает на Зеир Анпина и Малхут, где Зеир Анпин – это «спереди»[334], а Малхут – «сзади»[334]. «"И также написано: "И взял Он одну из его сторон"[335]», – что указывает на Зеир Анпин и Малхут, которые вначале были двумя парцуфами, «сзади и спереди»[334] (обратной и лицевой стороной), а затем отделились. И на это указывает изречение: «И взял Он одну из его сторон»[334].

324) «"Небосвод наверху", и это парса в месте хазэ Бины, т.е. ИШСУТ, "он устанавливается над высшими созданиями", представляющими собой ХАГАТ Зеир Анпина, "и оттуда", из этого небосвода, "простирается и пребывает один образ захара, и он – свойство высшего" над нуквой, т.е. Зеир Анпин. "И эти два небосвода, один называется "край неба", т.е. парса в месте хазэ Зеир Анпина, и это край и окончание Зеир Анпина, называемого небом. "А другой называется "от края неба", – т.е.

---

[332] Пророки, Йехезкель, 1:22. «А над головами этого создания – подобие небосвода, словно ужасающий лед, простертый над головами их сверху».

[333] Тора, Шмот, 33:22-23. «И будет, когда проходить будет слава Моя, укрою тебя в расселине скалы, и заслоню тебя ладонью Своею, пока не пройду. И отведу ладонь Свою, и увидишь Меня сзади, но лика Моего не будет видно».

[334] Писания, Псалмы, 139:5. «Сзади и спереди Ты объемлешь меня и возложил на меня руку Твою».

[335] Тора, Берешит, 2:21. «И навел Творец Всесильный на Адама крепкий сон, и он уснул. И взял Он одну из его сторон, и закрыл плотью место ее».

парса в хазэ Бины, откуда берет начало Зеир Анпин, называемый небом. "Как написано: "От края небес и до края небес"[336]. Головы создания внизу", в Малхут, – "это четыре создания, т.е. высшие света над теми четырьмя буквами, которые записаны в четырех проходах Эденского сада"».[337] И эти четыре создания являются свойствами четырех ангелов, как мы объясняли в предыдущем пункте.

Объяснение. Известно, что небосвод – это новое окончание, установившиеся в середине ступени вследствие подъема Малхут каждой ступени в Бину этой ступени. Это окончание называется также парсой, которая расположена во внутренностях, т.е. находится в середине Тиферет, называемой Биной свойства гуф, в месте хазэ, в середине ступени, и там она оканчивает ступень. И эта парса включает в себя три сфиры половину Тиферет и НЕХИ, т.е. Бину и ТУМ, которые упали с каждой ступени на ступень, находящуюся под ней.

Поэтому любой нижний облачает три сфиры НЕХИ высшего. Ибо они упали на его место по причине окончания, образовавшегося в месте парсы. И потому Зеир Анпин облачает место от парсы, расположенной в середине ИШСУТ и ниже, т.е. половину Тиферет и их НЕХИ, так как они являются Биной и ТУМ парцуфа ИШСУТ, упавшими на место его. И поскольку нет исчезновения в духовном, они остаются там в постоянном виде. И так же Малхут облачает место от парсы, расположенной в середине Зеир Анпина, и ниже, т.е. половину его Тиферет и НЕХИ, упавшие из Зеир Анпина на ее место.

Таким образом, Зеир Анпин начинается в небосводе парцуфа ИШСУТ, т.е. в парсе, расположенной в середине его. И это – высший небосвод, оканчивающийся в его собственном небосводе, т.е в парсе, расположенной в середине Зеир Анпина, ибо оттуда и ниже он облачен в Малхут, и это место называется «нижним небосводом». Как сказано: «И от края неба до края неба»[119]. Где «и от края неба»[119] – это небосвод ИШСУТа, откуда начинается Зеир Анпин, называемый «небо». «И до края неба»[119] – это небосвод Зеир Анпина, на котором он заканчивается.

---

[336] Тора, Дварим, 4:32. «Ибо спроси о временах прежних, какие были до тебя, со дня, когда сотворил Всесильный человека на земле, и от края небес и до края небес: бывало ли подобное сему великому делу, или слыхано ли подобное?»

[337] См. выше, п. 295 и п. 299, в комментарии Сулам.

325) «"И хотя мы сказали, что нижний Эден – он на земле", и сад получает от нижнего Эдена. А ты говоришь, что сад получает от четырех созданий? И отвечает: "Но все это – высшая тайна. Как мы учили. Ведь это точка, о которой мы говорили", о Малхут Ацилута, "также как у нее часть наверху" в Ацилуте, "также есть у нее часть внизу, на земле", – то есть, также как она является десятой частью Ацилута, также она является десятой частью земли, т.е. сада. "И сад внизу – это часть этой точки", которая на земле, "чтобы развлекаться с душами (рухот) праведников на земле, и она наслаждается со всех сторон, наверху и внизу. Наверху она наслаждается от праведника", Есода Зеир Анпина. "Внизу она наслаждается плодами этого праведника", т.е. душами праведников, рождающимися от Есода Зеир Анпина. И нет иного развлечения наверху и внизу" у Малхут, "кроме как с праведником". Ибо плоды его также считаются свойством праведника, как и он. И поэтому так же, как Малхут наверху восседает на четырех созданиях, так же и Малхут внизу, т.е. сад, получает от четырех созданий, как мы уже сказали. "И этот сад – он" исходит "от точки, которая называется Эден"», т.е. так же как и Малхут наверху, поскольку она считается нижней Хохмой, так как исходит от высшего Эдена, и также сад, т.е. нижняя Малхут, исходит от нижнего Эдена, и таким образом, он получает от обоих (Эденов). Однако четыре создания относятся к сущности Малхут, а Эден – это высший свет, который нисходит к Малхут как наверху, так и внизу.

326) «"Эти головы создания – это четыре головы ликов:

1. Одна – это лев, как написано: "И лик льва – справа"[338], и это Хесед, т.е. Михаэль.

2. "И одна – бык, как написано: "И лик быка – слева"[338], и это Гвура, т.е. Гавриэль.

3. "И одна – орел, как написано: "И лик орла – у всех четырех"[338], и это Тиферет, т.е. Рефаэль.

4. "Человек – он включает все, как написано: "И образ их ликов – лик человека"[338], и это Малхут, которая получает от всех, т.е. Нуриэль.

А в другом состоянии: Михаэль – справа, лев, Гавриэль – слева, бык, Уриэль – посередине, Тиферет, а Рефаэль – лик

---

[338] Пророки, Йехезкель, 1:10. «И образ их ликов – лик человека, и лик льва – справа у (всех) четырех, и лик быка – слева у (всех) четырех, и лик орла у (всех) четырех».

человека.³³⁹ "И это четыре головы созданий, несущих святой трон", Малхут, "и они потеют из за своей ноши, и от пота, вызванного этой ношей, образуется река Динур (огненная), как написано: "Огненная река вытекает и протекает перед ним, тысячи тысяч служат ему"³⁴⁰.

Объяснение. Святой трон, т.е. Малхут, называется нижней Хохмой. Благодаря четырем животным, несущим ее, раскрывается Хохма в ней, которая и называется ношей, несомой этими животными. Раскрытие Хохмы происходит лишь через выявление судов точки «шурук». Выявление этих судов называется пóтом этих животных, вызванным их ношей, т.е. раскрытием Хохма. И от этих судов образовалась река Динур.

327) «"И когда души поднимаются, они омываются в этой реке Динур и возносятся в жертву, однако не сгорают, а очищаются. Смотри у саламандры, из которой изготавливают одежду, и поскольку она" рождена "от огня, эта одежда очищается только огнем. Огонь уничтожает скверну, и в нем очищается одежда. И также душа, которая от огня, берущегося от святого престола", Малхут, "о котором написано: "Престол его – искры огненные"³⁴¹, в то время когда она должна очиститься от скверны в ней, она проходит через огонь и очищается. Огонь уничтожает всю скверну, содержащуюся в душе, и душа омывается и обеляется"».

328) «"И если скажешь: в таком случае, нет в этом наказания души" – она ведь только очищается. "Смотри, горе душе, которая переносит чуждый огонь, хотя она и обеляется вследствие этого. Однако, когда скверна умножается над ней, то горе душе, терпящей такое наказание, ибо скверна эта очищается огнем дважды"».

329) «"Первый раз – после того, как получил телесное наказание, уходит душа, и забирают её и приводят в место,

---

³³⁹ См. Зоар, главу Пкудей, пп. 659-665.
³⁴⁰ Писания, Даниель, 7:10. «Огненная река вытекает и протекает перед ним, тысячи тысяч служат ему, и десять тысяч десятков тысяч стоят перед ним; суд сел, и книги открылись».
³⁴¹ Писания, Даниэль, 7:9. «И смотрел я, пока не были сброшены престолы. И сидел старец в годах, одежда его бела как снег, а волосы на голове его как чистая шерсть; престол его – искры огненные, колеса – пылающий огонь».

называемое Бэн-Инном[342]. И почему называется Бэн-Инном? Потому что есть одно место в преисподней, где души проходят плавку в плавильной печи, чтобы отбелиться, прежде чем они вступают в Эденский сад, и два ангела-посланника готовы в Эденском саду, и стоят во вратах его, и кричат правителям, назначенным над этим местом в преисподней, чтобы приняли эту душу"».

330) «"Прежде чем эта душа очищается огнем, эти посланники кричат" правителям, "говоря: "Инном", и в то время когда она очищается, выходят эти собравшиеся вместе с ней из этого места и ставят её у входа в Эденский сад, где" стоят "эти посланники, и" правители "говорят" посланникам: "Инном (вот они)", т.е. – "вот эти души, которые очистились. Тогда вводят эту душу в Эденский сад"». Поэтому и называется это место в преисподней Бен-Инном.

331) «"Насколько же надломлена" душа, "надломленная очищением в преисподней, ибо это истязание" нижним "огнем. И хотя она опускается сверху", от реки Динур, "но когда достигает нижней земли, этот огонь перестает быть нежным и душа проходит наказание в нем и сокрушается. Тогда Творец выводит солнце", т.е. высший свет, "светящее из этих четырех проходов, светящих в небосводе над Эденским садом,[343] и оно доходит до этой души и она исцеляется. И это означает сказанное: "И засияет вам, боящиеся имени Моего, солнце праведности, и исцеление – в крыльях его"[344]».

332) «"Второй раз" душа очищается огнем,[345] "после того как она находилась в нижнем Эденском саду сколько находилась, и ещё не отделилась от всего, что относится к воззрениям этого мира. И когда поднимают её наверх", в высший Эденский сад, "она должна отделиться от любого воззрения и от всего находящегося внизу, и поэтому проводят её через реку Динур (огненную). И тогда душа обеляется в ней от всего и вся, и выходит и предстает перед Владыкой мира, когда она чиста

---

[342] Писания, Диврей а-ямим 2, 33:6. «И провел сыновей своих через огонь в долине Бен-Инном».

[343] См. выше, п. 299.

[344] Пророки, Малахи, 3:20. «И засияет вам, боящиеся имени Моего, солнце праведности, и исцеление – в крыльях его, и выйдете, и увеличитесь, как откормленные тельцы в стойлах».

[345] См. выше, п. 328.

со всех сторон. После того, как она созерцает этот свет, она исцеляется и восполняется во всем. И тогда стоят эти души в облачениях и украшаются пред Господином своим. Счастлив удел праведников в этом мире и в мире будущем"».

333) «"И эти души, обитающие в нижнем Эденском саду, странствуют во все дни новомесячья и в субботы и поднимаются к месту, называемому "стены Иерушалаима", т.е. внешняя сторона Малхут Ацилута, "и там множество правителей и колесниц (меркавот), охраняющих эти стены, как сказано: "На стенах твоих, Иерушалаим, поставил Я стражей"[346]. Они поднимаются к этому месту, но не вступают внутрь" Малхут "до тех пор, пока не очищаются. И там они преклоняются и испытывают радость от света и возвращаются в нижний Эденский сад"».

334) «"Они выходят из Эденского сада и странствуют по миру, и видят тела тех грешников, которые наказаны. Как написано: "И выйдут, и увидят трупы людей, злоумышляющих против Меня, ибо червь их не изведется, и огонь их не погаснет, и будут они мерзостью для всякой плоти"[347]. Что значит: "Для всякой плоти"? Для всех остальных тел, окружающих их. И мы это уже объясняли.[348] А затем они странствуют и видят больных и недужных. И те, которые переносят страдания за единство Господина их, возвращаются" в Эденский сад "и все рассказывают Машиаху"», пребывающему в Эденском саду.

335) «"В час, когда они рассказывают Машиаху о бедах Исраэля в изгнании, и о тех грешниках среди них, которые не желают знать Господина своего, он возносит голос свой и плачет об этих грешниках среди них. Это означает: "И он изранен преступлениями нашими, сокрушен грехами нашими"[349]. Возвращаются души и устанавливаются на местах своих"».

---

[346] Пророки, Йешаяу, 62:6. «На стенах твоих, Йерушалаим, поставил Я стражей, весь день и всю ночь, всегда, не будут молчать они; напоминающие о Творце – не (давайте) себе покоя!»

[347] Пророки, Йешаяу, 66:24. «И выйдут, и увидят трупы людей, злоумышляющих против Меня, ибо червь их не изведется, и огонь их не погаснет, и будут они мерзостью для всякой плоти».

[348] См. Зоар, главу Трума, п. 454. «И все те грешники, что там, окружают это тело и возглашают о нем...»

[349] Пророки, Йешаяу, 53:5. «И он изранен преступлениями нашими, сокрушен грехами нашими, наказание за благополучие наше – на нем, и ранами его исцеляемся мы».

336) «"В Эденском саду есть чертог, называемый чертогом страждущих. Тогда вступает Машиах в этот чертог и призывает все болезни и все недуги и все страдания Исраэля, чтобы пришли к нему. И все они приходят к нему. И если бы он не брал всё это на себя, облегчая тяжесть Исраэля, то человек не мог бы вытерпеть страданий Исраэля, получаемых за наказания Торы. Как сказано: "Но болезни наши переносил он, и боли наши терпел он"[350]. И подобно этому, рабби Эльазар на земле". принимал на себя страдания за Исраэль.[351]

337) «"Поскольку неисчислимы страдания, стоящие над человеком каждый день из-за наказаний Торы, и все они опускаются на мир во время вручения Торы. И когда Исраэль находились в земле святости, совершая все виды работ и жертвоприношения, то они устраняли все эти болезни и страдания из мира. Теперь же, Машиах устраняет их из мира до тех пор, пока человек не уходит из этого мира и не получит наказание свое, как мы учили. Если многочисленны их грехи, то вводят их в преисподнюю, в те нижние другие отделы, и они получают тяжелое наказание из-за накопившейся в душе бесчисленной скверны. И тогда разжигают более сильный огонь, чтобы он уничтожил эту скверну"».

338) «"Счастливы те, кто хранит заповеди Торы. Ибо точка святости", Малхут, "желает испытывать радость наверху", на своем месте, "и внизу", в Эденском саду, в душах праведников, как мы учили . Когда эта точка желает испытывать радость внизу", в Эденском саду, "с душами праведников, она как мать, радующаяся сыновьям своим и забавляющаяся с ними. И также в полночь она нисходит" в Эденский сад "и забавляется с ними"».

---

[350] Пророки, Йешаяу, 53:4. «Но болезни наши переносил он, и боли наши терпел он, а мы считали, что он поражаем, побиваем Творцом и истязаем».
[351] См. Вавилонский Талмуд, трактат Бава Меция, лист 84:2.

Небосвод над Малхут

339) «"Небосвод, находящийся над садом, расположен над четырьмя головами созданий, и это четыре буквы" мем-рейш-гимель-нун (מרג"ן), "как мы сказали,[352] и это тайна четырёх созданий", т.е. Михаэль-Гавриэль-Рефаэль-Нуриэль.[353] "И этот небосвод находится над ними, как мы сказали. Небосвод этой точки", т.е. небосвод над Малхут, "расположен наверху, над этими четырьмя высшими созданиями, как мы сказали".[354] И они называются высшими по отношению к тем, кто в нижнем Эденском саду. "И этот небосвод", который над Малхут Ацилута, "сплетён из цветов святости"», т.е. подобно небосводу над нижним садом, в котором есть четыре цвета.[355] И также высший небосвод, который над Малхут, сплетён из этих цветов. И Зоар продолжает объяснять нам, что все те свойства, которые имеются в небосводе, расположенном над нижним Эденским садом, имеются также в высшем небосводе, расположенном над Малхут Ацилута.

340) «"На этот небосвод", расположенный над высшей Малхут, "смотрят четыре создания и все те воинства, что внизу, когда этот небосвод светит своими цветами и искрится четырьмя цветами", т.е. четырьмя цветами, которые выяснились выше, и это ХУГ ТУМ на самом небосводе, которые светят через проходы. "Тогда знают все строения (меркавот) и все воинства и станы, что их пища готова", так как они получают наполнение из этих проходов. "Этот небосвод сплетён из всех святых цветов", т.е. четырех светов ХУГ ТУМ, и в нем находятся четыре прохода", в каждом из которых светит один цвет. И эти света, "они записаны в четырёх искрящихся буквах"».[356]

341) «"Один проход находится в восточной стороне", Тиферет, "и в этом проходе устанавливается одна буква", так же как в небосводе над садом. Однако там устанавливается буква рейш (ר), начальная буква имени Рефаэль (רפאל), а здесь буква алеф (א), начальная буква имени Адни (אדני). "И эта буква

---

[352] См. выше, пп. 292-299.
[353] См. выше, п. 299.
[354] См. выше, п. 324.
[355] См. выше, п. 293.
[356] Всё это выяснено в комментарии Сулам 297 пункта. Все время обращайся туда в дальнейшем.

искрится, и поднимается и опускается в этом проходе. Этот проход светит и искрится от высшего искрения", т.е. от одного цвета, относящегося к ХУГ ТУМ светов самого небосвода,[356] "и буква алеф (א) искрится и выделяется в нем. И она поднимается и опускается и записывается в этом проходе"».

342) «"Второй проход записан в северной стороне", Гвуре, "и в нем устанавливается одна буква, и это буква далет (ד) имени Адни (אדני). "И она устанавливается и искрится, поднимается и опускается, и пламенеет в этом проходе" северной стороны. "Иногда зажигается искрами, а иногда этот свет скрывается и не светит"». Ибо эта далет (ד) – это проход в северной стороне, левая линия. И когда есть в ней хасадим, она светит. А когда нет у нее хасадим от правой линии, она не светит. Поэтому она называется «далет דלת», от слова «далут (דלות бедность)» – потому что Хохма в левой линии не светит без хасадим. «"И поэтому эта буква не всегда находится. И эта буква записана в этом проходе"».

343) «"Третий проход – это проход, находящийся в западной стороне", Малхут, "и в нем устанавливается одна буква, которая записана и светит в этом проходе, и это буква нун (נ) имени Адни (אדני). И эта буква светит в искрении в этом проходе"».

344) «"Четвертый проход находится в южной стороне", Хесед, "и в нем устанавливается запись одной нижней малой точки, которая видна и не видна. И это буква йуд (י) имени Адни (אדני)"». Объяснение. Когда Малхут в единстве с Зеир Анпином, в тайне сочетания двух имен АВАЯАдни (יאהדונהי), тогда видна йуд (י) имени Адни (אדני), ибо теперь она получает Хохму от первой йуд (י). А если она не находится в соединении с АВАЯ (הויה), то не видна. «"И эти четыре буквы Адни (אדני)" искрятся "в четырех сторонах этого небосвода, в этих" четырех "проходах"» его окончания.

345) «"В этом небосводе записаны другие буквы, с кетерами (коронками) над их рош, и это двадцать две буквы, украшающиеся кетерами"». И эти двадцать две буквы – это Зеир Анпин, включенный в этот небосвод Малхут, а кетеры над ними – это свойство Бины, являющейся Кетером Зеир Анпина. Ибо корень каждой буквы, называемый «кетер», – он от Бины. «"Этот небосвод движется и вращается над созданиями, и они –

в записях (решимот) этих букв в тайне исчисления единства, в тайне одного сочетания"» алфавита, и это алеф-тэт (א"ט), бет-хэт (ב"ח), гимель-заин (ג"ז), «далет-вав (ד"ו).

Объяснение. Четыре сочетания алеф-тэт (א"ט), бет-хэт (ב"ח), гимель-заин (ג"ז), далет-вав (ד"ו) означают три линии, правую-левую-среднюю, т.е. ХАБАД, и Малхут, получающую их. То есть, свойства четырех животных, окружающих этот небосвод ступени Малхут мира Ацилут.

Алеф-тэт (א"ט) означает ступень Хохмы, у которой есть девять сфирот, начинающихся от сфиры Хохма и ниже. А Кетер, корень ее, облачен внутрь их, и это «алеф א». Таким образом, алеф-тэт (א"ט) означает Кетер, облаченный в девять (тэт) сфирот Хохмы. И это – правая линия, лик льва[338].

Бет-хэт (ב"ח) означает ступень Бины, у которой есть восемь сфирот, начинающихся от сфиры Бина и ниже. А Кетер-Хохма, корни ее, облачены внутрь их. И Кетер-Хохма – это две (бет) сфиры. Таким образом, бет-хэт (ב"ח) означает две (бет) сфиры Кетер-Хохма, облаченные внутрь восьми (хэт) сфирот Бины. И это – левая линия, лик быка[338].

Гимель-заин (ג"ז) означает ступень Даат, у которой есть семь сфирот, начинающихся от сфиры Хесед и ниже. А Кетер-Хохма-Бина (КАХАБ), корни ее, облачены внутрь их, и КАХАБ – это три (гимель) сфиры. Таким образом, гимель-заин (ג"ז) означает три (гимель) сфиры КАХАБ, облаченные внутрь семи (заин) сфирот Даат. И это – средняя линия, лик орла[338].

Далет-вав (ד"ו) означает ступень Малхут, у которой есть четыре сфиры, расположенные от хазе Зеир Анпина и ниже, т.е. ТАНХИМ. А шесть сфирот ХАБАД ХАГАТ облачены внутрь их. ХАБАД ХАГАТ – это шесть (вав) сфирот. Таким образом, далет-вав (ד"ו) означает шесть (вав) сфирот ХАБАД ХАГАТ, облаченные внутрь четырех (далет) сфирот Малхут. И она получает от трех ликов лев-бык-орел, а сама она – лик человека[338].

346) «"Эти буквы", алеф-тэт (א"ט), бет-хэт (ב"ח), гимель-заин (ג"ז), далет-вав (ד"ו) "окружают небосвод другими высшими святыми скрытыми буквами", которые от Бины, "и эти другие скрытые буквы окружают этот небосвод. И тогда видны

в кругообращении эти буквы алеф-тэт (א"ט), бет-хэт (ב"ח), гимель-заин (ג"ז), далет-вав (ד"ו), т.е. они перемещаются с места на место одна за другой в последовательности трех линий, называемой кругообращением,[357] «"и они (буквы) записаны на этом небосводе"».

347) «"В час, когда начинает светить этот небосвод, светят на нем четыре тайны", т.е. четыре буквы АВАЯ (הויה), "святых имен, которые образуют сочетания", двенадцать сочетаний имен АВАЯ,[358] "тридцати двух тропинок". Иначе говоря, в этих двенадцати именах светят тридцать две тропинки Хохмы. "Тогда выпадает роса", т.е. наполнение святости, "из этого небосвода, в виде этих букв святого имени", т.е. в двенадцати сочетаниях АВАЯ (הויה), о которых мы говорим, и питаются все строения (меркавот) и все воинства, и станы святости, принимая все их с радостью"».

348) «"В час, когда надвигается суд, эти буквы прячутся и укрываются внутри четырех", т.е. буквы алеф-бет-гимель-далет (אבג"ד), являющиеся корнями, "исчезают и скрываются, и вот" остаются "тэт-хэт-заин-вав (טחז"ו)", т.е. ветви без корней. "Когда эти алеф-бет-гимель-далет (אבג"ד) укрылись и спрятались, тогда пробуждается один голос в северной стороне", где (пребывают) суды, "и тогда знают, что суд пребывает над миром. На этом небосводе записывается один цвет, состоящий из всех цветов"», т.е. Малхут, получающая от всех трех линий, т.е. трех цветов.

349) «"Когда перемещается небосвод восточной стороны", средняя линия, "эти четыре головы", т.е. четыре корня, "о которых мы говорили в четырех буквах", алеф-бет-гимель-далет (אבג"ד), "все они перемещаются и поднимаются в высших восхождениях", т.е. удаляются, "и когда эти перемещаются и удаляются наверх", т.е. свечение Хохмы удаляется по причине скрытия корней (сочетаний) алеф-тэт (א"ט), бет-хэт (ב"ח), гимель-заин (ג"ז), далет-вав (ד"ו). А затем "буквы алеф-бет-гимель-далет (אבג"ד) снова видны" в этих ветвях "в совершенстве, как и в первом сочетании алеф-тэт (א"ט), бет-хэт (ב"ח), гимель-заин (ג"ז), далет-вав (ד"ו), и сплетается из них небосвод, и тогда он светит светом"» Хохмы.

---

[357] См. Зоар, главу Ваехи, п. 507, комментарий Сулам.
[358] Объясняется далее, в п. 356.

Объяснение. При появлении средней линии, восточной стороны, производится два действия:

1. Уменьшение всей хохмы левой линии с помощью раскрытия манулы в ее экране.
2. Подслащение манулы мифтехой, и возвращение тем самым ВАК хохмы к свечению в левой линии благодаря ее соединению с правой.

Первое действие относится к средней линии, и вследствие него уходит вся Хохма, и тогда скрываются все четыре корня алеф-бет-гимель-далет (אבג"ד) от ветвей тэт-хэт-заин-вав (ט' ח' ז' ו'), т.е. всё свечение Хохмы. А затем, посредством второго действия, после того, как притягивается мифтеха и объединяет две линии друг с другом, и снова раскрывается Хохма, говорится, что «буквы алеф-бет-гимель-далет (אבג"ד) снова видны в этих ветвях в совершенстве», и те снова раскрываются вместе со своими корнями: алеф-тэт (א"ט), бэт-хэт (ב"ח), гимель-заин (ג"ז), далет-вав (ד"ו).

350) «"Когда этот небосвод начинает светить, как вначале, этими буквами", алеф-тэт (א"ט), бэт-хэт (ב"ח), гимель-заин (ג"ז), далет-вав (ד"ו), "все они возвращаются с ревом, требуя добычи и пищи. Когда они ревут и возносят голос, этот голос слышен высоко-высоко, и тогда получает святые благословения тот, кто достоин их получить"».

351) «"Буквы" алеф-тэт (א"ט), бэт-хэт (ב"ח), гимель-заин (ג"ז), далет-вав (ד"ו) "располагаются по кругу и совершают кругообращение" по трем линиям,[359] и окружают этот небосвод", который над Малхут, "и они устанавливаются в южной стороне. После того, как эти буквы устанавливаются в южной стороне, они поднимаются, светят в искрении и пламенеют. Тогда в середине этого небосвода образуется одна запись, и эта запись представляет собой букву, и это йуд (י). После того, как эта буква записана и проявилась, воспламеняются вслед за ней три остальные буквы – хэй-вав-хэй (הוה)"». И светит там АВАЯ (הויה).

352) «"Эти буквы" АВАЯ (הויה) искрятся посреди этого небосвода, поднимаются и опускаются, и пламенеют двенадцатью пламенями", т.е. двенадцатью видами сочетания

---
[359] См. выше, п. 346.

АВАЯ (הויה).³⁶⁰ "Тогда, после того как они пламенеют двенадцать раз, нисходит та, что нисходит", т.е. свечение Хохмы, "и включается в эти буквы" двенадцати сочетаний АВАЯ (הויה), "и украшается ими и не познается, тогда все эти воинства и станы с радостью возносят песнопения и прославления"».

353) «"Этот небосвод перемещается повторно, вращаясь и совершая кругообороты" по трем линиям.³⁵⁹ И эти первые буквы, как мы сказали, т.е. алеф-тэт (א"ט), бэт-хэт (ב"ח)", и так далее, "все они включаются в высшие буквы, являющиеся тайной святого имени" АВАЯ (הויה), "как мы сказали, "и вращающие этот небосвод, и эти буквы" АВАЯ, "которые стояли посередине, являющиеся тайной святого имени, записались в северной стороне", т.е. левой, "и они записались и не записались, поскольку нет того, кто будет созерцать в этой стороне", т.е. притягивать Хохму, называемую видением, "все они укрываются" от Хохмы "и произносят напевным голосом: "Благословенно величие Творца с места Его!"³⁶¹ Укрываются в северной стороне", т.е. левой линии, и произносят это. Укрываются во всех сторонах и произносят это"». То есть: «Благословенно величие Творца с места Его!»³⁶¹ Ибо северная сторона включена во все три стороны, поскольку Хохма не раскрывается иначе, как в Малхут, получающей от трех линий, но не в самих трех линиях.³⁶²

354) После того, как он выяснил действия, произведенные в небосводе, в трех сторонах, восточной, южной и северной, представляющих собой три линии, и уже выяснены действия под властью восточной стороны,³⁶³ и южной стороны,³⁶⁴ и северной стороны,³⁶⁵ выясняются теперь действия, происходящие на небосводе под влиянием западной стороны, т.е. Малхут, получающей от всех трех сторон вместе. И говорит: «"Этот небосвод вращается, как и прежде, совершая кругообороты (и переходя)

---

³⁶⁰ См. выше, п. 345.
³⁶¹ Пророки, Йехезкель, 3:12. «И понес меня дух, и услышал я позади себя голос, шум мощный: "Благословенно величие Творца с места Его!"»
³⁶² См. Зоар, главу Берешит, часть 1, п. 340, со слов: «И, кроме того, так же как высшая Хохма является началом (решит ראשית), так же и нижняя Хохма считается началом (решит ראשית). Потому что от высшей Хохмы до Малхут, являющейся нижней Хохмой, нет во всех сфирот того, кто бы взял себе свечение Хохмы…»
³⁶³ См. выше, п. 349.
³⁶⁴ См. выше, п. 351.
³⁶⁵ См. выше, п. 353.

от стороны к стороне", во всех четырех сторонах, "т.е. (вплоть) до западной стороны", Малхут. "Тогда возносится воспевающий голос многочисленных станов ангелов от этой стороны, и воспевающий голос многочисленных станов ангелов от этой стороны, и так во всех четырех сторонах", восточной, южной, северной и западной. В этот час небосвод светит другим светом, более сильным, чем раньше" светил в четырех сторонах, так как в нем раскрывается свет Хохмы, место раскрытия которого – только в Малхут,[362] "и устанавливается в свечении другого цвета, состоящего из всех цветов"». Ибо Малхут состоит из всех трех цветов, содержащихся в трех линиях.

355) «"И эти буквы" АВАЯ (הויה) "восходят наверх в этот небосвод", т.е. поднимаются в Зеир Анпин, "и получают там одну высшую букву", т.е. от Зеир Анпина, "которая соединяется с именем, состоящим из этих букв" АВАЯ (הויה). "Ибо, хотя это буквы святого имени" АВАЯ, всё же "это имя, которое включилось внизу", т.е. в небосвод Малхут, "поскольку это имя включается наверху" в Зеир Анпин, "и включается внизу", в Малхут. "И когда это имя включается внизу", в Малхут, "поднимаются буквы имени" АВАЯ, чтобы принять одну букву" от Зеир Анпина, "ибо от этой буквы питаются те буквы" АВАЯ, "что внизу", в Малхут. "И эта буква – это буква вав (ו), которая опускается" в Малхут, "и соединяются буквы" АВАЯ (הויה) "с этой буквой", то есть ве-АВАЯ (והויה), т.е. вав (ו) указывает на Зеир Анпин, соединенный с АВАЯ (הויה) в Малхут, в тайне – Он и Его правосудие. "И тогда все они венчаются одним украшением, и имя становится полным"».

356) Имя АВАЯ «"внизу то полное, то неполное". Ибо оно полное со своей стороны, и неполное, поскольку включено в Малхут. "Полное имя – оно из пяти букв ве-АВАЯ (והויה)", где вав (ו) Зеир Анпина соединена с АВАЯ (הויה), и это указывает на Зеир Анпин и правосудие Его, т.е. Малхут. "И здесь содержится только намек на захара и нукву", потому что под вав (ו) подразумевается захар, а под АВАЯ (הויה) подразумевается нуква. Совершенно "полное имя состоит из девяти букв, и это – АВАЯ Элоким (הויה אלהים)", где АВАЯ указывает на захара, а Элоким – на нукву. "Это совершенно полное имя. В другом имени", ве-АВАЯ (והויה), "содержится только намек", т.е. под вав (ו) подразумевается захар, "и оно из пяти букв, как мы

сказали. Но это", из девяти букв, АВАЯ Элоким (הויה אלהים), – "оно совершенно полное"».

357) «"Когда соединяются эти буквы", т.е. ве-АВАЯ (והויה), "этот небосвод светит тридцатью двумя светами", т.е. тридцатью двумя тропинками Хохмы, "тогда все пребывают в радости, и все становятся единым целым, наверху и внизу, все эти строения (меркавот) и все эти станы, все они пребывают в совершенстве, и все ступени исправлены на своих местах, каждая как подобает"».

358) «"В этом небосводе" Малхут "устанавливается в северной стороне", т.е. в месте свечения Хохмы в Малхут, "одно пламя, светящее и никогда не гаснущее"». То есть это «судебный приговор», в котором раскрывается Хохма,[366] и этот суд называется пламенем. «"И он записан другими буквами в правой стороне, и это – десять имен, восходящие к семидесяти именам", как объяснялось выше,[367] исходящих от семидесяти двух имен семидесятидвухбуквенного имени. "И все они записаны на этом небосводе и светят все вместе"».

359) «"От этого небосвода перемещаются все небосводы, находящиеся внизу и относящиеся к стороне святости, пока они не достигают других небосводов, относящихся к другой стороне, и они называются полотнищами из козьего волоса, как сказано: "И сделай полотнища из козьего волоса для шатра поверх Скинии"[368]».

360) «"Потому что есть полотнища и есть полотнища, полотнища Скинии – это полотнища, называемые небосводами созданий святой Скинии. "Полотнища из козьего волоса"[368] – это другие небосводы, другой стороны. Эти небосводы", Скинии, – "это строения (меркавот) святых духов (рухот), а те небосводы, что снаружи"», «небосводы из козьего волоса»[368], «"светят в деяниях мира, относящихся к свойствам "раскаяние" и

---

[366] См. Зоар, главу Ваера, пп. 215-216.
[367] См. Зоар, главу Ваера, п. 274. «"Десять имен исправлений в царском владении" – десять сфирот, "десять, а не девять и не одиннадцать". И вместе с тем, "достигают они большого счета" – т.е. семидесяти двух имен. "Семьдесят цветов, пылающих в каждой стороне, выходят из этих имен" – из семидесяти двух имен...»
[368] Тора, Шмот, 26:7. «И сделай полотнища из козьего волоса для шатра поверх Скинии; одиннадцать полотнищ сделай таких».

"работа тела" обитателей мира. И они покрывают внутренние небосводы", т.е. полотнища Скинии, "как оболочка (клипа), покрывающая мозг. Небосводы, расположенные внутри, это тонкая пленка, расположенная над мозгом, и они называются "небеса Творцу (АВАЯ)"[369], т.е. единому имени" АВАЯ, – "тому, что внизу"», в Малхут.

361) «"Другие небосводы есть наверху, и это внутренние небосводы", небосводы Зеир Анпина, "называемые небосводами созданий, представляющие собой тайну святого имени", АВАЯ, и это большие высшие создания", т.е. ХАГАТ и Малхут от хазе Зеир Анпина и выше, и они называются высшими буквами в тайнах Торы", т.е. "совокупность двадцати двух букв, высеченных и записанных, выходящих из восьмого небосвода", Бины, "небосвода, расположенного над высшими созданиями", ХУГ ТУМ, Зеир Анпина, "и это небосвод, у которого нет образа, который скрыт и упрятан, и нет у него цвета"».

362) «"Все цвета выходят из него", из восьмого небосвода, Бины, "а у него" самого "нет цвета, он не виден и не раскрывается. Это тот, который вывел все светила", ибо все мохин выходят из трех линий Бины, "и в нем" самом "не видны ни свет, ни тьма, и никакой цвет вовсе. Кроме душ праведников, которые видят из нижнего небосвода", небосвода Малхут, "как из-за стены, тот свет, который выводит и которым светит этот высший небосвод", Бина. "И это свет" Бины, "который не прекращается, – нет того, кто бы познал его, и нет того, кто бы устоял в нем"».

363) «"Под этим небосводом" Бины "все небосводы приобретают совершенство благодаря этому имени, и называются небесами. И эти называются", в изречении "небеса эти"[369] – те, которыми названо высшее имя", т.е. АВАЯ Зеир Анпина. Это те, в которых святое имя", Малхут, "украшается ими", так как небосводы Малхут получают наполнение от небосводов Зеир Анпина. "И поэтому сказано: "Небеса эти, небеса – Творцу (АВАЯ)"[369], – т.е. для того скрытия, что в высшем небосводе", Бине, "находящимся над ними"».

---

[369] Писания, Псалмы, 115:16. «Небеса эти, небеса – Творцу, а землю Он отдал сынам человеческим».

364) «"До сих пор", до небосвода Бины, "намек"» в сказанном: «Небеса эти, небеса – Творцу (АВАЯ)»³⁶⁹ "на святое имя" АВАЯ, "ибо Творец", Бина, "называется именами". А имя – означает постижение, ибо всё, что не постигнуто, мы не называем именем. "Отсюда и далее", после Бины, "нет такого мудреца, который разумом своим мог бы вообще познать и постичь, кроме всего лишь одного малого свечения, которого недостаточно, чтобы пребывать в нем. Благословен удел того, кто вошел и вышел, и сумел вникнуть в тайны Господина его и слиться с Ним"».

365) «"С помощью этих тайн человек может слиться с Господином своим, познать совершенство мудрости высшего замысла. Когда он совершает работу Господина своего в молитве, в желании намерения сердца, он сливается в желании своем, как огонь с горящим углем, дабы соединить эти нижние небосводы, расположенные со стороны святости", являющиеся свойством Малхут, "чтобы украсить их одним нижним именем" АВАЯ,³⁷⁰ что в небосводах Малхут, "и оттуда и далее, соединять высшие внутренние небосводы", небосводы Зеир Анпина," чтобы все они были одним целым в этом высшем небосводе" Бины, "находящимся над ними"».

366) «"И пока находятся в движении уста и губы его, он должен устремить сердце свое, и желание свое вознести высоко-высоко, чтобы соединить всё в тайне тайн, куда направлены все желания и мысли, находящиеся в Бесконечности. И должен устремляться к этому ежедневно в каждой молитве, чтобы увенчались все дни его высшими днями", ХАГАТ НЕХИМ, "в работе Его"».

367) «"Ночью должен направить желание свое к тому, чтобы освободиться от этого мира, чтобы душа его вышла из него, дабы вернуть ее Господину всего. Поскольку каждую ночь готова эта точка", Малхут, "включить в себя души праведников"», т.е. души праведников восходят к Малхут, вознося МАН каждую ночь.

368) «"Тайна тайн это для познания этими мудрыми сердцем. Нижний небосвод, находящийся в свойстве этой точки",

---
³⁷⁰ См. выше, п. 351.

т.е. Малхут, "как мы сказали,[371] этот небосвод состоит из того, что наверху и внизу, и основа его внизу, как свеча, поднимающая черный свет, чтобы соединиться с белым светом, находящимся над черным", сверху, "и основа ее – внизу, в фитиле, опущенном в масло.[372] Так же и у этой точки", Малхут, – основа "внизу. Днем она соединяется (с получаемым) сверху", от Зеир Анпина, а ночью "соединяется (с получаемым) снизу, от душ этих праведников"».

369) «"Все деяния в мире возвращаются к основе и корню, из которых они вышли. И в течение многих ночей каждому предстоит получить назначенное ему. Как сказано: "И ночами наставляли меня почки (нутро) мои"[373]. Ибо ночью всё возвращается к своему корню, "поскольку душа (нефеш) отправляется странствовать и возвращается к корню, назначенному ей" наверху, "а тело остается покоиться, словно камень. И возвращается в место, достойное его, чтобы пребывать над ним", т.е. чтобы ситра ахра пребывала над ним после смерти его. "Поэтому тело возвращается к своей стороне, а душа возвращается к своей"».

370) «"Тело", когда возвращается к своей стороне, – "над ним пребывает ситра ахра, и поэтому становятся нечистыми руки его, и он должен совершить омовение их, ибо ночью всё возвращается на свое место", к своему корню. "И души праведников восходят, возвращаясь на свое место", к своему корню, к Малхут, которой порождены, "и украшается ими та, что украшается", Малхут, "включая в себя со всех сторон", т.е. сверху и снизу. "И тогда возносится слава Творца и украшается всем"».

371) «"Ночью властвуют правители, назначенные над этими душами праведников, чтобы поднять их наверх и принести их в жертву воскурения Господину их. Имя правителя, назначенного над этими станами, – Сурия, высший правитель. После того, как душа поднимается во все эти небосводы, приносят ее в жертву ему", Сурие, "и он вдыхает благоухание ее, как сказано: "И

---

[371] См. выше, п. 339.
[372] См. Зоар, главу Берешит, часть 2, п. 249 и далее. «В поднимающемся пламени есть два света. Один – это сияющий белый свет, а другой – это свет, в котором удерживается этот белый свет, и это черный свет...»
[373] Писания, Псалмы, 16:7. «Благословлю Творца, который советовал мне, и ночами наставляли меня почки (нутро) мои».

исполнит Он его духом боязни Творца"[374] – т.е. как в будущем должен сделать в мире царь Машиах", так делает правитель Сурия. "И через него", Сурию, "проходят все души, т.е. они находятся в залоге у него, чтобы еще больше приблизиться"» к Малхут.

372) «"И все души, после того как приблизились к тому месту, к которому приблизились", т.е. к Малхут, "и видны там, – это тайна", тогда "все души включаются в эту точку", Малхут, "и она принимает их всех сразу, подобно тому, кто проглатывает то, что входит внутрь. И она беременеет ими, как беременеет женщина. И это тайна для восседающих в суде, – когда эта точка беременеет, словно беременная женщина, она испытывает наслаждение от того, что вошла в нее душа этого мира, благодаря тем действиям и Торе, которыми она занималась днем. И берет она желание этого мира и наслаждается им в радости и включает в себя все стороны"», сверху и снизу.

373) «"Затем" Малхут "выводит их наружу и порождает их, как вначале", ибо души являются порождением Малхут, "и теперь душа – новая, как и вначале рождения ее. И это смысл сказанного: "Обновляются они каждое утро"[375] – что указывает на души, которые обновляются, конечно", каждое утро, "как мы сказали. И какова причина того, что они обновляются? Это потому, что как сказано: "Велика вера Твоя"[375]. Ибо Малхут, называемая верой, "она велика, безусловно, так как смогла включить души и ввести их в себя, и вывести из себя, когда они новые.[376] Поэтому она получает другие (души) сверху днем. Счастливы праведники в этом мире и в мире будущем"».

374) «Тем временем занялся день. Сказал рабби Аба: "Встанем и пойдем, и воздадим благодарность Владыке мира. Встали и пошли, и вознесли молитву, а затем товарищи вернулись к нему", к рабби Аба. "Сказали ему: "Тот, кто начал, тот должен и завершить хвалу. Благословен наш удел на этом пути за то, что мы так удостоились увенчать Творца тайнами этой мудрости!"»

---

[374] Пророки, Йешаяу, 11:3. «И исполнит Он его духом боязни Творца, и не по увиденному глазами судить будет, и не по услышанному ушами будет решать дела».

[375] Писания, Эйха, 3:21-23. «Вот что отвечаю я сердцу моему, на что надеюсь: что милости Творца не истощились, что милосердие Его не иссякло, обновляются они каждое утро – велика вера Твоя».

[376] См. Зоар, главу Берешит, часть 1, п. 95, со слов: «Дело в том, что два эти вида мохин...»

И сделал Бецалель ковчег

375) «Провозгласил рабби Аба: "И сделал Бецалель ковчег из дерева шити́м (акации)"[377]. Здесь, несмотря на то, что все тайны Скинии установили товарищи в Идра кадиша, тут надо всмотреться, потому что эта тайна увенчана множеством тайн для изучения этой мудрости. "Ковчег нужен для того, чтобы помещать в него письменную Тору". Поскольку ковчег – это Малхут, а письменная Тора – это Зеир Анпин. И Тора укрыта в нем шестью досками со всех сторон", ибо ковчег изготовлялся из шести досок, четыре доски вокруг с четырех сторон, и одна доска сверху и одна снизу, итого шесть, "и это называется ковчегом. "И когда составляют вокруг эти шесть досок", указывающие на ХАГАТ НЕХИ Малхут, "в одно целое, тогда это становится единым телом (гуф), чтобы поместить в него Тору", которая в шести окончаниях (ВАК)"», ХАГАТ НЕХИ, т.е. Зеир Анпин.

376) «"И этих досок ковчега – пять", – четыре доски со всех сторон и одна внизу, соответствующие ХАГАТ Нецах Ход. Ибо доска, находящаяся сверху, это покрытие на него, и она не относится к ковчегу. "И входят в него пять книг", т.е. пять частей Торы, ХАГАТ Нецах Ход Зеир Анпина. "И эти пять досок являются шестью, вместе с одной ступенью, входящей в них скрыто, называемой "всё", и это союз", называемый Есод, и поскольку он находится в скрытии, нет соответствующей ему доски в ковчеге. "Когда он входит внутрь пяти досок, тогда ковчег и Тора находятся в состоянии девяти ступеней, двух имен АВАЯ Элоким (הויה אלקים)", в которых есть девять букв. "А затем устанавливается еще одна доска, являющаяся высшей", т.е. покрытие, "покрывающая всё. И это – тот небосвод, который окружает и покрывает всё", восьмой небосвод, Бина.[378] "И из-за этого", из-за того, что покрытие укрывает их, "всё находится в скрытии"», т.е. они не проявляются.

377) «"Здесь необходимо внимательно разобраться и узнать, что такое ковчег. Ибо есть ковчег, и есть ковчег", т.е. Малхут святости и Малхут ситры ахра, "одно против другого". Провозгласил и сказал, как сказано: "Всё это отдает Аре́вна-царь

---

[377] Тора, Шмот, 37:1. «И сделал Бецалель ковчег из дерева шитим: два с половиной локтя его длина, и полтора локтя его ширина, и полтора локтя его высота».
[378] См. выше, п. 361.

царю"³⁷⁹. Спрашивает: "Разве Аревна был царем? Давид, который завоевал Йерушалаим, и место Храма принадлежало ему, почему купил его за деньги у Аревны? Ведь хотя Йерушалаим и принадлежал Давиду, всё же место это было наследием Аревны, и необходимо было выкупить его?"»

378) И отвечает: «"Но, разумеется, Аревна был царем, и это место находилось в его владении, и он властвовал над ним. А когда пришло время забрать его из-под его власти, то это место было бы отдано не иначе, как ценой большой крови и жизни сыновей Исраэля", т.е. путем войны. "Однако затем стоял ангел-губитель над этим местом, и там, когда убивал, находясь на этом месте, не мог убивать, и ослабла сила его"».

379) «"И это место было тем местом, в котором был связан (для принесения в жертву) Ицхак, на котором Авраам построил жертвенник, и связал Ицхака, сына своего. Когда Творец смотрел на это место, милосердие переполняло Его. Как сказано: "Увидел Творец и сжалился над ними"³⁸⁰ – увидел Творец, как в этом месте был принесен в жертву Ицхак, тотчас снова смилостивился над ними"».

380) «"И сказал ангелу-губителю: "Довольно, теперь останови руку свою"³⁸⁰. "Довольно" означает – довольно с тебя владеть этим местом, отныне и впредь будет это место возвращено его владельцам. Вместе с тем, лишь ценой смерти и денег вышло оно из-под его власти"».

381) Спрашивает: «"Почему он зовется Аревна?" И отвечает: "Пока это место находилось в его владении, он звался Аревна (ארונה), что является намеком на ковчег (арон ארון) ситры ахра (нечистых сил)", на их Малхут. "И добавились в нем буквы" к слову ковчег (арон), и стал называться Аревна, "ибо таким образом добавляется к недоброжелателю, потому что у ситры ахра добавка становится недостатком"».

---

³⁷⁹ Пророки, Шмуэль 2, 24:23. «"Всё это отдает Арéвна-царь царю", и сказал Аравена царю: "Да благоволит к тебе Творец Всесильный твой"»

³⁸⁰ Писания, Диврей а-ямим 1, 21:15. «И послал Б-г ангела в Йерушалаим, чтобы погубить его. И когда (начал) он истреблять, увидел Творец и сжалился над ними, и сказал ангелу-губителю: "Довольно, теперь останови руку свою. И ангел Всесильного стоял у гумна Орнана, йевусея"».

382) «"У стороны святости вследствие убавления букв добавляется святость. Как сказано: "На двенадцати (шней асар שני עשר) быках"[381] – убавились буквы, ибо вместо "двенадцать (шнейм асар שנים עשר)" сказано: "двенадцать (шней асар שני עשר)", и недостает мем (ם). А ситре ахра даются дополнительные буквы, как сказано: "И сделай полотнища из козьего волоса для шатра поверх Скинии – одиннадцать (аштей эсрэ **ע**שתי עשרה) полотнищ"[368] – и это добавление букв, поскольку добавилась буква «аин (ע)» к двенадцати (штей эсрэ שתי עשרה). И это недостаток, ибо одиннадцать (аштей эсрэ **ע**שתי עשרה) на один меньше двенадцати (штей эсрэ שתי עשרה). А на стороне святости сказано: "Двенадцать (шней асар שני עשר)", и недостает мем (ם). А здесь сказано: "Одиннадцать (аштей эсрэ **ע**שתי עשרה)", и добавилась «аин (ע)". И всё у нее является недостатком. И так должно быть у недоброжелателя (досл. дурной глаз), который желает наполнить свой глаз (аин), но от него убывает, как мы изучаем, что всякий добавляющий убавляет"».

383) «"Стороной святости называется ковчег союза", означающий Малхут святости. "И ковчег союза" – Малхут, объединенная с союзом, Есодом, "достойна тела (гуф)", Зеир Анпина, "чтобы вошел в нее образ человека (адам)", АВАЯ с наполнением алеф, в гематрии адам (45). "Это является внутренним смыслом обычая помещать великих праведников после их ухода из этого мира в ковчег", чтобы указать на единство Зеир Анпина с ковчегом союза. "Ибо ситра ахра не исправляется в теле, и не относится к телу человека", означающему Зеир Анпин. "И поэтому не созданы тела для нечистых сил (ситра ахра), поскольку они вообще не относятся к телу человека"».

384) «"Сказано о Йосефе: "И был помещен в ковчег"[382]. «И был помещен (вайисем וייסם)»[382] – с двумя буквами йуд (י), когда один союз соединяется с другим союзом. Буква йуд символизирует союз", Есод, "а две буквы йуд написаны в соответствии с двумя союзами: союз внизу – Йосеф, и союз наверху – ковчег союза. И он был помещен в ковчег, поскольку соблюдал союз святости, и сумел осуществить его, и потому удостоился быть помещенным в ковчег"».

---

[381] Пророки, Мелахим 1, 7:25. «Стояло море на двенадцати быках: три глядели на север, три глядели на запад, три глядели на юг и три глядели на восток. И море располагалось на них сверху, а все их задние части (досл. обратные стороны) обращены внутрь».

[382] Тора, Берешит, 50:26. «И умер Йосеф ста десяти лет. И набальзамировали его, и положили в ковчег в Египте».

ГЛАВА ВАЯКЕЛЬ

Не должен быть помещен в ковчег

385) «Заплакал рабби Аба и сказал: "Горе тем людям, кто не знает, какой это позор, горе получающим такое наказание – когда всякий желающий помещается в гробницу" после смерти своей. "Ибо никому не положено находиться в гробнице, кроме праведника, который постиг душой своей и знает достоверно, что никогда не нарушал он этого союза, знака святого союза, и хранил его как подобает. А если нет, не полагается ему после смерти пребывать в гробнице (досл. ковчеге), оскверняя ее этим"». Поскольку осквернение это доходит до ковчега союза.

386) «"Человек должен связать себя со знаком союза святости", с Есодом Зеир Анпина, "а не с другим", ситрой ахра, ведь ковчег, указывающий на Малхут, может соединиться лишь с праведником, хранящим знак завета святости. А тот, кто нарушает союз святости и входит в ковчег – горе ему, ибо бесчестил его при жизни своей, и горе ему, так как обесчестил его смертью своей. Горе ему, наказанному этим позором, горе ему, запятнавшему знак союза и ковчег святого союза. Горе ему, испытывающему этот позор, потому что наказывается он вечным возмездием, возмездием этого мира, и возмездием за это осквернение святости. Как сказано: "Ибо не пребудет бич нечестия над судьбой праведных"[383]».

387) «"В час, когда судят его в том мире, то смотрят на деяния его: если бесчестил он завет святости, отмеченный на плоти его, а теперь бесчестит ковчег этого союза, то за это нет у него удела среди праведников, и производится разбирательство и судят его, и исключают его из общности "человек". После того, как исключен он из общности "человек", исключают его из общности всех остальных, кому предназначено жить в этом мире, и отдают той стороне, которая не включается в человека", – ситре ахра. "После того, как он отдан той стороне, горе ему, ибо вводят его в преисподнюю, и не выходит из нее никогда. Как сказано: "И выйдут, и увидят трупы людей, отступивших от Меня"[347] – тех, кто остался и не был включен в общность "человек"».

---

[383] Писания, Псалмы, 125:3. «Ибо не пребудет бич нечестия над судьбой праведных, чтобы не простерли праведники к беззаконию руки свои».

388) «"Сказанное относится только к тем, кто не совершил полного возвращения, которое способно покрыть все его деяния. Но даже и в этом случае, лучше ему не входить в ковчег, ибо всё то время, пока тело существует, осуждается душа его и не входит на место свое. Кроме тех высших святых приверженцев, которые удостоились подняться наверх, будучи в телах своих. Благословен удел их в этом мире и в мире будущем"».

389) «"Поскольку нет преступления более тяжкого перед Творцом, чем нарушение и бесчестие знака святого союза. И такой не увидит лика Шхины. Об этом прегрешении сказано: "И совершал Эр, первенец Йегуды, зло в глазах Творца"[384]. И сказано: "Не водворится у тебя зло"[385] – ибо это прегрешение называется злом"».

390) «"Сказано: "И сделал Бецалель ковчег"[377]. Почему те мудрецы, которые возводили Скинию, не сделали ковчег? Однако Бецалель находился на ступени окончания тела, называемой союзом святости, и он соблюдал его. Поэтому он принадлежит наследию удела его, т.е. тот ковчег, который он сделал", Малхут, – "он усердствовал в изготовлении его, а не кто-то другой" Подошли все товарищи и поцеловали его» – рабби Абу.

---

[384] Тора, Берешит, 38:7. «И совершал Эр, первенец Йегуды, зло в глазах Творца, и умертвил его Творец».
[385] Писания, Псалмы, 5:5. «Ибо не Творец, желающий беззакония, Ты, не водворится у Тебя зло».

ГЛАВА ВАЯКЕЛЬ

Путь праведных – как свет сияющий

391) «Когда пришли они к рабби Шимону, и рассказали ему все по порядку, что было сказано на этом пути, провозгласил он и сказал: "Путь праведных – как свет сияющий, светящий все сильнее, до полного дня"[386]. Путь, по которому идут праведники – это путь истины, путь, который желает Творец, и Творец идет перед ним, и все строения являются, чтобы слышать слова, изрекаемые и произносимые их устами. "Как свет сияющий"[386] – светящий всё сильнее и не меркнущий, как в случае с грешниками, путь которых меркнет всегда"».

392) Другое объяснение сказанного: "Путь праведных – как свет сияющий"[386]. Каково различие между путем и дорогой? Путь – это когда открывается и проявляется и образуется в этом месте путь, по которому не ступала нога до этого. Дорога (дерех) – "как у топчущих (дорех) в давильне"[387] – т.е. топчут его ноги всякого желающего"».

393) «"И поэтому дорога праведных называется путем, ибо они были первыми, кто открыл это место. И не о месте сказано, что они открыли его, но, хотя другие живущие в мире и проходят по этому месту, теперь, когда прошли по нему праведники, оно стало новым местом", словно открытым теперь, "т.е. это место стало теперь новым, будто бы не проходил по нему другой человек никогда. Ибо праведники обновляют всё это место множеством высших новых состояний, которые желает Творец"».

394) «"И кроме того, Шхина проходит по этому месту, чего раньше не было. Поэтому называется оно "путь (орах) праведных"[386], т.к. посещает его высший святой Гость (ореах)", Шхина. "Дорога" – она открыта всем, и ступает по ней всякий желающий, и даже грешники. Дорога, как сказано: "Давший в море дорогу"[388] – т.е. дорога в нем ненадежна, поскольку ступает по ней ситра ахра, которая совершенно не нужна, и властвует, дабы осквернить Скинию. Поэтому праведники сами находятся

---

[386] Писания, Притчи, 4:18. «Путь праведных – как свет сияющий, светящий все сильнее, до полного дня».
[387] Пророки, Йешаяу, 63:2. «Почему красно одеяние твое и одежды твои, как у топчущих в давильне?»
[388] Пророки, Йешаяу, 43:16. «Так говорит Творец, давший в море дорогу и в водах мощных путь».

и правят в том месте, которое называется "путь". Ибо "дорога" открыта всем сторонам, как святости, так и скверне"».

395) А вы, высшие праведник, вам посылается святой высший путь, и вы посетили его, и высшие возвышенные состояния следуют друг за другом перед Атиком. Счастлив ваш удел"».

396) «Провозгласил рабби Шимон и сказал: "А Йеошуа бин Нун преисполнился духом мудрости, ибо возложил Моше на него руки свои"[389]. Лик Моше подобен лику солнца", Зеир Анпина, "а лик Йеошуа – лику луны", Малхут, "т.е. нет у луны иного света, чем свет, исходящий от солнца", Зеир Анпина. "И когда она наполняется, то пребывает в совершенстве"».

397) «"Полнота луны" – это, когда подобие", т.е. Малхут, "называется свойством высшего имени АВАЯ. И пребывает в этом имени АВАЯ лишь в то время, когда находится в полноте своей. Имена она наследует и называется ими согласно состоянию, в котором она пребывает и соответственно которому она получает имя. Когда она пребывает в состоянии полноты своей и восполняется со всех сторон, то называется АВАЯ. Ибо восполнение ее подобно высшему восполнению"», (восполнению) Зеир Анпина, называемого АВАЯ. И поэтому называется также Малхут по имени АВАЯ. Ибо получает все мохин от Има, т.е. Бины, посредством Зеир Анпина.

---

[389] Тора, Дварим, 34:9. «А Йеошуа бин Нун преисполнился духом мудрости, ибо возложил Моше на него руки свои, и слушали его сыны Исраэля, и делали, как повелел Творец Моше».

ГЛАВА ВАЯКЕЛЬ

Но в десятый день седьмого месяца

398) Малхут называется именем АВАЯ «"в пятнадцатый день, как сказано: "В пятнадцатый день этого седьмого месяца"[390]. И сказано: "Но в десятый день седьмого месяца"[391] – и всё это одно целое. Когда пребывает будущий мир", Бина, "во всех десяти речениях", т.е. в десяти своих сфирот, "над этим месяцем", называемым Малхут, "тогда она называется "в десятый день". А когда луна приобрела свои очертания", среди десяти сфирот Бины, "в полном единстве", то Малхут "называется "в пятнадцатый день", ибо" буква хэй, Малхут, "соединилась и установилась"» среди десяти сфирот Бины.

399) «"И это тайна", почему Малхут называется "йуд-хэй вав-хэй.[392] И когда она устанавливается в этом имени" АВАЯ (הויה), "то соединяется с нижней хэй" имени АВАЯ, "и является дополнительной по отношению к букве хэй" АВАЯ (הויה), "стоящей вначале". Таким образом, она в свойстве всего имени АВАЯ, и в свойстве нижней хэй АВАЯ. "Одна – для того чтобы установиться и соединиться наверху", и для этого Малхут принимает всё имя АВАЯ. "А другая – для того чтобы давать питание внизу", и для этого Малхут соединяется с нижней хэй имени АВАЯ. "И тогда устанавливается луна в полноте своей со всех сторон наверху и внизу, в этом имени" АВАЯ, "чтобы всё было в полном единстве и полном совершенстве"».

400) «"Йеошуа буквами имени бин (сын) Нун указывает на полноту луны"», т.е. находится в свойстве «пятьдесят (нун) ворот», как и Бина. "Ибо нун – это луна, когда она наполнена святым именем АВАЯ, и тогда она, конечно, полна духом мудрости (руах хохма)"», свойством ВАК Хохмы, называемым руах.

401) «"Поскольку высшая точка, йуд" де-АВАЯ, т.е. Хохма, "распространилась и произвела руах (дух)", ВАК Хохмы, "и этот руах (дух) произвел чертог", Бину. "И этот дух распространился из чертога и стал шестью окончаниями", т.е. ВАК Зеир Анпина.

---

[390] Тора, Ваикра, 23:33-34. «И говорил Творец, обращаясь к Моше, так: "Скажи сынам Исраэля так: "В пятнадцатый день седьмого месяца этого – праздник суккот, семь дней Творцу"».
[391] Тора, Ваикра, 23:27. «Но в десятый день седьмого месяца этого – День искупления, священное собрание будет у вас, и смиряйте души ваши, и приносите огнепалимые жертвы Творцу».
[392] См. выше, п. 397.

"И этот руах распространился во все эти свойства", т.е. в свойства ВАК Хохмы, и Бины, "и наполнил и создал чертог внизу", т.е. Малхут в ее полноте, "и наполнилось всё, и установилось" в Малхут "святое имя" АВАЯ, "в полном совершенстве"».

402) «И поэтому Йеошуа "преисполнился духом мудрости, ибо возложил на него Моше руки свои"[389]. "Ибо Моше", лик солнца, Зеир Анпин, "возложил на него свои благословения, и наполнился от него колодец", Малхут. То есть Йеошуа, лик луны, наполнился от Зеир Анпина. "А вы, высшие праведники, каждый из вас наполнился духом мудрости и пребывает в полноте ее, в тайнах этой мудрости, поскольку Творец желает вас и возлагает руки Свои на вас. Благословен мой удел, ибо глаза мои видели это, и увидели в вас совершенство духа (руах) мудрости"».

ГЛАВА ВАЯКЕЛЬ

Тот, кто ест, не произнося молитвы

403) «Провозгласил и сказал: "Написано: "Не ешьте при крови, не гадайте и не ворожите"[393]. Тот, кто ест, не произнося молитвы, – как молящийся над кровью своей, он сравнивается с гадающим и ворожащим"».

404) «"Потому что ночью душа поднимается, чтобы увидеть высшее величие, каждая – по заслугам своим, и человек остается с силой, распространяющейся в кровь, чтобы поддерживать тело. Поэтому он ощущает вкус смерти, ибо сила крови не готова пробудиться для силы души и принять ее. Поэтому, когда человек пробуждается ото сна, он нечист, потому что ситра ахра властвует над местом, находящимся без души"».

405) «"После того, как он очистился водой, хотя человек занимался Торой, душа не поддерживается на своем месте и не вступает в силу в человеке, а только лишь сила крови, называемая нефеш. Эта нефеш всегда распространяется через кровь, и когда человек обращается с молитвой в работе Господина своего, устанавливается сила крови на своем месте, и укрепляется сила души (нешама), устанавливаясь на этом месте, в теле. Тогда восполняется человек перед Господином своим, как должно – нефеш внизу, а свойство души наверху"».

406) «"И поэтому тот, кто возносит молитву до еды, поступает надлежащим образом, и душа поднимается над местом своего обитания, как подобает. А если он поел прежде, чем вознес свою молитву, кровь пребывает на месте его, и он словно гадатель и ворожей, поскольку таков путь гадателя – поднять ситру ахра и принизить сторону святости"».

407) «"Человек, который поел до молитвы, называется гадателем (менахеш), поскольку он усердствует для змея (нахаш) клипот, чтобы упрочить силу его и укрепиться. И подобен тому, кто служит иным божествам. И также здесь, он служит силе крови, вместо того, чтобы служить Творцу, усиливая сторону души (нешама), сторону святости"».

408) «"Тот, кто ест до молитвы называется ворожащим, так как усердствует в грехе, а не в заслугах"». Ибо «ворожей

---

[393] Тора, Ваикра, 19:26. «Не ешьте при крови, не гадайте и не ворожите».

(меонан מעונן)» – от букв слова «грех (авон עון)». «"Почему буква нун (נ) находится посередине"» слова «ворожей (меонан מעונן)» – ведь в таком случае надо было бы говорить «меавен», без «нун» посередине? И отвечает: "Именно так поступают, когда невозможно преодолеть ситру ахра – примешивают тогда к ней добавку со стороны святости, подобную тонкой нити. Тот, кто хочет совершить обман, примешает к этому слово истины, для того чтобы обман состоялся. Поэтому грех – это ложь, но для того, чтобы воплотить его, привносят в него слово истины"». И это – нун (נ) посередине слова «ворожей (меонан מעונן)». «"И тем самым он совершает обман. И поэтому тот, кто не возносит молитву перед Творцом за кровь прежде, чем поел, он – как гадатель и ворожей"».

ГЛАВА ВАЯКЕЛЬ

Четыре исправления в молитве

409) «"В молитве исправляются тело (гуф) и душа (нефеш) человека, и он становится совершенным. Молитва – это выполнение исправлений, которые совершаются, как одно целое. И это четыре исправления:

1. Исправление себя с целью улучшения.
2. Исправление этого мира.
3. Исправление высшего мира со всеми воинствами небесными.
4. Исправление святого имени со всеми святыми строениями и со всеми мирами наверху и внизу"».

410) «"Первое исправление – это исправление себя, поскольку необходимо исправить себя в заповеди и святости, исправляя с помощью жертвоприношений и всесожжений, чтобы очиститься". Цицит – заповедь, тфилин – святость, а при произнесении молитвы о жертвоприношениях и всесожжениях он исправляется, как будто совершил жертвоприношения.

"Второе исправление – это исправление этого мира в действии начала Творения, чтобы благословить Творца за каждое деяние посредством произнесения "алелуйа (восславьте Творца)", как сказано: "Восславьте Его, все звезды сияющие. Восславьте Его, небеса небес"[394]. Для того, чтобы воплотить существование этого мира. Об этом говорится в молитве "Благословен Тот, Кто сказал"[395], где "благословен" означает – благословен за всё"».

411) «"Третье исправление – исправление высшего мира, со всеми воинствами и станами. К нему относится прославление: "Создающий служителей, и все Его служители пребывают в высях мира", и также "ангелы и святые животные с великим шумом возносятся навстречу серафимам"».

«"Четвертое исправление – исправление молитвы "Восемнадцать", исправление святого имени, исправление полного имени. Благословен мой удел с вами в этом мире и в мире будущем"».

---

[394] Писания, Псалмы, 148:3-4. «Восславьте Его, солнце и луна, восславьте Его, все звезды сияющие. Восславьте Его, небеса небес и воды, которые над небесами».
[395] Из утренней молитвы (шахарит).

И бойся Всесильного твоего

412) «"Сказано: "Творца Всесильного твоего бойся и Ему служи"[396]. А также сказано: "И бойся Всесильного твоего"[397] – того места, которое соединяется и охватывает внутренний моах", т.е. Шхину, называемую Всесильный, "который охватывает огонь вокруг. Это огонь, окружающий сияние (нóга), откуда исходит суд грешникам. "Всесильным твоего"[397] – это охватывающий огонь, и нужно испытывать страх перед ним потому, что там царит суд, и это суд, который протягивается от высшего суда, находящегося в этом месте"».

413) «"Здесь имеется три вида огня:
1. Огонь, принимающий огонь с радостью, и они радуются, пребывая в любви друг с другом.
2. Огонь, в котором проявляется сияние (нóга), Шхина, это огонь, который пребывает в радости во внутреннем огне, в первом огне.
3. Огонь, окружающий сияние (нóга)", т.е. Шхину, "и в этом огне пребывает страх суда, карающего грешников"».

Объяснение. Имеется два объяснения понятия «сияние (нóга)»:
1. Это клипа, близкая к святости, являющаяся наполовину добром, наполовину злом.
2. Шхина называется сиянием (нóга).
И здесь «нóга» означает Шхину, нижнюю Хохму.

И есть три свойства огня, символизирующего суды:
1. Огонь в правой линии, исходящий от точки холам.
2. Огонь в левой линии, исходящий от точки шурук, вследствие отсутствия хасадим.
3. Огонь от средней линии, исходящий от точки хирик, и благодаря ей (средней линии) создается единство правой и левой линий, и она ограничивает левую линию, чтобы та светила лишь снизу вверх.

Огонь, принимающий огонь с радостью, – это огонь в правой линии, принимающий огонь, находящийся в левой линии,

---

[396] Тора, Дварим, 6:13. «Творца Всесильного твоего, бойся и Ему служи, и его именем клянись».
[397] Тора, Ваикра, 19:14. «Не злословь глухого и перед слепым не ставь препятствия, и бойся Всесильного твоего: Я – Творец».

с огромной радостью, ибо огонь левой линии восполняет его свечением Хохма, и также огонь левой принимает огонь правой с радостью, ибо восполняется с помощью него свойством хасадим. Поэтому радуются они, испытывая друг к другу любовь, потому что восполняют друг друга.

Огонь, в котором видно сияние (но́га), Шхина – это нижняя Хохма, получающая от левой линии, и известно, что Хохма проявляется только во время раскрытия судов точки шурук. И эта «но́га», нижняя Хохма, видна только лишь в огне точки шурук, исходящем к ней от левой линии. Это огонь, который пребывает в радости во внутреннем огне, в первом огне. Ибо это тот огонь левой линии, точки шурук, который испытывает большую радость от соединения с внутренним огнем правой линии.

Огонь, окружающий сияние (но́га), – это огонь средней линии, окружающий ее и ограничивающий ее, чтобы не светила сверху вниз, а лишь снизу вверх. И в этом огне пребывает страх суда, карающего грешников, поскольку наказывает он грешников, нарушивших границу его.

414) «"Четыре цвета огня, белый-красный-зеленый-черный, являются одним целым так, что каждый состоит из четырех цветов"», т.е. ХУГ ТУМ.

415) «"Именно такой страх он должен испытывать в желании своем, страх и любовь одновременно: пребывать в страхе в одной стороне", которая исходит от левой линии, "и в любви – в другой стороне", которая исходит от правой линии, "чтобы присутствовали все указанные цвета". То есть, и в Малхут имеются эти четыре цвета ХУГ ТУМ. "И этот страх должен быть страхом перед наказанием, нижним страхом, ибо тот, кто нарушает заповеди Торы, наказывается этой стороной", которая исходит от левой линии. "Поскольку, когда эта сторона начинает наказывать, она не успокаивается до тех пор, пока не искореняет его из этого мира и мира будущего. Потому он должен бояться этого огня, так как этот страх находится в нем"».

416) «"От третьего огня простирается наружу огонь иных божеств, о котором сказано: "Не страшитесь божества

эморийцев"³⁹⁸, ибо запрещено бояться его. Этот огонь страха, третий огонь, является святостью, и включается в святость. И это – тот огонь, который окружает сияние (нога)", поскольку, если бы не этот огонь, правая линия не объединилась бы с левой. Поэтому он является святостью, хотя и ограничивает это сияние (нога), чтобы светило лишь снизу вверх.

"Однако другой огонь, находящийся снаружи, соединяется иногда с этим огнем страха, а иногда отдаляется от него, не соединяясь с ним. И когда прегрешения приводят к тому, что этот внешний огонь соединяется с огнем страха, он становится огнем тьмы, затемняя и закрывая света других огней в «нога». О нем сказано: "И огонь разгорающийся"¹⁹⁴, но не горящий постоянно и неизменно"».

417) «"Любовь наступает после того, как человек удостоился страха. Вслед за тем, как устанавливается страх над головой человека", приходящий от левой линии, "пробуждается любовь", правая линия, т.е. Зеир Анпин со стороны Хесед в нем. "И тот, кто работает от любви, сливается с высшим местом наверху, и сливается со святостью будущего мира", Биной, "поскольку поднимается, чтобы украситься и слиться"» с правой стороной, Хеседом Зеир Анпина, над которым находится Бина.

418) «"Хотя работа со стороны страха является работой возвышенной, все же она не восходит наверх к слиянию" с Зеир Анпином. "А когда он работает из любви, то поднимается и украшается наверху, сливаясь с будущим миром. И это – человек, призываемый будущим миром. Благословен удел его, ибо возобладал он над местом страха, так как нет того, что одержало бы верх над ступенью страха, кроме любви"», правой линии, единства Зеир Анпина и Малхут.

419) «"И тот, кто достоин будущего мира, должен объединить имя Творца и объединить части тела", ЗОН, "и высшие ступени", Аба ве-Има, и соединить всех высших и нижних вместе и включить их всех в Бесконечность, связав их между собой. Как сказано: "Слушай, Исраэль, Творец – Всесильный наш, Творец един!"³⁹⁹».

---

[398] Пророки, Шофтим, 6:10. «И сказал вам: "Я Творец Всесильный ваш; не страшитесь божества эморийцев, в земле которых вы живете", но вы не послушали гласа Моего».

[399] Тора, Дварим, 6:4. «Слушай, Исраэль, Творец – Всесильный наш, Творец един!»

ГЛАВА ВАЯКЕЛЬ

Тайна Шма

420) «"Шма (שמ)" – это имя", Малхут, "восходящее к семидесяти именам, и это семидесятидвухбуквенное имя, имеющееся в высшем строении (меркава)", ХАГТАМ (Хесед-Гвура-Тиферет-Малхут) Зеир Анпина, находящиеся выше хазе. "И это – единое целое"», когда Малхут, называемая «имя», включается в Зеир Анпин выше хазе, что обозначается большой буквой «аин (ע)». «Исраэль» – это Исраэль Саба, ВАК Бины. Поскольку есть малый Исраэль, Зеир Анпин, «"как сказано: "Когда Исраэль был молод, полюбил Я его"[400]. Зеир Анпин и Малхут, которые в Шма, находятся в полном единстве с Исраэль Саба, когда поднимаются к нему и соединяются с ним. "Шма Исраэль"[183] – указывает на то, что" в Исраэль Саба "соединилась жена с мужем своим"», Малхут с Зеир Анпином.

421) «"После того, как соединились" Зеир Анпин и Малхут "друг с другом в единое целое" с Исраэль Саба, "надо соединить части тела", ВАК Зеир Анпина и Малхут, "и объединить две Скинии вместе во всех частях", т.е. высшую Скинию, йуд-хэй, и нижнюю Скинию, вав-хэй, "в желании сердца, и подняться в слиянии Бесконечности, чтобы слилось там всё в состоянии единого желания, высшие и нижние"».

422) «"Будет (יהיה)" в отрывке: "Будет (יהיה) Творец един"[401] означает, что Он станет един путем соединения букв слова "יהיה (будет)". Букву йуд (י) слова "будет (יהיה)", т.е. Хохму, "надо соединить и привести к слиянию с буквой хэй (ה) слова "будет (יהיה)", и это – внутренний чертог", Бина, для места скрытия высшей точки, йуд", Хохмы. Это означает АВАЯ Элокейну (Творец – Всесильный наш)"». Эти два имени – это йуд-хэй, Хохма и Бина. АВАЯ – это Хохма, а Элокейну – Бина.

423) «"И соединить все части тела", ВАК Зеир Анпина и Малхут, "с местом, из которого они вышли, т.е. с внутренним чертогом", Биной, "чтобы вернуть всё это на свое место, к их сути, основе и корню, вплоть до места, являющегося корнем завета"», т.е. Аба.

---

[400] Пророки, Ошеа, 11:1. «Когда Исраэль был молод, полюбил Я его, и из Египта призвал Я сына Моего».
[401] Пророки, Захария, 14:9. «И будет Творец царем на всей земле, в тот день будет Творец един и имя Его едино».

424) «"А затем две другие буквы слова "будет (יהיה)", объединить и привести к слиянию букву йуд с буквой хэй. Йуд – это союз святости", Есод Зеир Анпина. "Хэй – это чертог и место скрытия завета святости, обозначаемого буквой йуд"», то есть Малхут, чертог Есода, подобно тому, как Бина является чертогом Хохмы. Есод – это вторая «вав» буквы «вав» с ее наполнением (וו), где первая «вав (ו)» – это Тиферет, а вторая «вав (ו)» – это Есод. Однако здесь сказано, что это «йуд», чтобы соединить их как одно целое. То есть, когда Есод в единстве с Малхут, он называется «йуд».

425) «"Под словом "един" подразумевается – объединить всё вместе, начиная от Малхут и выше, и, подняв желание для соединения всего в единую связь, возносить желание в страхе и любви до Бесконечности. Нельзя ослаблять желания подъема в Бесконечность на всех этих ступенях и во всех частях тела, но на всех них надо подниматься в своем желании, и тогда не будет недостатка ни в одной из них, чтобы соединить их, и чтобы образовали все они единую связь в Бесконечности"».

426) «"И это является единством, достигаемым с помощью исправления"».

427) «"Но стремление желающего соединить все тайны единства в слове "един" считается более возвышенным. И поэтому мы удлиняем произношение слова "един", чтобы вознести желание, притягивая как сверху вниз, так и поднимаясь снизу вверх, чтобы всё было единым целым"».

428) «"Слово един включает свойства верха и низа и четыре стороны света. Необходимо соединить верх и низ", т.е. Аба ве-Има и ЗОН. "Четыре стороны света представляют собой высшее строение (меркава)", т.е. ХАГТАМ (Хесед-Гвура-Тиферет-Малхут) Зеир Анпина, находящиеся выше хазе, "чтобы соединить всё вместе, в единой связи, в полном единстве, до Бесконечности"».

ГЛАВА ВАЯКЕЛЬ

Упоминать о выходе из Египта

429) «"После намерения Шма необходимо упомянуть о выходе из Египта. Поскольку Шхина находилась в изгнании, а в то время, когда она находится в изгнании, нет возможности у высшего мира", Зеир Анпина, "соединиться с нижним миром", Малхут. "И необходимо показать свободу вследствие освобождения из Египта, происходившего с многочисленными знамениями и чудесами, явленными Творцом. Это освобождение должно упоминаться и показываться. То есть, хотя она и находилась в изгнании, теперь она обрела свободу, с того дня, когда были развязаны египетские узы и явлены эти знамения и чудеса"».

430) «"Необходимо показывать свободу, обретённую" Малхут "вследствие того, что она объединилась с мужем своим", Зеир Анпином, "и для того чтобы приблизить избавление", Есод, "к молитве", Малхут, чтобы всё было единым целым, без разделения, и не обнаруживать разъединения, говоря, что" Малхут "разъединена в изгнании с мужем своим", Зеир Анпином. "Как сказано: "И жену, разведённую с мужем своим, нельзя им брать в жены"[402]».

431) «"Но ведь она находится в изгнании, и отделена от мужа своего", Зеир Анпина? "Однако в изгнании она, конечно же, для того, чтобы пребывать с Исраэлем. Ибо в любом месте, куда изгнаны Исраэль, Шхина находится вместе с ними, для того, чтобы защитить их. Но все же она не отделена" от Зеир Анпина. "Но ведь Шхина не являлась Исраэлю, когда они совершали прегрешения во время первого и второго Храмов, и вместе с тем это не считалось изгнанием, и тем более разъединением. До тех пор, пока не был изгнан Исраэль, если они грешили, Шхина удалялась наверх. А затем, после того, как они были изгнаны, она не поднималась наверх, но пребывала вместе с Исраэлем. Однако никогда не было разъединения"».

432) «"И поэтому необходимо показать освобождение, так как есть у неё четыре освобождения. Ибо в то время, когда Шхина вышла из египетского изгнания, она четырежды просила у Творца об избавлении. И это – четыре избавления,

---

[402] Тора, Ваикра, 21:7. «Жену блудницу и обесчещенную нельзя им брать, и жену, разведённую с мужем своим, нельзя им брать в жены, так как свят он (священник) Богу своему».

соответствующие четырем изгнаниям, для того, чтобы она стала свободной и не пребывала больше в разъединении. Поэтому в это время, во время освобождения из Египта, она выстояла и прошла четыре избавления при этом выходе из Египта, т.е. с получением мохин выхода из Египта была освобождена Шхина от всех четырех видов малхут (правления), т.е. из всех изгнаний до прихода Машиаха, так, чтобы не считаться более отделенной от мужа своего", Зеир Анпина. "И теперь, когда Шхина нуждается в исправлении для того, чтобы соединиться с мужем ее", Зеир Анпином, "необходимо показать это египетское освобождение, в котором содержатся четыре освобождения. И вместе с пробуждением мохин выхода из Египта, она исправляется, чтобы соединиться с мужем своим, ибо приобретается свобода от всех четырех видов малхут"».

433) «"Поэтому (после Шма) необходимо четырежды упомянуть об этом избавлении, четырежды произнеся слово "истина (эмет)" до благословения "Поддержкой отцам нашим", что соответствует четырем избавлениям, являющимся поддержкой и опорой всему Исраэлю. И начиная со слов "Поддержкой отцам нашим", слово "истина (эмет)" произносится еще четыре раза. Они произносятся дважды для того, чтобы осуществились эти четыре освобождения при сильной поддержке могучей печати перстня Царя. И поэтому упоминание о четырех избавлениях выполняется дважды"».

434) «"И все четыре избавления происходят при этом выходе из Египта, ибо, если бы не было этих четырех избавлений при этом выходе из Египта, она бы не соединилась в исправлениях своих" с Зеир Анпином "так, чтобы при каждом изгнании соединилось святое имя. И поэтому нужно всегда упоминать о выходе из Египта, при любом упоминании о святости Творца. Благословенно имя Его вовек и на веки вечные"».

435) «"Эта святость, которую мы произносим трижды: "Свят, свят, свят", необходима, поскольку освящаются ею все, наверху и внизу, ангелы и Исраэль, и все ступени, и все высшие и нижние строения (меркавот), все они освящаются этой святостью. И в этой святости содержатся высшие тайны, постигаемые теми, кто с особым вниманием относится к святости Господина своего"».

436) «"Вручить душу Господину своему – это прекрасно. Друзья, благословенна ваша участь, и счастлив я, что стал очевидцем этого, ибо удостоился я в этой жизни, чтобы пробудились эти святые речения в этом мире, и все они записаны наверху, перед святым Царем"».

ГЛАВА ВАЯКЕЛЬ

Тогда заговорили боящиеся Творца

437) «И тогда говорили друг с другом боящиеся Творца, и внимал Творец и выслушал, и написана была памятная книга пред Ним, для боящихся Творца и для чтущих имя Его»[403]. Сказано: "И тогда говорили" – говорили наверху все святые строения (меркавот), и все святые воинства говорили друг с другом перед Творцом"».

438) «"Потому что эти святые слова, произнесенные ими, возносятся наверх. И как много тех, кто спешит и возносит их перед святым Царем, и венчается множеством украшений в этих высших светах. И все они говорят перед высшим Царем. Кто видел ту радость, и кто внимал тем прославлениям, которые поднимаются во всех этих небосводах при произнесении этих слов. И святой Царь внимает им и украшается ими. И они возносятся и находятся у Него за пазухой, и Он радуется вместе с ними. Оттуда, из-за пазухи, они поднимаются над головой Его и становятся венцом. Поэтому сказала Тора: "И была я у Него питомицей, и буду радостью каждый день"[404]. Не сказано: "Была", а сказано: "И буду", в будущем времени, т.е. во всякое время и в любой момент, когда высшие слова поднимаются перед Ним"».

Объяснение. В отрывке, который приведен до этого, говорится: «Сказали вы: "Тщетно служить Творцу. Какая польза, что исполняли мы службу Его"»[405], а завершается он словами: «И тогда заговорили боящиеся Творца, обращаясь друг к другу, и внимал Творец и выслушал, и написана была памятная книга пред Ним, для боящихся Творца и для чтущих имя Его... И помилую Я их, как милует человек сына своего, трудящегося для него». На первый взгляд кажется удивительным, что в то время, когда один другому говорил речи неверные: «Тщетно служить Творцу, какая польза, что исполняли мы службу Его»[405], в то же время сказано о них: «И тогда заговорили боящиеся Творца, обращаясь друг к другу, и внимал Творец и выслушал». Мало того, они

---

[403] Пророки, Малахи, 3:16. «Тогда говорили друг с другом боящиеся Творца. И внимал Творец, и выслушал, и написана была книга памяти пред Ним для боящихся Творца и чтущих имя Его».

[404] Писания, Притчи, 8:30. «И была я у Него питомицей, и буду радостью каждый день».

[405] Пророки, Малахи, 3:14.

еще милы Ему настолько, что записываются «в памятную книгу пред Ним, для боящихся Творца и для чтущих имя Его».

Однако Писание говорит о тех праведниках, которые удостоились возвращения от любви, когда злодеяния обращаются в заслуги, и чем большим было нарушение, тем большим достоинством оно обращается. Однако Писание говорит, что у тех праведников, которые удостоились возвращения от любви, злодеяния обращаются в заслуги, и чем большим было нарушение, тем большим достоинством оно обращается. Получается, что в тот момент, когда эти праведники пребывали в состоянии отрицания первооснов, говоря: «Тщетно служить Творцу»[406], нет большего прегрешения, чем это. Однако теперь эти неверные речи, благодаря совершенному ими возвращению от любви, обратились в большие заслуги. И теперь считается, словно те слова неверия, которые говорили «боящиеся Творца один другому»[407], уже тогда обратились в достоинства, и в силу этого коренного изменения они стали доставлять огромную радость Творцу.

Сказано: «Заговорили наверху все святые строения (меркавот), и все святые воинства заговорили перед Творцом, обращаясь друг к другу» – ибо те слова, которые они произносили, когда были грешниками: «Тщетно служить Творцу»[405], поднялись наверх благодаря этим ангелам и строениям (меркавот), знавшим о том, что эти грешники совершили возвращение от любви, и в конечном счете эти слова, став заслугами и большими светами, доставят отраду Творцу.

«Поскольку эти святые слова, произнесенные ими». То есть слова «тщетно служить Творцу»[405], после того, как они совершили возвращение от любви, становятся святыми и «возносятся наверх» этими ангелами сейчас же после произнесения их. «И как много тех, кто спешит и возносит их перед святым Царем, и венчается множеством украшений в этих высших светах» – т.е. прежде, чем они совершили возвращение от любви, спешат эти ангелы и доставляют эти слова святому Царю, поскольку наверху уже известно, что они совершат возвращение от любви, на каждое произнесенное ими слово.

---

[406] Пророки, Малахи, 3:14.
[407] Пророки, Малахи, 3:16.

И любое слово обращается заслугой и большим светом, и очень большой отрадой. Сказано: «Кто видел ту радость и кто внимал тем восславлениям, которые поднимаются во всех этих небосводах при произнесении этих слов. И святой Царь внимает им и украшается ими. И они возносятся и ютятся у Него за пазухой», ибо состояние скрытия Творца определяется как нахождение за пазухой. И поскольку они еще не совершили возвращения от любви, то те слова, которые они произнесли, «ютятся за пазухой» Творца в качестве скрытия лика (паним). Но поскольку Творцу известно, что они совершат возвращение от любви, то «Он радуется вместе с ними оттуда», из состояния «за пазухой» – ибо после того, как совершат возвращение, «они поднимаются над головой Его и становятся венцом».

439) «"Дважды сказано: "Боящиеся Творца". "И тогда заговорили боящиеся Творца"[403], "и написана была памятная книга пред Ним, для боящихся Творца"[403]. Это "боящиеся Творца наверху" – в то время, когда совершают возвращение от любви и предстают наверху пред Творцом, и "боящиеся Творца внизу" – т.е. после того, как они опускаются на свои места, вниз на землю. И хотя "боящиеся Творца" уже находятся внизу на своих местах, слова эти предстают наверху в своем виде. Тайна эта находится в книге Ханоха, что все слова, которыми праведники на земле украшаются, и предстают пред Творцом в то время, когда они совершают возвращение от любви, и тогда украшаются злодеяниями, обратившимися в заслуги, и сами предстают наверху пред Творцом, и Творец радуется им. А затем эти праведники опускаются, а эти слова остаются перед Ним в том же виде – обращенными из злодеяний в заслуги. И праведник произносит их, а Творец радуется этому виду их. А затем они записываются в "памятную книгу пред Ним", т.е. они предстанут пред Ним в своем вечном существовании"».

440) «"И для чтущих имя Его" – это все те, кто возвеличивает речения Торы, дабы слиться с Господином их в святом имени и постичь Его, чтобы установил Он мудрость имени Его в их сердцах. О них сказано: "Для чтущих имя Его" – ибо делают его святым именем"».

ГЛАВА ВАЯКЕЛЬ

А над небосводом

441) «А над небосводом, который над головами их, словно образ сапфирового камня, в виде престола»[408]. «Над небосводом»[408] – т.е. в небосводе, находящемся под Малхут. Ибо нет того, кто бы взирал на высший небосвод, Бину. Однако о нижнем небосводе, находящемся в Малхут, сказано: «И увидишь меня сзади»[277]. И над этим небосводом находится сапфировый камень, Малхут, редкая и драгоценная жемчужина.

442) «В виде престола»[408]. Есть разные престолы. Престол (**а**-кисэ הכיסא) – это высший парцуф, Бина, который укрыт и не открывается, и нет способного взойти на него, чтобы познать и изучить. Поэтому здесь слово «престол (кисэ כסא)» написано без определяющей буквы «хэй (ה)». И это – нижний престол, Малхут.

443) «Образ, в облике человека»[408]. Почему сказано: «Образ», а затем еще «в облике»? Однако образ человека относится к высшему парцуфу, пребывающему в высшем величии, Зеир Анпину с АВАЯ в наполнении «алеф», равным по числовому значению слову «адам (45)», и это – образ человека (адам), сидящего на престоле, называемом Малхут. И это собирается «в облике», чтобы включить те формы, которые находятся в речениях мудрости и называются «видимостью» или «обликом». Ибо так называется Хохма, и это высшие тайны мудрости (хохма), которые поднимаются и украшаются вверху, в Зеир Анпине. А затем они предстают в образе человека, в том виде, которым праведники венчают их. И благодаря всем им любуется Творец украшениями Своими.

444) «Знайте же, друзья, что сам Творец любуется теперь этими словами, которые произнесены вами и венчаются таким путем. Ведь вы воплотили их в образе человека перед Господином вашим, с помощью образов вашей святости. Ибо в тот час, когда я видел вас и созерцал образы ваши, увидел я, что вы записаны в слове "Адам (человек)". И узнал, что образ ваш присутствует наверху. И таким образом предстоит праведникам в грядущем будущем предстать воочию всем, и явить образ

---

[408] Пророки, Йехезкель, 1:26. «А над небосводом, который над головами их, словно образ сапфирового камня, в виде престола, и над образом престола – образ, в облике человека, на нем сверху».

святых ликов своих всему миру. Как сказано: "Все видящие их признают их, ибо они семя, которое благословил Творец"⁴⁰⁹».

445) Тем временем рабби Шимон увидел рабби Йоси, мысли которого были заняты мирскими делами. Сказал он ему: «Йоси, поднимись и восполни совершенством образ твой, ибо недостает тебе одной буквы». Поскольку тот помышлял о мирских делах, он назвал его «Йоси», а не «рабби Йоси». Поднялся рабби Йоси, возрадовался словам Торы и предстал перед ним. Посмотрел на него рабби Шимон и сказал ему: «Рабби Йоси, теперь совершенен ты перед Атиком, и образ твой совершенен».

---

⁴⁰⁹ Пророки, Йешаяу, 61:9.

ГЛАВА ВАЯКЕЛЬ

И сделали они начелок

446) «И сделали они начелок, священный венец из чистого золота»[410]. Называется «начелок», поскольку одевается на обозрение людям, и каждый, кто всматривается в его, узнает по нему – праведник он или нет.

447) На этом начелке буквы святого имени намечались резьбой и чеканились. И если тот, кто представал перед ним, был праведником, то свечение от этих отчеканенных на золоте букв проявлялось и поднималось снизу вверх от этой чеканки, и они освещали лицо этого человека.

448) Иногда это искрение происходило в нем, а иногда – нет. В первый раз, когда коэн смотрел на него, он видел свечение всех этих букв внутри, но когда всматривался в него, то не видел ничего, но видел только сияние лика, подобно искре, исходящей от золота, сверкающей в нем, но не более. Только коэн знал о том образе, который представлялся при первом обозрении, и который в положенное время мог созерцать как он сам, так и каждый человек. Поскольку желанием Творца было, чтобы тот человек, который смотрит на начелок, знал, что он удостоился будущего мира. Ибо тот образ, который светил ему от букв этого начелка, нисходил к нему сверху, так как Творец благоволил к нему. Но когда всматривались в него затем, пытаясь разглядеть его, то не видели ничего, поскольку этот высший образ раскрывается лишь в положенное время.

449) Если человек стоит перед этим начелком, и поверхность его не показывает также и в положенное время святой образ, тогда коэн знает, что он – упрямый (досл. крепколобый), и необходимо просить об его искуплении и о милосердии к нему.

---

[410] Тора, Шмот, 39:30.

ГЛАВА ВАЯКЕЛЬ

Смотри, где они жнут на поле

450) Сказано: «Смотри на поле, где они жнут»[411]. Зачем здесь это сказано? Сколько таких отрывков в Торе, когда кажется, что незачем было их писать, но мы видим, что все они являются высшими тайнами. И тот, кто видит и не всматривается в него, подобен тому, кто никогда не отведывал яств.

451) Это сказано в святости духа, поскольку видел Боаз, судья Исраэлев, бедность этой праведницы, которая не поднимает глаз своих, чтобы посмотреть на другое место, но смотрит только на то, что перед лицом ее. Увидел он, что смотрит она на всё доброжелательно (досл. добрым глазом), и нет в ней непокорности, превознес глаза ее.

452) Поскольку есть глаза, из-за которых не имеют силы благословения в этом месте. Боаз же увидел доброжелательность в глазах ее, что на всём, на что она смотрела, чувствовался благожелательный взор. И кроме того, он видел, что ей сопутствовала удача, и всё, что она собирала, прибавлялось к полю. И увидел Боаз, что дух святости пребывает над ней, и тогда произнес: «Смотри (досл. глаза твои) на поле, где они жнут»[411].

Неужели из-за тех, других, собиравших урожай, он сказал Рут: «Смотри на поле, где они жнут, и следуй за ними»[411]? В таком случае, как же он сказал следовать за ними, ведь надо же было сказать: «И собирай следом за ними»? Что же означает: «Следуй за ними»[411]? Однако глаза ее были причиной сказанного им: «Следуй за ними»[411], ибо глаза ее вызывали большие благословения. Поэтому «следуй за ними»[411] означает – за своими глазами. У всех жителей мира нет разрешения следовать за своими глазами, а ты – следуй за своими глазами, ибо глаза твои вызывают большие благословения.

453) «Смотри (досл. глаза твои) на поле, где они жнут»[411]. Боаз видел благодаря духу святости, что от нее должны произойти высшие цари и правители, являющиеся глазами всех. Как

---

[411] Писания, Рут 2:9. «Смотри на поле, где они жнут, и следуй за ними. А я приказал слугам не трогать тебя. А когда захочешь испить, то иди к сосудам и пей оттуда же, откуда черпают слуги».

была Тамар, о которой сказано: «И села у входа в Эйнаим»[412] – т.е. села у входа, из которого выходили высшие царствующие правители, называемые «Эйнаим (глаза)». Как сказано: «Если по недосмотру глаз общины»[413] – ибо так же, как все части тела следуют лишь за глазами, и глаза управляют всем телом, так же и здесь, цари и Синедрион и все эти правители, все следуют за ними. Поэтому он сказал ей: «Глаза (эйнаим) твои»[411], ибо эти цари и правители в будущем должны выйти из нее.

454) «На поле, где они жнут»[411]. «Поле» – это Цион и Йерушалаим, как сказано: «Как поле, будет вспахан Цион»[414]. И сказано: «Как запах поля, благословенного Творцом»[286] – это Йерушалаим. Поэтому сказано: «Смотри на поле»[411] – ибо те «эйнаим (глаза)» ее, которые в будущем должны выйти из нее, имеют силу только в поле. «Где они жнут»[411] – потому что от этого поля получали все жители мира Тору и озаряющий свет, как сказано: «Ибо из Циона выйдет Тора»[415].

455) «Следуй за ними»[411] – за теми добрыми деяниями, которые я вижу в тебе. И сказано: «А я приказал слугам не трогать тебя»[411] – ибо на женщину полагаться нельзя, и поэтому он предостерег слуг, чтобы не трогали ее. Сказано: «А когда захочешь пить, то иди к сосудам и пей оттуда же, откуда черпают слуги»[411]. «А когда захочешь испить»[411] – сказано языком благоречия. То есть, когда возникнет в тебе желание соединиться с человеком, чтобы произвести семя в мире, «то иди к сосудам»[411] – тем праведникам, которые называются сосудами (келим) Творца, как сказано: «Очиститесь, носящие сосуды (келим) Творца»[416] – и это праведники, которых принесет весь мир в дар царю Машиаху. И они – «сосуды (келим) Творца», те келим, от которых Он наслаждается. Это те разбитые келим, которые разбиты в этом мире для того, чтобы воплотить Тору. И служение, которое Творец принимает с их стороны, Он принимает только от этих келим. И когда она прилепится к ним, тогда говорится: «И пей»[411].

---

[412] Тора, Берешит, 38:14.
[413] См. Тора, Бемидбар, 15:24. «Если по недосмотру глаз общины это было содеяно, то принесет вся община одного молодого быка во всесожжение, в благоухание, приятное Творцу, и хлебное приношение при нем и возлияние при нем по установлению, и одного козла в очистительную жертву».
[414] Пророки, Миха, 3:12.
[415] Пророки, Йешаяу, 2:3.
[416] Пророки, Йешаяу, 52:11.

И ублажил сердце свое

456) «А Боаз поел и попил, и ублажил сердце свое»[417]. «И ублажил сердце свое»[417] – т.е. произнес благословение после трапезы. Ибо тот, кто произносит благословение после трапезы, ублажает сердце свое. Как сказано: «К Тебе обращено сердце мое»[418], и также сказано: «Твердыня сердца моего»[419] – имеется в виду Малхут, называемая «сердце».

457) И поскольку благословение после трапезы на пищу доставляет отраду Творцу, то всякий, кто благословляет за насыщение, почитает и восславляет другое место, Малхут. Так же, как во время субботней трапезы другое место, Малхут, наслаждается благословением за насыщение и радостью. И здесь насладилась Малхут этим благословением за насыщение праведника Боаза. И это означает сказанное: «И ублажил сердце свое»[417].

458) Малхут наслаждается благословением на пищу, поскольку пища человека тяжка перед Творцом, т.к. относится к месту Малхут. И поскольку человек ел и пил и произнес благословение после трапезы, то это благословение поднимается и наслаждает Малхут словами, произнесенными за насыщение, которые поднимаются и, таким образом, внизу получает наслаждение от этой трапезы человек, а наверху – Малхут.

459) Вне пределов земли это место получает наслаждение лишь от слов, восходящих вследствие насыщения, от благословения после трапезы, и все слова украшаются, все больше наполняясь радостью, и это место наслаждается ими. Однако в субботу это происходит по-другому, ибо именно этой трапезой и радостью от трапезы выполнения субботней заповеди наслаждается Малхут, и таким образом сама трапеза полностью включает в себя всё, что наверху и внизу. Как сказано: «Ведь от Тебя – всё, и полученное от руки Твоей предназначаем мы Тебе»[420]. И Малхут вкушает блаженство от наслаждения человека и радости, получаемой от трапезы заповеди субботы.

---

[417] Писания, Рут, 3:7.
[418] Писания, Псалмы, 27:8.
[419] Писания, Псалмы, 73:26.
[420] Писания, Диврей а-ямим 1, 29:14.

460) Тот, кто благословляет Творца за насыщение, должен испытывать радость в сердце и желании, и не находиться в унынии. Но должен благословлять в радости, и должен ощущать в желании своем, словно дает сейчас другому радостно и доброжелательно. И так же, как благословляет радостно и доброжелательно, должен давать другому радостно и доброжелательно. И поэтому не должен испытывать ни малейшей печали, но сопровождать это радостью и речениями Торы. И должен стремиться в сердце и желании своем вознести благословение в место достойное, т.е. в Малхут.

461) Четыре строения (меркавот) господствуют в четырех сторонах Малхут. И станы ангелов питаются этим благословением за насыщение, и во время произнесения слов «Благословен Ты», содержащихся в этом благословении после трапезы, наслаждается и усиливается и украшается им Малхут, а у того, кто благословляет, желание должно быть радостным и доброжелательным. И поэтому сказано: «Доброжелательный получит благословение»[421].

462) «Доброжелательный получит благословение за то, что дает от хлеба своего бедному»[421]. Если вначале отрывок не говорит о благословении на пищу, то начало отрывка не соответствует концу, а конец – началу, т.е. они не связаны друг с другом. Однако «доброжелательный» означает, что он должен благословлять доброжелательно и радостно. Он не просто так благословляет в радости, но вследствие благословения и радости он «дает от хлеба своего бедному»[421] – т.е. тому месту, которое должно питаться со всех сторон, от правой и от левой, месту, у которого самого по себе нет ничего, месту, наслаждающемуся со всех сторон, и включающему в себя все стороны, – Малхут. И поэтому она называется бедной. И о ней сказано: «За то, что дает от хлеба своего бедному»[421]. И эти слова сообщаются лишь мудрецам, познающим высшие тайны и пути Торы.

463) Боаз был доброжелательным. Никогда в нем не было непокорности. Сказано: «И пошел он прилечь с краю вороха»[417]. Как сказано: «Живот твой – ворох пшеницы»[422] – это сказано о Малхут. И также здесь: «С краю вороха»[417] – это Малхут.

---

[421] Писания, Притчи, 22:9.
[422] Писания, Песнь песней, 7:3.

Каждый, произносящий благословения на пищу в радости, как подобает, с желанием сердца, когда он поднимается из этого мира, место устроено для него в высших тайнах святых чертогов Малхут, называемой «ворох», и на это указывает отрывок: «И пошел он прилечь»[417] – после того, как отошел от забот этого мира, «с краю вороха»[417] – т.е. Малхут.

Счастлив человек, соблюдающий заповеди Господина своего и постигший их тайны, ибо нет у нас заповеди в Торе, от которой не зависели бы высшие тайны и высшие света и сияния. Но люди не знают и не задумываются о величии их Господина. Благословенна участь праведников, которые занимаются Торой, счастливы они в этом мире и в мире будущем.

464) У всех этих непокорных, не испытывающих стыда, нет доли в этом мире и в мире будущем. Все эти непокорные, когда были среди Исраэля, и смотрели на этот начелок, то сокрушалось сердце их, и начинали они всматриваться в деяния свои. Поскольку этот начелок основывался на знамении, т.е. на нем было высечено: «Святость Творцу». И каждый, кто смотрел на него, стыдился своих деяний. Поэтому этот начелок совершал искупление дерзких и непокорных.

465) Буквы святого имени, которые были высечены на начелке, светили ярким искрящимся светом, и каждый, кто смотрел на это искрение букв, падал ниц от ужаса, и в полном сокрушении сердца. И тогда начелок совершал искупление их, именно таким образом – после того, как приводил к сокрушению сердца и покорности пред Господином своим.

Воскурение

466) И подобно этому – воскурение. Каждый, вдыхающий запах этого дыма, когда поднимался столб дыма от того, что воскурялось, совершал выяснение в сердце своем, как беспристрастно служить Господину своему и устранить из него скверну злого начала, чтобы сердце его было полностью единым при обращении к Творцу. Поскольку воскурение – это сокрушение злого начала абсолютно со всех сторон. И так же, как начелок основывался на чуде, так и воскурение, ибо невозможно сокрушить ситра ахра ничем в мире, кроме воскурения.

467) Сказано: «Возьми совок, положи на него огонь с жертвенника и возложи на него воскурение»[423], и сказано: «Ибо исходит гнев от Творца – начался мор!»[423] – т.е. невозможно сокрушить ситра ахра ничем, кроме воскурения, так как нет ничего более приятного для Творца, чем воскурение. И оно способно устранить колдовство и злые проклятия из дома. Благоухание и дым воскурения устраняют колдовство при совершении людьми самого действия, а уж тем более – само воскурение.

468) Указание исходит от Творца, что каждый, кто изучает и возглашает каждый день о деянии воскурения, будет спасен от любого заклинания и колдовства в мире, и от любого вреда, и от злого умысла, и от несправедливого суда, и от смерти, и не может быть причинен вред ему весь этот день, ибо ситра ахра не властна над ним. И он должен удерживать это в мыслях.

469) И если бы люди знали, насколько возвышенно совершение воскурения перед Творцом, они бы брали каждое слово, произнесенное о нем, возлагая его украшением на голову свою, словно корону из золота. И тот, кто прилагает усердие в совершении воскурения, должен всматриваться в него. И если будет направлять к этому сердце свое каждый день, то будет у него часть в этом мире и в мире будущем, и отойдет смерть от него и от мира, и будет спасен от всех судов этого мира с плохой их стороны, и от суда преисподней, и от суда иного царства (малхут).

470) Во время этого воскурения, когда поднимался дым в виде столба, то видел коэн буквы святого имени, воспаряющие

---

[423] Тора, Бемидбар, 17:11.

в воздухе и поднимающиеся вверх в виде столба. А затем множество святых колесниц (меркавот) окружали его со всех сторон, пока не поднимался он в свете и радости и доставлял радость тому, кто достоин. Оно (воскурение) создавало связь, соединяющую обособленных наверху и внизу, чтобы соединить всё. И это искупало от злого начала и идолопоклонства, т.е. нечистых сил (ситра ахра).

ГЛАВА ВАЯКЕЛЬ

И сделай жертвенник для воскурения благовоний

471) Есть два жертвенника: жертвенник всесожжения и жертвенник для воскурения благовоний. Один – снаружи, другой – внутри. Почему жертвенник для воскурения, внутренний, называется жертвенником, ведь на него не возлагаются жертвы?

472) Но поскольку он устраняет и усмиряет многочисленные стороны зла, и ситра ахра покорена, она не может властвовать и не может быть обвинителем. Поэтому он называется жертвенником, ибо ситра ахра усмирена и связана на нем, словно жертва. И когда ситра ахра видит дым, поднимающийся от воскурения, она унимается и убегает, и вообще не может приближаться к Скинии. И поэтому происходит очищение, и к той радости, что наверху, присоединяется только один Творец. И поскольку оно (воскурение) так приятно, этот жертвенник может находиться лишь внутри, ибо это тот жертвенник, с которым пребывают благословения, и поэтому он скрыт от глаз, т.е. находится внутри.

473) Сказано об Аароне: «И стал он между мертвыми и живыми, и прекратился мор»[424]. Ибо он усмирил ангела смерти настолько, что тот не мог вообще властвовать и вершить суд. И в любом месте, где слова о совершении воскурения произносят с намерением и желанием сердца, не властвует там смерть, и ему не может быть нанесен вред, и остальные народы не властны над этим местом.

474) Сказано: «Жертвенник для воскурения благовоний»[425]. Если сказано: «Жертвенник», почему называется «воскуряющий благовония»? Но это – потому, что берут огонь этого места, чтобы воскурять благовония, как это делал Аарон, как сказано: «Возьми угольницу, положи на него огонь с жертвенника»[425], и еще потому, что этот жертвенник необходимо окуривать и освящать этим воскурением, и запрещено воскурять благовония в ином месте иначе, как с помощью угольницы.

---

[424] Тора, Бемидбар, 17:13.
[425] Тора, Шмот, 30:1.

475) Тому, кого преследует суд, необходимо это воскурение и совершение возвращения пред Господином своим. Ибо это воскурение содействует устранению судов от него. И, конечно же, устраняются суды от него в том случае, если он не забывает упоминать о нем дважды в день, утром и вечером. Как сказано: «Курение благовонное по утрам»[426]. Сказано также: «В межвечерье воскурять его будет»[427]. И это необходимо выполнять всегда, как сказано: «Воскурение постоянное перед Творцом для поколений ваших»[427]. И конечно же, необходимо всегда выполнять это внизу, и всегда выполнять наверху.

476) В месте, где это не упоминается, там, где не произносят каждый день о совершении воскурения, пребывают высшие суды, и многочисленные эпидемии, и другие народы властвуют над ним. Как сказано: «Воскурение постоянное перед Творцом»[427] – ибо оно постоянно предстает перед Творцом больше всех остальных видов служения. Совершение воскурения возвышенней и приятней Творцу, чем все остальные виды служения и желания в мире. И хотя молитва считается важнее всего, совершение воскурения возвышеннее и важнее Творцу.

477) Какая связь между молитвой и совершением воскурения? Молитва была установлена вместо жертвоприношений, совершаемых Исраэлем. И все эти жертвоприношения, которые совершали Исраэль, не были так важны, как воскурения. И еще, какая связь существует между тем и этим? Ибо молитва – это исправление, чтобы исправить всё необходимое. Воскурение делает больше, поскольку исправляет и создает связь, соединяющую обособленных, и излучает свет больше всего остального, т.е. устраняет скверну и очищает Скинию, и всё светится и исправляется и связывается воедино.

478) Поэтому упоминание о совершении воскурения нужно каждый день предварять молитвой, и устранять нечистоту из мира, что является исправлением всего каждый день. И это подобно доставляющему наслаждение жертвоприношению, которое желает Творец.

---

[426] Тора, Шмот, 30:7.
[427] Тора, Шмот, 30:8.

479) Сказано о Моше: «И сказал Творец Моше: "Возьми себе пряностей: бальзам..."»[428] Чем отличается сказанное здесь «возьми себе» от всего, что Он сказал ему без указания «возьми себе»? Однако «возьми себе» означает «для твоего наслаждения и для твоей пользы». Потому что, когда женщина очищается, она доставляет наслаждение мужу своему. Ведь воскурение очищает Скинию, т.е. Малхут, являющуюся невестой Моше. Ибо Моше был строением (меркава) для Зеир Анпина, как сказано: «Возьми себе пряностей»[428] – чтобы устранить скверну и чтобы стала посвященной жена, Малхут, мужу своему, Зеир Анпину.

480) Подобно этому сказано: «Возьми себе молодого тельца»[429] – и это сказано Аарону, и это также означает «для твоего наслаждения и пользы», чтобы искупить те грехи, которые телец вызвал в Исраэле. И поэтому сказано Моше: «Возьми себе» – для твоего наслаждения и пользы.

481) Воскурение образует связь, т.е. объединяет, излучает свечение и устраняет скверну. И буква «далет ד» становится буквой «хэй ה», ибо до зивуга с Зеир Анпином Малхут символизируется буквой «далет ד», так как, будучи без хасадим, она не светит и называется бедной (דלה далá). И когда Зеир Анпин совершает зивуг с ней, ее Хохма облачается в хасадим и светит во всем совершенстве, и становится она буквой «хэй ה».

Это воскурение соединяет Зеир Анпин с Малхут, и поэтому приводит к тому, что «далет ד» становится «хэй ה». «Хэй ה» соединяется с помощью него с «вав ו», Зеир Анпином, «вав ו» поднимается и украшается в первой «хэй ה», Бине, чтобы получить наполнение для Малхут. А первая «хэй ה», Бина, наполняется свечением от буквы «йуд י», Хохмы, для того, чтобы передать его Зеир Анпину.

И все поднимают свое желание к Бесконечности, и становятся все – Хохма, Бина, Зеир Анпин и Малхут, «йуд-хэй יה» «вав-хэй וה» – единой высшей связью. И всё это происходит благодаря воскурению.

---

[428] Тора, Шмот, 30:34.
[429] Тора, Ваикра, 9:2.

482) Отсюда и далее, поскольку эта связь установилась во всем, всё облачилось в мир Бесконечности, и святое имя начало светить и украсилось со всех сторон, и все миры находятся в радости, и загорелись свечи, и пища и благословения пребывают во всех мирах. И всё это устанавливается благодаря воскурению. Ведь если бы скверна не была устранена с помощью воскурения, ничего бы произошло, потому что всё зависит от этого.

483) Воскурение – оно всегда во главе всего и предваряет все. И поэтому надо предварить совершение воскурения молитве, песнопению и восславлению, поскольку всё это не возносится и не исправляется и не связывается, пока не устраняется скверна с помощью воскурения. Вначале сказано: «И искупил Святилище от нечистоты сынов Исраэля»[430], а затем сказано: «И от преступлений их во всех грехах»[430]. Поэтому необходимо искупить святость и устранить скверну, и очистить святость с помощью воскурения, а затем произносить песнопения, восславления и молитвы.

484) Счастливы Исраэль в этом мире и в мире будущем, ибо они умеют производить исправления наверху и внизу как полагается, снизу вверх, пока всё вместе не свяжется воедино в этой высшей связи, в воскурении, с целью произвести исправление букв, которыми записывается имя Творца, т.е. АВАЯ (הויה).

---

[430] Тора, Ваикра, 16:16.

ГЛАВА ВАЯКЕЛЬ

В мучении будешь рожать сыновей

485) «А жене сказал Он: "Премного отягощу Я муку твою и беременность твою, в мучении будешь рожать сыновей, и к мужу твоему влечение твое"»[431]. Это происходит наверху, в Малхут, и верно также внизу, в отношении земной женщины. Но как о высшей женщине, т.е. Малхут, сказано: «В мучении будешь рожать сыновей»[431]?

486) «Как олень, стремится она к источникам вод»[432]. Есть одно создание в мире, т.е. Малхут, которому дано право обладания тысячей ключей каждый день. Свечение Хохмы называется «тысяча». Это – «женское начало (некева)». И стремление ее всегда – «к источникам вод», к хасадим Зеир Анпина, чтобы Хохма в ней облачилась в них, дабы напиться (воды) и утолить жажду. Потому что Хохма в ней не может светить без хасадим, и поэтому она является «тьмой» и жаждет света хасадим, называемых «вода».

487) «Олень»[432] – мужское начало (захар). «Стремится она»[432] сказано в женском роде – «таарог», ибо в мужском это звучит «яарог». Однако это – захар и нуква вместе, чтобы не разделять их, и они – одно целое, т.е. нет необходимости возвышать одно над другим, но оба они вместе. О нукве сказано: «Стремится она к источникам вод»[432], и она беременеет от захара, и тяжело ей, ибо основой его является суд.

Когда Малхут беременеет от Зеир Анпина, т.е. получает от него «мэй дхурин (досл. мужские воды, МАД)», предназначенные душам, и они соединяются с ее «мэй нуквин (досл. женские воды, МАН)» в свойство «единая душа (нешама)», тогда она получает Хохму для этой души от левой линии. И известно, что в то время, когда нуква находится под влиянием левой линии, она остывает, и закрываются все проходы и врата ее.

488) И когда она рожает, Творец посылает к ней одного высшего и могучего змея, и он жалит ее в это место, и тогда она рожает. Это означает: «Премного отягощу Я муку твою и беременность твою»[431]. И она изнемогает каждый день, испытывая муки за деяния мира. «В мучении будешь рожать сыновей»[431] –

---

[431] Тора, Берешит, 3:16.
[432] Писания, Псалмы, 42:2.

этот змей наложил печать страдания на лица людей, т.е. он принес им смерть вследствие соблазна Древа познания. И она нуждается в нем, чтобы он открыл проход ее, и она могла родить.

Закрытие чрева приходит вследствие власти левой линии, которая не соединяется с правой линией. И с помощью имеющегося в средней линии экрана точки хирик, сокращающего ГАР левой линии, подчиняется левая линия и соединяется с правой. Однако, из-за сокращения ГАР нуквы, падают ее ТАН-ХИ в Брия, и змей питается от ее Есода, упавшего в мир Брия, так, что раскрытие чрева происходит вследствие предоставления права змею питаться от ее Есода. И поэтому считается, словно змей жалит ее прямо в наготу, и это необходимо для того, чтобы раскрыть чрево Малхут, посредством соединения ее с хасадим правой линии. И тогда она открывается от своего закрытия и рождает душу (нешама). И это означает: «В мучении»[431] – т.е. посредством питания змея от раскрытия этого прохода «будешь рожать сыновей»[431].

489) «И к мужу твоему влечение твое, и он будет властвовать над тобой»[431]. То есть она стремится к Зеир Анпину, чтобы дал он ей хасадим, и она утолила свою жажду. «И он будет властвовать над тобой»[431] – Зеир Анпин будет властвовать над Малхут, так как вначале она была такая же большая, как Зеир Анпин, и он не властвовал над ней. Но после того, как луна, Малхут, сказала: «Невозможно двум царям пользоваться одной короной»[433], было сказано ей: «Иди и уменьши себя»[433]. Поэтому она сократила свой свет и уменьшила свое влияние, и нет у нее собственной власти, но только в то время, когда Зеир Анпин дает ей силу. Получается, что он властвует над ней, как сказано: «И он будет властвовать над тобой»[431].

490) «В мучении будешь рожать сыновей»[431]. «В мучении» указывает на присутствие змея. И нужен этот змей для того, чтобы проложить путь, по которому низойдут все эти души в мир, и если бы он не открывал путей, по которым нисходят души вниз, души не могли бы пребывать в людях. Сказано: «У прохода грех лежит»[434]. «У прохода»[434], принадлежащего Малхут, который предназначен для рождения и проведения душ в мир. И этот змей поджидает у этого прохода.

---

[433] Вавилонский Талмуд, трактат Хулин, л.60:2.
[434] Тора, Берешит, 4:7.

491) Все души, которые должны опуститься в святые тела, – это души, которые происходят от правой линии, и змей не находится у этого прохода. Ибо в этом случае Малхут не должна притягивать хохму, исходящую от власти левой линии, и не заперты врата ее, чтобы она нуждалась в раскрытии этого змея. И змей не властен над такой душой, ибо в противном случае змей наносит укус, и это место становится нечистым, и не было бы такой души, которая очистилась. И о них сказано: «В мучении будешь рожать сыновей»[431], что указывает на змея, посредством которого она рождает души, т.е. посредством его раскрытия. Ибо змей этот пребывает над телом, так как тело рождается от нечистоты этого змея, а Малхут находится над душой, и от нее рождается душа, и тогда оба они облачаются друг в друга: одно свойство относится к душе, а другое – к телу.

492) И предстоит этому змею родить все эти тела прежде, чем наступит его время. Как сказано: «Не успела почувствовать боль, как родила»[435]. Ибо срок, когда змей рождает, это семь лет. А здесь рождает за шесть лет, что не является его сроком. И в то время, когда он рождает их, помирает при родах, как сказано: «Уничтожит Он смерть навеки»[106]. И сказано: «И оживут мертвецы Твои, восстанут умершие»[105].

В разбиении келим и затем, из-за греха Древа познания, произошедшего вследствие соблазна змея, рассеялись триста двадцать искр святости и упали в клипот. И вся наша работа в Торе и заповедях состоит в выявлении этих трехсот двадцати искр святости и возвращении их к святости. И тогда наступит конец исправления, как сказано: «Уничтожит Он смерть навеки»[436]. Однако мы должны выявить только двести восемьдесят восемь (РАПАХ) искр святости, а тридцать две последние искры святости не должны выявлять, потому что после выяснения двухсот восьмидесяти восьми искр они выявляются сами собой.

Восемь царей (мелахим) разбились, Даат и ХАГАТ НЕХИМ, и в каждом царе есть сорок свойств: десять сфирот КАХАБ ХАГАТ НЕХИМ, в каждой из которых – четыре свойства ХУБ ТУМ. И восемью сорок – итого триста двадцать свойств. И называются они – триста двадцать (ШАХ) искр. Но если мы поделим их в

---

[435] Пророки, Йешаяу, 66:7.
[436] Пророки, Йешаяу, 25:8.

соответствии с десятью имеющимися в них сфирот, то выйдет, что есть десять сфирот КАХАБ ХАГАТ НЕХИМ, в каждой из который – тридцать два свойства. И в каждой сфире имеются эти восемь царей, в каждом из которых есть четыре свойства ХУБ ТУМ, итого – тридцать два свойства. А десять, помноженное на тридцать два, – это триста двадцать (ШАХ).

И нет у нас силы выявить более, чем девять первых сфирот, и это – девять, помноженное на тридцать два, т.е. двести восемьдесят восемь (РАПАХ) искр. Однако те тридцать две искры, которые находятся в сфирот Малхут, у нас нет сил выявить. И вообще нет необходимости выявлять их, поскольку после окончательного выявления двухсот восьмидесяти восьми искр, эти тридцать две искры Малхут выявляются сами. Таким образом, исправление зависит лишь от выявления двухсот восьмидесяти восьми искр, включая сфиру Есод. А тридцать две сфиры Малхут сами выявляются вместе с ними.

Сказано, что освобождение и конец исправления произойдут в шестом тысячелетии, обозначаемом сфирой Есод. Ибо после того, как завершается выявление сфиры Есод, завершается выявление двухсот восьмидесяти восьми (РАПАХ) искр, и тотчас наступает освобождение и конец исправления. И нет необходимости ждать до седьмого тысячелетия, обозначаемого сфирой Малхут, чтобы выявить также тридцать две искры Малхут, ибо они выявляются вместе с РАПАХ (288), относящимися к шестому тысячелетию.

Тела считаются порождением змея, ибо они рождаются из-за соблазна змея нарушить запрет Древа познания. И если бы Адам не прегрешил, нарушив запрет Древа познания, то не порождал бы тела. Ибо для того, чтобы выявить и вернуть все двести восемьдесят восемь искр святости, упавших вследствие греха Древа познания, нужно много тел, и после того, как родятся все эти тела и проделают всё, что должны, сразу же наступит конец исправления.

Сказано: «И предстоит этому змею родить все эти тела прежде, чем наступит его время. И сказано: "Не успела почувствовать боль, как родила"[435]. Ибо срок, когда змей рожает, это семь лет. А здесь рожает за шесть лет». Потому что рождение всех тел нужно для выявления всех искр, упавших в клипот из-за нарушения запрета Древа познания, т.е. трехсот двадцати (ШАХ) искр, и тогда срок ее родов завершится в седьмом году, т.е. в сфире Малхут, относящейся к седьмому тысячелетию, в которой заканчиваются триста двадцать искр. Однако «здесь рождает за шесть лет» – т.е. в шестом тысячелетии, обозначаемом сфирой Есод, что не является его сроком, ведь в нем заканчивается выявление всего лишь двухсот восьмидесяти восьми искр, а не всех трехсот двадцати. И тогда родятся все тела, и будет конец исправления, т.е. в выявлении искр седьмого тысячелетия нет вообще никакой необходимости, так как они выявляются сами вместе с РАПАХ (288) искрами. И поскольку полностью завершилось возвращение РАПАХ (288) искр к святости, сразу же наступает конец исправления.

«И в то время, когда он рождает их, помирает при родах, как сказано: "Уничтожит Он смерть навеки"[106]» – ибо, вследствие наступления окончательного исправления, будут устранен и умрет змей и ангел смерти, ибо змей и ангел смерти – это одно и то же. Таким образом, он умрет, потому что породил все эти тела, как сказано: «Уничтожит Он смерть навеки»[106], и тогда будет возрождение мертвых, как сказано: «И оживут мертвецы Твои, восстанут умершие»[105].

И если рождение всех тел означает конец исправления, как же мы можем их отнести к змею, являющемуся противоположностью исправления и ангелом смерти? Сказано: «И вот, хорошо очень»[437], где «очень» указывает на ангела смерти, называемого «хорошо очень»[437]. Ибо Адаму Ришону, хотя он и целиком пребывал в свойстве святости до грехопадения, всё же недоставало совершенства. Как мы изучаем о нарушении запрета Древа познания: «Напрасно ты обвиняешь его» – ибо вследствие нарушения запрета Древа познания он породил множество тел, и они довершили всё. И поэтому это относят к змею, ибо, если бы змей не соблазнил его нарушить запрет Древа познания, не рождались бы тела от Адама Ришона и не завершилось бы исправление. Таким образом, есть у него прямое отношение к концу исправления. Однако помирает при этих родах.

---

[437] Тора, Берешит, 1:31.

ГЛАВА ВАЯКЕЛЬ

Возрождение мертвых

493) В то время, когда пробудятся мертвецы мира, они окажутся в земле святости, и поднимутся все станы на земле галилейской, поскольку там должен явиться царь Машиах. Ибо это удел Йосефа, и там они разбились вначале, и оттуда они будут изгнаны со всех мест своих, чтобы рассеяться среди народов, как сказано: «И не будут страдать за сокрушение Йосефа, и за это пойдут ныне в изгнание во главе изгнанников»[438].

494) Именно там восстанут ждущие возрождения, ибо это удел того, кто помещен в ковчег, как сказано: «И положили его в ковчег в Египте»[382]. А затем он был захоронен в земле святости, как сказано: «И кости Йосефа, которые вынесли сыны Исраэля из Египта, захоронили в Шхеме»[439] – т.к. Йосеф проявил стойкость в воплощении завета более всех остальных колен.

495) И в то время, когда поднимутся все станы на земле галилейской, то направятся все они, каждый – в удел своих отцов. Как сказано: «И возвратится каждый во владение свое»[440]. И узнают друг друга. И в будущем Творец облачит каждого в расшитые одежды, и явятся все и будут восславлять Господина своего в Йерушалаиме, и соберутся в нем многочисленные толпы, и Йерушалаим расширится во все стороны, больше, чем расширился, когда они соединились там при возвращении из изгнания.

496) После того, как соединились и восславили Господина своего, Творец радуется вместе с ними, как сказано: «И придут они и воспоют с высоты Циона»[441]. А затем сказано: «И устремятся ко благу Творца»[441] – т.е. каждый к своему уделу и к уделу отцов своих. И наследие Исраэля достигнет великого Рима, и там будут изучать они Тору. И сказано: «Пробудитесь и ликуйте, покоящиеся во прахе»[105]. И наследие Исраэля достигнет великого Рима, и там будут изучать они Тору, т.е. завоют его и вернут к святости.

---

[438] Пророки, Амос, 6:6-7.
[439] Пророки, Йеошуа, 24:32.
[440] Тора, Ваикра, 25:10.
[441] Пророки, Йермияу, 31:11.

Под редакцией М. Лайтмана, основателя и руководителя Международной академии каббалы

Посвящается светлой памяти нашего товарища, Леонида Илизарова, главного организатора перевода книги Зоар, желавшего донести всему человечеству идеи единства и любви к ближнему, которые несет в себе книга Зоар.

Руководители проекта: Г. Каплан, П. Ярославский

Перевод: Г. Каплан, М. Палатник, О. Ицексон

Редактор: А. Ицексон

Технический директор: М. Бруштейн

Дизайн и вёрстка: Г. Заави

Корректоры: И. Лупашко

Выражаем огромную благодарность группе энтузиастов из разных стран мира, выступивших с инициативой сбора средств для реализации этого проекта.

МЕЖДУНАРОДНАЯ АКАДЕМИЯ КАББАЛЫ

под руководством д-ра Михаэля Лайтмана

http://www.kabacademy.com/

Учебно-образовательный интернет-ресурс – неограниченный источник получения достоверной информации о науке каббала. Миллионы учеников во всем мире изучают науку каббала.

Выберите удобный для вас способ обучения на сайте.

Контакты в Израиле:
тел.: 035419411
email: campuskabbalahrus@gmail.com

Facebook: https://www.facebook.com/campuskabbalah

Углубленное изучение каббалы

http://www.zoar.tv/

Каждое утро на сайте ведется прямая трансляция уроков каббалиста д-ра Михаэля Лайтмана для всех, кто занимается углубленным, ежедневным изучением науки каббала и исследованием каббалистических первоисточников.
Видеопортал Зоар.ТВ располагает уникальным контентом: фильмы, музыка, телевизионные программы, клипы, радиопередачи, статьи.

Интернет-магазин

Все учебные материалы Международной академии каббалы основаны на оригинальных текстах каббалистов.

Россия, страны СНГ и Балтии:
http://kbooks.ru

Америка, Австралия, Азия
http://www.kabbalahbooks.info

Европа, Африка, Ближний Восток
https://books.kab.co.il/ru/

АННОТАЦИИ К КНИГАМ

КАББАЛА ДЛЯ НАЧИНАЮЩИХ

Предлагаем вашему вниманию учебное пособие по каббале, составленное под руководством каббалиста, основателя и главы Международной академии каббалы Михаэля Лайтмана.

Этот материал впервые был опубликован в 2007 году и успешно многократно переиздавался под названием «Каббала для начинающих» в двух томах.

Каббала дает нам представление об устройстве системы сил, управляющих нашим миром, и о законах ее воздействия. Освоив представленный материал, вы получите начальные сведения о системе управления нашим миром и узнаете, каким образом органично, интегрально в нее включиться как активный элемент, способный изменить не только свое существование, но и будущее всего человечества.

ПОСТИЖЕНИЕ ВЫСШИХ МИРОВ

«Среди книг и рукописей, которыми пользовался мой учитель, рав Барух Ашлаг, была объемистая тетрадь, которую он постоянно держал при себе. В этой тетради были собраны беседы его отца – великого каббалиста Йегуды Ашлага (Бааль Сулама). Он записывал эти беседы слово в слово – так, как они были услышаны им.

В настоящей книге я попытался передать некоторые из записей этой тетради, как они прозвучали во мне», – так пишет в предисловии к книге ее автор, Михаэль Лайтман.

Цель книги: дать читателю возможность познать цель творения и помочь сделать первые шаги на пути к ощущению духовных сил.

УСЛЫШАННОЕ (ШАМАТИ)

Статьи, записанные со слов каббалиста Йегуды Ашлага (Бааль Сулама) его сыном и учеником, каббалистом Барухом Ашлагом (РАБАШ).

Издание составлено под руководством Михаэля Лайтмана, ученика и ближайшего помощника Баруха Ашлага.

Раскрыв эту книгу, читатель прикоснется к раскрытию смысла своего существования. Он раскроет для себя мир, в котором вечно существует его «я». Это мир человеческой души.

Каждая статья повествует о внутренней работе человека, вставшего на путь самопознания. Если вы взяли в руки эту книгу – она для вас. Вы не обязаны сразу понимать прочитанное, это придет потом. Но всю глубину мудрости, скрытую в этой книге, вы ощутите, прочитав ее первые строки.

ТАЙНЫ ВЕЧНОЙ КНИГИ

Тора закодирована. Прочитав эту книгу, вы узнаете секреты этого кода. И тогда вы сможете прорваться сквозь внешние события, из которых она на первый взгляд состоит, к тому, о чем в ней действительно говорится. Вы поймете, почему все мировые религии признают за Торой право первенства, почему ссылаются на нее политики, философы, писатели… Вам откроется истина.

На начало 2019 года вышли в свет уже 9 томов этого издания.

www.ingramcontent.com/pod-product-compliance
Lightning Source LLC
LaVergne TN
LVHW081316060526
838201LV00006B/180